中國學術思想 研究輯刊

十四編

林慶彰 主編

第33冊

憨山自性禪思想之理論基礎與核心論題

陳松柏 著

花木蘭文化出版社

國家圖書館出版品預行編目資料

憨山自性禪思想之理論基礎與核心論題／陳松柏 著 — 初版
— 新北市：花木蘭文化出版社，2012〔民 101〕
目 4+302 面：19×26 公分
（中國學術思想研究輯刊 十四編：第 33 冊）
ISBN：978-986-322-043-5（精裝）
1.（明）釋德清　2. 學術思想　3. 禪宗
030.8　　　　　　　　　　　　　　　　101015398

ISBN-978-986-322-043-5

9 789863 220435

中國學術思想研究輯刊
十四編　第三三冊　　　　　　ISBN：978-986-322-043-5

憨山自性禪思想之理論基礎與核心論題

作　　　者　陳松柏
主　　　編　林慶彰
總 編 輯　杜潔祥
出　　　版　花木蘭文化出版社
發 行 所　花木蘭文化出版社
發 行 人　高小娟
聯 絡 地 址　新北市永和區中正路五九五號七樓
　　　　　　電話：02-2923-1455／傳真：02-2923-1452
網　　　址　http://www.huamulan.tw 信箱 sut81518@gmail.com
印　　　刷　普羅文化出版廣告事業
封面設計　劉開工作室
初　　　版　2012 年 9 月
定　　　價　十四編 34 冊（精裝）新台幣 56,000 元

憨山自性禪思想之理論基礎與核心論題

陳松柏　著

作者簡介

陳松柏，台灣台中人，高師大國文碩士，東海大學哲學博士。曾先後任教高雄市三民國中、台中市成功國中、東海大學社會系，現職南開科技大學資訊管理系專任副教授。本文關於道生思想之處理，原係作者碩士時期關注的佛教哲學論題；但以最近十年發表之論文觀之，學術領域則主要聚焦於中國的魏晉玄學、明清思想以及歐陸的康德與海德格哲學。未來的研究方向，將會偏重在結合現前的授課內容，以「生死學」、「文學鑑賞」和「資訊素養」的相關文創思維為主軸。

提　要

　　本論文之題目之所以用「自性禪」作為貫串整個憨山禪學之依據，是因為憨山曾自己道出「禪者，心之異名也」，這個「心」即是自性本體，換言之，憨山的禪宗哲學，乃是環繞著自性禪的一套思想。然而，憨山畢竟仍承循了「不立文字」的禪者風格，認為自性本身就是一個萬德具足的事實，毋須加上任何說明，這使得他的自性禪觀點，普遍呈現出論證程序缺乏的問題。更因為憨山自己之反對依知見概念繞路說禪，這也使得他的法語開示，往往更接近於一種主觀境界語，在學術處理上，這樣的語言，實在很難成立為理性論據。所以，為了尋找出一套詮釋憨山自性禪學之最佳通路，筆者希望能以自性禪為中心，為憨山禪學之本體論、工夫論乃至方法論之成立，搭設出各種可能的理論架構，並闡述其義理內涵。在論文的實際進行上面，首先約化式地整理出憨山自性禪學的方法論，並特意地通過憨山之本體、工夫特質，回溯於傳統之佛教理論，借用這些深植於憨山自性禪學底層之傳統教義教理，將憨山原來潛存之禪學義理，逐一地彰顯驗證出來。雖然就嚴密的推論程序言，憨山所有關於自性禪的原始論著，並沒有足夠形成系統的理論組織，但是，凡最純粹的東西，一定也最經得起表達。所以，本文大膽地以現代學術的解讀架構，分依「方法論」、「本體論」、「工夫論」做為貫串其自性禪學的依據，這正是代表著筆者個人對於詮釋憨山自性禪的一種嘗試性之表達方式。而筆者深信，本文推薦的這一以自性為核心之三論合一的理論系統，不但能補足憨山自性禪學知性建構之不足，也能符合並解讀憨山之自性禪學、豁顯其特質。甚至，將來如欲廣開視野，對於憨山思想做更進一步的意義探求，也可以此為基石。

目
次

序　論

　　目前國內學界對於憨山的研究論著，特別是關於憨山的專題研究方面，其詮釋的角度，可大略區別爲二：其一是集中在歷史意義的考察，以釋聖嚴與江燦騰爲代表；其二則是思想層面的探討，以王煜、林繼平爲代表。其中，第一部份尤以釋聖嚴《明末佛教研究》，最具開創性；這本專著是將憨山納入「明末的禪宗人物」的大族群當中，分別依禪者之出生地域、世系法脈、傳記資料、禪者之修證經驗與鍛鍊方法，進行逐層的辨析。不可諱言的，釋聖嚴之研究，確實是國內晚明佛教之研究先驅；但是，如果以單一禪宗人物之研究立場言，則《明末佛教研究》的研究方式就顯得有心無力，甚至可能僅只是一種歷史文獻的重新整合而已，並沒有辦法對於某一位禪僧（如憨山）的思想提供一門深入的探討。其次，江燦騰亦於《人間淨土之追尋》及《晚明佛教叢林改革與佛學諍辯之研究──以憨山德清的改革生涯爲中心》二書中，分別就憨山早期之金陵報恩寺時期、曹溪叢林的制度改革以及參與《物不遷論》的諍辯諸層面，試圖形構憨山在晚明佛教復興運動當中的地位。江氏之研究方式，相當令人激賞，因爲他是扣緊了晚明佛教世俗化的脈絡來進行的，很容易引發現代人的反省或共鳴；但是，它仍然是屬於歷史角度的進路，眞正能觸及到憨山思想的部份，依舊十分有限。

　　相對之下，王煜《明清思想家論集》之〈釋德清融攝儒道兩家思想以論佛性〉一文，以及林繼平《明學探微》之〈從陽明、憨山之釋大學看儒佛疆界──禪宗「破三關」哲理的探索〉文，便格外令人青睞了。其中，王煜一文，據作者自己在文末註解中聲稱，是依哲學角度切入憨山的思想，與徐頌鵬宗教性

質的研究進路，[註1] 作風絕異；細察其文，的確在研究憨山思想上面亦有獨樹一幟之處，惟缺點在於能「博」而不能「約」，因為憨山思想確實是一個包羅宏富的大體系，如果不能謹守於一條進路從一而終，任何人都有可能去而不返。而這個現象，在林繼平的研究論文中，雖然並不明顯，但林文肆意比附禪宗三關以說明憨山思想，已久為學界垢病；而且，林繼平是以宋明理學的角度研究憨山之《大學綱目決疑》，在解讀憨山思想時，難免有削足適履之嫌。酌情於這樣的考量，筆者所選擇的詮釋進路，雖然仍以憨山的思想為基本，但處理的範圍已自「憨山思想」此一總體性的範疇上，予以縮小約化為「憨山自性禪」，以「自性禪」為貫通「憨山禪學」的主幹。所以，本論文之題目，遂定名為「憨山自性禪思想之理論基礎與核心論題」，之所以用「自性禪」作為貫串整個憨山禪學之依據，是因為憨山曾自己道出「禪者，心之異名也」，[註2] 這個「心」即是自性本體，換言之，憨山的禪學乃是環繞著自性禪的一套思想。本文除了將清楚地鉤勒出憨山此一自性本體之外，全文各章之安排，亦悉環繞此一自性說之豐富義涵，分別展開。而筆者希望能藉這篇論文，達成底下三個目的：

　　第一、希望本文關於憨山自性禪學之處理，能具備延伸於憨山各個思想層面的功能。例如憨山之淨土思想、華嚴思想、天台思想、楞嚴思想、老學思想、生死學等，筆者均希望能透過自性禪的研究，建立通路。

　　第二、希望本文能以自性禪為中心，為憨山禪學之本體論、工夫論乃至方法論之成立，搭設出各種可能的理論架構，並闡述其義理內涵。

　　第三、希望在涓滴成流的憨山思想研究領域中，本文至少消極方面，能有投石問路之效。如在積極方面，能發揮拋磚引玉的連鎖效應，引發學界對於憨山思想投以更多之關注，則更為筆者所樂見。

〔註1〕徐頌鵬於 1979 年完成《中國明代佛教領袖——憨山德清的生平與思想》（"A Buddhist Leader in Ming China：The Life and Thought of Han-Shan Te-ching"）學位論文，並由賓州大學出版。其撰寫方式，除王煜所指稱之宗教哲學進路外，主要的研究方式是依憨山自己著述之《憨山老人自敘年譜實錄》為基礎，透過憨山之生平研究，整體性地統觀憨山的思想。以宗教哲學進路理解憨山，筆者並不反對，然而徐的研究方式，格局太大、範圍亦太廣泛，筆者自忖力不及此，故本論文乃退而守約，以自性之進路探討憨山禪學。

〔註2〕這句話，在憨山所有教內經典注疏中，幾乎都曾出現過類似的用法。而單篇之文章，則主要見於〈答許鑑湖錦衣〉（見《憨山大師全集》卷七，嘉興大藏經第廿二冊，頁460）、〈春秋左氏心法序〉（見《憨山大師全集》卷十，嘉興大藏經第廿二冊，頁490）二文。

第一章 憨山自性禪思想之演變與成熟

第一節 少年時期——在家因緣與在寺房門因緣

　　依福徵疏述之《憨山老人年譜自敘實錄》載，憨山生母洪氏為篤信觀音大士者，以夢大士攜童子入門而有娠，於明世宗嘉靖廿五年十月十二日丑時生子（即憨山），取名大美。由於周歲時嬰染風疾，幾乎死去，生母洪氏遂禱請觀音大士，將憨山寄名於邑長壽寺，因改乳名為和尚。〔註1〕或許是母親的觀音信仰產生了潛移默化，也有可能是一種卓異於群儕的夙慧萌芽，使得憨山在七歲那一年就能夠藉叔父之死與其嬸母之生子，而契會生死的問題；並且從中觀照死去生來之疑，成為支持日後修行的一種動力！其後十歲那一年，之所以在生母督課甚嚴的情況下，猶能問出「讀書何為」的問題，〔註2〕恐怕也還是這一個疑惑在翻轉而已。正因為童蒙時期的環境允許發展如此的

〔註1〕見《憨山老人年譜自敘實錄》卷上，嘉興大藏經第廿二冊，頁799〜800。依據北京全國圖書館文獻縮微複製中心，於1994年出版之《中國歷代禪師傳記資料匯編》（上）、（中）兩冊收錄之現存憨山傳記資料來看，仍以憨山自撰、弟子福徵疏註之《憨山老人自敘年譜實錄》（收錄於該匯編中冊，頁6〜38，該版本與嘉興藏版本相同）最為詳盡。而其他關於憨山之傳記資料，有錢謙益之〈憨山大師塔銘〉（上冊，頁628）、〈大明廬山五乳峰法雲禪寺前中興曹溪嗣法憨山大師塔銘〉（中冊，頁38），陸夢龍之〈憨山大師傳〉（分見中冊之P1與P47），以及吳應賓之〈曹溪中興憨山先師傳〉（上冊，頁633）諸文，它們的共通特徵，都是依據於《憨山老人自敘年譜實錄》而寫成。所以，筆者此處圈定以《憨山老人自敘年譜實錄》，做為探討的中心。

〔註2〕見《憨山老人年譜自敘實錄》卷上，嘉興大藏經第廿二冊，頁800。

綺思，加以幾次親見生母虔誠供養行腳僧的情景，因此反而促成了憨山決意做天地間第一等自由自在人的動機。嚴大參〈肉身古佛中興曹溪憨山嗣祖三十六頌〉有「未曾得路事空王，便解鑽他煙裡光，燒卻三千大千界，死中覓活顯奇方」語，〔註3〕指謂的就是此一幼年時期，對生死疑團的早慧醒覺。我們以憨山後來的事蹟推驗，亦可證明：對於「死中覓活」如此死生之疑的追問，不僅不是一時的興起，更是其學思發展的主流。

嘉靖卅六年，十二歲的憨山，際逢金陵報恩寺西林和尚的因緣，〔註4〕終於決志追隨其左右，辭別雙親，開始步上做個自由自在人的旅途；在年譜中，憨山自己是這麼說的：

> 予十二歲，居常不樂。俗父為定親，立止之。一日，聞京僧言報恩寺西林大和尚有大德，予心即欲往從之。白父，父不應；白母，母曰：養子從其志，第聽其成就耳！乃送之。是歲十月至寺，太師翁一見，喜曰：此兒骨氣不凡，若為一俗僧，則可惜耳。時無極大師初開講於寺之三藏殿，祖翁攜往詣之；適趙大洲在，一見，喜曰：此兒當為人天師也。乃撫之，問曰：汝愛作官要作佛？予即應聲曰：作佛。趙公曰：此兒不可輕視，當善教之。〔註5〕

西林、無極、趙大洲三人，都是當時佛教僧俗輩中的龍象之才，從他們的應許肯定中，其實已經可以看出憨山的凤根早慧，確有卓犖群倫之處！

而根據年譜的記載，憨山於報恩寺中，可能前後還接受了六年的寺院行童教育，學習範疇則廣羅了佛家內典及一般儒生舉子通熟之四書五經、古文詞賦等等。這個時期的憨山，尚未披剃落髮，對於自己是否將走向「決志做出世事」的路，也還在躊躇猶豫；嘉靖四十三年（十九歲），就在憨山參加行部的行童考試前夕，當代禪門耆宿——雲谷和尚的出現，竟爾改變了憨山的一生！在嘉靖四十三年的年譜中，憨山這樣寫道：

> 予十九歲，因同會諸友皆取捷，有勸予往試者（即行童考試）。時雲谷大師，正法眼也，住棲霞山中，太師翁（即西林和尚）久供養，往來必留款旬月，予執侍甚勤，時聞其教。適雲大師出山，聞有勸

〔註3〕見《憨山老人年譜自敘實錄》卷上〈三十六頌〉，嘉興大藏經第廿二冊，頁798。

〔註4〕見《憨山老人年譜自敘實錄》卷上，嘉興大藏經第廿二冊，頁800。西林和尚即憨山《年譜》所謂太祖翁、太師祖。

〔註5〕見《憨山老人年譜自敘實錄》卷上，嘉興大藏經第廿二冊，頁800。

予之言，恐有去意，大師力開示出世參禪、悟明心地之妙，歷數傳燈諸祖及高僧傳，命予取看。予檢書笥，得中峰廣錄，讀之未終軸，乃大快，歎曰：此予心之所悅也！遂決志做出世事。即請祖翁爲披剃，則盡焚棄所習，專意參究一事。〔註6〕

這段文字十分重要！憨山之願意「焚棄所習」、「決志做出世事」，乃係於雲谷所開示的「出世參禪」、「悟明心地」法門，使憨山產生衷心的直覺嚮往！後來，雲谷於萬曆三年（時憨山卅歲）圓寂，憨山曾撰

〈雲谷先大師傳〉一文，就十分感慨地說：

達摩單傳之道，五宗而下，至我明徑山之後，獅弦將絕響矣。唯我大師，從法舟禪師續如線之味，雖未大建法幢，然當大法草昧之時，挺然力振其道，使人知有向上事。其於見地穩密，操履平實，動靜不忘規矩，猶存百丈之典型。遍閱諸方，縱有作者，無以越之，豈非一代人天師表歟！〔註7〕

其實，禪宗之派系法統到了明末，已儼若膏肓殘燼，根本不復隋唐盛況；〔註8〕因此，如雲谷之流，雖居臨濟傳承，卻能廣開接引之門、力圖恢復達摩祖風，反倒自成了另一種「教外別傳」的潮流。實際上，當時的佛教界，也正處於宗門內鬥、異學傾軋的紛爭當中。晚憨山數十年出家的藕益智旭，曾向曹洞宗青原系禪匠——無異元來參學數月，然而最後智旭仍黯然離去，依《靈峰蕅益宗論》〈八不道人傳〉云，智旭於元來處「盡諳宗門近時流弊」，深體禪風淪落，「乃決意宏律」！〔註9〕智旭的遭遇並不是一樁單獨的事件，它反映出來的是明末禪學走向衰微的整體趨勢。透過這樣的認知，我們可以對上引憨山《雲谷先大師傳》作如是理解：

第一、渡引憨山出家的禪僧雲谷，本身雖爲臨濟宗南嶽三十二世法脈，但與憨山間，始終未建立師弟傳承關係，洵致憨山之禪門法嗣，亦無從得知。

第二、以憨山心儀於雲谷「見地穩密，操履平實，動靜不忘規矩」的修證風格來看，對禪法之體驗，憨山較重視實際禪修的工夫論意義，而輕略

〔註6〕見《憨山老人年譜自敘實錄》卷上，嘉興大藏經第廿二冊，頁800。

〔註7〕見《憨山大師全集》卷十六，嘉興大藏經第廿二冊，頁549。

〔註8〕請參考本文第二章第三節「當時佛教宗門流弊」。

〔註9〕見《靈峰蕅益大師宗論》卷首，嘉興大藏經第卅六冊，頁253。蕅益智旭自謂其「八不道人」名號，係取法於《中論》、《梵網》「八不」之旨，〈八不道人傳〉成篇於智旭五十五歲時。

於宗門法脈。

第三、從憨山批評當時宗風為「獅弦將絕響」、「大法草昧」，即可知憨山對當時宗門之陳規陋習，必多所不滿。

其中，（二）所強調之工夫參究，乃是一種實修實證的行動；這可視作憨山畢生之寫照。值得一提的是：憨山在寫《雲谷先大師傳》時，已為而立之年，尚謙遜以執壺弟子自居，足見他雖亦洞知當時之禪門流弊，但對於雲谷所象徵的臨濟傳承，卻仍能不失敬意地予以尊重。這一點，若相較於智旭那種強烈地排拒嗣法派系的作風，可說已屬相當溫和；也許正是這樣的特質，讓憨山更容易於涵醞出游走三教的從容氣度。而也正因為他重視實修體證，徒托空名的衣缽法嗣，在眼底當然亦不曾著意，更不會以宗門法裔自許，他看重視的是佛法的生活實踐，而非形式。

所以，隆慶五年，當廿六歲的憨山親眼目睹吉安青原寺院荒蕪、出家僧眾開緣蓄髮，遂慨然有興復佛門的念頭，《年譜》中，憨山如此言詞多冗地記載著：

> （隆慶）五年辛未。予二十六歲。同雪浪恩兄遊廬山，至南康，聞山多虎亂，不敢登；遂乘風至吉安，遊青原，見寺廢，僧皆蓄髮，慨然有興復之志！……冬十一月，即一缽遠遊。將北行時，雪浪止予，恐不能禁苦寒，姑從吳越，多佳山水，可遊目耳。予曰：「吾人習氣，戀戀暖暖。必至不可施之地，乃易制耳！若吳越，枕席間耳！」遂一缽長往。

這裡我們看到：憨山北行五臺山之前，早已有振興佛教的心願。而他為抗制自己「戀戀暖暖」的放逸情念，故意將自己投身於「不可施之地」，類此頭陀式的勇猛苦行，在明末四大師之中，可謂絕無僅有。〔註10〕如此外樸內剛、勵己甚嚴的個性，立即可見的部份，就顯露在他個人的靈修禪悟上面，尤其是二十六歲以後的十年苦行，更使憨山之生命層境躍升為一個真正的禪者。

第二節　青年時期——武當天臺因緣與臺山苦行因緣

憨山於《年譜》隆慶六年至萬曆十年中，詳細縷述了他個人深邃精微的

〔註10〕以上與雪浪交往及立志苦行的原委，見《憨山老人年譜自敘實錄》卷上，嘉興大藏經第廿二冊，頁802。

禪修經驗，聖嚴於《明末禪宗人物及其特色》文中，即曾針就這十年禪修，絕讚其爲中國禪宗史上第一人，在聖嚴文章裡，是這樣寫的：

> 憨山德清由於有其自敘年譜可據，讀來猶如現代銀幕的景觀，生動、活潑，充滿了眞實感的撼人力量。姑且不論憨山大師的悟境究有多深，對於一位禪者的定境、悟境的敘述，能有如此細微而明朗者，在中國禪宗史上，當可推爲第一。〔註11〕

這個「撼人力量」之所以撼人，實際上是來自於憨山篤實的修證體驗；而「生動、活潑」者，是指其憑藉禪者直截了當的自覺，由生命之動態處以抓住生命。底下我們便可透過《年譜》的四則記載，觀察憨山這十年中的禪修生涯：

1、（隆慶六年）十一月妙峰師訪予。至，師長鬚髮、衣褐衣。先報云：有鹽客相訪。及入門，師即問：還認得麼？予熟視之，見師兩目，忽記爲昔天界病淨頭也，乃曰：認得。師曰：改頭換面了也。予曰：本來面目自在。相與一笑。〔註12〕

2、（萬曆二年）九月至河東，會山陰王，遂留結冬。時太守陳公與妙師及予意甚勤，爲刻《肇論》中吳集解，予校閱。向於不遷論「旋嵐偃嶽」之旨不明，切懷疑久矣。今及之猶周然，至「梵志出家，白首而歸。鄰人見之曰：昔人猶在耶？志曰：吾似昔人非昔人也」，恍然了悟曰：信乎，諸法本無去來也！即下禪床禮佛，則無起動相；揭簾立階前，忽風吹庭樹，飛葉滿空，則了無動相；曰此旋嵐偃嶽而常靜也。至後出遺，則了無流相；曰此江河注而不流也。於是生來死去之疑，從此冰釋！乃有偈曰：死生晝夜，水流花謝，今日乃知鼻孔向下。明日妙師相見，喜曰：師何所得耶？予曰：夜來見河邊兩箇鐵牛相鬥，入水中去也，至絕消息。師笑曰：且喜有住山本錢矣！〔註13〕

3、（萬曆三年）予因溪上一獨木橋，日日坐立其上。初則水聲宛然，久之，動念即聞，不動即不聞。一日坐橋上，忽然忘身，則音聲寂然。自此眾響皆寂，不爲擾矣。予日食惟以麩和野菜，以合米爲湯送之。初，人送米三斗，半載尚有餘。一日，粥罷經行，忽

〔註11〕見聖嚴《明末佛教研究》第一章〈明末的禪宗人物及其特色〉，頁70。
〔註12〕見《憨山老人年譜自敘實錄》卷上，嘉興大藏經第廿二冊，頁802。
〔註13〕見《憨山老人年譜自敘實錄》卷上，嘉興大藏經第廿二冊，頁803。

立定不見身心，唯一大光明藏，圓滿湛寂，如大圓鏡；山河大地，影現其中。及覺，則朗然自覺身心了不可得。……自此內外湛然，無復音聲色相爲障礙，從前疑念，當下頓消。〔註14〕

4、（萬曆六年）予自住山至書經（憨山從萬曆五年春開始「刺血泥金，寫華嚴經」），屢有佳夢。初，一夕夢入金剛窟……見清涼國師倚臥床上，妙師侍立於左，予急趨入，禮拜立右。聞大師開示初入法界圓融觀境。……及覺後，自見心境融徹，無復疑礙。又一夕，夢自身履空上昇，高高無極，落下則見十方迴無所有，唯地平如掌，琉璃瑩徹，遠望唯一廣大樓閣。……見彌勒已登座……聞其說曰：分別是識，無分別是智；依識染，依智淨；染有生死，淨無諸佛。至此則身心忽空，但聞空中音聲歷歷。及覺，恍然言猶在耳也。自此識智之分，了然心目矣；且知所至乃兜率天彌勒佛閣耳。〔註15〕

聖嚴認爲憨山對於禪者境界的敘述，是「充滿眞實感」且「細微而明朗」，從上面四則文字，即可略窺端倪。讀覽這幾則敘述性的文字時，前提上我們應該知道：憨山在這裡面所解悟的，實際上乃是一種觀照的生活。所以，它的重心本來就不在教觀學理上的兔毛詮索；而在乎強調吾人之心靈世界，如何能展示自我本來面目、並趨悟於圓滿自性的歷程。引文（一）中，當憨山乍見妙峰鬚髮褐衣出現眼前，問以「還認得麼」時，憨山能信口答以「本來面目自在」，就是一種內面生命充份浸蘊於般若觀照的例示。又（二）之中，憨山藉《肇論》「旋嵐偃嶽」而悟「諸法本無去來」旨趣，此亦由觀照萬法緣生及自性畢竟空的體驗所助成，《年譜》內這樣的敘述非常多，足可證明憨山懾人心神的禪悟境界，確有很大的成份是得力於空觀的實踐。前面曾經說過，他的出家，原是出於爲了要解破生死疑團的嚴謹決定；憨山一直希望過的，是「自由自在人」那般寧靜不擾、怡然自適的生活！依照《年譜》敘述判斷：隆慶六年（廿六歲）以前，憨山對內心世界之追體驗過程，似仍處於摸索階段，未眞正抓到著力處；然而，入臺山苦行之後，簡潔純易的山中生活，逐漸刊落「戀戀暖暖」的習氣慣性，憨山終於發現：其實過去所有疑情困惑的解答，關鍵就在自己的心念。

〔註14〕見《憨山老人年譜自敘實錄》卷上，嘉興大藏經第廿二冊，頁804。
〔註15〕見《憨山老人年譜自敘實錄》卷上，嘉興大藏經第廿二冊，頁806。

文（三）裡，憨山就特別以每日坐立獨木橋上聽水聲的例子，闡示他「動念即聞，不動即不聞」的親身體驗。

所以，這個時期的憨山，如果要說「充滿真實感」，是指他不隸從於一般人的頑梗習性，而落實生活上的觀照；如果要凸顯其「細微而明朗」，則應是指他對於「心念」那種洞微知著的明銳觀察。

不過，依據《年譜》的說法，憨山圓熟融攝心念，用無執無惑之態度去照察每一個起心動念，此時之憨山在佛法實踐上，或許是因爲已經找到其以應無窮的環中道樞的緣故，欣喜自得之餘，竟得禪病，「凡曾入目者，一時現前，逼塞虛空，即遍身是口，亦不能吐，更不知何爲我之身心也」。〔註16〕上引（四）之文，憨山言及「識」（分別心）、「智」（無分別心）之分，假如我們不以彌勒夢示天啓的立場看待，那麼，識智染淨的體悟，其實也可視作憨山超克禪病之後的當下證量。文（二）憨山印證於妙峰之「夜來見河邊兩箇鐵牛相鬥」語，所指謂的也是分別心與非分別心的問題，只是在（四）中，悟境更臻深化、且更能心行相應罷了，因此《年譜》言其「屢有佳夢」，應非憨山肆意之囈語誑言，因爲從日思夜夢的角度衡觀，即令是夢境，對憨山而言，仍具第一義諦的真實價值。

萬曆十一年，卅八歲的憨山，已儼然一位禪門尊宿般，他爲神宗開無遮大會，鞠瘁心力祈求嫡子順利誕生一事，〔註17〕深得當時太后（神宗生母）賞識；而且在臺山的一番「大修行大證悟」，〔註18〕也使他的聲名飲譽海內。然而，就在同一時間，朝廷內的一場宮闈紛爭卻已經慢慢地展開了。據《明史》載，神宗當時另專寵於鄭妃，而鄭妃爲了鞏固自己的地位，竟設計逼害太后一派，並鼓說神宗廢嫡立庶。〔註19〕這一事件之發展，到了最後株連甚廣，憨山在萬曆廿三年，就被冠上私建佛寺的罪名，敕令流放雷陽（雷州半島）。從憨山的《年譜》中，雖然看不到這一事件的任何相關記載，但憨山於

〔註16〕此見於萬曆四年事，憨山是因爲正法光禪師的提醒，才警覺自己有禪病。見《憨山老人年譜自敘實錄》卷上，嘉興大藏經第廿二冊，頁805。

〔註17〕爲神宗祈皇嗣一事，主要記載於萬曆九年事之中，當時主持祈嗣法事者，除憨山外，尚有大方、妙峰二人。見《憨山老人年譜自敘實錄》卷上，嘉興大藏經第廿二冊，頁807。

〔註18〕「大修行大證悟」係福微尊崇乃師證量之按語，此見於萬曆十年事。《憨山老人年譜自敘實錄》卷上，嘉興大藏經第廿二冊，頁808。

〔註19〕關於這段史實，請見張廷玉《明史》卷一百十四，「列傳」之『后妃』二，頁3534～3536。

萬曆十一年，便屢以「大名虛聲」爲苦，並選擇離開臺山，避名「東海之上」；〔註 20〕而對於所有來自太后的施資供養，均以「矯諭濟饑」、「因賜濟饑」的方式巧妙迴避之；可能他對於宮廷鬥爭的事，並非完全不知情。

那麼，究竟萬曆十一年以後的十年間，憨山如何渡過他「東海之上」的隱居生活?本文緊接著，就從牢山時期進行。

第三節　壯年時期——牢山慈壽志興寺因緣、曹溪中興因緣

所謂「牢山」，位於即墨縣海濱，憨山早年讀清涼澄觀《華嚴經疏》就已經知道：東海之濱的牢山，是修行聖地——那羅延窟的所在。《年譜》中，關於牢山之描寫，極盡振奮而愉悅：

> 予初因閱《華嚴疏》〈菩薩住處品〉，云東海有處名那羅延窟，從昔以來，諸菩薩眾於中止住。清涼疏云：梵語那羅延，此云堅牢，即東海之牢山也，禹貢青州登萊之境，今有窟存焉。予因慕之，遂特訪。至牢山，果得其處，蓋不可居。乃探山南之最深處，背負眾山，面吞大海，極爲奇絕，信非人間世也。地名觀音庵，蓋古刹也，唯廢基存焉。考之，乃元初七眞出於東方，假世祖威福，多佔佛寺改爲道院。及世祖西征回，僧奏聞，命多恢復；唯牢山僻居海上，故未及之耳，然皆廢矣。予喜其地幽僻，眞逃人絕世之所，志願居之。……入山期年，人無往來，心甚樂也。〔註 21〕

最初落腳的地方，是牢山的觀音庵（後憨山將之修葺爲海印寺）。雖然是傳言「菩薩眾於中止住」的聖蹟，但荒僻太久，復加以前朝道教方士曾經改佔爲道院；所以，憨山等於來到了一個百廢待舉、絕無佛法的邊地。但是，這反倒符契憨山澹泊不爭的個性，牢山的「其地幽僻」、「人無往來」，竟成了憨山

〔註 20〕見《憨山老人年譜自敘實錄》卷上，嘉興大藏經第廿二冊，頁 808。此爲萬曆十一年事。憨山也是在隱居東海之後，才易號爲「憨山」的；避名東海以前，憨山一直都以「澄印」的名號自稱。而大陸學者張力《中國十大高僧》，則提出了與本文論調完全兩極的看法，他認爲「德清的熱情，主要出自於他對名利的追求。這就決定了他所扮演的角色，只是一個追求名利的政治僧人」，對於這種偏約取向的論斷，筆者並不贊同。張氏語見該書 P224。

〔註 21〕見《憨山老人年譜自敘實錄》卷上，嘉興大藏經第廿二冊，頁 808。

樂在其中的主因；而著名的《觀老莊影響論》、《楞嚴懸鏡》，就都完成於這個時期。〔註22〕

　　不過，也正因為觀音庵曾經為方外黃冠佔用，而憨山之駐錫該地，又直接間接地攝化了不少本來崇奉三清的道徒信士，遂埋下了萬曆十八年「狂徒殺僧」事的種子；底下，節引《年譜》二則云：

1、（萬曆十三年）東人從來不知僧……外道羅清者，乃山下之城陽人，外道生長地，故其道遍行東方，絕不知有三寶。予居此攝化久之，凡為彼師長者，率徒眾來歸；自此始知有佛法，乃予開創之始也。〔註23〕

2、（萬曆十八年）時有欲謀道場者，乃攜方外黃冠，假稱佔彼道院，聚集多人，訟於撫院。時開府李公先具悉其事，痛恨之，乃送萊州府，窮治其狀；予親聽理，力救之。彼無賴數百人，作鬧於府城，有匡人之圍。時有隨侍二人，予斥之他往，乃獨徐行。其中為首一人，持刃鼓舞予前，欲見殺；予笑視之曰：爾殺人，何以自處？其人氣索，即收刀……狂眾疑彼為首者有利於予，即欲毆之。予默計彼眾一鼓，其人危矣；奈何乃躊躇將別，即拉狂者，同至寓所，閉門解衣，磅礴談笑自若，取瓜果共噉。時滿市喧云：方士殺僧矣！太守聞之，即遣多役併捕之，彼眾惶懼，皆叩首求解免……及至，太守問曰：狂徒殺僧耶？予曰：未也，來捕時，僧方與彼為首者，同食瓜果耳。守曰：何以作鬧？予曰：市喧耳。〔註24〕

東海在當時確實是沒有佛法蹤影的，「東人從來不知僧」、「絕不知有三寶」，有的僅是道教的術數方說在流行。憨山其實並不反對道家思想（在《觀老莊影響論》中，甚至還認許老莊之形上智慧，以為其有輔弼釋門內學的功用），但他對於道教則非常之排拒。原因可能並不是《年譜》所提「外道羅清」這個簡單的理由，而是牽扯到元明以來烏斯藏（西藏）密法與中國道教方術夤緣登進、竄亂朝政的大時代因素；〔註25〕且剴實言之，東海佛法之沒落，對於憨山那一個

〔註22〕《楞嚴懸鏡》是完成於萬曆十四年，《觀老莊影響論》則是成稿於十八年。
〔註23〕見《憨山老人年譜自敘實錄》卷上，嘉興大藏經第廿二冊，頁809。
〔註24〕見《憨山老人年譜自敘實錄》卷上，嘉興大藏經第廿二冊，頁810。
〔註25〕在明代，道教全真派末流以進男女歡愛祕藥，得寵於明世宗；而自永樂帝始，即有烏斯藏白教萬瑪萬舉大寶法王的雙修密法，傳播於宮廷之中。

時代的社會信仰之事實言，僅影射冰山一角耳。與憨山約莫同時的李贄，在寫〈李中谿先生告文〉時，就對當時社會上那種崇奉服食灌頂的宗教取向，大表不滿，而有「勿謂服食長生可冀」、「勿謂灌頂陽神可出」的詰疑。〔註26〕近人楊啓樵於《明代諸帝之崇尚方術及其影響》文，亦曾詳細論述明室因溺事神道、崇信方術，嚴重影響及政治、律法、經濟、民生，洵致國勢頹廢不振，亡其社稷的前因後果。〔註27〕而前面我們也提及，其實憨山早於隆慶五年，即有「興復之志」，當時是因為他親見吉安青原寺滿眼瘡痍、寺院潦落而立誓興復；如今，他目睹那羅延窟之荒涼，更加確認了他的想法！

　　而實際上，如果我們仔細留意《年譜》裡，萬曆十一年至十七年的記載，我們便很容易體會到憨山積極攝化牢山人民的苦心孤詣。單從憨山日常往來的人物分析，除去四方衲子外，絕大多數都是士子儒生與塵井凡夫，而憨山似乎也很熱衷於向他們講述佛學，並且儘可能配合他們的要求，應機與藥。這個作法，自然吸引不少請益問學的人前來，甚至到最後，連原本身穿緇黃卦袍的道士們，也蠲除自己的成見，「凡為彼師長者，率徒眾來歸」。這樣的盛況，看在早先握持地方信仰優勢、心態卻執拗不化的羽士道徒眼底，自然心中不是滋味。再加上萬曆初年的張居正變法，許多原先漏報而免賦的道觀私產，均在全國性大規模的土地丈量，與地籍黃冊的重整之後現形，或者收編為國有地，或者增課賦稅；這造成了許多人連原來的棲身之所都成了問題，而自己平日生活所依賴的信徒供養，現在又頻生枝節。因此，這些人一旦受有心者挑弄，很容易便情緒激亢而失去理性。2、的敘述，尚且是憨山垂暮之年，以追憶的口吻寫出來的，實際的情形，可能比《年譜》文字上的敘述，還要嚴重。李光璧《明朝史略》中，對於這段時期的土地歸併問題與「一條鞭」政策下所引發的流民暴動，就有十分清楚的探討。〔註28〕

　　而憨山在整個事件中，自始則都以一個冷靜的智慧和同體的悲心，貫徹他自己的立場和角色。最耐人尋味的是：被後世學者公認為具有會通三家思想的名作——〈觀老莊影響論〉，竟然就完成於萬曆十八年。

　　在這篇長文中，憨山順著自性本體之「唯心識觀」，〔註29〕第一次對儒釋

〔註26〕見李贄《焚書》〈李中谿先生告文〉，頁143。

〔註27〕見楊啓樵《明代宗教》《明代諸帝之崇尚方術及其影響》文，頁212。

〔註28〕請參見李光璧《明朝史略》第五章〈嘉靖至天啓時期統治階層的腐朽、黨派紛爭、土地兼併、賦稅的增加和民變的新發展〉，頁133～157。

〔註29〕「唯心識觀」也就是「三界唯心，萬法唯識」的觀法。然而，就憨山禪學體

道三家的長期爭衡，吐露他個人的心聲，他說：

> 余幼師孔不知孔，師老不知老；退而入於深山大澤，習靜以觀心焉，
> 由是而知三界唯心，萬法唯識。既唯心識觀，則一切形，心之影也；
> 一切聲，心之智也。是則一切聖人，乃影之端者；一切言教，乃響
> 之順者，由萬法唯心所現。故治世語言資生業等，皆順正法；以心
> 外無法，故法法皆真。〔註30〕

當日府城之前，被帶頭作鬧者以性命威脅，也許正是促發憨山「一切形，心
之影也；一切聲，心之智也」這種博縱寬容的心識觀，早日成熟的原因之一。
憨山弟子福徵於憨山圓寂後，為乃師萬曆十八年事作疏證時，亦云：

> 憨祖作此八論（按：〈觀老莊影響論〉係由八篇短文組合而成）時，
> 恰與道士解難，豈亦和合三教之寓言乎！宜道士之無怨也。〔註31〕

〈觀老莊影響論〉所提出的唯心識觀是否真能恰當「和合三教」？恐仍須考
量斟酌。但憨山挺身「與道士解難」、「宜道士之無怨」語，則應無疑義。

之後，萬曆廿年，憨山前往京城西郊潭柘寺，拜訪了當時守奉石經佛骨的
達觀（紫柏），《年譜》稱「與達師相對盤桓四十晝夜，為生平之奇」。〔註32〕
後來，憨山寫〈徑山達觀可禪師塔銘〉時，也提到這一次的會面，作這樣的描
寫：

> 同居西郊園中，對談四十晝夜，目不交睫，信為生平至快事。……
> 師與予計修我朝傳燈錄；予以禪宗凋敝，與師約往溯曹溪，以開法
> 脈。〔註33〕

兩人在潭柘寺，已有共同編修當朝傳燈錄的計劃，憨山並感嘆於禪門之凋敝，
而曹溪——祖師禪的源頭，如今已宗風淪沒、乏人聞問。二人皆認為欲要振興
禪門，必須先溯清禪源，因此遂相約共往曹溪寶林，興復道場、延續法脈。兩
個人都是夙懷佛教復興大志的人物，這四十天的聚首，毋寧是投契而快意的，
不僅增加了彼此的愛賞憐惜，二人生死與共的感人情誼，亦因之更形穩固！

系言，其「唯心」是以《楞伽》、《楞嚴》、《起信論》之「真常心」為義涵，
　　其「唯識」則主宗染淨同依的賴耶緣起說。所以，其「唯心識觀」是架設在
　　如來藏的真常系統之上，與傳統的唯識學並不相同。
〔註30〕見《憨山大師全集》卷卅〈觀老莊影響論〉之「論心法」，嘉興大藏經第廿二
　　　　冊，頁644。
〔註31〕見《憨山老人年譜自敘實錄》卷上，嘉興大藏經第廿二冊，頁811。
〔註32〕見《憨山老人年譜自敘實錄》卷上，嘉興大藏經第廿二冊，頁811。
〔註33〕見《紫柏老人集》卷首〈徑山達觀可禪師塔銘〉，嘉興大藏經第廿二冊，頁162。

－13－

　　然而，憨山的生命方向，才剛開始要從過去牢山的隱逸生涯轉出，卻旋於萬曆廿三年官符纏身，被誣入獄。原來，當初鄭貴妃一派，即因爲祈儲案而懷恨憨山，剛巧海印寺又牽扯了道院舊產的問題，於是鄭貴妃一派便指使當時的東廠行役矯扮道士，「擊登聞鼓以進」，〔註34〕誣稱憨山侵佔。神宗因此震怒，立刻下令將海印寺夷爲平地，並繫捕憨山入獄。這個事件，對憨山紫柏重建曹溪祖庭的行動言，無疑乃嚴重打擊。隔年，憨山發解經過韶陽，曾請求進入曹溪禮拜謁六祖，在後來的《曹溪中興錄》裡，寫下這段回憶：

> 近代以來，祖道衰替，叢林凋散，先聖垂訓蔑然無知。如我六祖曹溪，爲禪宗之源，叢林爲天下冠，香火供養不減在昔，而常住破壞至極，僧徒愚迷癡蠢，不知其爲何物也。余因弘法罹難，蒙恩遣嶺外，於萬曆丙申春二月，謁六祖大師，睹其道骨儼然如生，而山門寥落之甚，殆不堪看。爲之徘徊泣下者久之。且僧徒被害，官司勾牽，急如星火，日夜追逼，傾家賣產者過半，以致祖庭廢墜，幾如埽地矣。〔註35〕

不僅憨山有「祖庭廢墜」之感傷，即連英氣勃發的紫柏，在天池獲悉憨山入獄消息後，亦有「曹溪之願未了也」〔註36〕的歎息。所以，實際上最初曹溪的祖庭重建行動，便在憨山蒙難遣戍之後，由紫柏一人獨力承擔。萬曆廿三年，紫柏於金陵旅泊庵中，與身繫囹圄的憨山把臂話別，憨山於《年譜》如是記載：

> 師（紫柏）意欲力爲白其枉。予曰：君父之命，臣子之事，無異也，況定業乎？師幸勿言。臨岐把臂曰：在天池聞師難，即對佛許誦法華經百部，以保無虞。我之心，師之舌也。〔註37〕

憨山頗感念紫柏佛前「許誦法華經百部」的情誼、對於紫柏「我之心，師之舌也」的期許，流放雷陽期間，未曾時刻或忘，果然於萬曆廿六年的夏天，憨山應雷陽從遊弟子請求，開講法華，並由弟子性澄集結成《法華擊節》書，〔註38〕至此總算不負知友的一番恩德。

　　而且，憨山因弘法罹難，在時人眼中，本來就抱持同情護持的態度看待。所以，憨山之被遣戍嶺南，事實上並沒有受到刁難，反而是他高德尊宿的形

〔註34〕見《憨山老人年譜自敘實錄》卷上，嘉興大藏經第廿二冊，頁811。
〔註35〕見《憨山大師全集》卷卅七〈曹溪中興錄〉上篇，嘉興大藏經第廿二冊，頁688。
〔註36〕見《憨山老人年譜自敘實錄》卷上，嘉興大藏經第廿二冊，頁812。
〔註37〕見《憨山老人年譜自敘實錄》卷上，嘉興大藏經第廿二冊，頁812。
〔註38〕見《憨山老人年譜自敘實錄》卷下，嘉興大藏經第廿二冊，頁814。

象，不斷在所有親近他的人之間形成口碑。其中亦不乏因爲瞭解了憨山紫柏興復曹溪的悲願，而傾全力協助其完成的，這裡面便包括了當時的南韶觀察使祝惺存。於是，萬曆廿八年七月，就在祝惺存上表奏請朝廷，核允憨山飛錫曹溪的情況下，憨山有了一個衙轉的機會，以待罪之身重返曹溪，「爲六祖奴郎矣」。〔註39〕於《曹溪中興錄》中記載，憨山爲圖道場長遠計，嘗積極策立十種恆規，以爲僧徒謹守勿失的依據，其內容分別是：（一）培祖龍以完風氣；（二）新祖庭以尊瞻仰；（三）選僧行以養人才；（四）驅流棍以洗腥臭；（五）復產業以安僧眾；（六）、嚴齋戒以勵清修；（七）清租課以裨常住；（八）免虛糧以蘇賠累；（九）復祖山以杜侵占；（十）開禪堂以固根本。〔註40〕這些恆規，延襲了三百多年，至今仍懸刻於曹溪堂壁之上，足見憨山當年重建曹溪時，確實是以架構一永久性叢林道場，而凝注其心力的。

不過，就在祖庭重建得以破屯艱而興起之際，紫柏卻在萬曆卅一年，因弟子沈令譽一封信的株連，而鋃鐺入獄。〔註41〕由於紫柏在那封信中，透露了對朝廷否塞宗門、放逐憨山的不滿，遂爲奸小所趁，藉機讒言，「時忌者乘白簡劾師（紫柏），師竟以是罹難」。〔註42〕憨山因爲是這件事的主角之一，當然亦難倖免，立刻又被遣返雷陽戍地。而生性豪俠的紫柏，面對笞楚拷訊，竟然就輒以三件未了的心願（即所謂「三負」）直陳胸臆，並以之充當一切的呈堂供詞，依憨山〈徑山達觀可禪師塔銘〉云，紫柏係作如是言：

> 老憨（即憨山）不歸，則我出世一大負；礦稅不止，則我救世一大
> 負；〔註43〕傳燈未續，則我慧命一大負。若釋此三負，當不復忝王
> 舍城矣。〔註44〕

除了礦稅問題是牽涉到對當時稅制的反彈外，其餘兩大負都與憨山息息相關。雖然面對著刀鋸鼎鑊，紫柏依然心繫當年與憨山在潭柘寺中的約定。所

〔註39〕見《憨山老人年譜自敘實錄》卷下，嘉興大藏經第廿二冊，頁814。
〔註40〕語見《憨山大師全集》卷卅七〈曹溪中興錄〉上篇「興復曹溪規約」，嘉興大藏經第廿二冊，頁686～693。
〔註41〕見《紫柏老人集》卷首〈徑山達觀可禪師塔銘〉，嘉興大藏經第廿二冊，頁163。
〔註42〕見《紫柏老人集》卷首〈徑山達觀可禪師塔銘〉，嘉興大藏經第廿二冊，頁163。
〔註43〕礦稅即開礦稅，明室因國庫空虛，遂以開礦爲名，要求地方官員廣徵開礦稅，以補給邊關及宮廷龐大之開銷。
〔註44〕「王舍城」即釋迦住世時期停留最久的地方，紫柏謂不愧王舍城，就是表達其行爲舉止不離於佛法之意。見《紫柏老人集》卷首〈徑山達觀可禪師塔銘〉，嘉興大藏經第廿二冊，頁163。

以，即使最後紫柏不幸死於獄中，他的精神仍鼓舞著憨山，持續努力於曹溪的復興大業。

以《年譜》的敘述來看，重建曹溪的進程，無疑乃充滿困難阻礙的，而之所以能衝脫一切桎梏，除了依仰二大師精誠鎔鑄的願力外，主要的銜轉關鍵，仍然是由於憨山的極力推動。尤其萬曆卅四年，朝廷大赦「在戍之老疾及註誤者」，憨山亦蒙赦開伍，可以再重回曹溪；〔註45〕自此至萬曆四十一年，憨山以他禪門尊宿之威望，一方面講述三教經論，廣開接引之門，一方面則又致力內部僧才教育、積極擘劃重建禪門祖庭的工程。福徵在憨山圓寂後，曾以乃師比況於惠能云：

> 盧祖（即六祖惠能）自黃梅至曹溪，避難匿跡於獵人隊中一十七載，
> 如薙髮於菩提樹下；憨祖之束髮從軍六載，即在曹溪亦冠巾說法也。
> 盧祖應韶州牧請，始與四眾千二百人，據座說般若，從此光流八表，
> 道被寰中；憨祖戍粵，得徇制臺各憲之請，移錫曹溪，頓使屠門酒
> 肆蔚為寶坊，緇白群集，攝折互用，大鑒道種，勃焉中興也。〔註46〕

以憨山為「大鑒道種」，視如六祖的乘願再來，並非溢美之辭。在時人眼中，憨山確實足以和惠能平起平坐！

第四節　晚年時期──匡山五乳法雲寺因緣、憨山寺肉身嗣祖因緣

萬曆四十二年，憨山六十九歲。這一年，神宗的生母，一輩子「信心喜捨」，人稱「佛老娘娘」的慈聖李皇太后殯天。〔註47〕為感念太后過去之恩詔布施，憨山離開曹溪赴京，參加其追薦報恩儀式；也順著這個因緣，開始了南嶽匡山東遊的新頁。

其實，自萬曆四十二年後，憨山的生命型態已經有極大的轉變。過去曾經為重建曹溪而徊徊徨徨的憨山，在祖庭規模已具、制度綱舉目張，一切都步上正軌後，如今他開始傾全力於著述；不論他駐錫何處，必定講學著述不輟，尤其是將他胸中成熟的義理，和盤托出。之前曾經有過的作品，現在多

〔註45〕見《憨山老人年譜自敘實錄》卷下，嘉興大藏經第廿二冊，頁817。
〔註46〕福徵語，見《憨山老人年譜自敘實錄》卷下，嘉興大藏經第廿二冊，頁819。
〔註47〕見《憨山老人年譜自敘實錄》卷下，嘉興大藏經第廿二冊，頁820。

半予以重整彙集，改用另一更加圓融的面目呈現出來。例如《楞嚴通議》、《法華通義》、《肇論註》、《起信略疏》、《性相通說》、《清涼疏鈔綱要》等著作，均先後完成於這一時期。值得注意的是：向喜簡易禪風而厭惡繁複名相的憨山，在晚年也著力於闡述百法名相之唯識理論；〔註48〕並在天臺與華嚴哲學的觀照下，選擇了禪淨調合的實踐路數。萬曆四十七年的《年譜》載，憨山自己曾依仿淨土初祖慧遠，於五乳峰閉關專心淨業、筆削華嚴：

> （己未）八月望，予閉關謝緣，效遠公六時，刻香代漏，專心淨業。
> 每念華嚴一宗將失傳，清涼《疏鈔》皆懼其繁廣，心志不及，故世
> 多置之。但宗合論，因思清涼乃此方撰述之祖，苟棄之，則失其宗
> 矣。志欲但取疏文，提筆大旨，使觀者易了，題曰《綱要》。〔註49〕

之所以願意以西方淨土爲自己晚年心力鍾注所在，一部份原因除了是蹈襲宋初永明延壽「四料簡」之禪淨雙修〔註50〕的傳統外，也深受同時期雲棲蓮池之倡導淨土信仰、天下景從的影響。所以，憨山晚年之生命型態，毋寧乃是晶結天臺、華嚴、禪、淨於其一體。這似乎亦頗足以象徵：晚明佛教內部各宗派之間正醞釀著一種跨越宗派的融合傾向；此與當時教外駸駸稱盛之「三教合一」論調，恰成微妙呼應。而也正因爲這個原因，形成憨山博綜當時所有宗派的超越性格；福徵認爲乃師不僅堪稱惠能再來，也同時兼具清涼、雲棲的身影，就是基於這樣的理解。

所以，在整體之衡觀下，憨山雖仍以直捷爽朗的禪者形象而特出，但其思想性格卻是豐富多元的。憨山圓寂後，蕅益智旭在〈敬讚憨祖曹溪影堂法像〉文中，就如此寫道：

> 掣電奔雷，德山臨濟；密用潛行，圜中海際。知之者謂是隻手擎天，
> 不知者謂是英雄蓋世。誰思其必處于非宗非教，即教即宗之間。終
> 不與時流同逝！〔註51〕

〔註48〕 在《憨山大師全集》卷卅四有〈性相通說〉二篇（頁 660～668），子題分別爲「百法論義」及「八識規矩」。乍看之下，很容易以爲憨山也蹈襲玄奘、窺基的慈恩家數，然其實憨山的唯識見解仍不脫於永明延壽的性相融會說，此於〈性相通說〉之序文內，便可清楚看出。之前本文亦有專節論述憨山之性相說。

〔註49〕 見《憨山老人年譜自敘實錄》卷下，嘉興大藏經第廿二冊，頁 824。

〔註50〕 「四料簡」僅是托名永明延壽之作，實際上在永明《宗鏡錄》中並沒有此偈。而值得一提的是：雖然偈語鼓吹禪淨雙修的殊勝妙用，但依照其內容強烈的淨宗本位色彩來判斷，應出自明代淨土宗行者之手。

〔註51〕 智旭文見於《憨山老人年譜自敘實錄》像贊，嘉興大藏經第廿二冊，頁 797。

憨山「掣電奔雷」的禪者風度，雖然特立於時流，且「終不與時流同逝」。但由於他兼宗臺、賢、禪、淨，反倒予人以「非宗非教，即教即宗」的弔詭表象。王煜〈釋德清融攝儒道兩家思想以論佛性〉一文，則作如是言：

> 明代的和尚幾乎都是慧能的法裔，而且發揚五代末年至宋初的永明延壽所倡的禪淨雙修論。在理論方面兼宗天台、華嚴，在實踐方面兼修禪與淨土。中國的大乘佛學，遂將臺、賢、禪、淨四宗並列。
> 〔註52〕

這作為對於憨山晚年思想性格之蓋棺論定，應是十分貼切的。憨山在家弟子翰林院侍讀吳應賓，在寫〈憨山大師塔銘〉時，也認為憨山之「宗通之相」，正是其晚年生命型態的寫照。〔註53〕

而憨山最震懾世人的一幕，莫過其臨終的預知時至與肉身不化。天啓七年，錢謙益撰〈大明海印憨山大師廬山五乳峰塔銘〉時，曾記載如下：

> 天啓三年癸亥，宣化公赴召來訪，劇談信宿。公謂師色力不難百歲，更坐二十餘夏，如彈指耳！師笑曰：老僧世緣將盡，幻身豈足把翫哉？別五日，果示微疾。詔陽守張君來問，師力辭醫藥，坐語如平時。既別，沐浴焚香，集眾告別，危坐而逝。〔註54〕

觀照死去生來之疑，原本即是促使憨山決意披剃的主要動機，而他亦始終以「自由自在人」的理想，來成就其宗教實踐。即使今天我們不以宗教之立場觀察這件事，憨山在「世緣將盡」之際，能預知時至而瀟灑從容死去，也是絕異群倫的。這還不希奇，圓寂廿二年後，其坐缸肉身完好無故，〔註55〕與六祖惠能竟爾千古輝映，無怪乎時人會以曹溪惠能的乘願再來，看待憨山。

不過，若以憨山對整個中國明末思想界之影響程度觀之，則其地位之重要，不必假臨終這些近乎異象的宗教神蹟，依然會獲得學界公認。以學術史觀點論之，憨山晚年確實是對禪學作了一種更圓融的發揮：就系統外立場言，它靈活巧妙地將儒道等教外的思想吸納進來，晶結在禪悟的體驗上；而在系統內，它則透過禪教觀法之貫徹，消解臺、賢、禪、淨的傳統藩籬。於是，

〔註52〕王煜《明清思想家論集》〈釋德清融攝儒道兩家思想以論佛性〉，頁165。
〔註53〕吳應賓語見《憨山大師全集》卷四十之下，嘉興大藏經第廿二冊，頁718。
〔註54〕見《憨山大師全集》卷四十之下，嘉興大藏經第廿二冊，頁721。
〔註55〕關於坐缸開龕本末，記載最詳盡者，是憨山在家弟子劉起相，於崇禎十七年所寫之〈本師憨山大和尚靈龕還曹溪供奉始末〉一文。見《憨山大師全集》卷四十一，嘉興大藏經第廿二冊，頁724。

相對於陽明之新儒家發揚孔孟心學；憨山的禪門復興運動，也發展出新禪宗的潮流，在當時自然亦有一股不容忽視的影響力。道盛〈憨山大師全集舊序〉文云：

> 夫經世聖賢，尚能以身盡一代之事，以道開萬世之心；況我佛祖出世爲人，以超生死性命之法，而化凡聖迷悟之心。其示現普門、感應異類者。豈不能續三世之慧燈，傳大千之種智乎？余於憨山大師見之矣。……余昔年見大師贊予壽昌先祖及撰塔銘，即突出大好山千里遙相見之句，已知與先祖把手共遊向上一路矣。至於平生說法著作，曲盡一代時教；始終本末，全體佛心，全行祖意。其提唱拈頌及指示偈語，曾何減於古人？曾何讓今人？天下後世自知師實祖位之人，不居祖位。豈可以師不自居，即爲非祖位人乎！〔註56〕

道盛認爲憨山雖然「不居祖位」，卻有「祖位」之實，因爲在澄清禪源、提攜時人「向上一路」的成就上，憨山早已無愧於「續三世之慧燈，傳大千之種智」這樣的讚美，且衡諸當時經世聖賢之學，亦均絲毫不曾遜色！

〔註56〕見《憨山大師全集》卷四十一，嘉興大藏經第廿二冊，頁726。

第二章　憨山自性禪學所對應之客觀現實因素

在這一章之中，本文希望透過各種不同面相的敘述，以廓清憨山禪學的時代背景。針對可能影響於憨山禪學之時代因素，本章設計出底下四個小單元，加以討論：

第一、是就「明末之政治現實與社會之趨勢」的層面來看，重點是集中在與憨山生卒年代相關的晚明政局以及社會實情上面。

第二、是從「明末三教環境」的層面來看，主要是以晚明儒釋道的時代特質為觀察的重點。

第三、是從「明末佛教宗門流弊」的層面來看，本文希望在這個層面上，能概略整理出憨山當時所直接面對之禪門通病。

第四、是就「憨山當時之禪學趨向」的層面來看，主要是在於敘述晚明禪門普遍形成的一些禪學風格。

依照這一順序，首先本文便從「明末之政治現實與社會之趨勢」開始。

第一節　明末之政治現實與社會之趨勢

憨山生於嘉靖廿五年，圓寂於天啟三年（請參見本文附錄），中間經歷了五個皇權的轉移，即：

世宗（嘉靖）——西元 1522～1566 年

穆宗（隆慶）——西元 1567～1572 年

神宗（萬曆）——西元 1573～1619 年

光宗（泰昌）——西元 1620 年

熹宗（天啓）——西元 1621～1627 年

五朝之中，皇帝多是不問朝政，委權小人的皇帝，所以，除了萬曆的前十年有張居正的改革外，不論在朝在野，都是一樣的渙散不經。因此，李自成在崇禎末年，能以風捲殘雲之勢，率亂民攻陷北京，是有因果可循的。底下，本節權分「政權中心之荒弛癱瘓與社會之動亂」與「晚明東林黨事件與礦稅紛爭」，概述明末之政治現實與社會趨勢。

一、政權中心之荒弛癱瘓與社會之動亂

明世宗登基之後，初期曾經推行了一些政治改革，如裁汰東廠錦衣三萬人、殺武宗佞臣江彬、錢寧，並督促地方詳勘各種皇莊、皇田，還地於民、減免百姓田租，一度曾經給予天下黎民以煥然一新的英明君王形象。但是，因爲世宗本身就是以藩王入嗣帝位，當初能夠執掌皇權，主要就是得力於朝廷內閣官僚集團的擁戴，所以，世宗即位後，內閣的勢力不消反長，而且紛爭內鬥不斷。嘉靖十二年，嚴嵩取得內閣首輔地位，極力逢迎世宗之習道參玄，頗獲器重而大權在握，世宗自此不問朝政（後來在位最久的神宗萬曆，也是自萬曆十七年後，就日近女色馳獵，不問政事），明代的政權中心就隨之荒弛癱瘓了。

憨山生於嘉靖中期（嘉靖廿二年），當時朝廷中，正是唯嚴嵩馬首是瞻的時候，由於政權朝綱腐敗昏憒已極，根本無力抵抗外侮。倭寇侵擾與俺答的侵略，就一直是世宗年間的邊防困擾。嘉靖廿九年時，俺答大舉入寇京畿，北京便曾一度告急。而荒唐的是，嚴嵩竟然囑令明軍將領聽任俺答屠殺人民、蹂躪京城，直到俺答飽食離去，始終亦不願與之正面對抗，其置國家百姓於不顧的怯懦心態，簡直令人聞之髮指！

嘉靖末年，雖然嚴嵩在內閣傾軋中被褫奪權位，但當時國家的財政問題、邊防問題、百姓生計問題、公私有土地的問題，都已經累積了相當程度的危機，亟須加以改革。於是，穆宗隆慶六年掌內閣首輔的張居正，就積極振作，進行了十年（張居正當政時期爲隆慶六年至萬曆十年）的大改革，以試圖挽救大帝國的危機。在進行改革時，除了首先整飭邊防、充實軍隊戰力之外，面對晚明層出不窮的社會動盪，張居正也提出一系列的新政，其中，萬曆九年的「一條鞭」政策，即屬犖犖大者。據《明史》78 卷〈食貨志〉載，一條

鞭原是一種簡化賦役征收的新措施，對於一向繁複沉重的地方征賦以及民丁徭役，確有減輕負擔的美意。但是，張居正去世之後，朝廷連續又加征了三次的軍餉，且視爲「定額」，人民的負擔就相形沉重了：

> 萬曆四十六年，遼東兵事興。李邦華乃議自貴州外畝增銀三釐五毫，得餉二百五十萬；明年復議益兵增餉如舊。又二年，再議增賦，復畝增二釐，爲銀百二十萬。先後三增賦，凡五百二十萬有奇，遂爲定額。〔註1〕

加派在一條鞭上的軍餉，事後就成爲年年必加的定額，百姓在不堪壓迫下，只好反抗了。黃宗羲在《明夷待訪錄》中，就曾經從明代兵制的弊端當中，透視這個問題：

> 有明之兵制，蓋三變矣：衛所之兵變而爲召募，至崇禎弘光間又變而爲大將之屯兵。衛所之弊也，官軍三百十三萬八千三百，皆仰食於民；除西北邊兵三十萬外，其所以禦寇定亂者，不得不別設兵以養之。兵分於農，然且不可，乃又使軍分於兵。是一天下之民，養兩天下之兵也。召募之弊也，如東事之起，安家、行糧、馬匹、甲仗費數百萬金，得兵十餘萬而不當三萬之選，天下已騷動矣。大將屯兵之弊也，擁眾自衛，與敵爲市。搶殺不可問、宣召不能行，率我所養之兵，反而攻我者，即其人也。有明之所以亡，其不在斯三者乎？〔註2〕

「東事之起」以後，大部份戰爭所需的行糧、馬匹、甲仗軍費，都來自加派的征賦上面，這已經讓天下人民爲之騷動了，又加上召募的軍隊紀律荒弛，四處流竄的逃兵成群爲盜、「流氛」四起，明朝的根基，終於爲之動搖：

> 崇禎元年，先是遼左用兵，逃軍憚，不敢歸伍，至是關中頻歲祲，有司不恤下。有白水王二者，糾眾墨其面、闖入澄城，殺知縣張耀采。由是府谷王嘉允、漢南王大梁、階州周大旺等，群盜蜂起，饑軍應之。此流氛之始也。〔註3〕

明思宗朱由檢雖然曾經力圖振作，極力挽救朱氏家業，但最後仍以自縊煤山收場，迫他走上這條路的，並不是流賊李自成，而是晚明以降，整個政權中心的荒弛癱瘓與社會的動亂。

〔註1〕《明史》220卷，「列傳」之〈李汝華傳〉，頁5806。

〔註2〕《明夷待訪錄》「兵制」一，《黃宗羲全集》第一冊，頁29～30。

〔註3〕《明史》260卷，「列傳」之〈楊鶴傳〉，頁6725。

二、晚明東林黨事件與礦稅紛爭

而與憨山之被流放充軍息息相關的，則是東林黨事件與礦稅的紛爭。

如附錄所言，神宗皇帝之生母，崇信佛老之孝定李太后，〔註4〕曾懿令憨山在臺山為神宗建祈儲道場，後來神宗果於萬曆十年生子朱常洛。憨山因此名重京城，而為天下所倚重。但是另一方面，神宗佞妾鄭貴妃又旋於五年後生子朱常洵，且恃寵欲爭奪常洛之太子儲位資格。於是，「建儲」的問題，就演變成朝廷內閣大臣中兩派勢力角逐的重點，一派是親近鄭貴妃的浙派，以浙江寧波人沉一貫等為首，他們擁護朱常洵為太子；一派則是以諷議時政、不苟氣節自居的東林黨，以吏部郎中顧憲成等為首，主張依循正統，立長子朱常洛為太子。至於握有主要決定權的神宗，則因寵溺鄭貴妃的緣故，對東林黨徒頗有微詞、屢表不悅；再加上浙派之聲勢相倚、嚴批東林黨人；最後，東林黨徒失勢，「建儲」的問題便聽由鄭貴妃一派主使。而且，繼踵而來的，是一波接一波的整肅異己行動。憨山就是在東林黨失勢之後，這種株連定罪的背景底下，被降罪流戍於嶺南十餘年。

黃宗羲《子劉子行狀》也記載了萬曆晚年，益府冊封副使劉宗周，上書勸立長子朱常洛為太子的一段文字：

> 陛下深居宮禁，務與臣下隔絕，雖皇太子至親，未嘗宣召寢門。春秋鼎盛，講席不設，托之阿保之手。豈陛下之所厭者賢士大夫，復推之而于皇太子亦厭之耶？陛下之所狎者宦官宮妾復推之而使皇太子亦狎之耶？〔註5〕

而在劉宗周回憶中，東林黨人的遭遇則多半是「卒搆逆璫之禍以死」：

> 萬曆之季，高攀龍講紫陽之學，世以東林名，卒搆逆璫之禍以死。……
> 朝處一人焉，坐之曰黨；暮去一人焉，坐之曰黨。猶以為未足，特

〔註4〕連瑞枝〈錢謙益的佛教生涯與理念〉一文，曾說道：「明末崇佛最著名的，就是萬曆皇帝的母親孝定李太后。她在宮中將自己的塑像作成九蓮座，並自稱九蓮菩薩。當時相當順從母親的萬曆帝，也因而對佛教相當的敬重。朝中臣宦亦然。一時之間，京城佛寺大盛。光是宛平一地，就有寺院二百一十二座，庵一百四十座。而紫柏大師、憨山大師也是因為聖慈的關係，被詔入宮。憨山大師以一代佛教高僧的地位，被封五台山建祈儲道場；紫柏大師修方冊藏等。他們都由慈聖太后個人的肯定，而促進其佛教改革事業的。所以，孝定李太后在明末佛教界的地位，尤為重要。」這位孝定李太后，後來就被民間稱為「佛老娘娘」。連氏語見《中華佛學學報》第7期，頁359。

〔註5〕《子劉子行狀》卷上，《黃宗羲全集》第一冊，頁209。

設四面之網，使天下之人，不出於假道學，則出於假事功；不出於
假忠義，則出於假氣節。〔註6〕

在東林黨被整肅時，只要任何人被套上「東林」二字，都可以被借題發揮，
而構陷入罪。其中，最典型的，莫過於熹宗天啓年間，宦官魏忠賢之繫捕東
林黨著名領袖楊漣、左光斗等人，迫使楊左諸人慘死獄中。〔註7〕且魏忠賢還
進一步以剿滅東林之名，搗毀全國大小書院，讓東林黨在民間維續的知識份
子之一線清流，也被斬斷。

此外，與東林黨事件關係密切的，則是萬曆中期的礦稅問題。萬曆廿四
年起，朝廷派出了許多礦稅監人員，他們的工作並不是負責實際上的開礦或
收稅，而是對民間進行肆無忌憚的搜刮劫掠：

礦不必穴，而稅不必商。民間丘隴阡陌，皆礦也；官吏農工，皆入
稅之人。〔註8〕

如此一來，社會上貧富盡傾、工商交困，人民無法正常安居樂業，最後只好
加入流民，演爲民亂了。與憨山有莫逆交情的達觀紫柏，曾在入獄之後感喟
人生三負（見本文附錄），其中一負，便是對礦稅所發出的憤怒。萬曆廿七年，
東林黨人李三才上書謂：

陛下愛珠玉，民亦慕溫飽；陛下愛子孫，民亦戀妻孥。奈何陛下欲
崇聚財賄，而不使小民享勝斗之需？欲綿祚萬年，而不使小民適朝
夕之樂？……近日奏章，凡及礦稅，悉置不省。此宗廟存亡所關。
一旦眾叛士崩，小民皆爲敵國。風馳塵驚、亂眾麻起，陛下塊然獨
處，即黃金盈箱、明珠填屋，誰爲守之？〔註9〕

事實上，李三才的陳言，並沒有被看重，反而還因此罷官歸鄉。但是，礦稅
的問題，卻不幸被三才言中，後來就成爲朝廷「眾叛士崩」、民間「亂眾麻起」
的致命因素。

羅麗馨於〈明代內閣制度〉文，曾說道：

〔註6〕《子劉子行狀》卷上，《黃宗羲全集》第一冊，頁218～219。
〔註7〕黃宗羲對明代宦官之爲禍，批判最爲劇切，他說：「奄宦之禍，歷漢唐宋而相
　　　尋無已，然未有若有明之爲烈也。……漢唐宋之奄臣，乘人主之昏而後可以
　　　得志；有明則格局已定，牽挽相維。以毅宗之哲王，始而疑之，終不能舍之，
　　　卒之臨死而不能與廷臣一見。其禍未有若是之烈也！」，語見《明夷待訪錄》
　　　「奄臣」上，《黃宗羲全集》第一冊，頁44。
〔註8〕《明史》237卷，「列傳」之〈田大益傳〉，頁6170。
〔註9〕《明史》232卷，「列傳」之〈李三才傳〉，頁6061。

> 有明皇帝，始終以殘殺樹威，視臣民有如奴才，不尊重其人格。……
> 孟子嘗言：「君視臣如草芥，則臣視君如寇讐。」臣若不見親且信焉，
> 雖真儒，安所宣其效哉？是以國之存亡，繫乎君之仁與不仁而已。
> 〔註10〕

明神宗對東林黨人的輕賤不重視，使得身邊的「真儒」個個求去，而逢迎小人則與日俱增，文臣武將率皆以阿腴文飾為務。萬曆一朝，武將之敗壞，實繁不勝舉。黃宗羲《明夷待訪錄》「兵制」三，即指出：「萬曆以來之將，掩敗飾功，所以欺其君父者，何所不至，亦可謂傾危矣。乃止能施之君父，不能施之寇敵。」〔註11〕而文臣之不務實際、腹笥甚窘，也是不爭的事實，如《明史》252卷〈王應熊傳〉即云：「崇禎初，應熊上言：陛下焦勞求治，何一不信任群臣，群臣乃不肯任勞任怨。且自神宗以來，士習人心，不知職掌何事；有舉會典事例以告者，反訝為申韓刑名！」，〔註12〕如此一來，「君不君，臣不臣」，這個皇朝當然會更快地走向滅亡。

以上，我們已從「政權中心之荒弛癱瘓與社會之動亂」與「晚明東林黨事件與礦稅紛爭」中，大抵瞭解了一些關於憨山的時代背景。但是，這亦僅只是很粗略的背景介紹，對於實際醞釀其禪學思想的時代因素，諸如明末之三教環境、當時整個禪學的傾向等問題，我們其實都尚未觸及。所以，為了要更全面性地探討憨山自性禪學的時代背景，底下本文緊接著由「明末三教環境」繼續。

第二節　明末錯綜複雜的三教環境

明代禪學，雖已不復惠能時期風貌，但在三教問題上，卻仍舊延襲晚唐以來的禪門發展特色，也就是依然採行互容兼攝的態度，去面對來自儒、道的衝擊。而實際上，面對傳統的儒道體系，中國佛學在發展伊始，就已歷經了一連串的吸納轉化，著名的「格義佛學」時期，乃至般若思想發展為「六家七宗」之過程，或初期禪宗在南方發展為玄學化之牛頭禪與石頭禪〔註13〕

〔註10〕語見羅麗馨〈明代內閣制度〉中興大學文學院文史學報第6期，頁155。
〔註11〕見《明夷待訪錄》「兵制」三，《黃宗羲全集》第一冊，頁35。
〔註12〕見《明史》252卷，「列傳」之〈王應熊傳〉，頁6529。
〔註13〕釋印順於《中國禪宗史》第九章〈諸宗互抗與南宗統一〉認為惠能、神會以降的南方佛法，多受到玄學的影響，視參禪為「參玄」。其中，石頭希遷之〈參

等，均在在證驗了三教之間互需互動但又各自圓足、互不相妨的微妙關係。
不過，此處筆者無意於對此做詳細的歷史事件敘述，僅以明末佛教所身處之
三教格局，進行底下四個子題的闡述。

一、以陽明學為中心之明末儒學

　　繆天綬〈《明儒學案》新序〉曾依明代儒學之派別與發展時間，分明儒為三
期，即（一）初葉──述朱期；（二）中葉──王學盛期；（三）末葉──王學
修正期。〔註 14〕其中，所謂「述朱期」係指明代弘治以前的程朱理學，基本上
仍承襲宋代程朱理學「格物致知」、「明善誠身」的架構，並以「性即理」區隔
於陸九淵之心學；代表人物有金華學派的方孝孺，崇仁學派的吳康齋、胡敬齋、
婁一齋，河東學派的薛敬軒以及江門學派（又名白沙派）的陳白沙。〔註 15〕而
所謂「王學盛期」，顧名思義即知是指明正德以後，王陽明心學高舉「致良知」、
「心即理」，一洗程朱拘弊的全盛時期。按照繆天綬的分法，「王學盛期」還可
分左右兩派。〔註 16〕左派主張本體即工夫，學問風格上主動，近乎頓悟；代表
性人物有浙江學派的錢緒山、王龍溪以及泰州學派的王心齋、王東崖、羅近溪。
右派則學問風格主靜，主張由工夫而達到本體，近於漸修；代表性人物是江右
學派的聶雙江、羅念庵、王塘南、萬思默等人。至於「王學修正期」，則以晚明
東林學派之顧涇陽、高景逸、孫淇澳，以及甘泉學派的劉蕺山為代表。王學修
正期主要係對應於王學左派末流的空談良知，卻蕩軼禮法、蔑視倫常而起的；
例如當時泰州學派之徐波石、顏山農、李卓吾等人，其恣縱橫肆之言行，聳動
於廟堂江湖之間，都已非常情所能容忍。

　　而雖然王學在晚明產生了弊端，其心學的主張卻已然在晚明學術界中，擁
有重要地位；顧涇陽、劉蕺山等人，多直接批判左派末流，對於陽明原有的思

　　　　同契〉，即代表唐代禪學「道化」的極致。
〔註 14〕見繆天綬《明儒學案》選註本，頁 6。
〔註 15〕張克偉〈明初朱學學派述論〉則認為：「陳獻章（1428～1500）乃上繼陸象山、
　　　　下啓王陽明，成為明代理學史從程朱理學轉向陽明心學的一個重要環節。」
　　　　語見《東吳哲學學報》第 1 期，頁 70。其次，大陸學者程念祺〈明代心學主
　　　　體性與江南地區的社會氛圍〉一文中，更進一步主張明代江南地區的特殊社
　　　　會氛圍，是奠立陽明心學的歷史基礎（程文見錄於《道佛儒思想與中國傳統
　　　　文化》，頁 152）。
〔註 16〕見繆天綬《明儒學案》選註本，頁 25。

想及其爲人，則依舊佩服。所以，如果將心學奉爲明末儒學的正統，〔註17〕似乎亦不爲過！在《傳習錄》〈答顧東橋書〉，陽明曾言其心學如下：

> 若鄙人所謂致知格物者，致吾心之良知於事事物物也。吾心之良知，即所謂天理也。致吾良知之天理於事事物物，則事事物物皆得其理矣。致吾心之良知者，致知也；事事物物皆得其理也，格物也。是合心與理而爲一者也。〔註18〕

陽明於此提出之「心即理」見解，實即象山心學的再現。而此處刻意藉格物窮理之說縷述見地，一方面除了是疏注《大學》的表層目的外，另一方面亦意在於重新翻修以「性即理」爲進路之朱熹理學。錢穆於《宋明理學概述》中，就認爲：

> 王守仁的良知學，並不忽略了外面事理之講求。程頤、朱熹格物窮理的教法，守仁良知學裡仍還是重要；所爭只在先有一頭腦、先有一根柢，此即陸九淵所爭的先立乎其大。如此看來，守仁學說還是逃不開朱陸異同的問題，在守仁自然是偏主陸的一邊多，所以，後世稱程朱與陸王，這是宋明理學一大分野、一大對壘。後人又稱程、朱爲理學，陸、王爲心學；謂程、朱主性即理，陸、王主心即理。〔註19〕

而秦家懿於《王陽明》則進一步區分朱、王謂：

> 朱比王重「理」，王比朱重「覺」。朱熹不只多讀書、多傳註，他好思考、多疑問；在尊四書之餘，也研讀五經，而且治經態度嚴正獨立，不取漢唐之注疏訓故。他認《易》爲卜書、《詩》有淫詞、《書》多僞作、《禮》則宜改；對於後世之經學，也有啓發的貢獻。王陽明則不是經學家，他直用陸九淵語，以經註「心」。他的學問之長，實是哲學；他以道德論、修身論爲主，從淺入深，直探道德的「本體論」。〔註20〕

順此脈絡可知，在宋代執思想界牛耳之程朱理學，到了晚明，隨著時空格局的轉換，已經無法獨享尊榮，甚至到最後，「性即理」亦不得不拱手讓位於「心即理」了。明末之儒家思想，也就是在這種跳離朱學重「理」的新發展中，

〔註17〕假如有異端，應即是重新回歸程朱法度的儒學潮流。明亡之後，這個異端很快地就成爲清代樸學的先聲。

〔註18〕見《王陽明全書》第一冊，《傳習錄》〈答顧東橋書〉，頁37。

〔註19〕錢穆《宋明理學概述》〈王守仁〉，頁287～288。

〔註20〕秦家懿《王陽明》第一章，頁26。

順理承當的，以陽明心學為一代之顯學。

　　然而，正如前述，晚明的王學左派以及劉蕺山等人的批判，都使陽明心學蒙上一層塵土，〔註21〕所以，顧炎武在其《日知錄》卷十八中，才會說：

　　　　以一人而易天下，其流風至於百有餘年之久者，古有之矣。王夷甫

　　　　之清談、王介甫之新說，其在於今，則王伯安之良知是也。

亭林將明朝的滅亡歸罪於陽明，是否確當，自有仁智之見。但由此卻可看出，陽明心學在晚明儒者心中的絕對性地位。

　　而在這同時，道教亦產生了十分微妙的變化。

二、漸趨衰微之明末道教

　　道教的建立，原本是一綜合秦漢之際的方士活動與黃老道，以及漢末五斗米道與太平道活動的漫長過程。劉精誠於《中國道教史》即認為，中國道教之創立過程與佛教、基督教、回教等不同，它並沒有一個明顯的創教時期。〔註22〕正因發展時間如此漫長，它的教儀教義亦相對地十分複雜：舉凡黃老思想、陰陽五行讖緯卜筮、神仙方術、鬼神祝由，甚至儒家佛家之思想規儀，幾乎全在搜羅之列。〔註23〕而隨著時代推移，道教中俊秀人才之輩出，也令人目不暇給，如魏晉時期寫《抱朴子》的葛洪、開創茅山宗的陶弘景，宋代寫《無極圖》之陳摶、創始全真道之王重陽，都是當時知識界中的佼佼者。

　　到了明代，明成祖朱棣大規模地構建湖北均縣之武當山，奉祀真武玄天上帝，帶動了全國上下的道教信仰。道教中的神祇人物，幾乎都有民眾建廟祭祀，真武廟、關帝廟、媽祖廟、呂祖廟、城隍土地廟、山川自然神祇等廟開始遍佈各地，迄今不衰。而結合佛家因果輪迴說與傳統儒家倫理道德的道

〔註21〕陽明學的末流，在顧炎武、黃宗羲的書中均有激烈的批判，更廣義地說，清初以降「實學」、「樸學」的學風，也是對心學的反動。大陸學者黃書光〈論明末清初實學思想家對理學教育思想的批判與改造〉文曰：「明末清初，適逢王朝更替之際，社會劇烈動盪，迫使許多有識之士去正視現實。他們不再以先驗預設的良知為理論出發點，而是站在社會現實的高度，以理性的態度去重新審視程朱陸王之學，對理學教育思想進行系統性地批判和改造；由空談心性別廢虛崇實，提倡經世人才與實用科技。」語見鵝湖228期，頁14。

〔註22〕參見劉精誠《中國道教史》第二章，頁27。

〔註23〕葛兆光《道教與中國文化》就如此說道：「既像老莊、禪宗與中醫養學，又不是老莊，禪宗、中醫養學的人生情趣心理境界與生理狀態的綜合，就構成了唐宋以來道教人生哲學的基本內容。」語見該書P314。

教善書，如《太上感應篇》、袁了凡《功過格》、《文昌帝君陰騭文》，也趁勢以宣揚勸善抑惡之宗教道德的姿態，〔註 24〕大量地流傳民間，形成明代道教極為特殊的現象。

然而，畢竟長時期之發展下來，道教也背負了許多弊端與包袱，其中領袖人物之神格化，招致當政者不悅，以及方術之流於迷信愚民，道徒方士之夤緣登進、為虐一方，不斷引發反對者之圍剿聲討；皆使其地位處處陷於不利。明洪武元年，道教第四十二代張天師張正常，覲賀明太祖朱元璋登基即帝位時，太祖就已經對「天師」之名號深表不滿，《明太祖實錄》卷卅四載錄這段史實謂：「上謂群臣曰：至尊唯天，豈有師也？以此為號，褻瀆甚矣。」結果張正常被撤去「天師」名號，改授「正一嗣教真人」。〔註 25〕而迷信長生不老術之明世宗，最後因服食丹藥致死；擅寫齋醮青詞的嚴嵩，更以長生不老術一意媚上，專橫朝政達廿年；這都反映了道教在明代的嚴重危機。韋伯於《中國的宗教：儒教與道教》中，指出中國之宗教缺乏「信仰的監督」（Seelsorge）的觀念，這用以理解道教在明代的嚴重危機，是十分恰當的。〔註 26〕

不過，在明代無論朝廷或民間，信仰型態與思想內容，卻已經逐漸發展出一種融合的方向，而且愈至晚明，愈趨成熟，此即「三教合一」說。

三、明末佛學界之「三教合一」說

憨山之前，金代之全真道已取代傳統道教，並由邱處機開創全真教，其教義揉合了道教原有的清淨無為、拱默自守、養性全命及儒家的名教綱常觀念、封建禮法等，進一步制定了許多類似佛教的戒律，規範道徒的思想原則與行為模式，如通玄子陸道和所編的《全真清規》中就有所謂「教主重陽帝君責罰榜」，規定犯國法者開除。〔註 27〕由於邱處機巧妙結合儒釋道三教於其教義與戒律之

〔註 24〕 鄭志明認為太上感應篇是「以道教的宗教倫理化成通俗化、淺俗化的道德條目，成為輔助儒家教化的民間教材」，見〈太上感應篇之倫理思想〉，鄭志明撰，鵝湖 143 號，頁 42。

〔註 25〕 詳見劉精誠《中國道教史》第六章，頁 275。

〔註 26〕 見韋伯著、簡惠美譯《中國的宗教：儒教與道教》〈正統與異端〉，頁 291。不過，據余英時《中國思想傳統的現代詮釋》〈中國近世宗教倫理與商人精神〉P280～293 指稱，金、明之道教型態，都普遍存在有「入世轉向」的宗教問題。余英時認為這個時期的道教和基督新教的「天職」（calling）觀念，至少在「社會功能上有相通之處」。

〔註 27〕 參考葛兆光《道教與中國文化》，頁 288 及北京國務院《中國大百科全書》「宗

中，再加上羽士道徒遍佈天下，全眞教一度對明代宗教也有舉足輕重的影響。憨山避名東海時（見本文附錄），東海當地居民即多信奉羅教，那時候的羅教，就是結合全眞教與禪宗的一種地域性信仰。然而，全眞教的三教合一觀，正如主張「以儒治國」之耶律楚材提倡的三教觀〔註28〕一樣，都不是站在佛教的立場發言的。明代佛學界之三教合一說，遲至晚明，方才成爲眞正熱絡的話題！

　　其實，「三教合一」的觀念，本是基於儒釋道之間長期交會互動之必然歷史發展，依僧祐《弘明集》卷一載，東漢牟子（牟融）之《理惑論》便已提出三教合一說法。而到了唐宋時期，更是逐漸將三教各自的外在修養轉向內在的修養，以至於在「修心」的問題上，達到大體一致的認識。〔註29〕在明代，宗本之《歸元直指集》，就明顯代表了此一趨向，其中之〈辨明三教至道〉曰：

> 三教至道，但是一心。心者，人之本源也。釋云：心是法中王；道
> 云：心是眾中王；儒云：心是人之主。一切諸法，皆不出於心也。
> 王不動，萬姓自安；心不亂，諸邪不起；正所謂心有主，則能不動
> 矣。釋云：心地法門，非在舌辨；道云：心地下功，全拋世事；儒
> 云：說不如行，行不如到。俱要終窮至實，畢到斯源，了義還宗，
> 隨流赴感。故孔子以寂然不動爲體，感而遂通爲用；佛以定爲體、
> 慧爲用也；老子以虛無爲體，妙有爲用。亦此意也。〔註30〕

如宗本這般，將心法視爲媒介三教之橋樑，以本體論作爲「三教合一」之起點，本是明代三教之間逐漸形成的共識。而以紫柏爲首之明末四大師，也都各自有其統攝三教的言論，〔註31〕在陽明心學門派紛歧、道教愈趨式微沒落，而佛教界亦宗門凋零之際，由四大師所帶領之「三教合一」風潮，的確是爲晚明學界注入一股新生的活力。〔註32〕

教」，曾召南〈道教戒律〉，頁 65。
〔註28〕參見〈宋明「三教合一」思潮中的「心性旨趣」論稿〉，陳俊民撰，鵝湖 172
　　　　號 P2～10。
〔註29〕參見王志遠〈唐宋之際「三教合一」的思潮〉文，該文收錄於《佛教與中國
　　　　文化》P71。
〔註30〕明宗本《歸元直指集》卷三，嘉興大藏經第廿二冊，頁 37。
〔註31〕此於聖嚴《明末中國佛教之研究》第一章 P32～37，有詳細舉證。
〔註32〕晚明佛教雖面對許多侷限，但開創性的特徵仍然不少，例如江燦騰就以歷史的
　　　　角度歸納這個時期的佛教現象，他說：「如果歸納晚明的佛教將會發現幾個現
　　　　象：1、是禪淨兩宗獨盛而且著名的佛教高僧往往即禪淨雙修的提倡者與實踐者
　　　　2、宗教融合的思想非常普遍而且有極成熟的理論詮釋 3、經典的普及化和說理
　　　　的明白條理化相當盛行 4、社會的關懷和批判的角度極爲深刻而激烈 5、自覺性

　　當然，這樣的「三教合一」，依據不同的發言立場，仍存在著濃厚的本位色彩。今天若剋實言之，當時所謂之「合一」，恐怕也僅是用自己教別之立場，謀取本體論之大方向的吻合而已，並非一視同仁；憨山在寫給顧山子的信中，就曾借用「一」的觀念，表明這樣的三教觀：

> 一乃萬物之本，造化之蘊也。故曰：天得一以清，地行一以寧，聖人得一以爲天下正。正則不滑於邪，而固其本也。然人與物、理與氣、心與形，均一也。一得而眾理歸之。語云：識得一萬事畢。故吾徒參玄之士，必曰萬物歸一，一歸何處？斯則歸一可知，一之所歸則不可知也！今夫人者，萬務交固、萬慮攻心，紛紛擾擾，竟莫之寧，乃不識一之過也。居士能觀天地造化之歸一，而不識身心性命之歸一，是知二五而不知爲十也。苟知性命之歸一，則萬化備在於我矣。可不務哉！〔註33〕

就「道」言：「一」是清寧天下正的基源動能；就「儒」言：「一」是歸攝理氣性命、統會萬事眾理的源頭活水；就「佛」言，「一」則是眞常之本心本性。憨山活用「一」的概念、游走於三教，最後其實仍是以澆心中之塊壘、匯歸自性爲目的。

　　由此可知，明末之「三教合一」論，實際上，並沒有眞正地達到三教平等的地步。〔註34〕這個現象，即連憨山亦不免。然而，無論如何，晚明佛教界「三教合一」思潮之形成，確已十分有利於緩解三教間長久以來的對峙緊張。憨山思想之所以能博綜儒釋道三家，實際上還得拜此時代潮流之所賜。

四、受世俗王權制約的特殊宗教型態

　　眾所周知，佛教傳入中國，自始就與世俗王權關係密切。由於中國的朝廷向來就握有主宰全國一切事務的絕對威權，洵致佛教之盛衰榮替亦不可免

地作整個佛教前途反省和建設的著作亦紛紛出現6、與異族對抗和教內學術辯論都構成極大的風波7、叢林改革往往伴隨叢林規約的制定。」語見江燦騰《晚明佛教叢林改革與佛學諍辯之研究——以憨山德清的改革生涯爲中心》，頁4。

〔註33〕《憨山大師全集》卷三〈示顧山子〉，嘉興大藏經廿二冊，頁412。

〔註34〕王祥齡在〈圭峰宗密的三教歸一思想初探〉文中，則指出宗密是一位能將中國佛教的三教觀，從宗教層面跨進到哲學領域的思想家。這與一般陷溺於教條的爭議、道統的維護與宗教信仰者的心態迥異。在明末，雖然「三教合一」論，實際上，並沒有眞正地達到三教平等的地步，但至少宗密的融會心態是很清楚地被佛教行者保留著。王文見鵝湖177號，頁32。

地受制於朝廷。例如《弘明集》卷五〈沙門不敬王者論〉中，即曾如是記載：

> 天地之大德曰生，通生理物，存乎王者。故尊其神器，而禮寔爲隆；
> 豈是虛相崇重、義存弘御而已。沙門之所以生，生資國存，亦日用
> 於理命，豈有受其德而遺其禮、沾其惠而廢其敬哉？〔註35〕

由於皇帝是世俗王權的中樞，因此佛教的出家人應否禮拜皇帝、「尊其神器」，
遂成爲魏晉時期的熱門話題。據《魏書》〈釋老志〉言，北魏沙門法果就主張
以事佛之禮事「人主」，他說：「能弘道者人主也。我非拜天子，乃是禮佛耳。」。
〔註36〕而道安亦有「不依國主，則法事難立」〔註37〕的妥協態度。凡此皆可
看出，與政治權力相結合的宗教型態，確是中國佛教的一大特色。

　　在這樣的宗教型態中，世俗王權往往擁有絕對主位之宰制權，佛教常僅
是扮演依附王權的被動角色。〔註38〕荒木見悟在《陽明學與明代佛學》文中，
即以明代佛教爲例，說明這個現象：

> 明代的佛教，雖說建國以來受到國權的保護，但並未出現特別顯著
> 的師家，可以說依墮性保持其命脈而已。據說成爲其主流者，是大
> 慧宗杲的公案禪。但大慧所具有的那種與堅強的時弊和權勢對決的
> 態度，到底是無法期望的。原來大慧禪是投入士大夫的知識、教養、
> 禮節法度的停頓狀態中，抓住其前襟踏著腳，以禪心給予其生命起
> 死回生的轉機，而得到極好的成果的，但此種與士大夫層層接近，
> 不久由於其法孫與士大夫層之間產生安逸的黏連，遂變質爲完全擁
> 護體制的宗教。這乃成爲爲政者的藉口，例如明太祖亦欲將佛教編

〔註35〕梁僧佑《弘明集》卷五〈沙門不敬王者論〉，磧砂大藏經第卅一冊，頁212。

〔註36〕語出唐道宣《廣弘明集》卷二之《魏書》〈釋老志〉，磧砂大藏經第卅一冊，
　　　　頁284。

〔註37〕梁慧皎《高僧傳》卷五〈釋道安傳〉，磧砂大藏經第卅冊，頁596。

〔註38〕在釋見曄〈明太祖的佛教政策及其因由之探討〉文中，曾如此道出明太祖以
　　　　來的佛教政策，可爲參考。其謂：「明太祖曾借宗教之力建立大統帝業，即位
　　　　後，一方面是正面的欲以護教者自居，而進行佛教之清理；一方面是反面的
　　　　畏懼宗教與民眾結合之力量，故思對佛教隔離，庶免成爲帝業不穩之絆腳石。
　　　　並想借宗教之用，以收輔助政治之效。……太祖的佛教政策，約有三類：管
　　　　制、隔離、懷柔禮遇。而以隔離政策爲其特色。換言之，其政策原則是僧俗
　　　　隔離，方向是採限制而不禁絕。……於隔離政策之下，所強調的僧人形象，
　　　　是不居市區、不混時俗、隱入深山崇谷，刀耕火種，或住叢林、侶影伴燈，
　　　　甘苦空寂寞。這些遠離世俗「山林佛教」的形象，成爲後人所認知的佛教，
　　　　一直延續到民國時代。」語見《東方宗教研究》第4期，頁96。

入其翼贊體制中而施用各種手段。這在體會太祖之意執筆的宋濂
（1310～1381）的楞嚴經序中的「眞乘之教，與王法並行」一語，
直截了當地表示。王法與佛法的先後關係，在佛教傳來當時，乃爲
宗教界的重要論題之一，其後亦有不屈服於政治權威的有骨氣的僧
侶，但是明初的佛教，卻唯唯諾諾地被嵌入太祖的文教政策之框子
中。〔註39〕

大慧宗杲的思想，稍後本文另予詳述，而此處荒木氤欲強調的是：即令是如
同宗杲看話禪般活潑生動之禪心禪境，也難逃唯諾趨應於世俗王權的命運，
足證明代佛教對於政治權威之依賴程度。不過，憨山之摯友達觀紫柏，倒是
獨特的異數，他的〈法王人王說〉，將王法與佛法的先後關係，作了重新的排
列，他說：

> 有土爲之長，謂之人王；有道爲之長，謂之法王。土有形坿，則尊
> 有所不尊；道無邊際，則無所不尊者也。是故鐵輪不若銅輪之尊，
> 銅輪不若銀輪，銀輪不若金輪；金輪雖尊，又不若帝釋與梵王之尊。
> 此皆就土形坿廣狹而尊者也。惟法王之尊，自凡及聖、包無并有，
> 統十虛而無遺、御萬有而無敝，以道無邊際，故無所不尊也；無所
> 不尊，則不可以人主之法繩之矣。故不土而君、不爵而貴者，謂之
> 方外之賓。今人必欲以世主之禮法，羈紲方外之人；羈紲之不能，
> 則便欲毀廢其教。是以晉桓玄離詞欲折遠公，遠因其折，徐申其理，
> 而玄怒爲之頓消。豈假口舌以諍之哉？理不可屈故也。〔註40〕

紫柏把「就土形坿廣狹而尊」的世俗王權，歸類爲佛教稱謂之輪王；所謂輪
王，至多亦僅是一方之主而已，並非「無所不尊」，所以「人王」的威權，只
在形下的方內有意義。而眞正的「無所不尊」，則非「統十虛而無遺、御萬有
而無敝」之「法王」莫屬；方外之緇衣沙門，就是法王在人間的示現。紫柏
便是透過如此方內、方外之區分，規範人王與法王之界域，從而推出佛教僧
伽「不可以人主之法繩之」的結論。〔註41〕

〔註39〕《中國近世佛教史研究》，荒木見悟·如實〈陽明學與明代佛學〉，頁390。關
於這方面的論述，本文尚參考於大陸學者洪修平撰寫之《中國禪學思想史綱》
第十章「中國禪學思想的衰微」之『明王朝與禪』（見該書P246）。
〔註40〕《紫柏老人集》卷十一〈法王人王說〉，嘉興大藏經第廿二冊，頁316。
〔註41〕這當然是因爲對「人主」所創造出來的政治環境，有一種遠離佛教政治理想
的憂慮心理所致。實際上，紫柏這段話的脈絡，更根源的依據，是來自於大

不過，晚明雖有紫柏之敢言，但實際上之朱明皇權，依然轄制當時之佛教僧侶。明末四師中，紫柏、憨山都曾因牴牾當道而銀鐺入獄，最後紫柏以冤死圜中收場、憨山則流放嶺南十餘年方蒙赦還；這些，都仍然十分鮮明地反映明代佛教受世俗王權約制的事實。

揉結上述，可就明末佛教所處之三教環境，做如下之歸納：

第一、明末儒學之發展走向，是以王守仁「心即理」之心學為主幹。明末王　　　學已逐漸取代標榜「性即理」之程朱理學，而為晚明儒家思想之主流。　　　王學之後雖有分歧，大致仍不離心學本質。

第二、明代道教已顯露疲態，領袖人物張天師名號，開國之初即為皇室撤除，　　　而溺事神道、崇尚服食迷信之弊端，復屢遭物議。延續至明末，道教　　　已趨陵夷式微。

第三、明代三教間，亦不乏「三教合一」之共識。但著眼之角度，往往仍存　　　在濃厚的本位色彩，且僅依修心之大方向統攝三教，立論薄弱而層面　　　狹隘。是以，「三教合一」說雖駸駸稱盛，卻難見公平客觀之允論。

第四、明代佛教之命運，仍受到世俗王權的絕對性轄制。而晚明佛教內部，　　　雖有王法與佛法分離之呼聲，但仍未改變世俗王權絕對優位的事實。

順此思路，本文底下續由「明末佛教宗門流弊」一節，討論憨山身處之宗門環境。

第三節　明末佛教宗門流弊

一、禪門沒落窳濫，缺乏傑出人才

元代禪僧中峰和尚於〈山房夜話〉中，曾以禪者的立場，表達了「諸宗亦禪之別傳」的看法，他說：

> 譬如四序成一歲之功，而春夏秋冬之令，不容不別也；其所不能別者，

乘佛法的理想政治嚮往，楊惠南先生〈漢譯佛經中的彌勒信仰〉就說：「大乘佛法的興起，是由於佛弟子對釋迦佛的永恆懷念。那麼蠰佉、月光童子等轉輪聖王的傳統，也可以了解為是由於印度人，甚至中國人，對於理想政治的嚮往。」當然，蠰佉、月光童子等轉輪聖王的理想，在其體的現實當中，是很難再現的。這個道理，正如中國古人的觀念中，唐堯虞舜是政治形象最完美的一個理想世代，後世絕不可能再有一樣。楊語見《台灣大學文史哲學報》第 35 期，頁 181。

　　一歲之功也。密宗，春也；天台、賢首、慈恩等宗，夏也；南山律宗，

　　秋也；少林單傳之宗，冬也。就理言之，但知禪爲諸宗之別傳，而不

　　知諸宗亦禪之別傳也。會而歸之，密宗乃宣一佛大悲拔濟之心也，教

　　宗乃闡一佛大智開示之心也，律宗乃持一佛大行莊嚴之心也，禪宗乃

　　傳一佛大覺圓滿之心也；猶四序之不可混，既不可混，非別而何？或

　　者謂彼三宗皆不言別傳，惟禪宗顯言別傳者，何耶？對曰：理使然也。

　　諸宗皆從門而後入、由學而後成，惟禪內不涉思惟計度之情，外不加

　　學問修證之功，窮劫至今，不曾欠少。〔註42〕

中峰的見解，係因應於當時禪門接會於諸宗教說的實際需要，這與《楞伽經》
融會「宗通」、「說通」之「教禪一致」的理論，原本就是相呼應的。只是，
中峰的呼籲並未改變當時佛門「禪」、「教」分張的事實。這個現象延續到了
明代，嚴重程度愈形加劇，更有甚者，禪門內部還隨著曹洞、臨濟二宗之傳
承系統的逐漸形式化，演變成「冬瓜印子」式的荒誕禪風，禪門的沒落窳濫
與缺乏傑出人才的窘境，已充份暴露出來。〔註43〕王陽明於〈遠公講經台〉
一詩，即如此慨歎：

　　遠公說法有高臺，一朵青蓮雲外開；臺上久無獅子吼，野狐時復聽

　　經來。〔註44〕

「臺上久無獅子吼」影喻明代之佛教思想界，缺乏開創性的人物，「野狐時復
聽經來」則形容禪門的沒落凋零。而對於這種萎靡窳濫的禪風，憨山亦往往
言之心痛，《憨山大師全集》卷三〈示眾〉中，憨山就以「冬瓜印子」，道出
他內心之不滿：

　　近來諸方少年，有志參禪者多，及乎相見，都是顛倒漢。以固守妄

　　想爲誓願，以養懶惰爲苦功，以長我慢爲孤高，以弄唇舌爲機鋒，

〔註42〕　《天目中峰和尚廣錄》卷十一〈山房夜話〉上，嘉興大藏經卅七冊，頁416。

〔註43〕　而江燦騰《晚明佛教叢林改革與佛學諍辯之研究──以憨山德清的改革生涯
　　　　爲中心》，則指出：「出家人口的過度膨脹，和寺田收益的削弱，造成了叢林
　　　　內部供需失調，以致弊端叢生且趨向衰微。」從這個角度，也能看出當時整
　　　　個禪門走向衰微的事實。引語見該書P302。

〔註44〕　《王陽明全集》第二冊，卷廿，〈遠公講經台〉，頁254。陽明此處之「野狐」，
　　　　乃意指野狐禪之謂。依浙江古籍出版社《佛學典故匯釋》載，「還未開悟而妄
　　　　稱開悟，非真正辦道而流入邪僻者，禪家斥爲野狐禪」（見該書P310）。這個
　　　　典故最早見於《五燈會元》卷三，據說百丈懷海每於上堂時，皆有一墮入五
　　　　百世野狐身之老者聽法。後世遂因以野狐禪形容未悟言悟與流入邪僻之謂。

以執愚癡爲向上，以背佛祖爲自是，以恃點慧爲妙悟。故每到叢林，
身業不能入眾，口意不能和眾，縱情任意，三業不修。以禮誦爲下
劣，以行門爲賤役，以佛法爲冤家，以套語爲己見。縱有能看話頭、
做工夫者……自負貢高，走見善知識，說玄說妙、呈悟呈解。便將
幾句沒下落胡說求印正。若是有緣，遇明眼善知識，即爲打破窠臼，
可謂大幸。若是不幸，撞見拍盲禪，將冬瓜印子一印，便斷送入外
道邪坑，墮落百千萬劫，無有出頭之時！〔註45〕

中國禪門發展到了明代，已經積弊叢生。原本六祖惠能明心見性、不立文字的
教外別傳〔註46〕之觀照工夫，此時已漸爲滿篇累牘的文字禪、公案禪所替代；
即令在宋代一度風行天下、強調實踐精神的宗杲「看話禪」，在有明禪匠底下，
也已漸失實質的意義。於是，憨山眼下之明代禪門，就呈現出一個習於舞弄機
鋒唇舌，「以行門爲賤役」之光怪陸離景象；有志參禪的人，往往一逕成爲三業
不修、縱情任意的「顛倒漢」，而禪門僧眾則多爲山林自度者流〔註47〕、多非明
心見性之人，輒以冬瓜印章胡亂印心傳法，成爲名符其實以盲導盲的「拍盲禪」。
憨山此處所言，其實亦無妨視作明代禪門的一幅縮影；聖嚴在〈明末的禪宗人
物及其特色〉文中，就曾藉憨山「冬瓜印子」的諷喻，透視了當時禪門傳承系
統上的嚴重危機，他說：

禪宗的重視傳承，本來是爲了防止濫冒，所以要由傳承明確的明師
給予勘驗及印可之後，始得成爲正統、正式的禪法的繼續傳授印證
者。但是，經過南宋末期、元朝及明初一度衰微之後的禪宗，能夠
把握佛法命脈的眞修眞悟的禪者，便寥寥無幾；往往是上一輩的禪
者們，爲了維繫禪宗寺院在形式上的世代相承，不致因了缺乏眞正
明眼人的接掌門戶，便驅於滅亡的厄運起見；對於尚未明眼的弟子，
只要稍具才華，勉強能負起寺院的管理之責者，也就給予傳法的印
可了。此種印可，被禪宗的門內人評爲「冬瓜印子」。〔註48〕

〔註45〕《憨山大師全集》卷三〈示眾〉，嘉興大藏經廿二冊，頁418。
〔註46〕楊惠南先生認爲所謂「教外別傳」是指釋迦在一般「教」化之外的特「別」
　　　　眞傳。其之所以強調「教外」，原是因爲禪法重實修觀照，與注重語言文字的
　　　　經典教化無關。語見〈禪史與禪思〉，楊惠南撰，鵝湖126號，頁38。
〔註47〕楊惠南先生認爲中國禪之所以會變成走入山林生活的自度自了之路，與不能
　　　　夠吸收《般若經》「不厭世間苦，不欣涅槃樂」的積極精神有很大關係。見〈禪
　　　　史與禪思〉，楊惠南撰，鵝湖119號，頁8。
〔註48〕釋聖嚴《明末佛教研究》第二章，頁6。

在明代，因為「真修真悟的禪者」寥寥無幾，佛門開創性的人才缺乏，使得禪學進入歷史上的空前低潮。再加上禪宗的心法傳承汩沒不彰，〔註 49〕致使禪師們即使能習於演說公案文字，自己往往也還是未明心見性。所以，明代禪門傳承之所以會變質為形式上的門戶相承，「明師」之缺乏，才是最主要的原因。所謂「冬瓜印子」，背後所透露的禪門真象，正是這種人才斷層的危機。

由這一時代特癥，我們當不難理解，何以包括憨山在內的明末四師，他們都十分淡出於門派傳承？以憨山為例，後人往往亦僅能以禪門「尊宿」名之，而不知其法嗣宗派；〔註 50〕憨山在寫給當時曹洞宗青原系卅五世之無異元來（1575～1630）信中，曾有「明二百季來，禪道寥寥，傳燈闕典」的〔註 51〕喟歎，憨山意指之「傳燈闕典」並不是指有形之語錄、禪書的缺少（事實上，當時依據各種不同宗派法系觀點所編寫之禪籍燈錄，可謂到處充斥，隨地可見），他指的是能實際傳六祖「心」燈的明眼善知識，這樣的禪宗人物，在當時，根本直如鳳毛麟角！

正因為如此，在無明師可參的情況下，學者彼此之間便只好以公案語錄為參究對象了。本來，禪門中參究前人公案，是被鼓勵的，因為它本身確有明心見性之迫體驗價值；但是在明代，卻因為長期的發展下來，產生了因循故舊、不求行證的弊端，人們對於公案原有的行動意識已趨麻痺，並逐漸形成了競尚口捷、以賣弄公案中的文字言說為風尚的畸型現象，而這又是促使明代禪門更趨於衰微的另一原因。

二、參學者習於賣弄文字言說

在〈示參禪切要〉文中，憨山如此道出時人參禪的大病，其曰：

〔註 49〕增永靈鳳撰、吳興譯《景德傳燈錄之研究》則指出：「由景德傳燈錄（記載唐末宋初禪之思想與信仰）中可以看出，禪宗係於唐末宋初，始逐漸由禪發展而獨立成宗。」實際上，當六祖之禪法逐漸淪為燈錄公案之禪宗以後，就已經開始出現弊端了。語見《佛光學報》第 6 期，頁 194。

〔註 50〕不只憨山如此，紫柏、智旭諸人亦皆普遍法嗣不明，紫柏在〈祭法通寺遍融老師文〉之中，就曾提出以「德」作為宗派傳嗣的依據，可惜這一見解仍無力改變當時的宗門事實，紫柏說：「予聞世諦，有父則有子嗣；微嗣，則人類絕。然有宗嗣焉，有恩嗣焉。而出世法中，則有戒嗣焉，有法嗣焉。予於遍老之門，未敢言嗣，若所謂德，則此老啟迪不淺焉。」見《紫柏老人集》〈祭法通寺遍融老師文〉，嘉興大藏經第二十二冊，頁 267。

〔註 51〕《憨山大師全集》卷六〈答博山無異禪師〉，嘉興大藏經廿二冊，頁 455。

今禪家寂寥久矣。何幸一時發心，參究者多，雖有知識，或量機權進、隨情印證。學人心淺，便以爲得，又不信如來聖教，不求眞正路頭，只管懵懂做。即便以冬瓜印子爲的決，不但自誤又且誤人，可不懼哉？且如古之宰官居士，載傳燈者有數人而已。今之塵勞中人，粗戒不修，濁亂妄想，仗己聰明，看了幾則古德機緣，箇箇都以上上根自負，見僧便鬥機鋒，亦以自己爲悟道。此雖時弊，良由吾徒一盲引眾盲耳。〔註52〕

參學者「不求眞正路頭」、「見僧便鬥機鋒」，是憨山當時習禪者普遍的通病。何謂「眞正路頭」？此處雖然憨山並沒有明講，然由其禪學系統衡觀，「眞正路頭」應是楞伽思想中的「教」、「禪」一體說。憨山認爲：時人參禪者，會造成困局的，並非教義教理之「說通」不足，因爲「教」上之知見理解，當時參學者早已氾濫有餘；所以會形成弊端的，都係源於缺乏實際的體驗與證悟，即「宗通」之禪行不足。換言之，當時參禪者多只懂得要口籌、鬥機鋒，層次頂多是「文字禪」，對於如何契會本心自性的「內證禪」，則逐付闕如。因此，憨山對習於賣弄文字言說、「粗戒不修」的學人，經常給予很不客氣的批評，在〈示修六逸關主〉文裡，他就直斥撥弄文字禪的人爲「大我慢魔」、「狂魔」：

切不可將古人公案，作自己知見，以資談柄。此一種病根最深，以正當說時，直圖爽快，全不知不是自己本分事。以此縱心矢口，全不曾回頭照看，所以不知是病。若養成此病，則將爲大我慢魔，乃狂魔之所攝持。今目中所見緇白好禪者，比比皆然，不可不懼也。

〔註53〕

憨山婆憂心切地指出：「將古人公案，作自己知見」，是時人極大的病根。此處他預設的前提是，不同境界的人，就應該使用不同境界的語言；如果工夫未臻公案中祖師境界，未證言證，率爾便以公案爲自己知見，則「將爲大我慢魔」，且爲「狂魔之所攝持」。而被憨山指爲魔眾者，絕非少數人，而是「目中所見緇白好禪者，比比皆然」，舉目所見之出家在家參學者，比比皆是。可見這確是令人「不可不懼」之時代通病。

所以，爲了要跳出這種繞路說禪的死胡同，並延續惠能直指自性的心法傳承，在〈示明益禪人〉一文中，憨山便有這樣的見解：

〔註52〕《憨山大師全集》卷一〈示參禪切要〉，嘉興大藏經廿二冊，頁410。
〔註53〕《憨山大師全集》卷四〈示修六逸關主〉，嘉興大藏經廿二冊，頁428。

> 學人不知向上一路，但求增益知見，殊不知知見立，知即無明本，
> 此不知本有，而向外馳求，更欲增益其明矣。苟明其明，則明亦不
> 立，何益之有？故曰：爲學日益。凡言學者，則向他家屋裡求安樂
> 窩。縱然求得，畢竟非屬己有，既非己有，則樂非眞樂，樂既非眞，
> 又何從而安之耶？向外求安，自古學人之通病，非特今也。……佛
> 言息心達本源，故號爲沙門，學人苟能息心達本，明不必外求。蓋
> 不必多增，自性具足，曾何虧欠。明益禪人果能知此，頓將從前所
> 求多處，一齊吐卻。如傷食人，中無宿滯，則元氣自復。學人斬卻
> 知見，可稱無事道人矣。〔註54〕

以憨山的角度來看，當時緇白好禪者之所以一窩蜂地鑽入繞路說禪的死胡同
裡，全是因爲「內」、「外」重心錯置所致！他套用老子「爲學日益」一語，
指明當時參學者之「但求增益知見」與「向外求安」，都只是「不知本有」的
戲論，根本無法安立本心。他勸明益禪人要將工夫重心挪置，重新回歸自性
本體，而且一定要將從前多處攀緣所得之知見，「一齊吐卻」；就如同食物中
毒的人，一定得先讓胃腸「中無宿滯」，才能恢復元氣一般。憨山認爲只要斬
卻了外求的知見、「息心達本」，則「自性具足，曾何虧欠」的自性本體必可
契證。他所謂的「無事道人」，正是實踐這種「明心見性」境界的理想人物。

而且，爲了要對治學者參禪時「縱情任意，三業不修」的病灶，憨山也
主張應從心念意志的鍛鍊上，作一種由內而外的觀念革命，以期有眞實工夫
與眞實受用。在〈示履初崇禪人〉一文中，憨山就提到了「眞實爲生死心」，
他說：

> 有向道之志，而無振拔之氣者。以心力不純故骨不勁，骨不勁故無
> 剛毅勇猛之志，所謂中無主不立耳。所以中無主者，以第一無眞實
> 爲生死心，故無決定久遠不退之志。既無決定之志，則一切趨操，
> 無特達之行。所以因循舊習、悠悠日月，但守閒散任意，以爲自在，
> 無拘於心。既不知檢，而於四大幻身，亦無支持之力。故日用現前，
> 全無眞實工夫，亦無眞實受用耳。〔註55〕

「眞實爲生死心」，意謂了生脫死的旺盛企圖心。一個學禪行者，如果心中沒
有始終保持一顆旺盛的了生脫死的企圖心，那麼很容易便會流於「因循舊習、

〔註54〕《憨山大師全集》卷一〈示明益禪人〉，嘉興大藏經廿二冊，頁406。
〔註55〕《憨山大師全集》卷四〈示履初崇禪人〉，嘉興大藏經廿二冊，頁427。

悠悠日月」的閒懶任意之中，每一個現前當下，都失去眞實工夫受用。因此，時刻點醒自己有否喪失出離生死的「振拔之氣」，並反省是否經常保持不退轉的「決定之志」，是有志參學者必先要有的心理建設。此外，所謂「日用現前」的工夫，憨山強調一定要從實際的觀照應會當中著手，絕不可流於「執言」：

> 古人云：工夫在日用處。此死句也。今日坐在此語窠臼中，縱是有
> 志之士，亦皆賣弄識神影子。非言者之過，執言之過耳。〔註56〕

其實，「工夫在日用處」並非死句，它本身原是極爲生動的實踐語，表達四威儀之趨操語默皆可契證本心的眞理。然而憨山刻意名其爲死句，則是對應於「賣弄識神影子」的病根而言。他深知時人喜於「坐在此語窠臼中」以資談柄，乾脆直說它是死句，憨山的用意十分明白，欲教「工夫在日用處」不死，只有靠行者的實踐。

　　總之，憨山對於當時禪門中人競鬥文字機鋒、玩弄公案語言的流弊，態度上是相當嫌惡的。由上述推論看來，他的禪學體系之所以對「明心見性」有強烈的實踐傾向，可能並不全然是個人性格所致，晚明這樣的時代因素，也是重要的原因。

　　不過，眞正足以影響憨山自性禪思想的時代因素，還是晚明的整體禪學趨向，其中，「性相」、「教禪」的見解，便屬犖犖大者。

第四節　憨山當時之禪學趨向

　　這個單元，共有三個子題，分別乃「性、相之融會」、「涵攝臺賢淨密於一爐之禪行」以及「兼通老莊孔孟之禪體密用」。前二者係論敘晚明禪學在「教內」發展出來的走向，後者則是再度延伸觸角，討論「教外」的三教合一問題。底下，先進行第一個子題。

一、「性」、「相」之融會

　　由中國佛教史角度以觀，「性」、「相」之分，最早可溯源唐代，當時嘉祥吉藏之龍樹三論（即《中論》、《百論》、《大智度論》）思想稱爲法性宗，而玄奘之唯識思想稱法相宗。可見初期中國佛學之性相分歧，原只是指涉般若學與唯識學之「空」、「有」說法之區界，此種性相之分只是「理」上主張之不同，在實

〔註56〕《憨山大師全集》卷一〈示陳生實甫〉，嘉興大藏經廿二冊，頁395。

際的「事」修上、乃至體用關係上，二者其實是無從分離的。深刻影響晚明禪學的永明延壽（904～975），於其《宗鏡錄》序文，就曾做過這樣整合：

> 性相二門，是自心之體用。若具用而失恆常之體，如無水有波；若得體而闕妙用之門，似無波有水。且未有無波之水，曾無不濕之波；以波澈水源，水窮波末；如性窮相表，相達性原。須知體用相成、性相互顯。〔註57〕

一般從思想史之理路看，永明延壽《宗鏡錄》之禪法係援華嚴入禪、以一心融會諸宗之禪法。此種強調以真常心之本體與作用為詮釋性、相的進路，除宗密外，永明當為第一人。而《宗鏡錄》序文揭示之性相說，對於明代佛教，具有底下兩點正面的意義：

第一、由於他主張性、相的關係，即是真常心的體、用關係（所謂「性相二門，是自心之體用」），直接啟蒙了明代佛教尊宿大德對於真常心系統的倚重。包括憨山在內的晚明四師，在本體論上面都認同真常心，就是最好的說明。

第二、對於性相二門，永明特別側重其「互顯」、「相成」的層面。這一見解，對於支持性相融會、諸宗融通乃至教禪一致說之形成，都有積極的意義。晚明禪學之所以能涵攝臺賢禪淨於一爐，並結合老莊孔孟以為禪體密用，永明性相說的啟蒙意義，實居其大。

憨山晚年時，曾寫〈性相通說〉，便是根據永明延壽《宗鏡錄》的基礎，搭配馬鳴《大乘起信論》的真常心見解，重新詮釋天親之百法唯識思想。他在〈性相通說〉卷上謂：

> 永明大師，集一大藏為宗鏡錄，以會歸一心，為二宗（即「性宗」與「相宗」）之極則。……唯馬鳴大師作起信論，會相歸性，以顯一心迷悟差別；依一心法，立二種門：謂心真如門、心生滅門。良以寂滅一心，不屬迷悟，體絕聖凡。……教外別傳之旨，乃直指一心，本非迷悟、不屬聖凡，今達摩所傳禪宗是也。其教中修行，原依一心開示，其所證入，依生滅門悟至真如門，以為極則。其唯識所說十種真如，正是對生滅所立之真如耳。是知相宗唯識，定要會歸一心為極。……學人不知其源，至談唯識一宗，專在名相上作活計，不知聖人密意，要人識破妄相，以會歸一心耳。故今依生滅門中，

〔註57〕見《宗鏡錄》卷首，磧砂大藏經卅五冊，頁418。

以不生滅與生滅和合，成阿賴耶識，變起根身器界，以示迷悟之源。

　　了此歸源無二，則妙悟一心，如指諸掌矣。〔註58〕

這段引文裡，憨山對於性、相的理解，仍舊遵循永明「會歸一心」的基本精神，但是他依據《大乘起信論》一心二門的劃分，重新解讀性、相，則賦予了性相說以新義；尤其他將「教外別傳」的禪宗，視爲永明「會歸一心」之所指，而所有「教中修行」則全部依從此一禪心而開示證入，很明顯這是他獨悟的創見。其次，以「不生滅與生滅和合」形容阿賴耶識的染淨同依，也與傳統天親唯識學視第八識爲被熏之染污識的看法不同。不過，憨山的性相融會思想，仍然保留了永明性相說統會空有、會歸一心的特色，只是在他的思維系統當中，禪宗更居於攝化諸宗的核心地位，他認爲包括相宗唯識在內的教下諸宗，都須服膺「依生滅門悟至眞如門」這一極則，而且最終一定是以「歸源無二」、回返禪宗之「一心」，作爲終極之目的。

　　這種以禪宗爲本位的性相融會說，在實際的宗教實踐活動當中，就被延伸爲涵攝臺賢淨密於一爐之禪行。底下續說此一特殊之晚明禪學取向。

二、涵攝臺賢淨密於一爐之禪行

　　明代禪學，以臨濟宗與曹洞宗爲主流。其中，曹洞宗在宋代雖然因爲大慧宗杲看話禪的關係，而與臨濟宗徒產生「默照」與「看話」的諍論；但這一長期的動態發展，到了晚明，其實已不復當初尖銳的對峙形勢；憨山當時，宗杲之看話禪也已實際上地成爲禪門宗教體驗的共識，而且它的影響力隨著時間之累積與宋元明歷代禪匠之發揚，早就有了凌越其他諸宗行門的實力。

　　從這一個簡單的事實看起來，我們應當很容易釐清爲什麼晚明四師，都普遍受到看話禪精神或形式感染的主要原因。雖然前文亦談及晚明之禪學，已產生了許多內部的弊端，但無可置疑的，看話禪依然是晚明禪學之中的「顯學」。而看話禪學以外的諸宗諸派，也就在相應於以禪爲本的宗教實踐活動當中，被統攝爲「會歸一心」的禪行。

　　釋聖嚴於〈明末的禪宗人物及其特色〉中謂：

　　　明末在曹洞宗的圓澄，著有五種四十六卷，涉及的範圍則法華、涅槃、楞嚴、思益金剛三昧等五種經典，已不是一位尋常禪師的心量。

〔註58〕《憨山大師全集》卷卅四〈性相通說〉卷之上，嘉興大藏經廿二冊，頁661。

元賢以經、律、淨土並重，禪者重教扶律，並且勸修淨土業，也可
說明了當時禪風的一斑。臨濟宗雖僅得法藏、通容、戒顯三人，著
述量也不多，但他們注意到了戒律的弘揚、密法施食的儀軌、因果
報應的事蹟等，可見當時的中國禪宗已受蒙藏喇嘛教的重大影響，
所以也採取密法施食的儀軌。〔註59〕

關於天臺、華嚴、淨土三宗與禪行之接會融通，本文底下亦有針對憨山禪學
思想淵源之專章敍述。而特別值得注意的是，當時諸宗思想與禪學交互融會
之事實，的確提供以晚明佛教以破繭重生的新機，即以畢生力弘「淨土之教」
的雲棲蓮池爲例，在他的《雲棲法彙》中，就包括了「戒疏發隱」、「彌陀疏
鈔」、「遺教節要」、「諸經日誦」、「具戒便蒙」、「尼戒錄要」、「禪關策進」、「僧
訓日記」、「緇門崇行錄」、「華嚴感應記」、「往生集」、「皇明名僧輯」、「武林
西湖高僧事略」、「自知錄」、「水陸儀文」、「施食儀軌」、「誦戒式」、「放生儀」
等內容，這其中，除了淨土思想外，舉凡臺、賢、律、密等三藏之學乃至儒
道典籍，均廣泛涉躐兼通，可見蓮池雖以奉行淨土法門爲指歸，但他思想層
面延伸之廣度與格局之大，都已非一般淨土行者的心量。崇禎年間，其《雲
棲法彙》曾重刻刊行，其刊本序云：

明嘉隆之際，禪燈殘燄耿耿，漸入邪途，教下三宗，亦復不絕如線。
而天下不可一日無良導。乃有我雲棲大師，捨華門望族，投跡空
山。……雖力弘淨土之教，躬荷毗尼之任；而亦不廢演法坐禪諸業，
融通禪淨、合會宗教。不使耳食之徒，視肝膽爲吳越，甘作獅子身
中蟲也。〔註60〕

蓮池在弟子心目中，既是一位「力弘淨土之教」的良導，也同時是「不廢演
法坐禪」的禪林行者。將注重他力的淨土信仰與強調自力之禪宗巧妙綰合，
是蓮池予人最深刻的印象。而這個印象之所以特殊深刻，主要是因爲蓮池主
張「參究念佛」，亦即是將淨土念佛法門融入禪行〔註61〕之中。所以，蓮池弟
子稱乃師「融通禪淨、合會宗教」，並非逾越之詞，當時之禪行，確已有涵攝
臺賢淨密於一爐的傾向。而這種禪教一致的風格，雖淵源於唐代的宗密，但

〔註59〕釋聖嚴《明末佛教研究》第一章〈明末的禪宗人物及其特色〉，頁39。
〔註60〕《雲棲法彙》〈新刻序〉，嘉興大藏經卅二冊，頁371。
〔註61〕而實際上，蓮池之「參究念佛」仍偏於理上說，在事修層面上，蓮池是道地
之「持名念佛」奉行者。

在紫柏以降之晚明四師身上，反而最為明顯。

　　相應於「教內」之禪教一致，晚明禪學也同時在「教外」，開拓出一片空前的三教合一的融合景象。

三、兼通老莊孔孟之禪體密用

　　傳統中國思想底層，對於異質思想之結合，便已有一股自生的原始動力。例如《道德經》中的「一」以及《莊子》〈天下篇〉中護全天下「道術」的主張，都提出異質思想之融合、再生的觀念。只是，類如〈天下篇〉式的思想融合，主要是著眼於化解正統和異端之爭論，它的目標是讓各種不同的思想，可以在一個更寬鬆的「道」之意義認定下共存。〔註62〕但晚明禪學在老莊孔孟思想中之統攝，則遠離了這樣的色彩。

　　究竟晚明禪學是以何種態度消化教外之儒道思想？回答這個問題，可由宗本之〈辨明三教至道〉一尋端倪：

> 三教至道，但是一心。心者，人之本源也。釋云：心是法中王；道云：心是眾中王；儒云：心是人之主。一切諸法，皆不出於心也。
> 〔註63〕

這裡，宗本很明顯是由本體論的方向，消解三教的隔閡。此亦即謂：「三教至道，但是一心」之唯心立場，是宗本認為最能通攝三教思想的角度。而它與之前憑藉模糊的「道」統會三教的進路，已有清楚的區隔。在晚明佛教復興運動當中，禪學對於教外儒道思想的消化，都有「一心」這個鮮明的主題，作為線索。因此，宗本之「一切諸法，皆不出於心」，可視為晚明禪學統攝老莊孔孟思想的代表。

　　當然，「一心」之運用，也可能因人而異。例如在《紫柏老人集》〈解易〉中，我們就看到紫柏以禪家之「一心」重新解讀《周易》的特殊看法，他說：

> 智鑒曰：一心不生，萬法無咎。盧山曰：一微涉動境，成此頹山勢。
> 予聞二老之言久矣，然終不大明了，及讀《易》至漸卦，始於二老

〔註62〕黃文樹〈李贄的教育思想及其時代意義〉亦指出：晚明儒者往往只知「依仿陳言」，拘守孔子的言行作為一切真理之衡準，因此才會醞釀出李贄這樣反叛型的人物來。所以，用更寬鬆的多元解釋去面對正統與異端，不獨佛家如此，晚明儒者心中亦有如此的傾向。參見黃文樹〈李贄的教育思想及其時代意義〉，鵝湖月刊241期，頁49。

〔註63〕明宗本《歸元直指集》卷三〈辨明三教至道〉，嘉興大藏經廿二冊，頁37。

> 之言，了無所疑。蓋卦寓性、爻寓情，如一心不生，萬法無咎者，
> 即卦之意也；如一微涉動境，成此頹山勢者，即爻之意也。大都一
> 心不生，則吉凶無地；一微涉動，即吉凶生矣。〔註64〕

以禪家本心之「不生」與「涉動」界定卦、爻，並因此延伸爲吉凶的判準，是
紫柏以禪解易的獨特創見。同樣的精神，亦貫徹在智旭的〈性學開蒙答問〉中：

> 易經繫辭傳云：易有太極，是生兩儀，兩儀生四象，四象生八卦。
> 此語最可參詳。夫既云易有太極，則太極乃易之所有，畢竟易是何
> 物，有此太極？儻以畫辭爲易，應云太極生天地，天地生萬物，然
> 後伏羲因之畫卦，文周因之繫辭，何反云易有太極？易有太極，易
> 理固在太極之先矣！設非吾人本源佛性，更是何物？既本源佛性尚
> 在太極先，豈得漫云天之所賦？然不明言即心自性，但言易者，以
> 凡夫久執四大爲自身相，六塵緣影爲自心相，斷斷不能理會此事，
> 故悉檀善巧、聊寄微辭。當知易即眞如之性，具有隨緣不變、不變
> 隨緣之義，密說爲易；而此眞如但有性德，未有修德；故不守自性、
> 不覺念起，而有無明。〔註65〕

智旭將「易」直接理解成「眞如之性」，認爲它具有「隨緣不變」與「不變隨緣」
之義，此與紫柏之以「一心」之不生、涉動解釋卦爻，其著眼的融會精神是一
致的。在這樣的融會精神中，二人雖不能避免本位主義色彩，但正統、異端對
峙的問題確已淡然，他們顯然沒有興趣提出籠統的大架構來安置各家思想（甚
至也不太關心自己的詮釋是否恰當相應），其共同的信念只是：如何將教外思想
轉化成自己修行上的助緣。而此一信念，是晚明禪學接會教外思想的重要前提。

實際上，憨山當時駸駸稱盛的三教合一論乃至儒佛、道佛之合流說，即
都是奠基於這種實踐取向的禪體密用之中。在《憨山大師全集》中，有如下
之文字，可資印證：

> 1、喜怒哀樂之未發謂之中，正好於六祖「不思善、不思惡，如何是
> 　　上座本來面目」同參。〔註66〕
> 2、余少讀史，竊慕程嬰、公孫杵白之爲人，念曰：持此心，爲人臣
> 　　子者，可謂不忝所生矣。及長出家，乃曰：吾佛爲三界法王、四

〔註64〕《紫柏老人集》卷十一〈解易〉，嘉興大藏經廿二冊，頁321。
〔註65〕《靈峰藕益大師宗論》卷三之二〈性學開蒙答問〉，嘉興大藏經卅六冊，頁311。
〔註66〕《憨山大師全集》卷一〈示陳生實甫〉，嘉興大藏經廿二冊，頁395。

　　生慈父，苟能持二子之心爲弟子者，可謂不負己靈矣。〔註67〕

3、忍之一行，豈淺淺哉。故曰：凡有所作，皆當忍之。是則舉心動
念處，以忍試之；舉足動步處，以忍先之；折旋動容處，以忍持
之；喜怒哀樂處，以忍驗之。如斯則心有不敢妄動，身有不敢妄
作，事有不敢妄爲，情有不敢妄發。故老氏曰：不敢爲天下先，
不敢即忍之異名。由不敢爲天下先，故忍爲成佛第一行，如此則
忍大而我小。故忍能衣被於我，亦能衣被於物，自利利他之德，
無出此者，故曰：柔和忍辱衣，謂是故也。〔註68〕

憨山教人取「喜怒哀樂之未發謂之中」與惠能「不思善、不思惡」之自性說
同參，他首要關心的是，如何將未發之「中」兌轉爲參究自性之有益津梁（至
於是否吻合於《中庸》道德實踐之原義，已是第二序問題）。同樣的，他解釋
《老子》的「不敢爲天下先」，也是以能契應於「舉心動念處」之「忍」的意
義爲優先；而《左氏春秋》程嬰、公孫杵臼之典型，憨山則取法以爲事佛的
赤誠，以求「不負己靈」、取證自性。凡此諸端，皆可說明當時兼通老莊孔孟
之禪體密用，的確是以事修層面的增上緣爲主要考量。

　　所以，綜觀上述，對於晚明之禪學趨向，吾人可做如下之歸納：

第一、主宰晚明禪學趨向的基源動力，除了形式層面仍沿襲大慧宗杲之看話
禪之外，實質層面則仍以永明延壽之性相融會說爲主流。且永明性相
理論融會空有以及會歸一心的精神，在晚明正好成爲諸宗融會、教禪
一致說的主要依據。尤其永明將性相關係開展爲眞常心之體用關係，
並側重體用互顯相成的功能，大有裨益於禪宗在晚明佛教中取得攝化
諸宗之核心地位。

第二、看話禪是晚明禪學之中的顯學。而看話禪學以外的諸宗諸派，也就在
相應於此種以禪爲本的宗教實踐活動當中，被統攝爲「會歸一心」的
禪行。衡觀明末當時之禪學，確已有涵攝臺賢淨密於一爐的傾向。而
這種在「教內」中醞釀出來的禪教一致風潮，正是晚明禪學的主要特
色。

第三、除了教內有宗教融會的禪教一體傾向之外，在「教外」方面，晚明禪
學也對儒道思想展開全方位之整合。只是，在態度上仍以佛家本位思

〔註67〕《憨山大師全集》卷一〈促小師大義歸家山侍養〉，嘉興大藏經廿二冊，頁387。
〔註68〕《憨山大師全集》卷一〈示法錦禪人〉，嘉興大藏經廿二冊，頁391。

想為核心，孔孟老莊主要係提供為禪行者趨悟自性的宗教實踐之助緣，儒道思想僅是為佛家本體論的必然性做見證。換言之，晚明禪學所開拓之三教合一趨向，是以明心見性作為輻輳三教之主軸。

結　語

從本章第一節的敘述當中，我們清楚得知憨山所處的時代，正是晚明嚴嵩、魏忠賢迫害朝廷忠良、荼毒天下蒼民的政治黑暗時期。在東林黨事件爆發之後，伴隨著人民抗稅的風潮，已使得晚明政治與社會完全陷入癱瘓及動亂之中。憨山自性禪思想，蘊育自如此的大環境，直令人有濁世清流的感覺。

第二節之中，我們則通過了陽明學、全真教的末流，以及當時佛教界「三教合一」的角度，客觀釐清了晚明的三教環境。這一背景的理解，可以有助於看出憨山後來寫《大學綱目決疑》、《春秋左氏心法》、《道德經解》、《莊子內篇註》的一些端倪。而討論當時受到朱明皇權所制約的宗教型態，也可以因此幫助我們了解憨山禪學的一些限制。

其次，在第三節及第四節當中，本文臚述了憨山當時所處的宗門環境。就整個禪學傾向言，憨山當時的禪門已在永明延壽的性相合會見解上取得共識，並在實際的行動時，融匯各宗義學乃至老莊孔孟於禪觀禪行之中；這是當時宗門的較具正面意義的部份。至於負面的部份，則是禪門的普遍習於賣弄文字禪、知見禪，不重實修實證；而且，多瓜印子式的窳濫禪風，亦透露了禪門缺乏傑出人才的殘酷事實。這些正負面的因素，都是刺激憨山思想向上發展，力圖振興禪門的增上緣。

以上是本章關於憨山自性禪之時代背景的探討。底下，本文繼續進行憨山自性禪之「思想淵源」單元。

第三章　醞釀憨山自性禪之多樣性思想氛圍

　　正如第二章第四節所言，憨山當時身處的晚明禪門，已普遍形成了儒釋道三教合一，以及臺賢禪淨彼此融攝的整體禪學趨向。憨山自性禪學既然醞釀於這樣的禪學氛圍底下，自然其思考的觸角，一定也與這些教內外的思想，產生密不可分的臍帶關係。所以，底下本文即嘗試通過此一層面的觀察，以溯清其禪學之思想脈絡。本章共分五節，依序分別為：第一節、憨山禪學與儒家思想；第二節、憨山禪學與道家思想；第三節、清涼澄觀之華嚴思想；第四節、法華思想與天台教觀；第五節、東山以降之淨土思想。其中，第一、二節是探討憨山禪學與教外思想之關聯，第三、四、五則是剖析憨山禪學與華嚴（主要是清涼澄觀之華嚴學，因為憨山所認知的華嚴學，全係通過澄觀而得）、天臺以及淨土等教內思想的淵源關係。

　　依此安排，底下首先即進行「憨山自性禪與儒家思想」部份。

第一節　憨山自性禪與儒家思想

一、以仁為根本的儒家哲學

　　「仁」是儒家哲學的中心觀念，根據韋政通《中國哲學辭典》的分析，仁的涵義，大抵可以分為三類：（一）倫理的；（二）政治的；（三）宇宙論的。

而其中復以倫理層面的涵義為最多。〔註1〕李日章則認為儒家之「仁」係起因
於周文之禮壞樂崩，亟須為傳統生活秩序重建基礎而來；所以儒家之「仁」
顯示了一種具有內聖外王理想性格的「人文主義的傾向」。〔註2〕

而無論如何，以「仁」為根本的儒家哲學，在中國哲學中的影響力與地
位，都是不容忽視的。底下，節引數則文證，說明儒家之「仁」的多元風貌。

（一）德性意義之「仁」

《論語》〈顏淵〉曰：

> 顏淵問仁。子曰：克己復禮為仁。一日克己復禮，天下歸仁焉。為仁
> 由己，而由人乎哉？顏淵曰：請問其目。子曰：非禮勿視、非禮勿聽、
> 非禮勿言、非禮勿動。顏淵曰：回雖不敏，請事斯語矣。〔註3〕

這一則章句之中，孔子除了賦予「仁」以道德規範的涵義之外，還強調了「仁」
的普遍性。也就是說：每一個人都可以在自己身上找到生活秩序的依據（即
「仁」），人性當中本來就具備了「仁」的潛能；而「克己復禮」便是將「仁」
之潛能實現出來。孔子還認為實現「仁」的人，會擁有德性意義的境界型態，
感受到我、人、生活周遭都蒙潤在仁德的映照之下，此即所謂「一日克己復
禮，天下歸仁焉」。這一段話，很明顯是依據德性意義之「仁」而言的。

（二）政治意義之「仁」

《論語》〈陽貨〉曰：

> 子張問仁於孔子，孔子曰：能行五者於天下，為仁矣。請問之。曰：
> 恭、寬、信、敏、惠；恭則不侮，寬則得眾，信則人任焉，敏則有
> 功，惠則足以使人。〔註4〕

此處所看到的「仁」，是就在上位統治者的立場言。孔子認為統治管理人民，
應該依於道德禮制，而非嚴刑峻法。為政者能否遵行這種政治意義的「仁」，
關係非常重大，在《孟子》書中，它就成為國家廢興存亡的重要衡準：

> 三代之得天下也以仁，其失天下也以不仁。國之所以廢興存亡者亦
> 然。〔註5〕

〔註1〕見其《中國哲學辭典》，頁130。
〔註2〕見李日章《中國哲學現代觀》第二章，頁19～41。
〔註3〕見朱熹《四書章句集注》，頁131～132。
〔註4〕見朱熹《四書章句集注》，頁177。
〔註5〕見朱熹《四書章句集注》之《孟子》〈離婁〉上，頁277。

由此觀之，儒家之「仁」除了「內聖」的德性義涵之外，也有屬於「外王」的政治意義之延伸。

（三）宇宙論意義之「仁」

《周易》〈繫辭〉上曰：

> 一陰一陽之謂道，繼之者善也，成之者性也。仁者見之謂之仁，知者見之謂之知，百姓日用而不知。故君子之道鮮矣。顯諸仁，藏諸用，鼓萬物而不與聖人同憂，盛德大業至矣哉。〔註6〕

這是將天地之間陰陽相協、繼善成性之道，名之爲「仁」。可見在儒家哲學之中，「仁」也有宇宙論的意義。

而憨山當時之明代儒學（尤其是陽明學），對於以「仁」爲中樞之儒家哲學，詮釋與發揮的重心已有十分明顯的成就：一是由「仁」的傳統多元意義脈絡中，推出統攝心物的良知說；二是藉著《大學》格致誠正、修齊治平的八大綱目，衍出以仁心爲根本的內聖外王格局。其中，最有代表性的，就是王陽明之良知學。

二、王陽明之良知學

「良知」二字，依據王陽明自己的看法，它有先於見聞而存在之先在性與普遍性，且爲一切學問的根源，在〈答歐陽崇一〉中，陽明謂：

> 良知不由見聞而有，而見聞莫非良知之用。故良知不滯於見聞，而亦不離於見聞。孔子云：吾有知乎哉？無知也。良知之外，別無知矣。故致良知是學問大頭腦，是聖人教人第一義。今云專求之見聞之末，則是失卻頭腦，而已落在第二義矣。〔註7〕

在陽明良知學中，良知是指能知善知惡的天理本體，它並不像程朱一般將「天理」高掛在形上界，陽明的良知本身就是天理，由於其存在是「不由見聞而有」的，所以它可以成爲一切世間學問的詮釋起點〔註8〕。且陽明又認爲一切

〔註 6〕見《周易》王韓註本卷七，頁47。

〔註 7〕見陳榮捷集評之王陽明《傳習錄》卷中〈答歐陽崇一〉第168則，頁239。

〔註 8〕黎金剛於其學位論文《禪學與明代心學》則認爲：「陽明之良知，即如禪宗所謂本來面目。致良知即是見性。故陽明雖右儒而左二氏，然其跡近禪宗，確乎不容諱言也。」這種看法，林繼平亦有之，正確與否先毋論，至少在此處已可見出陽明學與禪的相似面，的確很容易給予人一種儒佛不分的印象。黎語見該書 P157。

「知」的活動，都不離於「良知之外」，是故其良知學也同時具有涵蓋一切世間學問的特性。

如此一來，良知便等於將原來「仁」的多義性全部包容了。

而陽明演化此良知學，最得意的舞台，便是《大學》，在《傳習錄》〈答聶文蔚〉中，陽明便將《大學》格致誠正的內聖工夫，全面性地等化於良知本體的活動：

> 說致良知，即當下便有實地步可用功。故區區專說致良知，隨時就事上致其良知，便是格物。著實去致良知，便是誠意。著實致其良知，而無一毫意必固我，便是正心。〔註9〕

同樣的，在〈答顧東橋書〉中，解釋《大學》「格物致知」一義時，也以「良知」作為運作的主軸，他說：

> 若鄙人所謂致知格物者，致吾心之良知於事事物物也。吾心之良知，即所謂天理也。致吾心良知之天理於事事物物，則事事物物皆得其理矣。致吾心之良知者，致知也。事事物物皆得其理者，格物也。是合心與理而為一者也。〔註10〕

以「致吾心之良知」解釋「致知」，用良知、天理的合一（所謂「心即理」是），解釋「格物」。換言之，良知變成是啟動《大學》格致工夫的動力來源，這與宋代程朱學派的理解，出入十分大；朱熹於《大學章句》中，也曾引程伊川語，解釋「格物致知」道：

> 嘗竊取程子之意以補之曰：所謂致知在格物者，言欲致吾之知，在即物而窮其理也。蓋人心之靈莫不有知，而天下之物莫不有理；惟於理有未窮，故其知有不盡也。是以《大學》始教，必使學者即凡天下之物，莫不因其已知之理而益窮之，以求至乎其極。至於用力之久，而一旦豁然貫通焉，則眾物之表裡精粗無不到，而吾心之全體大用無不明矣。此謂物格。此謂知之至也。〔註11〕

在程朱的見地中，「致知」之「知」，並沒有本體論的涵義，而僅只是見聞之「知」罷了。至於「格物」，則被詮釋為貫通形上之「理」所採行的即物窮理工夫。對照之下，程朱的解釋比較偏向於知識論，而陽明的立場則多屬本體

〔註 9〕 見陳榮捷集評之王陽明《傳習錄》卷中〈答聶文蔚〉第 187 則，頁 268。
〔註 10〕 見陳榮捷集評之王陽明《傳習錄》卷中〈答顧東橋書〉第 135 則，頁 172。
〔註 11〕 見朱熹《四書章句集注》之《大學章句》，頁 6〜7。

論。這一點，岑溢成於《大學義理疏解》卷尾，曾作如是按語：

朱子釋格物爲格物之理，陽明釋致知爲致良知，都是增字解經。然
而他們爲什麼會增字解經呢？問題原來出在《大學》本身，他們詮
釋《大學》時都發現，《大學》對於修養的工夫並沒有任何根源的說
明。假如不補上根源的說明，《大學》的全盤修養工夫便會掛空。故
此朱子和陽明便各根據自己的心性論，分別把格物致知詮釋爲「即
物而窮其理」和「致良知於事事物物之中使不正者復歸於正」，以補
《大學》之不足。可是物之爲物理，與知之爲良知，既是朱子和陽
明所加，非《大學》本有，他們在這基礎上建立的詮釋，自然不可
能是《大學》的原義了。〔註12〕

岑氏以爲朱、王所處時代雖然不同，但發現《大學》缺乏工夫修養的根源，
則是一致的。由此可見，在宋明儒學的思想發展中，對於推動《大學》內聖
外王的動力因，並沒有獲得一致性的解釋。而這一個模糊的空間，正好可以
允許禪學的加入，一展所長！

憨山在〈大學綱目決疑〉中，就透過他的自性禪學立場，接駁上儒家思
想，他說：

大學方法不用多知多見，只是三件事便了：第一要悟得自己心體，
故曰在明明德。其次要使天下人，個個都悟得與我一般，大家都不
是舊時知見，嶄新作一番事業。無人無我，共享太平，故曰在親民。
其次爲己爲民，不可艸艸半盦而止，大家都要做到徹底處，方纔罷
手，故曰在止於至善。果能學得這三件事，便是大人。〔註13〕

又以孔子之「克己復禮，天下歸仁焉」，重新解讀《大學》謂：

克己即致知，復禮即格物；天下歸仁即物格。〔註14〕

關於此處憨山〈大學綱目決疑〉的看法，本文於第五章將有專題之討論。不
過，在這個地方，我們就已經可以很清楚地感知，傳統儒家思想對於憨山禪
學言，確實是有舉足輕重的重要意義。其次，相應於「以仁爲根本的儒家哲
學」，憨山在〈示澄鋐二公〉中，也說道：

語云：君子不重則不威，學則不固。又曰：中無主不立，外無正不

〔註12〕岑溢成《大學義理疏解》，頁144。
〔註13〕《憨山大師全集》卷廿九〈大學綱目決疑〉，嘉興大藏經廿二冊，頁640～641。
〔註14〕《憨山大師全集》卷廿九〈大學綱目決疑〉，嘉興大藏經廿二冊，頁643。

> 行。此言雖小，可以喻大矣。是以世出世學聖賢之道，未有不自正
> 心誠意修身，而至于致知格物、明心見性者。故孔氏為仁，以三省
> 四勿為先；吾佛制心，必以三業七支為本。歷觀上下古今人物，成
> 大器、弘大業、光照宇宙表裡、為人師範者，未有不由此以至彼，
> 由麤以極精，由近以致遠也。……孔子曰：聖人吾不得而見之矣，
> 得見有恆者，斯可矣。〔註15〕

一方面肯定了「孔氏為仁」之格致誠正、三省四勿工夫，一方面又在這個基
礎上搭建出禪宗「明心見性」的主題；可見，憨山之自性禪學與儒家的思想，
就義理格局言，原是相容的。當然，這種「相容」，憨山自己也曾給予獨特之
本體性轉化，於〈示歐嘉可〉文中，憨山便說道：

> 語曰：人莫不飲食也，鮮能知味也。此言道在日用至近，而知之者
> 希。古人謂除卻著衣吃飯，更無別事，是則古今兩間之內，被穿衣
> 吃飯瞞昧者多矣。儻不為其所瞞，則稱豪傑之士矣。學道之士，不
> 必向外別求玄妙，苟於日用一切境界，不被所瞞。從著衣吃飯處，
> 一眼看破，便是真實向上工夫。有志於道者，當從日用中做。〔註16〕

孔子「人莫不飲食也，鮮能知味也」，原即強調從生活之中體驗德性之知，它
有十分濃厚之道德主義傾向。而憨山則是通過這個儒家的基礎，跨接到禪家
「觸類見道」的體用一如模式之中，以「即本體即工夫」的方式，在「日用
一切境界」裡面，體驗自性。

因此，中國傳統之儒家思想，對於憨山自性禪學言，其根深柢固之影響
力，自亦不容吾人忽視！

第二節　憨山自性禪與道家思想

正如儒家思想之於憨山自性禪學的緊密關係一樣，道家思想在憨山心目
中，也有舉足輕重的地位。憨山撰寫《道德經解》，前後歷時十五年〔註17〕才
完成，其周密審慎的態度已可見一斑。而《莊子內篇註》對於道家境界的深
透詮釋，亦向來為學者所敬重。足證在憨山禪學之中，老莊之道家思想也具

〔註15〕《憨山大師全集》卷五〈示澄鋐二公〉，嘉興大藏經廿二冊，頁 444～445。
〔註16〕《憨山大師全集》卷一〈示歐嘉可〉，嘉興大藏經廿二冊，頁 400。
〔註17〕即所謂「自壬辰以至丙午，周十五年乃能卒業」。語見《老子道德經憨山解、
　　　　莊子內篇憨山註》，頁 35。

有不容忽視的地位。

　　而道家思想，本身也是一套視野寬宏的學說；其中，與憨山「禪者心之異名也」的禪學主題，最有直接關聯者，當即為「致虛極，守靜篤」之境界型態，以及強調生命主體之逍遙二者。底下，分別臚述之。

一、以虛靜心為主體的道家境界型態

　　《老子》第十六章曰：

　　　　致虛極，守靜篤。萬物並作，吾以觀復。凡物芸芸，各復歸其根。

　　　　歸根曰靜，是謂復命。復命曰常，知常曰明；不知常，妄作，凶。

　　　　知常容，容乃公，公乃王，王乃天，天乃道，道乃久，沒身不殆。

　　　　〔註18〕

這一段文字，透露了道家「致虛極，守靜篤」工夫的極致理想——一種回返最原初生命根源地（即所謂「歸根」、「復命」）的境界型態。換句話說，老子是以為：在「萬物並作」、「凡物芸芸」的叢脞現象當中，時時以「致虛極，守靜篤」的虛靜心進行歸根復命的觀照，乃是體驗道家之「道」的不二法門。其中，「常」乃表示「道」之恆在性，它是整個歸根復命過程的中樞，「道」之諸德（如「明」、「容」、「公」、「王」、「天」）均環繞它而開展。而關於「常」的觀念，其實在《老子》的第一章中，還可看到它與「道」的雙面性——「有」與「無」——的搭配關係：

　　　　無，名天地之始；有，名萬物之母。故常無欲，以觀其妙；常有欲，

　　　　以觀其徼。此兩者，同出而異名，同謂之玄；玄之又玄，眾妙之門。

　　　　〔註19〕

這裡的「有」與「無」，向來被賦予宇宙論的色彩。據王弼之說，天地萬物皆是「始於無而後生」，所以諦觀「無」之恆常作用，可以體會天地的「始物之妙」；至於「有」，則是「以無為用」的「有」，因此常觀於「有」的「歸終」處，可以體會「萬物之母」。〔註20〕而依照老子之意，不論以「無」為始為子，或以「有」為母為終，它們都同出於一個源頭，這個源頭，就是致虛守靜所

〔註18〕《老子》第十六章。本文所引《老子》原文之句讀標點，悉依復文書局版《老子王弼注》。

〔註19〕見《老子》第一章。

〔註20〕見《老子王弼注》，頁1～2。

歸復之「道」：

> 有物混成，先天地生。寂兮寥兮，獨立不改，周行而不殆，可以爲
> 天下母。吾不知其名，字之曰道。〔註21〕

在這一章當中，老子對於「道」，分別給予先在性（「先天地生」）、主宰性（「獨立不改」）、常存性（「周行而不殆」）的描寫。據牟宗三先生《才性與玄理》言，道之先在常存，乃繫依於主觀的「境界型態」（不同於客觀之「存有型態」），而主宰性則端賴乎「主體修證而證實」。〔註22〕此一詮釋脈絡，頗能彰顯道家境界型態之作用層深義。〔註23〕在《老子》第六章 五十二章中，還有如此之敘述：

> 谷神不死，是謂玄牝。玄牝之門，是謂天地之根，綿綿若存，用之
> 不勤。〔註24〕

> 天下有始，以爲天下母。既得其母，以知其子。既知其子，復守其
> 母，沒身不殆。〔註25〕

「綿綿若存，用之不勤」，以主觀修證之虛靜精神境界、游走於天地萬象的源頭，正是《老子》標顯的道家境界型態之最大特色。因此，如果有人能夠深體此一作用層的智慧，在主觀境界上面照顯形上之「無」與形下之「有」的相即互在，則此人必爲「沒身不殆」之道家聖人！

對此境界型態，於《莊子》中，則是通過「至人無己，神人無功，聖人無名」的破執方式，加以落實。

二、道家哲學的價值實現之道〔註26〕

據《莊子》〈逍遙遊〉謂：

> 夫列子御風而行，泠然善也；旬有五日而後反。彼於致福者，未數
> 數然也。此雖免乎行，猶有所待者也。若夫乘天地之正，而御六氣
> 之變，以遊無窮者，彼且惡乎待哉？故曰至人無己，神人無功，聖

〔註21〕《老子》第二十五章。
〔註22〕見牟著《才性與玄理》第五章，頁139～143。
〔註23〕所謂「作用層」，係指跨接形上層與形下實有層的虛靜精神境界。參見牟宗三先生《中國哲學十九講》第七講「作用之表象」。
〔註24〕《老子》第六章。
〔註25〕《老子》第五十二章。
〔註26〕本子題之名稱，係參考王邦雄先生《老子的哲學》之「序論」，頁26～27。

人無名。〔註27〕

列子乘風遊行，雖然極盡輕巧、免於步行，但莊子仍認為列子畢竟還是「有所待」於風，依然要受到風的外在約制。〔註28〕換言之，列子的境界依舊受到外物的牽掛而不得稱為逍遙，莊子意許之逍遙，是超離自我的封界，剞形去智、無己無名，所謂「至人無己，神人無功，聖人無名」之無待逍遙境界。

而從「無己」、「無功」、「無名」看來，逍遙的中心，顯然著重在於吾人生命主體的破除我執，以達精神境界之提昇，且以提昇之精神主體遊弋於自己與萬物相通的「道」之境界，獲致心、物相協的逍遙。這在〈齊物論〉中，便是透過「吾喪我」與「天籟」表達出來：

> 南郭子綦隱机而坐、仰天而噓，荅焉似喪其耦。顏成子游立侍乎前。
> 曰：何居乎？形固可使如槁木，而心固可使如死灰乎？今之隱机者，
> 非昔之隱机者也？子綦曰：偃，不亦善乎！而問之也。今者，吾喪我。
> 汝知之乎？汝聞人籟而未聞地籟，汝聞地籟而未聞天籟。……夫天籟
> 者，吹萬不同，而使其自己也。咸其自取，怒者其誰邪？〔註29〕

南郭子綦遠離形骸我見之「吾喪我」活動，是進入萬物獨化自生之「天籟」的必要條件。從這裡就可以證明：道家價值的實現之道，一定是先通過「無為」（如「無待」與「吾喪我」）的工夫歷程，才有可能遞進至「無不為」的道。〈養生主〉中的「庖丁解牛」喻，「以無厚入有間，恢恢乎其於遊刃必有餘地矣」所指的，也是這個「無為而無不為」價值的實現：

> 庖丁為文惠君解牛，手之所觸，肩之所倚，足之所履，膝之所踦；砉
> 然響然，奏刀騞然，莫不中音，合於桑林之舞，乃中經首之會。文惠
> 君曰：譆！善哉！技蓋至此乎？庖丁釋刀對曰：臣之所好者，道也，
> 進乎技矣。始臣之解牛之時，所見無非全牛者。依乎天理，批大郤、
> 導大窾，因其固然。枝經肯綮之未嘗微礙，而況大軱乎？良庖歲更刀，
> 割也；族庖月更刀，折也。今臣之刀十九年矣，所解數千牛矣，而刀
> 刃若新發於硎。彼節者有間，而刀刃者無厚，以無厚入有間，恢恢乎
> 其於遊刃必有餘地矣。是以十九年而刀刃若新發於硎。〔註30〕

〔註27〕 《莊子》〈逍遙遊〉。
〔註28〕 徐復觀《中國人性論史》P389 謂：「受外力的牽連即會受到外力的限制甚至支配。這種牽連，稱之為『待』。」
〔註29〕 《莊子》〈齊物論〉。
〔註30〕 《莊子》〈養生主〉。

庖丁的解牛動作，完全依於自然的規律，之所以能夠如此之遊刃有餘，則是
因為掌握了解牛之「道」（而非「技」）。「刀刃者無厚」，正是指道之無為，以
此無為游走於人世社會之本然結構之中，必可全生養性、不受任何傷害。所
以，「無為而無不為」一義，「無為」是本，「無不為」是跡。而且「無為」之
本，不受任何外在形骸殘全的影響，它純粹是就人的內在心靈境界工夫言，〈德
充符〉中，莊子就藉「介者王駘」的寓言，說明這個道理：

> 魯有介者王駘，從之遊者，與仲尼相若。常季問於仲尼。曰：王駘，
> 介者也，從之遊者，與夫子中分魯。立不教、坐不議，虛而往，實
> 而歸，固有不言之教，無形而心成者邪？是何人也。……仲尼曰：
> 人莫鑑於流水。而鑑於止水，唯止能止眾止。受命於地，唯松柏獨
> 也，正在冬夏青青。受命於天，唯堯舜獨也，正在萬物之首，幸能
> 正生以正眾生。夫保始之徵，不懼之實。勇士一人，雄人於九軍，
> 將求名而能自要者，而猶若是。而況官天地、府萬物、直寓六骸、
> 象耳目，一知所知，而心未嘗死者乎？彼且擇日而登假，人則從是
> 也。彼且何肯以物為事乎？〔註31〕

介者王駘乃是一位懂得順任事物變化的道者，雖然身體殘缺，精神上卻是超
塵絕俗、「擇日而登假」的。由於王駘能順應自然之道、自正性命，因此他有
能力做引導眾人、教化眾生之事。即使平居「立不教、坐不議」，王駘自然無
為的示範，仍然足以使跟他學道的學生「虛而往，實而歸」。

所以，歸納前說可知，道家哲學之價值實現之道，除依循「無為而無不
為」一義外，大略仍可分說為三，此即：忘我（非為我）、超世「非逃避世間」
與自然（非魏晉文人縱任不羈之放任）三者。其中，尤其以自然最居關鍵。
莊子在〈應帝王〉中，便曾以「渾沌」說明自然在道家哲學中的可貴：

> 南海之帝為儵，北海之帝為忽，中央之帝為渾沌。儵與忽時相遇於渾
> 沌之地，渾沌待之甚善。儵與忽謀報渾沌之德，曰：人皆有七竅，以
> 視聽食息，此獨無有。嘗試鑿之，日鑿一竅，七日而渾沌死。〔註32〕

「渾沌」乃指純樸未散的自然之道，「日鑿一竅」則必用人為智巧，用智巧則
遠離自然、有傷身喪命之虞。從這裡就可以比較出儒家、道家對於「道」的
不同認知，前者的道偏向人為，後者的道則回歸自然。當然，正如前言，道

〔註31〕《莊子》〈德充符〉。
〔註32〕《莊子》〈應帝王〉。

家的自然絕不是魏晉文人縱任不羈的自然，它是呼應於老子虛靜無爲思想的自然！

　　而相應於老子之虛靜無爲思想，乃至道家所強調之內在心靈的境界工夫，實際上，憨山都有相當深度的契入。如〈師心銘〉一文中，憨山即曾藉用大量的老莊用語，提出底下這種禪學本體論的觀念：

> 人性本大，超乎形器。直以有我，自生障蔽；習染濃厚，故爲物累；
> 問學不廣，故多自是。見理不明，驕矜恃氣；輕內重外，逐物喪志；
> 嗜欲戕生，不知避忌。棄己忘眞，孰稱爲智？達人虛懷，應緣無滯，
> 與時透匜。龍蛇玩世，得失靡驚；貴賤無預，恬淡怡神；省思寡慮，
> 力其未能；謹其未至，學其無爲、行其無事、聽其無聽、視其無視，
> 返觀內照，念念不住，諸妄消亡，精一無二，此乃至人師心之秘。
> 在我求之，恢有餘地。不如是觀，名爲自棄。〔註33〕

關於本體論的問題，本文第五章會有詳細之討論。此處值得重視的是，憨山已經在這篇文章中，至少點出了道家思想與其禪學的三種共通之處：

第一、就「直以有我，自生障蔽」言，道家之「無己」、「無功」、「無名」的
　　　生命境界，與其禪學之破除我執的工夫，精神上是一致的。

第二、由「輕內重外，逐物喪志」之立場言，道家回歸內面生命主體的強烈
　　　需求，與憨山強調自性本體之禪學，亦有本質上的雷同。

第三、從「達人虛懷，應緣無滯，與時透匜。龍蛇玩世，得失靡驚」來看，
　　　道家透過各種超離自我的封界、刳形去智、無己無名，所達致之無待
　　　逍遙境界，亦與憨山所標榜之「行住坐臥是道」的無事眞人境界，若
　　　合符節。

所以，就這個意義上而言，憨山禪學之得益於傳統道家思想，乃毋庸置疑。而關於憨山《道德經解》之更詳細剖示，本文將於附錄專文處理，於此不贅。

第三節　清涼澄觀之華嚴思想

　　由憨山自敘《年譜》中得知，憨山嘗因仰慕華嚴宗唐代祖師清涼澄觀之德業，而自己取號澄印，以激策自己效法澄觀之用心（請見本文附錄「憨山思想的轉變與成熟」）。而且幾次華嚴境界的夢示，乃至稍後之血書華嚴全經，

〔註33〕《憨山大師全集》卷廿一〈師心銘〉，嘉興大藏經第廿二冊，頁593。

以及晚年之爲發揚澄觀思想而筆削改寫澄觀《華嚴經疏鈔》的實際行動看來，都在在應證了澄觀之華嚴哲學，對於憨山之自性禪確有深刻的影響。而清涼國師澄觀，另號大休，生於唐玄宗開元廿六年（西元 737 年），文宗開成三年（西元 839 年）圓寂，世壽一百零一歲。由於代宗、德宗、順宗、憲宗、穆宗、敬宗、文宗七朝均奉澄觀爲國師，所以他也同時是七帝國師。影響憨山深遠的《華嚴經疏鈔》，係澄觀於唐德宗建中四年（西元 783 年），在清涼山華嚴寺發心起造，歷時三年成疏六十卷，後又增補鈔文九十卷。其中，疏是解釋華嚴本經，至於鈔則是疏文的進一步開演。僧傳記載他曾祈禱文殊菩薩加持所造疏論，以闡揚「即凡心而見佛心」、「依本智而求佛智」之無礙詣境。〔註34〕由於清涼澄觀的《華嚴經疏鈔》，引逗了憨山對華嚴思想的興趣，並決定性地影響了憨山禪學的整體風貌。所以，它是憨山自性禪學思想的重要淵源。底下，本文的處理重心，便由澄觀華嚴學中，影響及憨山自性禪之思想部份，進行探討。

一、以《華嚴經》爲一切佛說教法的根本

澄觀於《華嚴經疏》之第一門「教起因緣」中，依仿法華經之如來「開示悟入」的大事因緣說，也說：

> 今搖如來融金之德山，動深廣之智海，非小緣也。故下經云：非以
> 一緣、非以一事，如來出現而得成就，出現本爲大華嚴故。〔註35〕

前者法華之如來大事因緣，方法論上言，是以權教的方便立場，依據三乘學者的根機而應機與藥，最後以三乘均匯歸於佛乘的論點，說明教法上開權顯實的殊勝之處。所以，法華「下學而上達」的意味可謂相當濃厚。至如澄觀所謂「搖如來融金之德山，動深廣之智海」、「出現本爲大華嚴」，則清楚地係以一乘實法的絕對立場，說明華嚴的成爲一切教法根本之獨尊地位。所以，澄觀又再藉著法華的比較，對顯出華嚴終極教本的意義：

> 爲教本者：謂非海無以潛流，非本無以垂末。將欲逐機，漸施末教。
> 先示本法，頓演此經。然亦有二：一爲開漸之本，出現品云如日初
> 出，先照高山故；二爲攝末之本，如日沒時，還照高山故。無不從
> 此法界流，無不還歸此法界。故法華亦云：始見我身，聞我所說即

〔註34〕宋贊寧《高僧傳》，磧砂大藏經第卅五冊，頁 25。
〔註35〕澄觀《大方廣佛華嚴經疏》，嘉興大藏經第四冊，頁 286。

皆信受，入如來慧，此漸本也。次云：除先修習學小乘者，即開漸
也。又云我今亦令得聞是經，入於佛慧，即攝末歸本也。斯則法華
亦指此經以爲本矣。〔註36〕

澄觀認爲：華嚴義理於各種佛教的教理上言，是一個能「潛流」、「垂末」的
根源教法。這一個根源教法，一方面是「開漸之本」，成爲一切方便道、權法
的源頭活泉；一方面則又是「攝末之本」，統攝所有佛教教法，爲義理之終極
歸宿。而且，不論比況於「日初出」或「日沒時」，華嚴都是以獨一無二的高
峨姿態，接受光照。所謂「無不從此法界流，無不還歸此法界」者，即意在
表明華嚴能「流出」以及「歸結」一切教法，如果說佛教教法有三藏十二部，
那麼華嚴它就扮演著三藏十二部之環中道樞的角色。龜川教信於《華嚴學》
第一章即謂：

　　華嚴其教學之大成，透過佛教久遠的歷史，經過思想的磨鍊與該教
　　學之發達過程。其間受到其他教學之影響，亦收藏於內深處。可以
　　說以綜合、統一整個佛教學的同時，又回歸到釋尊之原意！〔註37〕

所謂「綜合、統一整個佛教學的同時，又回歸到釋尊之原意」，這個理解是十
分呼應澄觀思想的。不過，爲避免墮入日本學者考據訓詁的死胡同中，「綜合、
統一整個佛教學的同時，又回歸到釋尊之原意」一語，應被建議安配以「一
眞法界心」的詮釋，才能實際照顯澄觀的本意。楊慧潤〈華嚴哲學的現代意
義〉解釋華嚴之「一眞法界心」謂：

　　所謂「一心」，即宇宙萬有的本體及心佛的總稱。經云「心佛與眾生，
　　是三無差別」，心佛一如，名異而體同。……萬象森羅，含三世間，
　　具四法界、十玄門、六相；宇宙萬有、六道眾生，無不從此法界流，
　　無不還歸此法界。故全此全彼而無障礙，即知包羅法界、圓裹十方，
　　全是一眞法界心。在此一眞法界內，所有若凡若聖、若理若事，隨一
　　法亦皆全是一眞法界心。乃至唯舉一塵，亦皆全是一眞法界心。……
　　如蘇東坡說：「橫看成嶺側成峰，遠近高低各不同；不識盧山眞面目，
　　祇緣身在此山中」，可謂爲對此一眞法界心下註腳。〔註38〕

由於「一眞法界心」能在「一」與「多」之間互攝無礙，圓滿性相、理事。

〔註36〕澄觀《大方廣佛華嚴經疏》，嘉興大藏經第四冊，頁287。
〔註37〕見龜川教信《華嚴學》第一章，頁8。
〔註38〕華嚴哲學的現代意義，楊慧潤撰，哲學與文化第3卷第1期，頁18。

所以，華嚴宇宙論所摹構之「四法界、十玄門、六相」，乃至宇宙萬有與六道眾生，無不「綜合、統一」且「回歸」此心之中。

於是，理解澄觀華嚴學的通路，就由「諸經中王」導入「一心」（即真常之如來藏自性清淨心）的主題。

二、以一心為宗而達「生佛互在」與「凡聖不二」

在《華嚴經疏》第五門「教體深淺」中，澄觀藉著「說」（佛說）與「聽」（眾生聽）的同別二端的交互參證，說明其華嚴學的另一特色，那就是以真常心為主軸，貫通佛與眾生二界，以凸顯華嚴「生佛互在」、「凡聖不二」的教理：

> 約同教以成四句。謂一佛真心外無別眾生，以眾生真心即佛真心故，則唯說無聽，故所說教唯佛所現。二眾生心外更無別佛，以佛真心即眾生真心故，則唯聽無說。故所說教即眾生自現。梵行品云：知一切法即心自性等。三佛真心現時，不礙眾生真心現，故說聽雙存，二教齊立。四佛即眾生故非佛，眾生即佛故非眾生，互奪雙亡，則說聽斯寂。故淨名云：夫說法者無說無示，其聽法者無聞無得。約別教以明四句，謂由不壞相，生佛互在故。一眾生全在佛中故，則果門攝法無遺。生尚在佛心中，況所說教不唯佛現？故出現品云：如來成正覺時，於其身中，普見一切眾生成正覺，乃至普見一切眾生入涅槃。又佛性論第二如來藏品云：一切眾生悉在如來智內，故名為藏。以如如智稱如如境故，一切眾生決定無有出如如境者，並為如來之所攝持。故名所藏眾生為如來藏。〔註39〕

這段文字是澄觀摹寫華嚴「心佛眾生三無差別」理境之最好說明。此處，澄觀分別自底下幾個側面，提供他對這一個華嚴理境的觀悟洞見：

第一、以佛的眼光看：「眾生」的真常心與「佛」其實等同無異，所以佛眼中之眾生，皆是佛；是故「眾生相」無。

第二、以眾生的眼光看：由於開悟真常之眾生等同於佛，所以佛亦算是一已經開悟之眾生；是故「佛」的相也可視同於不存在。

第三、以真常心之顯現言：「佛真心現」與「眾生真心現」二語因為是指涉同

〔註39〕澄觀《大方廣佛華嚴經疏》，嘉興大藏經第四冊，頁286。

質的義涵，所以，二者可彼此相互含融而「不礙」。又因為第一及第二可產生「佛即眾生故非佛，眾生即佛故非眾生」的遮撥詮釋，所以，佛與眾生遂得以「互奪雙亡」的方式，被直接收攝於自性清淨的真常心中。

第四、從「不壞相」的意義言：因為佛與眾生的表象概念，可相互含融無礙，且具本體同質的義涵，所以，又可以說：「生」（眾生）與「佛」是「互在」的。而這「生佛互在」，又可作如是表述：（一）、於果位佛的真常心立場下觀之，眾生是以「因地佛」的方式，被理解為具備有等佛之「正覺」與「涅槃」。所以，可以言生佛互在。（二）、因為因地眾生成佛的種智，原即同於果位佛之「如如智」本體，在果位佛「以如如智稱如如境」（即本體即工夫）之觀境下，未成果地佛之因地眾生，於是便可以「如來『藏』」的方式，在本質上建立起它與果地佛的關聯，「為如來之所攝持」。易言之，即令眾生處身於五濁俗世之中，在佛的無礙心眼底下，如此之塵井俗境仍然還是「如如境」，因為華嚴係站在果地佛的立場說話，視所有現象皆乃本體之一貫流露（此亦即所謂「性起」，以有別於天臺即眾生成佛的可能立場言「性具」）。

澄觀所理解的「心佛眾生三無差別」，其主軸無非就是真常心（或即謂自性清淨心），俗諦層面的眾生與聖諦層面的佛，就在真常心的一貫炳現下，彼此互攝互容，而消解了原來不同範疇的經界，以達平等法界的圓融境界。這也就是說，印度部派佛教時期，以及小乘的阿含思想，對於我們生存的這個世界，原有的「十法界」、「四聖六凡」之嚴格界定，在華嚴的思想中，都可以全部被轉化成一個真常心周遍含容的平等法界（所謂「一即一切，一切即一」者是）。所以，生佛互在、凡聖不二的判斷，當然可以成立。

而這一真常心的主題，正是澄觀華嚴學與憨山禪學間，彼此互相流通映照的閘門。大體言之，憨山在其著述中所談論的自性本體、以及運作此一本體之方法論，都深受澄觀之影響。而且，澄觀「生佛互在」、「凡聖不二」的理念，也貫徹在以融攝為基本思惟模式之憨山自性禪學之中，成為憨山統會臺賢禪淨、提倡三教合一的重要依據。當然，這些話題，由於本文稍後均將逐一釐清，此處便毋需饒舌。

底下，我們關注的焦點，是「法華思想與天台教觀」。

第四節　法華思想與天台教觀

這一節，題名爲「法華思想與天台教觀」，主要可分爲兩個部份。其中，所謂「法華思想」者，重點是安配於《妙法蓮華經》所發展出來的「一乘」說，它與憨山禪學之自性本體，可互爲印證。而「天台教觀」，與憨山自性禪學關係密切的，則是止觀雙運、定慧等持的工夫模式，此乃憨山工夫論的靈魂。下面，分別言之。

一、法華思想之根本意趣

天台宗創始人智顗（智者），曾以「五時教」區分釋迦弘化之教義爲五個階段，愈是後出的教義，即愈具備義理的周嚴與成熟性。其中，《法華經》就與《涅槃經》同被列爲第五時。由哲學思想發展的角度觀，此第五時，應可視爲是佛說「精熟內容的批判性之總消化」。〔註40〕特別是「三乘歸一」的一乘觀，不僅足以證明法華思想確有消化並總結佛說教理之意義，同時，經由本體論的詮釋，它也是天台止觀法門與無情有性說的啓蒙思想。

由底下節引《法華經》之文字敘述，吾人便可體會法華思想的主要輪廓：

1、若眾生但聞一佛乘者，則不欲見佛，不欲親近。便作是念：佛道長遠，久受勤苦，乃可得成。佛知是心怯弱下劣，以方便力，而於中道，爲止息故，說二涅槃。若眾生住於二地，如來爾時即便爲說：汝等所作未辦，汝所作地，近於佛慧，當觀察籌量，所得涅槃非眞實也。但是如來方便之力，於一佛乘，分別說三。〔註41〕

2、十方佛土中，唯有一乘法，無二亦無三。除佛方便說，但以假名字，引導於眾生，說佛智慧故。諸佛出於世，唯此一事實，餘二則非眞。終不以小乘，濟度於眾生。佛自住大乘，如其所得法，定慧力莊嚴，以此度眾生，自證無上道，大乘平等法。〔註42〕

所謂「一佛乘」或「一乘法」，就不共法的角度言，係指絕對之果地佛，以其別異於聲聞乘、緣覺乘、菩薩乘等三乘而言一乘；就共法的涵義觀，則指向於結合龍樹空觀、假觀、中觀等般若三觀，以一心三觀之進路言一乘。前者爲《法華經》的第一序原始教理，後者則是通過天台教觀之第二序發展。在引文2中，

〔註40〕見蔡仁厚先生《中國哲學史大綱》第三卷第四章，頁166。
〔註41〕《法華經》卷三〈化城喻品〉第七，磧砂大藏經第九冊，頁150。
〔註42〕《法華經》卷一〈方便品〉第二，磧砂大藏經第九冊，頁131。

「唯此一事實，餘二則非眞」已將法華的一乘思想視爲眞實的「實」法，以區別於方便說之「權」法；一般謂法華有「開權顯實」義者，即指法華思想能依據一佛乘之實法立場，破除（即「開」）之前所有方便道的不究竟圓滿的權法，《法華經》卷三〈化城喻品〉裡，釋迦就用幻化之城影喻權法的不究竟，判攝方便道之三乘乃「所得涅槃非眞實」。所以，從不共法之第一序原始教理來看，《法華經》確實有將一切方便道破除，並導歸一佛乘的明顯走向。

此處，格外令人注意者是，「三乘歸一」除了開權顯實的定見外，釋印順於〈從學者心行中論三乘與一乘〉中，演繹竺法護《修行道地經》之古義時，曾指出：

> 從發心說，有厭離生死心與大菩提心；從目標說，有入涅槃與成佛道。由於眾生的根性不一，如來的應機施教不一，於是乎有三乘道，有一乘道；有大而退小，有回小向大，成爲機教相關的複雜情形。……同歸一道的究極意趣，實指平等慧的解悟本無；如通泛的說，回心向大，也可說同歸一大乘了。佛法的因機設教，三乘一乘，都在學佛者的心行上立論。〔註43〕

這是順著行者之「發心」與「心行」處言三乘一乘。換言之，能發大菩提心、回心向大者，就是一乘。而這種一乘見解之極趣，釋印順認爲「實指平等慧的解悟本無」。只要能跳離一昧修出離行、取相滯有的框架（即前述所謂「化城」者），進入一乘的平等大慧之內，就是一乘。此與通過佛說教理之階段分期說、果位究竟與不究竟以言「三乘歸一」的第一序見解，又自不同；這裡強調的是目前一念心的現量心行！在《法華經》〈五百弟子受記品〉的偈語中，吾人便可借用這一現量心行，抉發「三乘歸一」的深層涵義：

> 譬如貧窮人，往至親友家。其家甚大富，具設諸肴膳，以無價寶珠，繫著內衣裡，默與而捨去，時臥不覺知。是人既已起，遊行詣他國，求衣食自濟，資生甚艱難，得少便爲足，更不願好者。不覺內衣裡，有無價寶珠。〔註44〕

這是阿若憍陳如對釋迦的布薩懺悔，也代表了所有小乘行者的普遍心病。其中，「不覺內衣裡，有無價寶珠」乃喻指行者耽溺在不究竟之離世滅度的境界中，不知自己本性當中，原來即有圓滿之菩提種子。對於始終停留在自了自

〔註43〕釋印順《佛法是救世之光》，頁141。
〔註44〕《法華經》卷四〈五百弟子受記品〉第九，磧砂大藏經第九冊，頁175。

利畛域之小乘行者言,「得少便爲足,更不願好者」就是最貼切之寫照;因爲
活在出離意識掛帥的修行境界下,常不免淪於孤清幽閉之境而故步自封。由
此一角度衡觀,則法華的「三乘歸一」說,就又接通了一條本體論上的詮釋
進路,亦即:能一念心「覺知」菩提種性(所謂「無價寶珠」),顯發而爲現
前之種種現行,即是一乘。足見,釋印順從發心之大小與心行之自利、利他
界分三乘與一乘,對法華思想言,是相應的理解。

　　而這本體論意義之「一乘」,正是早先天台慧文、慧思一心三觀的依據,
也是智顗止觀法門的發展基礎。即連慧能「心悟轉法華,心迷法華轉」所營
鑄的禪學本心,同樣還是法華一乘觀的延續。所以,《法華經》以開權顯實爲
宗旨,立「三乘歸一」爲思想根柢,在所有佛說教理中,確爲獨特法門,而
其影響層幅廣及於天台與禪,又是中國大乘佛學發展史上的不爭事實!

二、天台教觀底下之止觀並重、定慧雙修

　　天台止觀,是早期的天台學者總結數息修定與達摩禪的「凝住壁觀」傳
統,所發展出來之獨特的修行方法。天台學者之提倡止觀,初期並未與法華
思想有明顯關聯,而純粹僅是爲因應修心入定需求的一種方便法。托名爲天
台慧思的《大乘止觀法門》一書,對止觀一義,就作如下之界定:

> 所言止者,謂知一切諸法,從本已來,性自非有,不生不滅,但以
> 虛妄因緣,故非有而有。然彼有法,有即非有,惟是一心,體無分
> 別。作是觀者,能令妄念不流,故名爲止。所言觀者,雖知本不生
> 今不滅,而以心性緣起,不無虛妄世用。猶如幻夢,非有而有,故
> 名爲觀。〔註45〕

「止」,是因爲瞭解一切法「從本已來,性自非有,不生不滅」,而能在心體
作用下,令「虛妄因緣」停擺暫歇,所以,其重點在乎「一心」能否運作。
至於「觀」,則是建立在心體不生不滅的真理上面,對現象界的萬法,進行以
「虛妄世用」、「猶如幻夢」的觀照,其關鍵仍是「一心」能否發用。因此,
針對心體,天台學者又有「一心三觀」見解的提出,此於智顗《修習止觀坐
禪法要》〈證果〉第十中,言之甚詳:

> 如是修止觀時,即能了知一切諸法,皆由心生。因緣虛假不實,故

〔註45〕陳慧思《大乘止觀法門》,嘉興大藏經第三冊,頁23。

空。以知空故，即不得一切諸法名字相貌，……是名從假入空觀。……
行者如是觀時，雖知一切法，畢竟空寂。能於空中，修種種行，如
空中種樹，……乃是從空入假觀。……菩薩雖復成就如此二觀，猶
是方便觀門，非正觀也。……云何修正觀？若能體知心性非真非假，
息緣真假之心，名之為正諦。觀心性非空非假，而不壞空假之法。
若能如是照了，則於心性通達中道，圓照二諦。若能於自心中，見
中道二諦，即見一切諸法，中道二諦，亦不取中道二諦，以決定性
不可得故，是名中道正觀。如《中論》偈說：「因緣所生法，我說即
是空，亦名為假名，亦是中道義。」〔註46〕

結合龍樹的中觀哲學，使天台的「一心三觀」說，大步跳離了止觀法門修心
入定的原始範疇。而此處，智顗也借用了法華的化城譬喻，認為「從假入空
觀」、「從空入假觀」，雖可息心靜慮、作夢幻佛事，卻都仍只是方便觀門而已；
只有「中道正觀」（即「中觀」），才是究竟的真實道。而這空、假、中三觀，
全由「通達中道，圓照二諦」的自心所包辦。所以，「一心三觀」，又可以與
法華本體義的一乘教理，兩相輻輳。

也因為這一步的發展，因應禪坐需求而興起的止觀法門，遂亦有了法華
教義的基礎，而在增潤之餘，「止是禪定之勝因，觀是智慧之由借」之見解，
便呼之欲出。智顗於《修習止觀坐禪法要》書中，指出：

泥洹之法，入乃多途，論其急要，不出止觀二法。所以然者，止乃
伏結之初門，觀是斷惑之正要；止則愛養心識之善資，觀則策發神
解之妙術；止是禪定之勝因，觀是智慧之由借。若人，成就定慧二
法，斯乃自利、利他，法皆具足。故《法華經》云：「佛自住大乘，
如其所得法，定慧力莊嚴，以此度眾生」。當知此之二法，如車之雙
軌、鳥之雙翼，若偏修習，即墮邪見。〔註47〕

透過《法華經》，把「止」、「觀」二法，與「定」（禪定）、「慧」（智慧）相結
合，修止即是修定，修觀即是修慧。而且，不論就「止」、「觀」的任何一方
來看，均不可單獨地「偏修習」，因為兩者的關係就如同「車之雙軌、鳥之雙
翼」一樣。方立天在《中國佛教與傳統文化》裡，就有這樣的看法：

佛教非常重視修養方法和途徑。早期佛教講修行是為了超出生死輪

〔註46〕隋智顗《修習止觀坐禪法要》〈證果〉第十，嘉興大藏經第三冊，頁11。
〔註47〕隋智顗《修習止觀坐禪法要》〈序品〉，嘉興大藏經第三冊，頁1。

迴，脫離生滅，達到人生的解脫。後來又有了發展，修持變為直證
宇宙實相的方法，即在於獲取神秘經驗——佛教真理，而不是著眼
於離開生滅。印度佛教把五花八門的修行途徑和方法歸結為兩個方
面：定與慧，也叫止和觀。定或止，就是禪定，著重於佛教思維修
習。慧或觀，就是學習佛教義理，培養佛教智慧。南北朝時，南方
重視義理，北方重視禪定。隋代天臺宗創始人智顗綜合這兩種方法，
提出了定慧雙修、止觀並重的雙軌並行主張。〔註48〕

綜結南方重智慧之義理與北方重禪定的傳統，於是，止觀並重、定慧雙修的
雙軌並行主張，便在智顗的思想架構底下成熟。就天台宗的發展史來看，這
是智顗的獨詣洞見，從中國佛教史以觀之，此即為天台宗能與禪宗相侔的主
要原因！

　　而搭配甲‧的論點，此處可作如下簡單之歸納：

第一、法華「三乘歸一」的一乘思想，一方面具有總結佛說經教、指向絕對
　　　之果地佛的意義，一方面亦有本體論上所強調之當下現證的涵義。前
　　　者強調三乘聖人乃方便化城，只有佛乘方為真實究竟地，這代表法華
　　　思想的原初經教理念；後者則通過現前一念之覺知菩提佛性，依發心
　　　大小與心行之利他、自利程度，區界三乘與一乘，以此認為能發大菩
　　　提心、迴心向大者，即是一乘。

第二、天台學者援引原先為修心入定的止觀法門，呼應於《法華經》「定慧力
　　　莊嚴」的經義，而提出止觀並重、定慧雙修的雙軌並行主張，此舉乃
　　　深刻影響及禪宗。

那麼，究竟憨山如何看待法華天台思想呢？憨山自己在《法華經通議》卷一，
就曾說：

　　此經（法華經）乃化佛所說，據方便土，曲引三乘同歸一極。所謂
　　如來以一大事因緣故出現於世，欲令眾生開、示、悟、入佛之知見。
　　然佛知見者，乃一真法界如來藏心，舍那證之為法界海慧普光明智，
　　是謂一乘常住真心。〔註49〕

憨山認為《法華經》所稱如來應世因緣，主要是為了讓一切眾生「開、示、
悟、入」如來的「一乘常住真心」。而「一乘常住真心」又等同於華嚴盧舍那

〔註48〕方立天《中國佛教與傳統文化》，頁299。
〔註49〕《法華經通議》卷一，卍續藏經四十九冊，頁800。

報身佛所證悟之「一眞法界如來藏心」（即前述之「一眞法界心」）。可見憨山對於法華思想之體會，原不脫離於華嚴之「一眞法界心」場域，更進一步說，則都是依據於眞常自性的信念而加以融攝的。又釋曉雲法師〈天台止觀如來禪〉謂：

> 天台止觀即禪，亦即中國禪法的淵源法脈。〔註50〕

《法華經》既然可通向禪之眞常核心，而依據於《法華經》建立的天台止觀又是「中國禪法的淵源法脈」；其中，天台止觀並重、定慧雙修的雙軌並行主張，不僅與惠能禪學相侔，亦且爲憨山禪學方法論之主要特色。則法華思想與天臺教觀，對於憨山自性禪學言，具備根源性的重要意義，那也是不必懷疑的。

在晚明禪門普遍之動向發展中，憨山禪學融攝臺賢禪淨爲一的活動裡面，最引人矚目者，當即爲禪淨合流的見解。而這其中，淨土思想之源流，又最居於關鍵。底下，本文即嘗試探討憨山自性禪學中的另一重要淵源——淨土思想。

第五節　東山法門以來之淨土思想

這個單元，主要是由三個子題組合而成，分別乃一、東山法門中之一行三昧，二、永明延壽之禪淨一體說，以及丙‧雲棲蓮池之淨土思想三部份。其中，一、是以禪宗的原教立場，藉「一行三昧」說明禪、淨在原典上共存的微妙關係；二、則跨越至宋代，通過永明延壽《宗鏡錄》的媒介，貫通禪與淨土，追溯影響晚明佛學至深的「禪淨一體」說或「禪淨雙修」論的實際原貌。至於丙‧的重點，是希望經由與憨山同時的淨土宗師雲棲蓮池之相關淨土見解，建立詮釋憨山自性禪學的可能途徑。依此安排，本文即首由「東山法門中之一行三昧」進行。

一、東山法門中之一行三昧

所謂東山法門，主要是以初唐時期五祖弘忍駐錫地蘄州黃梅馮茂山而得名，其教法則依據一行三昧之念佛禪爲核心。唐人淨覺《楞伽師資記》載：

> 則天大聖皇后問神秀禪師曰：所傳之法，誰家宗旨？答曰：稟蘄州
> 東山法門。問：依何典誥？答曰：依《文殊說般若經》一行三昧。

〔註50〕見中華學術院佛教文化研究所《佛教文化學報》第 6 期，頁 5。

〔註51〕

依釋印順的說法，《文殊說般若經》的「一行三昧」，足以代表「五祖與六祖，五祖與其他門人間」的一貫禪風。〔註52〕也就是說，不單只是神秀遵奉一行三昧，即連與神秀風格迥異的南宗惠能，也有推崇「一行三昧」之相同做法，如「不行直心，非佛弟子。但行直心，於一切法上無有執著，名一行三昧」〔註53〕者，就是以「直心」而解一行三昧。

　　然而，究竟東山之「一行三昧」，其真實之義蘊為何？底下試從《文殊說般若經》（即後引之梁曼陀羅仙譯《文殊師利所說摩訶般若波羅蜜經》）及《大乘起信論》（真諦譯本）可見的線索，尋覓「一行三昧」的原始模型：

> 1、佛言法界一相，繫緣法界，是名一行三昧。……欲入一行三昧者，當先聞般若波羅蜜，如說修學，然後能入一行三昧。……欲入一行三昧，應處空閒，捨諸亂意，不取相貌，繫心一佛，專稱名字。隨佛方所，端身正向。能於一佛念念相續，即是念中能見過去、未來、現在諸佛。何以故？念一佛功德無量無邊，亦與無量諸佛功德無二不思議佛法功德，等無分別，皆乘一如、成最正覺，悉具無量功德、無量辯才。如是入一行三昧者，盡知恆沙諸佛法界，無差別相。〔註54〕

> 2、心若馳散，即當攝來住於正念。具正念者，當知唯心，無外境界。即復此心，亦無自相，念念不可得。若從座起，去來進止，有所施作，於一切時，常念方便。隨順觀察、久習純熟，其心得住。以心住故，漸漸猛利，隨順得入真如三昧，深伏煩惱、信心增長、速成不退、離除疑惑。不信誹謗、重罪業障、我慢懈怠，如是等人，所不能入。復次：依是三昧故，則知法界一相。謂一切諸佛法身，與眾生身，平等無二，即名一行三昧。〔註55〕

前面1、之中，毫無問題，是以能否「繫緣法界」，獲致「法界一相」，作為判斷一行三昧的依據。最後一語，所謂「諸佛法界，無差別相」，則又兜回「法界一相」的論旨上。由此可見，一行三昧的「一行」，原是意指人在開展主觀

〔註51〕唐淨覺《楞伽師資記》，《佛光大藏經》「禪藏」之史傳部，頁44。

〔註52〕見釋印順《淨土與禪》，頁181。

〔註53〕元宗寶之《六祖大師法寶壇經》，嘉興大藏經第一冊，頁405。

〔註54〕梁曼陀羅仙譯《文殊師利所說摩訶般若波羅蜜經》，磧砂大藏經第五冊，頁400。

〔註55〕梁真諦譯《大乘起信論》，磧砂大藏經第十七冊，頁219。

精神活動時，對於異化疏隔的萬法，完全地泯絕「差別相」，而推極致盡地完成萬法「一相」的一種般若觀照。所以，引文中有「當先聞般若波羅蜜，如說修學，然後能入一行三昧」一語，認爲般若的前行修學，是主體精神活動遞升至「一行」定境的必要過程。這原本是般若超絕紛馳萬法、體悟「法界一相」的極簡易之表達，然而，卻由於它強調除了般若修學外，還須由「繫心一佛，專稱名字」的念佛方法始得以助成；因此，一行三昧就同時滲合了般若的平等觀照與「專稱名字」的念佛形式。易言之，《文殊說般若經》所表述之一行三昧，最終極的目標是「法界一相」，但所取的途徑則是實修般若觀照與念佛。在釋印順《中國禪宗史》第二章〈雙峰與東山法門〉中，就將這般若與念佛合修的一行三昧法門，解釋爲道信、弘忍以降之禪門，普遍接受之念佛禪的起源。〔註56〕當然，此處所謂念佛，是以自力方式「繫心一佛」而悟證一相法界，重點在於憑靠自心之繫念專注而契悟法界體性，與淨土宗直接依仰他力而求生淨土的作法，並不相同；但是，由於在形式上都一致認同了念佛的方便，所以《文殊說般若經》的一行三昧，遂無可置疑地，成爲後來淨土宗與禪宗會通的重要橋樑。

　　從引文 1、的精神延伸出來的，是初唐北宗禪學主張與念佛以看心、看淨的路數，而無相之「淨眾」禪與宣什的「宣什」禪顯然亦受此影響，主張先念佛而後息念的修禪方式。不過，《文殊說般若經》的一行三昧，雖提示了念佛淨心的方便，但念佛終究只是方便道而已，其主要的實質部份，仍是設定在「法界一相」義的取證。所以，引文 2、《大乘起信論》的說法，便補充了前述之不足。用《大乘起信論》的角度來看，《文殊說般若經》所表述之「繫心一佛，專稱名字」，只能說是「攝來住於正念」的層次，要兌現爲一行三昧，它還必須持續地「於一切時，常念方便。隨順觀察」、並更深一層地「得入眞如三昧，深伏煩惱、信心增長、速成不退」，歷經持續而深刻的養成工夫，當主體精神境界已昇華爲「諸佛法身，與眾生身，平等無二」這種生佛不二的定境時，才可稱之爲是眞正的一行三昧。《大乘起信論》與《文殊說般若經》析解一行三昧，表面上最大之不同即在於：前者緊扣主體實踐的螺旋式發展、逕依究竟道以言一行；後者則應許念佛看淨的方便、以權待實，漸進於一行。如果用南宗惠能與北宗神秀之禪風對照，南宗顯然較偏向於《大乘起信論》的態度，直接在體性上證驗一行（在惠能的《壇經》中，甚至已取消念佛的

〔註56〕見釋印順《中國禪宗史》，頁 45。

方便道）；北宗則對照之下，偏向於《文殊說般若經》的路數。然而，不論南北宗各自見解主張如何懸異，對於東山法門中的一行三昧，卻都有「法界一相」的萬法一體之共同認知。

　　而也正是這個獨特的義理背景下，才會有永明延壽「繫緣法界，一念法界而念佛」說法的出現。

二、永明延壽之禪淨一體說

　　永明延壽是法眼宗清涼文益的再傳弟子，一方面承襲簡明細密、當機覿面之法眼宗風，一方面又益加注重藉教悟宗的方便。所以，其《宗鏡錄》向被視為宋代法眼宗的壓卷之作，而其統攝臺、賢、禪、淨諸宗義學論證，以趨悟佛性本體（即所謂「藉教悟宗」）的作法，更是巨眼先矚地開創了後來的禪學「性相合一」的發展潮流。本文附錄引王煜〈釋德清融攝儒道兩家思想以論佛性〉文，曾言永明延壽對後代影響最深刻者，即在「禪淨雙修論」，〔註57〕底下便簡引《宗鏡錄》原文，檢核其說：

> 1、問：欲淨其土，當淨其心，則心外有土，何成自淨？答：至極法身常寂光土，離身無土，離土無身。依報是心之相，正報是心之體。體相無礙、依正本同。所以攝淨歸心，真空觀中，則攝相歸體，顯出法身，從心現境，妙有觀中，則依體起用修成報身。若心境秘密，圓融觀中，則心境交參、依正無礙。心謂無礙心，諸佛證之，以成法身。境謂無礙境，諸佛證之，以成淨土。……如是觀因緣境，即是化眾生；或調惡境而悟，即是穢土。入佛智慧、或觀善境而悟，即是淨土。〔註58〕

> 2、今此三界，唯是心有。何以故？隨彼心念，還自見心。今從我心見佛，我心作佛，我心是佛，我心是如來。〔註59〕

> 3、若念佛、若稱名，即破覺觀，恬然心定。故經云：若有眾生，多於貪欲，常念觀音，即便得離，破根本無明。又云：一念知一切

〔註57〕其文曰：「明代的和尚幾乎都是慧能的法裔，而且發揚五代末年至宋初的永明延壽所倡的禪淨雙修論。在理論方面兼宗天台、華嚴，在實踐方面兼修禪與淨土。中國的大乘佛學，遂將臺、賢、禪、淨四宗並列。」見王煜《明清思想家論集》〈釋德清融攝儒道兩家思想以論佛性〉，頁165。

〔註58〕永明延壽《宗鏡錄》卷八十一，磧砂大藏經第卅五冊，頁863。

〔註59〕永明延壽《宗鏡錄》卷八十五，磧砂大藏經第卅五冊，頁879。

法，是道場皆是念佛法門也。即常行三昧，諸佛停立現前，睹法
界佛也。常坐三昧者，繫緣法界，一念法界而念佛也。〔註60〕

永明的說法，可依引文順序整理如次：

第一、永明之理解「淨土」，認為應從最洞徹的「至極法身常寂光土」上著
手，換言之，是將重心安置在「正報」、「心之體」上。而且，永明強
調此一正報心體的本身就是非常靈動的環中道樞，它既能遍照如鏡地
「從心現境」又可以「依體起用」，這樣理解下來，淨土（或甚至穢
土）亦不過只是心之「相」與心之「依報」而已。而這一層意義，假
如又搭配在心體「攝相歸體」與「攝淨歸心」的歸本模式下，那麼，
「淨土」之存否就等於完全取決於禪者的心體了。永明所謂「調惡境
而悟，即是穢土」、「觀善境而悟，即是淨土」，便係專從心體工夫上
面言淨土。所以，《宗鏡錄》實際上乃主張「唯心淨土」說。

第二、不同於淨土宗之依仰他力救渡，永明認為「我心」的自我作主，才是
解脫的關鍵。而此處的「我心」，在趨悟成佛的過程上，也並不是一蹴
可幾，永明言「見心」、「見佛」、「作佛」、「是佛」諸語，雖不必一定
視之為證悟境界之層序定位，然其強調實修實證之自力解脫與主張「我
心是如來」的用心，卻明顯與禪宗的本心說一致。尤其呼應於「心境
交參、依正無礙」義，更可清楚見出永明踵襲華嚴圓詮、融淨入禪的
意圖。

第三、關於念佛、持名，永明除了順著前述一行三昧的脈絡去體會外，尚以
下迴向的方式，提出「一念法界而念佛也」的新觀點。此亦即謂：用
上迴向角度看待，念佛持名，意在於開顯「恬然心定」、「破根本無明」
境界，上合於法界體性、「睹法界佛」，取證法界與佛是一的終極詣境；
而用下迴向角度觀之，從「繫緣法界」的本體上面，依體起用，則所
有一切念佛持名之境、相，都會變成是法界體性的投射貫徹，因此「念
佛」即形同於「念法界」，念法界更直通於念佛！所以，通過永明這樣
的陳述，念佛與參禪竟然就成為渾淪一體、經界全無了。

歸納以上三點，可知：永明延壽《宗鏡錄》的淨土思想，形式上雖可允以「禪
淨雙修論」視之，但其實質卻是走向以禪修為主之徹底的「禪淨一體論」。因
此，如果說憨山的淨土思想，有私淑於永明延壽者，恐怕也應是「禪淨一體」

────────

〔註60〕永明延壽《宗鏡錄》卷八十八，磧砂大藏經第卅五冊，頁894。

的看法，而非王煜所指之表面上的「禪淨雙修論」。

不過，不管是「禪淨一體」或「禪淨雙修」，到了晚明，其實都全部被當時一枝獨盛之淨土法門所取代，從雲棲蓮池的淨土思想中，便格外凸顯這樣的特色！

三、雲棲蓮池之淨土思想

雲棲蓮池（袾宏），相較於紫柏達觀，他或許顯得不夠豪邁熱情；用藕益智旭的著述成就來對照，他的視野也太侷限於淨土；然而，與他同一時代的憨山，對之卻有「法門之周孔」的絕贊之詞，在〈雲棲蓮池宏大師塔銘〉內，憨山如此說道：

> 初師發足參方，從參究念佛得力。至是遂開淨土一門，普攝三根、極力主張，乃著《彌陀疏鈔》十萬餘言，融會事理、指歸唯心。又憶《高峰語錄》，謂自來參究，此事最極，精銳無逾此。師之純鋼鑄就者，向懷之行腳。唯時師意併匡山永明而一之，更錄古德機緣中喫緊語，編之曰禪關策進，併刻之以示參究之訣。蓋顯禪淨雙修，不出一心；是知師之化權微矣。……若夫即萬行以彰一心，即塵勞而見佛性者，古今除永明，唯師一人而已。先儒稱寂音為僧中班、馬，予則謂師為法門之周、孔，以荷法即任道也。〔註61〕

憨山認為：蓮池從行腳參學的種種歷鍊中，發現了「純鋼鑄就」的不二法門，那就是將「理」上之參究，與「事」上之念佛融會在一起。理上的參究是禪，事上的念佛是淨，兩者方法雖異，目標卻一致，都在乎「彰一心」、「見佛性」。所以，蓮池也可謂受了永明延壽《宗鏡錄》的影響，而有「禪淨雙修，不出一心」的主張。不過，若以《雲棲法彙》之思想，衡估蓮池的「禪淨雙修」論，則底下幾點卻是必須釐清的。

首先，蓮池之「禪淨雙修，不出一心」主張，是以持名念佛為定入一心的主要方法，而且其教人，也多僅以念佛三昧相示。習禪參究與持名念佛，雖然可以「雙修」，但主角仍是淨土而非禪，於〈參究念佛〉文中，蓮池謂：

> 疑者謂參究主於見性，單持乃切往生，遂欲廢參究而事單持。言經中只云執持名號，曾無參究之說。此論亦甚有理，依而行之，決定

〔註61〕《憨山大師全集》卷十四〈雲棲蓮池宏大師塔銘〉，嘉興大藏經廿二冊，頁535。

往生！但欲存此廢彼則不可，蓋念佛人見性，正上品上生事，而反
憂其不生耶？故《疏鈔》兩存而待擇，請無疑焉！〔註62〕

單持（「單持」即專注執持彌陀名號）念佛，是他終生不渝的定向，至於參禪，
則僅是「兩存而待擇」下的另一選擇項。所以，蓮池的「禪淨雙修」論，雖
說以「一心」爲指歸，但重心還是安置在淨土念佛上，「禪」只是附麗於「淨」
的光環下之第二序問題。在〈念佛不礙參禪〉文中，蓮池便對「念念究自本
心」的參禪者，提出這樣的呼籲：

參禪人雖念念究自本心，而不妨發願：願命終往生極樂。所以者何？
參禪雖得箇悟處，儻未能如諸佛住常寂光，又未能如阿羅漢不受後
有，則盡此報身，必有生處。與其生人世而親近明師，孰若生蓮花
而親近彌陀之爲勝乎！〔註63〕

此處很明顯看出蓮池以淨土爲主的走向。他鼓勵參禪人求生淨土，一是因爲
他憂心參禪可能無法即身解脫、恐墮三界後有，再次輪迴；一是因爲他堅信
「往生極樂」確有不落三界、永不退轉的殊勝。此處，雖然沒有刻意地評騭
禪、淨高下，但實際上卻已清楚坦露了其獨厚淨土的用心。

其次，關於淨土的探討，向來就只從體性層面上談論「唯心淨土」說，
絕少自淨土的「有」與「無」的角度上著眼，而蓮池則從實際的往生淨土案
例中，推論出「淨土不可言無」的看法，他說：

或又曰：臨終所見淨土，皆是自心，故無淨土。不思古今念佛往生
者，其臨終聖眾來迎，與天樂、異香、幢幡、樓閣等，惟彼一人獨
見，可云自心。而一時大眾，悉皆見之：有聞天樂隱隱向西而去者，
有異香在室多日不散者。夫天樂不向他方而西向，以去彼人已故，
此香猶在，是得謂無淨土乎？……夫既墮地獄，則地獄之有明矣。
淨土獨無乎？心現地獄者，墮實有之地獄；心現淨土者，不生實有
之淨土乎？〔註64〕

這種「淨土不可言無」的見解，是不是可以符應於淨土四土說（尤其是常寂
光淨土與實報莊嚴土），並非蓮池要講求的；他強調的立場，完全是經驗論的
立場，特別是從臨終當事者以外的「一時大眾」的角度，藉旁觀者的側面體

〔註62〕《雲棲法彙》之《竹窗二筆》〈參究念佛〉，嘉興大藏經卅三冊，頁49。
〔註63〕《雲棲法彙》之《竹窗二筆》〈念佛不礙參禪〉，嘉興大藏經卅三冊，頁50。
〔註64〕《雲棲法彙》之《竹窗二筆》〈淨土不可言無〉，嘉興大藏經卅三冊，頁52。

驗（包括其所見所聞之「天樂、異香、幢幡、樓閣」等），證明淨土的實際存在。蓮池這一做法，一方面在於強化時人對西方淨土的信心，具濃厚之起信性質；一方面也等於正式告別了傳統「唯心淨土」說的窠臼，而賦予淨土以實際存有的意義。所謂「心現淨土者，不生實有之淨土乎」，正代表蓮池「淨土實有」論的堅定立場！

再其次，蓮池對於時人普遍囫圇不清的「念佛」法門，也有一番界定。原來，在禪思想掛帥的風潮底下，「念佛」常被解釋爲「實相念佛」，以與禪源本心相副應。但蓮池則指出：除實相念佛外，事實上，念佛方法還有持名念佛、觀想念佛及觀像念佛三種。在〈水陸會中普示持名念佛三昧〉文中，蓮池道出自己的看法：

> 念佛一門，分四種：曰持名念佛、曰觀像念佛、曰觀想念佛、曰實相念佛。雖有四種之殊，究竟歸乎實相而已。又以前三約之爲二：一爲觀想、一爲持名。……古德云：觀法理微，眾生心雜；雜心修觀，觀想難成。大聖悲憐，直勸專持名號，良繇稱名易故，相續即生。此闡揚持名念佛之功，最爲往生淨土之要。〔註65〕

所有的念佛方法，雖都可「究竟歸乎實相」，但類如《十六觀經》的觀想念佛或唐代善導和尚之觀像念佛，蓮池卻都未予青睞；因爲「觀法理微，眾生心雜；雜心修觀，觀想難成」之故。於是，淨土念佛法門，到了蓮池手裡，就變成徹底的持名念佛了。而從後來的歷史發展來判斷，強調持名念佛的《阿彌陀經》（鳩摩羅什譯本），成爲明清佛教徒的普遍讀物，且「執持名號，一心不亂」演變成淨土宗最有代表性之特癥，蓮池影響力之大，就可見一斑了。

所以，掌握了淨土思想之發展，再重新回顧於憨山禪學，對於憨山禪淨雙修的看法，我們就可以有一個比較通盤的理解。憨山在〈示半偈聞禪人〉文中，嘗云：

> 今勸禪人，第一要志求般若，了悟自心，以出生死之苦海：次要廣行眾行，普化十方、莊嚴佛土，以成淨土之淨業。除此二行，無可修者。〔註66〕

他勸半偈聞禪人應立志修持「二行」，其一是「了悟自心，以出生死之苦海」

〔註65〕《雲棲法彙》之《雲棲大師遺稿》卷三〈水陸會中普示持名念佛三昧〉，嘉興大藏經卅三冊，頁147。
〔註66〕《憨山大師全集》卷一〈示半偈聞禪人〉，嘉興大藏經廿二冊，頁407。

的般若行，即禪行；其二是「淨土之淨業」，即淨土法門。這段文字，頗能見出憨山對禪、淨的重視態度。尤其「淨」，憨山當自有一番獨到之見識，否則他斷不會說「除此二行，無可修者」。而從這種禪淨雙修的見地當中，我們一方面可以肯定淨土思想對於憨山禪學的影響力，一方面也可以藉此對勘出憨山自性禪學之卓優詣境，本文稍後之論證，正是深入地探查這個論題。

　　以上本章所論述者，是順著明末之禪學趨向，而發掘憨山自性禪學之思想淵源。在這一章當中，筆者除了臚述教內外思想之外，並大略地推闡憨山自性禪與這些思想之精微牽連。如此設計的用意，主要是希望透過憨山禪學與這些教內外思想之關係網絡，進一步證成於本文第四、五、六章之論點，以凸顯出憨山自性禪學在統攝轉化這些思想時的卓優見地。事實上，這一章只是針對憨山自性禪學所對應的禪門義理趨向，作比較縱向的深入剖析，它所豁顯的，亦僅限於禪學的思想背境之處理；對於憨山全體思想的掌握，畢竟仍屬一曲之見。但是，本章所指涉之儒道思想、華嚴思想、天台思想、淨土思想，卻都是向來研究憨山的論文中，很不容易深入的處女地。所以，本章刻意透過憨山的自性禪學背景，以相當的心力，逐一挺顯這些思想在其禪學中的意義，主要是希望將來能在這一基礎上面，有更進一步的研究；同時，筆者亦極願這一章之敘述，能有利於有心的學者，通過憨山禪學而銜轉至其它之思想領域，以集掖成裘之力，共同致力完成憨山思想之整體研究。

　　慧心之讀者，或已不難體會筆者在二、三章的根本用意，其實，這兩章的寫作，一方面是藉著時代背景與思想淵源兩個視角，對憨山自性禪作根源性之探討，一方面也代表了筆者對目前所有憨山研究論文的一種回應與期待。

　　當然，亦正如緒論所言，「時代背景」與「思想淵源」兩個部份的完成，亦僅止於本文之表層結構而已。對於蘊藏在憨山自性禪深層之主體部份，事實上仍未真正觸及。基於這個需求，本文底下之進行，乃順勢導入第四章之主題「憨山自性禪之方法論」。

第四章　憨山自性禪學的思維模式與詮釋通路

　　吳汝鈞〈佛學研究與方法論〉一文中，曾區分「佛學方法」與「佛學研究方法」兩者之不同：

> 佛學的目的，是探尋宇宙和人生的眞理，從而導致生命的解脫，而尤以後者爲其核心課題。佛陀的悲願，亦直接指向這一目標。故佛學的對象，是現實的宇宙和活生生的有情界，此中有很多學問可説。佛學研究的對象，則是以學術的態度，對這些學問加以處理。故佛學是一種生活、一種宗教活動；佛學研究則無寧是對這種生活的概念的反省，或文字的記述。……佛學既異於佛學研究，則佛學方法與佛學研究方法，自亦不同。佛學方法可從兩面來説，在思想概念上來把握宇宙人生的眞理的那種方法，與在實踐生活上來體現這眞理的那種方法。……這思想與實踐的兩路方法，在佛學中必須同時兼具、同時實行，才有進境。即強調頓悟的禪宗，在這方面亦不能例外，這是佛教中的知行合一。達摩的「二入四行」，強調兩種入道之途：一是理入，一是行入。前者是知解或智慧，後者則是修行。這兩者恐怕必須要結合在一起，才有實效。以上所論爲佛學方法。〔註1〕

吳文指出：佛學方法強調宗教活動的知行一致，並以求得生命之解脫爲核心課題；佛學研究方法則是對此一活動給予學術性之概念反省或文字記述。其

〔註 1〕語見〈佛光學報〉第 4 期，頁 237～238。

中，前者係針對宗教實踐言，後者是基於學術研究言。本章題名為「憨山自性禪學之方法論」，前提上乃是以憨山的立場探討其自性禪學方法論，〔註 2〕所以，考量的重心是奠基在憨山自性禪學之佛學方法上。

　　既然討論的重心是在「佛學方法」的層次上，那麼對於憨山自性禪學的宗教實踐〔註3〕之實質，便必須給予恰當的分梳整理。本文底下，於是權分憨山禪學之「基本思惟模式」（第一節）以及其禪學的「詮釋進路」（第二、三節）兩部份進行。之所以如此設計，主要是因為基本思惟模式會左右整個憨山自性禪學實踐的風格，而詮釋進路則決定其自性禪學體驗的方向。

　　依此安排，底下即首先探討憨山自性禪的基本思惟模式。

第一節　憨山自性禪之基本思惟模式

一、以自性為核心之體用論

　　憨山〈示蘄陽宗遠庵歸宗常公〉中，有一段話，對於我們理解其自性禪學之基本思惟模式，頗有提綱挈領的意義。他說：

> 所云一乘者，乃一切眾生之本心，吾人日用現前知覺之自性也。以此心性是一切聖凡之大本，故說為乘。乘者，是運載義，故曰三界上下法，唯是一心作。除此心外無片事可得，即吾人日用六根門頭，見聞不昧，了了常知，不被塵勞妄想之所遮障，光明普照，靈覺昭然，即此一心，是佛境界，則運至於佛。若以此心廣行六度、攝化眾生，不見有生可度，亦不見有佛可成；如是一心，即菩薩境界，則運至菩薩。……是故佛說三界唯心，除此一心，無片事可得，唯

〔註 2〕　依蕭前之說，方法論乃是「關於認識世界和改造世界的方法的理論」，就哲學領域言，方法論則是運用世界觀的理論，沒有和世界觀相脫離、相分裂的孤立的方法論。蕭前語見大陸國務院《中國大百科全書》「哲學」第一冊，頁 203。而憨山之世界觀，其實是建立在本體論意義上的「三界唯心」見解；所以就憨山之禪學言，方法論的核心，正是本論文的主題，也就是「自性」。

〔註 3〕　大陸學者尤西林〈佛學不等於佛教：佛教中國化研究中一個被忽略的哲學方法論問題〉即曾謂：「佛教中國化的實質，主要是印度經文的實踐化，亦即宗教化的過程。禪宗以實踐體驗性之禪，統攝戒定慧，有效地完成了從釋譯佛經的佛學到佛教實踐的轉移。這是禪宗在佛教中國化史上，地位顯赫的根本原因。」（語見〈哲學與文化〉第 20 卷第 5 期，頁 494）

> 此一事更無餘事，故說一乘。非此心外別有一法可說也，若心外有
> 法，是爲外道邪見，非正法也。若了此心，則知三賢十聖及一切眾
> 生，皆一心之影響。〔註4〕

此處，憨山首先指明本心即是自性，而自性本心，可分別從四種向度展開它
的性質：

    （1）根源性：自性本心是一切四聖六凡諸有情的「大本」。

    （2）統一性：所有「三界上下法」，全部統一於自性本心。

    （3）擴延性：當自性本心呈現佛境界時，即是「運至於佛」；呈現菩薩
            境界時，即是「運至菩薩」。

    （4）包容性：一切萬法，皆卷藏於一心之中，心外無法。

    其中，根源性與統一性是就自性的向內回歸於「本體」層面言，擴延性
與包容性是就自性的對外涵蓋之「作用」層面言。無論就以上任何一種面相
來看，都明白表示了憨山在自性的體會當中，已充份掌握了體用一如的原理。
而這一個以自性爲核心的體用一如原理，正是促成憨山形構其禪學實踐內涵
的基本思惟模式。

    在憨山禪學著述中，只要涉及禪學實際體驗的話語，都可以看到此一基
本思惟模式的身影。

    鄭學禮在〈禪、維根斯坦與新正教神學｜禪宗傳達眞理的問題〉一文中，
曾說：

> 法的見與悟，存乎一己，達到此一境界的人，禪家稱爲自己作主。
> 當一個人完全做得了自己的主人，那麼他的行爲是自發的，並能自
> 由發揮他的天賦與潛能。他的生活、他的行爲，都直接發自本身存
> 有的中心。因此一個眞正的禪行者，必須如臨濟宗的創立者臨濟禪
> 師所描繪的：「向外作工夫，總是癡頑漢。爾且隨處作主，立處皆眞，
> 境來回換不得」。〔註5〕

一切生活、行爲都直接發自於「本身存有的中心」，正可以生動傳達憨山這種
思惟模式的精神。而臨濟禪師的「隨處作主，立處皆眞，境來回換不得」，就
憨山立場看來，也並不突兀，因爲它們仍然是體用一如之自性，是一種在具

〔註4〕　《憨山大師全集》卷一〈示蘄陽宗遠庵歸宗常公〉，嘉興大藏經廿二冊，頁408。
〔註5〕　語見鄭學禮撰、釋若學譯〈禪、維根斯坦與新正教神學——禪宗傳達眞理的
      問題〉，《哲學與文化》第15卷第4期，頁46。

體生活當中的實踐。

而在〈示古愚拙禪人〉文中，我們也看到憨山指導參學行者，如何將此基本思惟模式實證於日常工夫的例子：

> 以知見做工夫，其實未達唯心境界。古德云：未達境唯心，起種種分別。達境唯心已，分別即不生。汝於現前境界，還生分別否？若作觀時，似乎忘境，逢境依然分別逐境生心。如此硬說唯心，終是不得實證。縱是忘得前境，若執著唯心，則是不能忘心，乃忘所未忘能，故心境不得混融，是名智礙。況未得忘境，強說唯心，以作實法者乎？
> 古德云：絲毫未透，如隔千山。直饒做到心境兩忘，一法不立，猶知見邊事。況以思惟心作究竟想，豈不爲自瞞者乎？〔註6〕

對各種內外境界「起種種分別」、或「逐境生心」，都是一般煩惱眾生的常情；而欲從常情當中超越，就必須採取非常情的手段，方能奏效。因此，憨山此處勸古愚拙禪人莫以「知見」做工夫，而應該從「唯心境界」做本體性的轉化。憨山在這裡顯然認爲：只有回歸到自性核心，禪的實證才有可能。因爲所有「知見邊事」，終是「不得實證」。

當然，這個例子也可能產生一個疑惑，那就是：憨山這種以自性爲核心的禪學，是否就將淪爲一種唯心主義的禪學？關於這個問題，李世傑在〈三界唯心說的基本原理〉文中，曾表示：

> 佛教的唯心說，並不是物心相對的唯心論，更不是唯物論，而是心物一體的由心論。〔註7〕

所謂「心物一體的由心論」，其實也就是憨山體用一如的自性說。因此，憨山勸人就「唯心境界」做本體性的轉化，基本上它並沒有落入相對見之中。如果綜觀其本體論與工夫論言之，則亦可說：憨山此處所顯露的方法論精神，是一方面超越心物、一方面又內在於心物的；而超越、內在之銜轉關鍵，正是體用一如的自性。

所以，類如憨山這種處理其禪學的思惟模式，可能就與正常的方法論有距離了。成中英〈中國哲學中的方法詮釋學——非方法論的方法論〉一文中，就如是說：

> 若人已顯示佛性的明覺，則世間爲清淨涅槃，若人未顯示佛性明覺，

〔註6〕《憨山大師全集》卷二〈示古愚拙禪人〉，嘉興大藏經廿二冊，頁409。
〔註7〕語見〈中華學術院佛教文化研究所・佛教文化學報〉第3、4期合刊本，頁33。

則世間爲煩惱地獄。兩者的轉化是境界的轉化，而非實體的轉
化。……此不是心理上之轉化，而是本體性的轉化。促使及表達此
一本體性的轉化的樞紐，就是方法。但方法不離本體，故方法也是
「非方法」了。無論天台、華嚴、淨土，都發揮了轉化世間的上述
「非方法」的方法意識；而禪學表現得尤其淋漓盡致。惠能說：「迷
時法華轉，悟時轉法華」，尤能表現此一本體論的方法啓發性。六祖
後的五家禪，也各有風格、各逞異彩，表現轉化世界、度化人世的
不同機智和手法。其中無論是臨濟的快捷了當，或曹洞的細察直入、
雲門的高瞻遠矚、法眼的修持詳明、潙仰的方圓默契，在在都能把
本體論的方法彰顯出來。這些方法自然不是方法論，所以仍是「非
方法」或「非常方法」。〔註8〕

憨山的基本思惟模式，正是成中英所言「方法不離本體」之「非方法」的方
法意識。由於自性本體不可說，所以，其方法論也只屬於不可說的「方法意
識」。而由此亦可知，憨山這種以自性爲核心的思惟模式，在實際運用方面，
其實是非常靈活而自由的。成中英所謂之「非方法」、「非常方法」，正說明了
這種自性之「用」的豐富性與多樣性。所以，憨山一向最反對參禪者離開自
性而向外馳求，尤其對於「增益知見」、「向外求安」而沾沾自喜的學人，經
常不客氣地給予警告，如〈示明益禪人〉中，他就說：

學人不知向上一路，但求增益知見，殊不知知見立，知即無明本，
此不知本有，而向外馳求，更欲增益其明矣。苟明其明，則明亦不
立，何益之有？故曰：爲學日益。凡言學者，則向他家屋裡求安樂
窩。縱然求得，畢竟非屬己有，既非己有，則樂非眞樂，樂既非眞，
又何從而安之耶？向外求安，自古學人之通病，非特今也。……佛
言息心達本源，故號爲沙門，學人苟能息心達本，明不必外求。蓋
不必多增，自性具足，曾何虧欠。明益禪人果能知此，頓將從前所
求多處，一齊吐卻。如傷食人，中無宿滯，則元氣自復。學人斬卻
知見，可稱無事道人矣。〔註9〕

憨山認爲：禪的眞義，就存乎體用一如的自性活動當中，「自性具足，曾何虧
欠」。倘若能體會宇宙間的每一個現象都是本體時，或每一個本體變爲現象

〔註8〕語見〈台灣大學哲學論評〉第 14 期，頁 285～286。

〔註9〕《憨山大師全集》卷一〈示明益禪人〉，嘉興大藏經廿二冊，頁 406。

時，則每一樣東西都是實在的東西，每一種法也都是絕對的法。那麼，又何苦「向外馳求」，增益自己的無明？

總之，體用合一的自性，是憨山自性禪學方法的原始出發點；而根據於自性之種種本體性轉化，便是形成憨山禪學的直接動因。

二、融攝的思惟方式

其次，更進於自性之轉化而強調「融攝」的思惟模式，也是憨山自性禪方法論的另一重點。之前本文臚述之永明「性相合會」說以及晚明佛教之「三教合一」思潮，都可支持此一思惟方式的成立。但為實際之說明方便起見，我們此處舉憨山的禪淨雙修為例。

前面在「東山以降之淨土思想」討論惠能之「一行三昧」時已知：「繫心法界」、「捨諸亂意，不取相貌」是一行三昧的主要共相，其與「繫心一佛，專稱名字」的念佛法門所達到的極境，皆是實相意義的「法界一相」，而「法界一相」又即指吾人的自性本體。職是之故，禪、淨實際上是可以依照各自修行方法上的繫心離念，共同獲得趨證於本心的目標，得到解脫。而憨山就是從如此的立場，順著「離念」的線索，融攝禪淨二行。在〈示沉大潔〉中，憨山這樣說：

> 禪淨二行，原無二法。永明大師示之於前矣。禪本離念固矣，然淨土有上品上生，未嘗不從離念中修。若曰念佛至一心不亂，豈存念耶？但此中雖是無二，至於下手做工夫，不無巧拙。以參究用心處，最微最密，若當參究時，在一念不生。若云念佛，則念又生也。如此不無兩概念，就參究念佛處打作一條，要他不生而生，生即不生，方是永嘉惺寂雙流之實行也。〔註10〕

淨土行者進行「繫心一佛，專稱名字」活動時，當然是以能企獲「一心不亂」的證量為期許，而這「一心不亂」，正是憨山所謂「離念」的工夫。在此特別值得留意的是，他的「禪本離念固矣」如果對照於「禪者心之異名」，則「離念」說，其實也就是自性的一種開顯。此亦即謂，憨山融攝之思惟模式，運作的起點仍然還是聚焦在體用一如的自性上面。

不過，如此一來，在「禪淨二行，原無二法」的解釋系統下，卻無形中產生了一個困難，那就是：禪之參究在「一念不生」，而淨土之「念佛」則正

〔註10〕《憨山大師全集》卷四〈示沉大潔〉，嘉興大藏經廿二冊，頁429。

好相反，如何能使二造的極端差異消解？憨山此處所運用的，除了靈感自「一行三昧」上之同時滲合般若的平等觀照與「專稱名字」的念佛形式外，他還借用永嘉玄覺的「惺寂雙流」說，以「寂寂」之心而不執著佛號外境，用「惺惺」之心以遠離一切無明昏沉、洞見心體。所以，他主張將「參究」與「念佛」完全結合，從「一念不生」的參究中體悟「不生而生」之佛號外境，自「念佛，則念又生」裡也同時觀照心體的「生即不生」。

由此可證知，憨山之融合禪淨，是將淨土念佛法門的層級開拓超升到自性境界，才以禪家的路數會通禪淨的。換言之，他的「禪淨雙修」論，是以禪宗為優位的一種融攝論點；而這個融攝的思惟模式，又與其體用一如的自性轉化環環相扣，共同成為其自性禪的基本思惟模式。

林孟穎〈明末禪宗「禪淨雙修論」之特質──以《禪關策進》所呈現之禪淨關係為中心〉一文，曾說道：

> 從禪淨二宗的發展過程來看，兩家都是透過實踐工夫，將佛法理論簡化的宗派。因此，談「禪淨雙修」，自然也以實踐為主。所以，主張「禪淨雙修」論者，便常藉著依於佛法宗旨的實證內容之說明（如「悟」和「一心不亂」），來會通兩家之實踐方法。實證內容既然相同，方法的取捨會通，當然可以隨機而無礙了。〔註11〕

禪淨二宗「實證內容」的共通點，在憨山禪學言，即是自性之趨悟。而且，如果我們再回到憨山的本體論立場看，則不僅僅淨土可以結合於禪，舉凡華嚴、天臺、儒道思想等，亦皆可作如是體會。釋恆清法師在〈禪淨融合主義的思惟方法〉一文，討論永明延壽的禪淨合一論時，亦謂：

> 永明除了將禪淨合一，建立在理事不二的理論架構上；另一重要方法，是以「唯心淨土自性彌陀」的理論，作為其禪淨融合的依據。……中國佛教徒所主張的禪淨雙修的淨土念佛，乃指唯心念佛而言。因之透過中國人的融攝的思惟方式，禪淨融合，至少在理論上，可以找到共同的基礎。〔註12〕

就憨山的自性禪言，「融攝的思惟方式」，乃係溝通其禪學與其他經教世學的重要途徑，而釋恆清法師所謂「共同的基礎」，以憨山的語言來講，就是「禪」，亦即「自性」！

〔註11〕語見〈中華佛學研究所論叢（一）〉，頁102。
〔註12〕語見〈台灣大學哲學論評〉第14期，頁242～248。

　　所以，釋太虛於〈中國淨土宗之演變〉中，把憨山歸類為「透禪融教律之淨」的佛門人物，視其乃「禪宗之淨」的代表。〔註13〕按照憨山禪學的思惟模式觀之，這樣的判斷，其實是不太準確的。

　　當然，憨山這一自性禪的方法論模式，正如本文一開始在釐清時代背景諸問題時所言，不可免地必亦曾接受當時學術潮流的洗禮；孫中曾〈明末禪宗在浙東興盛之緣由探討〉一文中，就曾透過陽明學的發展，拖帶出憨山此一方法論模式的時代因緣：

> 陽明學說強調自省功夫，以自省吾心之良知，為真理的決斷點，向上提撕，一破前人窠臼。因此，破除思想的形式束縛，是王學的一大特色。在此風潮之下，種種形式的框架，也隨著思潮的演進，而逐漸解除。形成學說間互相融通與論辯的言說場域，三教合一的論點、與陽明左派的理論發展，都是破除形式的衍生結果。……因此，佛教在此一大環境的籠罩下，也產生重新整合的新現象。所謂法性與法相、禪淨的融合，與外教的對話等，都是佛教思想的新脈動。
> 明末袾宏、真可、德清和智旭四大師，就是突破宗派法脈傳承關係，又會通諸宗的代表人物，成了明末大德的新典範。〔註14〕

文中稱佛教思想的「重新整合的新現象」與「新脈動」者，其實那已是惠能、永明以來，佛教面對的老問題。然而，「破除思想的形式束縛」，則確乎是王學與憨山禪學的一大交集。由此亦可證明，憨山自性禪之方法論，也在融攝的思惟模式中，反映了晚明的時代風潮。

　　此外，順著憨山重視實踐、遮撥知見的禪風來看，他對於禪學進路之詮釋，也是一種回歸於自性的實踐意義之詮釋。底下，分別依相應於「自性」與「融攝」之詮釋通路，逐一分說。

第二節　相應於自性為核心而發展之詮釋通路

一、止觀雙運、定慧等持

　　前面的探索歷程，對於以自性為核心的基本思惟模式，我們已經建立了

〔註13〕語見〈文史雜誌〉第4卷第9、10期合刊本，頁12。
〔註14〕引文見〈國際佛學研究年刊〉第2期，頁145。

概念。但是，剋就自性之「種種本體性轉化」，究竟藉由何種的詮釋通路才能形成憨山的禪學，本文則並未明說。事實上，相應於本體轉化，一定要通過「定」與「慧」的方法才有實際的效驗。其中，「定」乃在於求得思慮的純化，以燭顯自性之本體；「慧」則在於藉由般若智之遮撥爲用，以發明自性的妙用。而這在憨山禪學中，正是所謂「止觀雙運、定慧等持」。

　　爲展示這一方法論的詮釋通路在憨山禪學之中所具有的普遍性，底下本文將嘗試透過憨山對於三教問題的處理方式，加以證明。

　　憨山在〈道德經解發題〉「發明工夫」中，曾曰：

> 若夫老子超出世人一步，故專以破執立言，要人釋智遺形、離欲清淨。然所釋之智乃私智，即意必也；所遺之形，即固我也；所離之欲，即己私也；清淨則廓然無礙如太虛空，即孔子之大公也。是知孔老心法，未嘗不符，第門庭施設，藩衛世教，不得不爾。以孔子專於經世，老子專於忘世，佛專於出世。然究竟雖不同，其實最初一步，皆以破我執爲主，工夫皆由止觀而入。〔註15〕

依此處憨山之理路，雖然儒道佛分別有「經世」、「忘世」、「出世」諸取向之差異，但撲其實，入手工夫卻是一樣的。引文中，憨山將老子的「釋智遺形、離欲清淨」與孔子「毋意毋必毋固毋我」相比對，以統一「孔老心法」的方式，說明了儒道在蠲除我見、我愛、我癡、我慢的方向上的一致性。而這個方向，順「佛學方法」觀之，則都是破我執的一種實現。憨山在大部份談及三教實踐工夫的論述上，幾乎都千篇一律地主張如此的做法。這個做法，狀似平常，其實卻已指謂了自性的一種實踐途徑。例如底下的文字，憨山甚至就將破執之後的「無我之體」以及緣無我而起用的「利生之用」，作爲其禪觀底下之三教共通的體用論，如此的見解，對於我們之掌握其方法論的詮釋通路，極有幫助：

> （三教聖人）體用皆同，但有淺深小大之不同耳。若孔子果有我，是但爲一己之私，何以經世？佛老果絕世，是爲自度，又何以利生？是知由無我方能經世，由利生方見無我。其實一也。……是知三聖無我之體、利生之用皆同，但用處大小不同耳。……後世學者各束於教，習儒者拘、習老者狂、學佛者隘，此學者之弊，皆執我之害

〔註15〕《憨山大師全集》卷卅〈道德經解發題〉「發明工夫」，嘉興大藏經第廿二冊，頁648。

也。〔註16〕

三教之間，是否可真如憨山這樣的體用說貫穿？恐怕還有仁智之見的爭議。然而，通過「破執」的方法，直接在三教問題上落實自性體用說，卻給予吾人以方法論方面的暗示。這個暗示，孤立著看，當然意義曖昧，但如果進一步跨接到「止觀」層面來看，就十分清楚了。在〈觀老莊影響論〉「論工夫」中，憨山如是說：

> 吾教五乘進修工夫，雖各事行不同，然其修心，皆以止觀為本。故吾教止觀，有大乘、有小乘、有人天乘、四禪八定、九通明禪。孔氏亦曰：知止而後有定；又曰：自誠明。此人乘止觀也。老子曰：常無欲以觀其妙，常有欲以觀其徼。又曰：萬物並作，吾以觀其復。莊子亦曰：莫若以明。又曰：聖人不由而照之於天。又曰：人莫鑒於流水，而鑒於止水；惟止，能止眾止也。又曰：大定持之。至若百骸九竅，賅而存焉。吾誰與為親。又曰：咸其自取，怒者其誰耶！至若黃帝之退居、顏子之心齋、丈人承蜩之喻、仲尼夢覺之論；此其靜定工夫，舉皆釋形去智、離欲清淨。所謂厭下麤障，欣上淨妙離。冀去人而入天。按教所明，乃捨欲界生，而生初禪者，故曰宇泰定者，發乎天光。此天乘止觀也。〔註17〕

這一段引文當中，相應於人乘、天乘之聖，憨山亦區別止觀為孔氏之「人乘止觀」、老子之「天乘止觀」。其中，「人乘止觀」的預設基礎，是以《大學》之止定誠明工夫為根本，憨山後來在六十四歲時撰《大學綱目決疑》，又對他所認為的儒家止觀工夫進行一番更明確的分疏（此將於下一章論介）。這裡很明顯地是，憨山對於道家「天乘止觀」的描繪相當詳盡，例如以「鑒於止水」及顏回心齋等等之靜定工夫言止觀之「止」，以「觀其妙」、「觀其徼」、「觀其復」言止觀之「觀」，陳榮波先生〈憨山大師心目中之老子思想〉文，曾特別針對此一止觀，做如下分析：

> 老子言天道之獲得在於妙觀，憨山特別提出「止觀」，其因在此。「止觀」包括「止」與「觀」，「觀」之前先要「止」。「止」在於離欲（離

〔註16〕《憨山大師全集》卷卅〈道德經解發題〉「發明體用」，嘉興大藏經第廿二冊，頁649。

〔註17〕《憨山大師全集》卷卅〈觀老莊影響論〉「論工夫」，嘉興大藏經第廿二冊，頁646。

我見、離我執)，「觀」是在「止」之後，心靈以一種清淨心去觀照
事物、明心見性。它是屬於一種心觀之修證工夫。大道在於妙悟，
從妙悟中流露眞諦。因此憨山大師認爲老莊之道爲一種天乘止觀，
其目的在於觀妙、觀徼、觀復，進而體悟虛無爲妙道。〔註18〕

陳榮波先生係依憨山自性禪「明心見性」之終極立場（所謂「禪者，心之異名也」），解讀老莊的天乘止觀。其中，將「止」理解爲破我執的離欲工夫，「觀」詮釋爲清淨自性之諦觀於現象事物；就實踐方法言，前者依於「定」，後者則重「慧」。而如果結合在一起，即是止觀雙運、定慧等持。這一種雙運等持的「修證工夫」，用以詮釋老莊之道時，乃體驗虛無之道；而回返於憨山禪學方法論觀之，則是將體用一如的自性，具體兌現爲禪觀禪行的不二法門。

憨山在教外的問題上，都尙且依於止觀雙運、定慧等持的方式處理，以期求「明心見性」的落實。那麼，在教內的禪學思想裡，這個實踐通路自然更爲暢通。〈示周子寅〉文中，憨山甚至便一語論定地說「修心工夫條目，不出止、觀、等持三門而已」，〔註19〕可見止觀雙運、定慧等持的方法，確是憨山建構其自性禪學時，相當重要的行動綱領。

其次，我們還可以繼續追問：以自性爲核心的憨山禪學，如何透過實際之行動，而將體用一如的自性詮釋出來？回答這個問題，除了應該斟酌前述止觀雙運、定慧等持的方式之外，最重要的，是必須對憨山禪學所表達之「即本體即工夫」的觀行方法，有相應之體會，方足以給出徹底的答案。

二、「即本體即工夫」之詮釋進路

正如前言，憨山之進行其自性禪學，根本的核心是依繫於體用一如的自性，因此掌握了憨山的本體論，也就等於掌握了憨山的自性禪。然而，此處吾人的疑問則是：就方法論立場來看，自性之「體用一如」究竟應該如何表達？它只是一種生命的靜態攝受？抑或是應該從生命的動態加以詮釋？

關於這個自性的詮釋方式，憨山在《般若波羅蜜多心經直說》中，曾透過「觀自在菩薩」的通路，加以闡述，他說：

以此菩薩從佛聞此甚深般若，即思而修之。以智慧觀，返照五蘊，
內外一空，身心世界，洞然無物。忽然超越世出世間，永離諸苦，

〔註18〕見陳榮波先生《哲學、語言與管理》，頁60。
〔註19〕《憨山大師全集》卷五〈示周子寅〉，嘉興大藏經第廿二冊，頁443。

得大自在。由是觀之，菩薩既能以此得度，足知人人皆可依之而修
矣。——吾人苟能作如是觀，若一念頓悟自心本有智慧光明，如此
廣大靈通，徹照五蘊元空、四大非有，有何苦而不度？又何業累之
牽纏、人我是非之強辯、窮通得失之較計、富貴貧賤之可嬰心者哉？
〔註20〕

憨山這一段話當中，扣緊的主題是般若智慧的「觀」，與洞視五蘊身心世界的
「照」；他認為觀自在菩薩之所以能夠「永離諸苦，得大自在」，關鍵就在於能
以智慧直「觀」以及返「照」，這原本就是《心經》的主題，只是憨山將它更進
一步地導入自性的實踐脈絡中。於是，菩薩這個形象，在憨山心目中，即搖身
一變，成為顯現自性妙旨的實踐典範，祂是使一般塵井凡夫「見性成佛」的期
望，成為可能而又有意義的架構。而這個菩薩的架構，正是透過「即本體即工
夫」的方式來表達的。也就是說，菩薩之觀照得度，也是通過自性之活動狀態
而得到的，祂並非停止了生命的流動來觀照生命，而是就自性本體所稟賦的「自
心本有智慧光明」，歷驗於周遭之「身心世界」，隨觀隨照，最後才以趨悟圓滿
的自性、取證「見性成佛」為終極的目標。因此，「即本體即工夫」的運作模式，
乃是以吾人之自性本體為輻輳核心的一種禪學方法；這一禪學方法，正是憨山
用以豁顯體用一如之自性，最基要之體驗型態；易言之，透過「即本體即工夫」
的實際操作，可以使得原本以自性為核心之基本思惟模式，由只具消極意義的
理論層面，進一步遞升為具有積極而健全的實踐意義；事實上，如果沒有「即
本體即工夫」的體驗，自性將只是一種啟發性的抽象概念而已，那麼，憨山自
性禪就變成空論了。所以，在《楞嚴經懸鏡》裡，憨山便因此提出了「即生滅
以證真常，旋虛妄而復妙覺」的主張，其曰：

迷此圓明湛寂之真心，結為四大，妄分六根。根塵和合，虛妄生滅，
引起五濁業用煩惱，使妙圓之體，隔越而不通；若群器參乎太虛、湛
淵之心渾濁而失照，似塵沙投於清水。此則本不分而分、元不濁而濁
矣。今欲即生滅以證真常，旋虛妄而復妙覺，要先以此不生滅心為本
修因，照破生滅之原；次審所結之根，誰是煩惱之本？若生滅入照，
則當下真常。若煩惱知根，則迎刃而解。斯則能照之一心，心心寂滅；
所照之萬法，法法圓通。是以頓超五濁、旋復一元。〔註21〕

〔註20〕 憨山《般若波羅蜜多心經直說》，卍續藏經第卅九冊，頁 843。
〔註21〕 憨山《楞嚴經懸鏡》，卍續藏經第十九冊，頁 62。

憨山在這一段話當中，所強調的「以此不生滅心爲本修因，照破生滅之原」的運作模式，也就是「即本體即工夫」的模式，憨山認爲它不但可以展示自性本然之眞相，而且可以創造生存的狀況。就自性展示言，在「即本體即工夫」的模式中，可以跳離「本不分而分、元不濁而濁」的無明泥淖，重現「圓明湛寂之眞心」；就生存狀況的創造言，則是「法法圓通」之即俗見眞的實現。所以，「即生滅以證眞常，旋虛妄而復妙覺」的主張，就在「即本體即工夫」的實踐前提下，成爲憨山自性禪中最普遍流通的基本論點。

　　本文底下第五、六章，雖然以分別說的方式，設計了「本體論」與「工夫論」的專章討論，但在前提上，卻依然是肯定憨山這種「即本體即工夫」的體證型態。而這一實現自性的根本模式，也是我們在掌握憨山自性禪方法論時，絕不可忽略的。

　　另外，相應於憨山自性禪之融攝思惟，其詮釋之進路，亦爲吾人所關心，底下本文的進行，便順勢進入這個論題。

第三節　相應於融攝之思維方式所發展的詮釋通路

一、「一心三觀」之中道觀

　　在憨山實踐取向的禪風之中，無疑的，前面論述之永明延壽「性相融會」，以及明末諸宗融合、三教合一的趨向，都是左右其融攝思惟的動源。而本文之前亦推出融攝思惟的基礎，乃爲「禪」或即「自性」。於是，此處吾人復可追問：憨山究竟又透過何種方式，將此自性爲中心的融攝思惟模式，實際地運作在禪學之中？欲回答這個問題，首先應當由「一心三觀」入手。

　　憨山於《首楞嚴經懸鏡》謂：

> 以一味清淨法界如來藏眞心爲體。依此一心，建立三觀；依此三觀，還證一心。故曰：無不從此法界流，無不還歸此法界。……一、奢摩陀，名空觀者，謂了一眞法界如來藏心，本無生滅、亦無諸相。蓋因一念不覺而有無明，因此無明生起三細六粗四大六根種種諸法。而此諸法，唯心所現，本無所有，但是一心。心體圓明，離一切相。……二、摩缽提，名不空觀者，謂了根身器界一切諸法既是一心，心體圓明清淨本然，周遍法界、隨緣顯現。……三、禪那，

> 名中道觀者。謂依此寂滅一心，照明諸法，諸法法爾，當體寂滅，
> 故名空。照故不空，如珠與色，非色非珠，名空不空。非寂非照，
> 如如平等，唯一心源，湛然不動。離即離非、是即非即，言語道斷，
> 心行處滅。心心無間任運，流入薩婆若海。作是觀者，名中道觀。
> 〔註22〕

這一段話，主題當然仍以自性為核心，但是，對於「一切諸法」卻有三種不同層次的分說：首先，憨山從自性的「一念不覺而有無明」觀察現象萬法，直指萬法的虛妄本質（「本無所有」）。所以，此處所指謂的「一切諸法」，是無明生起的法，因其本無所有，只是唯心所現、「當體寂滅」，故名「空觀」。其次，若從自性之「心體圓明清淨本然」立場出發，當吾人認知到，本體其實隨時隨地都在顯現其作用於現象萬法之中時，「照故不空」；則「一切諸法」又應該被我們所肯定，此名「不空觀」。最後，實際的修行見地中，對於萬法的「空觀」、「不空觀」則都應予超越，不特意肯定萬法或否定萬法，以「如如平等」的態度不起任何分別心。一切重心都安置於反求實證「湛然不動」的本體。此即謂「中道觀」。

而在以上憨山之「一心三觀」中，事實上已透出一個重要的訊息，那就是：在「禪那」中道的觀照之中，現象界當中的一切萬法，其實是被視為「如如平等」、沒有分別的；而本體往來其間，則是「心心無間任運」，沒有罣礙，如同華嚴的事事無礙境界一般。這個「中道觀」，在憨山心目中，並不是一種理論，而是一種實踐，因為「中道觀」正是其融攝思惟的動力。憨山另於《首楞嚴經通議》說道：「弘通者貴在得本，而不貴乎泥跡。」〔註23〕又於《般若心經直說》謂：「不起滅定而現諸威儀，不動本際而作度生事業，居空而萬行沸騰，涉有而一道清淨。」〔註24〕其中，「貴在得本，而不貴乎泥跡」、「居空而萬行沸騰，涉有而一道清淨」等，均是此一中道觀的落實。

而這一實踐原則的最明顯表現，則呈現在憨山融攝臺賢禪淨於一爐的具體活動當中。實際上，經由本文稍後第五章的探討，讀者將可發現，憨山遊走教內各宗、會通孔老時，均游刃有餘，無入不自得；而且，思考的主軸一定環繞著自性本體的實證與體驗。這個現象，如果要找尋其背後之方法核心，

〔註22〕憨山《首楞嚴經懸鏡》，卍續藏經第十九冊，頁 59～62。
〔註23〕憨山《首楞嚴經通議》，卍續藏經第十九冊，頁 89。
〔註24〕憨山《般若波羅蜜多心經直說》，卍續藏經第卅九冊，頁 844。

當屬一心三觀之「中道觀」！底下，我們還可以藉由憨山〈道德經解發題〉文，證實這個說法：

> 愚嘗竊謂孔聖若不知老子，決不快活；若不知佛，決不奈煩。老子
> 若不知孔，決不口口說無為而治，若不知佛，決不能以慈悲為實。
> 佛若不經世，決不在世間教化眾生。愚意孔老即佛之化身也。後世
> 學佛之徒，若不知老，則直管往虛空裡看將去，目前法法都是障礙，
> 事事不得解脫；若不知孔子，單單將佛法去涉世，決不知世道人情，
> 逢人便說玄妙，如賣死貓頭，一毫沒用處。……五地聖人涉世度生，
> 世間一切經書技藝、醫方雜論、圖書印璽、種種諸法，靡不該練，
> 方能隨機；故曰世諦語言資生之業，皆順正法。故儒以仁為本，釋
> 以戒為本。若曰孝弟為仁之本，與佛孝名為戒，其實一也。以此觀
> 之，佛豈絕無經世之法乎！……是知三教聖人所同者，心；所異者，
> 跡也。以跡求心，則如蠡測海；以心融跡，則似芥含空。心跡相忘，
> 則萬派朝宗、百川一味。〔註25〕

引文之中，憨山觀照於三教，視佛學與世學如一，認為「世諦語言資生之業，皆順正法」，正是基於「如如平等」之中道，；又進求超越於三教的「同」、「異」分別，而達「萬派朝宗、百川一味」的融攝目的，所憑藉的，乃為自性之「心心無間任運」。由此可證，「中道觀」的平等任運原則，確是憨山自性禪學的重要詮釋進路。

　　而最足以與這一中道觀之詮釋進路互相呼應者，正是真諦與俗諦之圓融相即。

二、真俗二諦之圓融相即

　　六祖惠能曾說：

> 佛法在世間，不離世間覺；離世覓菩提，恰如求兔角。正見名出世，
> 邪見名世間；邪正盡打卻，菩提性宛然。〔註26〕

惠能此處乃表達世間法與出世間法的一種圓融趨向，這個基本的體驗型態，左右了傳統禪宗對於真俗二諦的看法，當然也影響了憨山，甚至成為其禪學

〔註25〕《憨山大師全集》卷卅〈道德經解發題〉「發明歸趣」，嘉興大藏經第廿二冊，
　　　　頁 649。
〔註26〕元宗寶《六祖大師法寶壇經》〈般若品〉，嘉興大藏經第一冊，頁 403。

之主要行動依據。例如，在《般若波羅蜜多心經直說》中，憨山便借用「色即是空，空即是色」一義，道出了二諦圓融相即的見解：

> 恐世人將色空二字，話為兩橛，不能平等一如而觀，故又和會之曰：色即是空，空即是色耳。苟如此觀，知色不異空，則無聲色貨利可貪，亦無五欲塵勞可戀，此則頓度凡夫之苦也。苟知空不異色，則不起滅定，而現諸威儀；不動本際，而作度生事業；居空而萬行沸騰，涉有而一道清淨。此則頓超外道二乘之執也。苟知色空平等一如，則念念度生，不見生之可度；心心求佛，不見佛果可求。所謂圓成一心、無智無得，此則超越菩薩，而頓登佛地彼岸者也。〔註27〕

這個地方，憨山主張：真諦層面的「空」與俗諦層面的「有」，不僅應當「和會」，而且應予「平等一如而觀」；只有視「空」、「有」為一，才能頓度凡夫之苦，一超直入「佛地彼岸」。憨山這一理路的另外一種翻轉即是：若要瞭解禪學的精髓，吾人不但需要一種對於自性「真空」的直觀，而且還得斟酌於「妙有」的活動效用才行。而「真空」與「妙有」的相互融透為一，所謂「不起滅定，而現諸威儀；不動本際，而作度生事業」以及「居空而萬行沸騰，涉有而一道清淨」者，就代表了憨山禪學之二諦圓融相即的定見。

關於這憨山此一定見，在《肇論略疏》之中，憨山還經由「能見諸法實相，是謂般若」的方式，給予更明白之托顯，他說：

> 能見諸法實相，是謂般若。雖觀空而不取證，仍起方便度生之事，是仗溫和之功也。適化眾生，乃方便之事；雖涉生死，不被塵勞所累，全仗般若之力也。是以菩薩觀空而萬行沸騰，涉有而一道清淨。淨名云：無方便，慧縛；有方便，慧解。無慧，方便縛；有慧，方便解。雙照二諦，不取有無之相，故能出空入假而無礙。——是仗般若之力，故處有而不染。以不厭有而觀空，故觀空而不取證。是仗溫和之功也。斯則空有不異之二諦，權實不二之一心，同時雙照、存泯無礙。〔註28〕

洞觀諸法實相的般若，原本就是憨山自性本體的特質之一（請見本文第五章第一節之論述），憨山認為，在觀空涉有的二諦活動當中，只有依仗般若之靈活運作，才能不被塵勞所累、且「出空入假而無礙」。換言之，般若性體的開

〔註27〕憨山《般若波羅蜜多心經直說》，卍續藏經第卅九冊，頁844。
〔註28〕憨山《肇論略疏》卷一，卍續藏經九十六冊，頁580～581。

顯，是安立二諦圓融之前提；我們只要能追索到這一個以應無窮的環中道樞，那麼，對於憨山所主張之二諦見解，自然就能建立相應的體會。

當然，憨山在這一段引文裡面，還援用了《維摩詰經》（即《淨名》）的權實看法，證成其「雙照二諦」的論旨。其中，俗諦之「方便」與眞諦之「慧」，同樣都可以在般若的雙遮雙照的觀行之中，成爲「處有而不染」、「觀空而不取證」的融攝境界。最後，則以眞俗二諦的「空有不異」，以及般若自性之「權實不二」，兩相印合；這一步，在憨山禪學言，就象徵了融攝思惟的具體落實。

透過上述之說明可知，心靈的沉滯，將十分不利於此一融攝途徑之進行。因此，憨山禪學不僅反對以「知見」、「文字禪」參禪，也對於空掉或離棄這個人世的避世修行，深不以爲然。在〈與聞子與〉中，憨山就如此說道：

> 他人之病，從世間貪癡起；足下之病，從爲遣貪癡起。病雖不同，爲病則一。足下憤憤要出生死，將謂脫塵網爲出生死，不知離妄想網爲眞出生死。況父母恩不能頓報，若以遠離爲報，則重增父母之憂，是返苦于親也，何報之有？以不得脫離，日夜癡癡妄想，以爲不遂其志，則道未辦而苦芽先增長矣，豈非大癡耶！〔註29〕

憨山認爲脫離世間法，並不能等同於「出生死」；眞正的出生死，應是指向於離卻心中的妄想分別。所以，在憨山的自性禪方法之中，我們確實可以深深感受到惠能「佛法在世間，不離世間覺」的充份流露。當然，掌握了這一種二諦圓融相即的方法論，對於解讀憨山自性禪學而言，是有絕對性的幫助。

巴壺天先生在〈禪宗的思想〉中，曾經綜結中國禪宗的三種特質：一、貴自求不貴他求；二、貴行解不貴知解；三、貴超聖不貴住聖。〔註30〕此一見解，十分深刻地抓住禪宗強調自力、實證以及超越的行動風格。而本章在探討憨山禪學方法論之中，亦強烈感受到這三種特質在憨山身上的重要意義。就禪學方法言，憨山自性本體爲中心的基本思惟模式，以及重視定慧等持、止觀雙修、即本體即工夫的進路，均在在透露了「貴自求」、「貴行解」的特質；而強調融攝的思惟方式，以及超越相對分別的中道觀，乃至眞俗二諦之圓融相即，則符應於「貴超聖不貴住聖」的方向。其中，「貴自求」與「貴行解」，尤特別能突出憨山自性禪方法論層面的精神，釋恆清法師〈禪淨融合

〔註29〕《憨山大師全集》卷九〈與聞子與〉，嘉興大藏經廿二冊，頁478。

〔註30〕巴壺天先生〈禪宗的思想〉一文收錄於〈現代佛教學術叢刊之2〉《禪學論文集》，引語見 P139～142。

主義的思惟方法〉就這麼說：

　　禪宗最獨特的思維方法，在於它的非論理性和反權威性。〔註31〕

因為「貴自求」所以潛藏有「反權威性」，而「貴行解」則相對遮遣知見，故有「非論理性」。釋恆清的看法，相當明銳地點出禪宗方法論的獨特處。當然，它對於本章所凸顯的主題，也是很好的說明。

　　底下，本文欲緊接著進行的，是討論憨山自性禪學的本體論。

〔註31〕語見〈台灣大學哲學論評〉第 14 期，頁 236。

第五章　憨山自性禪學的本體論基礎與動向轉化

　　如緒論之言，憨山從未嘗試就其本體論義蘊，做一種理論上的全盤剖析，憨山本人所處理的，多半只是零散的法語開示，或僅是根據於自性體悟的直接流露。由於憨山根本無意於理論思維之程序展現，遂使其本體論的論證程序，相形地簡易化，甚至流失了嚴密的推論意義，使其禪學在理性領域裡面，往往只是一些不具任何成立論據的主觀境界語。當然，就憨山自己而言，他也只是純依自己對自性的真理信念去思索，憨山的禪者性格，並不容易鼓動他在「不立文字」的見地外，去進行系統化的理論建構。但是，本文基於學術立場的考慮，卻必須對憨山渾括籠統之禪學論點，進行體系化的解決。

　　所以，本章第一節部份，將首先嘗試重塑其理論基礎。由於憨山對於架構理論的知性探索，無甚興致，而且在表達或詮釋本體論思想時，也多僅依於個人之禪悟經驗，雖然多半已抓住自性的大體，卻拋落了理論基礎之重要細節；所以，本章第一節將透過傳統佛教理論的通路，試著凸顯出其本體論之基礎。此外，憨山對於當時流行之教內外思想，也從自性本體的層面，給予了相當圓融之消解，一方面他透過自性重新發掘了傳統經教理論的真諦妙竅，一方面則是把克服或化除不同思想領域的經界歧異，視為一種彰顯自性的可貴試煉。所以，本章的第二節部份，將針對「本體論之動向發展」做這樣的探索；相信此一層面的挺出，將十分有助於禪學本體論的深化與豐富化，而且，更可看出憨山自性禪學本體論，在老根上發新葩的開創性。

　　底下，本文首先將進行第一節部份。

第一節　憨山自性禪學之本體論基礎

在〈答許鑑湖錦衣〉文中，憨山提出了「禪乃心之異名」的見解。[註1]這句話強烈暗示著他的禪學，與心性為主題之本體論，實有同質性的關係。而吳汝鈞〈佛學研究與方法論〉則說道：

> 從學習的歷程來說，禪宗的到理想之路是直線的。只要從自心中理會得那個主人、那個父母未生前的本來面目，而切實修行便可。有朝一日，總會覺行圓滿而得道。[註2]

依此看法可知，順著本體論的通路，將是最直接掌握禪學核心的捷徑。憨山的「禪乃心之異名」說，同樣亦指涉了這一本體論的特性。

那麼，接著吾人可再追問：憨山的本體論，到底所指為何？究竟它是在什麼樣的架構下產生的？本文底下的探討，就是試圖去找出解答。

關於憨山的本體論，到底所指為何的問題，我們其實可以有兩種回答方式。第一種方式，就是以「真常自性」或「一真法界性」乃至「如來藏自性清淨心」一語帶過。簡截明瞭，也不致出錯。第二種方式，則是回到憨山的相關著述，重新掘發本體論的可能線索，從而推論其本體論的諸項特質與其所以成立之基礎架構。而仔細評估下來，第一種方式雖然簡單又不出錯，但卻往往流於顢頇武斷、缺乏客觀文證，不具說服力。至於第二種方式，則很顯然可以輕易避開前者的缺點，但也令人擔心會墮入考據訓詁的無底洞去。

酌情於如此的考量，所以，本文接下來的處理模式，便希望能綜合兩個詮釋方式的精神，以求達到不偏不倚之中道。首先，本文先探討憨山自性禪之本體論特質。

（一）憨山自性禪之本體論特質

憨山現存著作中，談及自性本體的論述，繁不勝舉。然而細予汰濾分別，大體可區分為三個不同面相：一是透過真常論點所描繪之自性本體，此可以法華、華嚴之思路為理解線索；一是藉由般若空觀之蕩相遣執，所貞定出來的「智慧光明本心」，此可以般若經系典籍相印證。再其次則是真常與般若合流之自性說，其基礎則源自於禪宗。

當然，筆者必須承認，在憨山自性禪學的實際經營之中，憨山本人並沒

〔註1〕《憨山大師全集》卷七〈答許鑑湖錦衣〉，嘉興大藏經廿二冊，頁460。
〔註2〕見〈佛光學報〉第4期，頁279。

有刻意地分辨出自己所使用的本體指謂，究屬何種面相。絕大多數的情況是，這三種面相被融合爲一、而不予區別。事實上，對於本體作各種剖析，純粹是基於學術上的需要，憨山對於這種論理上之分別說，根本沒有興趣。所以，底下之論述，僅是學術上之分別說，在憨山而言，它們是一體的。

於是，爲證明憨山之本體論確有上述之三種面相，下面乃分別節引憨山箋注之經疏中具代表性者，排比如下：

1、真常論點之自性說

例如《法華經通議》卷一，憨山即以「諸佛如來唯一大事因緣」一義，說明「眾生本具佛之知見」的本體論立場：

> 約喻則取象蓮華，約法則直指心體也。然而此心在佛，則爲普光明智，亦名實智，又名一切種智，亦名自覺聖智，故名佛知見。在眾生則爲根本無明，以眾生本具佛之知見，但以無明葑蔀而不知。故諸佛出世，單爲揭示此心，使其眾生自知自見而悟入之。故曰諸佛如來唯一大事因緣故出現於世，所謂開示眾生佛之知見，使得清淨。
>
> 〔註3〕

「直指心體」，此一「心體」非僅爲佛所獨有，眾生亦「本具」且「清淨」相常在。憨山此處的本體詮釋，明顯是真常系統下的見解。而《觀楞伽阿跋多羅寶經》卷一，亦謂：

> 楞伽寶喻識性，故寶山寶城、佛魔同住，喻五蘊身心是。一切聖凡所依止故，以如來藏爲體，謂如來藏是善不善因故。自性清淨，轉三十二相、入一切眾生身中，故性自性第一義心爲宗，一切聖凡所同證故。〔註4〕

以「如來藏」爲體，是一切聖凡「所依止」以及「所同證」。這也是十分清晰的真常本體論。

2、般若空觀之自性說

憨山於《般若波羅蜜多心經直說》裡，提出了眾生「本有智慧光明之心」的本體見解，他說：

> 世人不知本有智慧光明之心，但認妄想攀緣影子，而以依附血肉之

〔註3〕憨山《法華經通議》卷一，卍續藏經四十九冊，頁801。

〔註4〕憨山《觀楞伽阿跋多羅寶經》卷一，中華大藏經一百廿六冊「續經疏部」第八，頁708。

> 團者爲眞心，所以執此血肉之軀，以爲我有。故依之造作種種惡業，
> 念念流浪，曾無一念回光返照而自覺者。日積月累，從生至死、從
> 死至生，無非是業、無非是苦，何由得度？惟吾佛聖人，能自覺本
> 眞智慧，照破五蘊身心本來不有，當體全空，故頓超彼岸，直渡苦
> 海。〔註5〕

這一個「本有智慧光明之心」，是由「照破五蘊身心本來不有」的當體全空之中，由破而立所產生的。換言之，是由般若的靈通徹照而親晤這個本體的：

> 吾人苟能作如是觀，若一念頓悟自心本有智慧光明，如此廣大靈通，
> 徹照五蘊原空、四大非有，有何苦而不度？又何業累之？牽纏人我
> 是非之強辯、窮通得失之較計、富貴貧賤之可嬰心者哉？此乃菩薩
> 學般若之實效也。〔註6〕

這個說法，移渡到《金剛決疑》時，憨山就以特別的稱呼——「金剛心」名之：

> 般若，此云智慧，乃是佛的心，所謂佛智慧也。波羅蜜義，云到彼
> 岸，乃指此心極盡處也。今題云金剛般若波羅蜜，標此經所說，特
> 顯佛一片金剛心耳。且金剛心乃佛修因證果之本心，今出世教化眾
> 生，亦全用此心。〔註7〕

同樣的，「金剛心」也是般若空觀底下所形成的本體。

　　3、真常與般若合流之自性說

　　《百法論義》中，憨山以「達摩所傳禪宗」比對於馬鳴之「一心二門」，從而指出禪家結合眞常與般若之本體論：

> 唯馬鳴大師作起信論，會相歸性，以顯一心迷悟差別。依一心法立
> 二種門，謂心眞如門、心生滅門。良以寂滅一心，不屬迷悟，體絕
> 聖凡。今有聖凡二路者，是由一心眞妄迷悟之分，故以二門爲聖凡
> 之本。故立眞如門，顯不迷之體；立生滅門，顯一心有隨緣染淨之
> 用。如知一切聖凡修證迷悟因果，皆生滅門收其末後。拈華爲教外
> 別傳之旨，乃直指一心、本非迷悟、不屬聖凡，今達摩所傳禪宗是
> 也。〔註8〕

〔註5〕憨山《般若波羅蜜多心經直說》，卍續藏經卅九冊，頁842。
〔註6〕憨山《般若波羅蜜多心經直說》，卍續藏經卅九冊，頁843。
〔註7〕憨山《金剛決疑》，卍續藏經卅九冊，頁113。
〔註8〕憨山《百法論義》，佛教大藏經一百四十三冊「續論疏部」第四，頁1129。

「直指一心」，是眞常的立場；「本非迷悟、不屬聖凡」則揉合了般若的不二
精神。所以，憨山所認知之「達摩所傳禪宗」，是眞常與般若合流之自性說。
而他在說明馬鳴之「如來藏」思想時，也一樣貫注了這一本體論精神：

> 起信論云心眞如者，即是一法界大總相法門體，所謂如來藏清淨眞
> 心也。依此心體有三種名：一、空如來藏；二、不空如來藏；三、
> 空不空如來藏。謂此心體本來清淨，一法不立，是故名空。具有恆
> 沙稱性功德，故名不空。三空不空者，即此二體，但是一心，寂照
> 同時。寂故名空、照故不空，存泯無礙，名空不空。〔註9〕

不論「如來藏」被冠上「空」、「不空」或「空不空」，「存泯無礙」的融合性
格始終存在。對於一個如憨山的禪者言，可能鑄合眞常與般若之自性說，才
是眞正之「存泯無礙」的詮釋依據。

（二）憨山自性禪之本體論架構

於是，在釐清了憨山自性禪學的三種不同面相之本體論後，吾人又可追
問原先預設的另一個問題：究竟它們是在什麼樣的架構下產生的？此亦即
謂：憨山如此多樣性的本體論風貌，其觸及的理論基礎爲何？

處理這一問題，方法論上面，筆者想參用勞思光的「基源問題」探討模
式，當然，葉海煙〈所謂「基源問題」──勞著《中國哲學史》的一項商議〉
所指斥勞氏之約化、形式、單元等三項危機，〔註10〕在本章一開始便已清楚
意識到而極力加以避免。因此，本文接下來的步驟，是逐一針對憨山自性禪
學之本體論特質，設計出對應的理論詮釋脈絡，以凸顯其本體論的理論基礎。

這其中，對應於（1）眞常論點之自性說，本文是藉助於融合眞常、唯識
之《大乘起信論》，選擇《起信論》的原因有二：第一、它是憨山在各種著述
中，最常引用的；包括注解《楞嚴經》、《楞伽經》、《法華經》等，甚至談論
海印華藏海世界時，憨山都往往先通過《起信論》的義理接引，再進行經文
的通議、直說。所以，《起信論》的論點，原本就是憨山眞常本體的最好通路。
第二、《起信論》的完成時期較晚，對於眞常典籍的統攝性與代表性是可以被

〔註9〕憨山《楞嚴經通議》卷一，卍續藏經十九冊，頁90。
〔註10〕葉海煙於〈所謂「基源問題」──勞著《中國哲學史》的一項商議〉文中指
　　　出：「勞氏基源問題研究，可能面臨如下的危機：（一）約化主義；（二）形式
　　　主義；（三）單元主義。約化有害思想的還原，形式不能自任何的本質、義含
　　　或實體性中脫卸，而單元主義更是多元觀點的大敵。」語見〈東吳哲學傳習
　　　錄〉第3號，頁125。

接受的。〔註 11〕所以，（1）真常論點之自性說，其後設論理基礎，便由《起信論》擔綱。

其次，關於（2）般若空觀之自性說，本文則是通過龍樹的自性說來加以說明。如此安排的理由十分簡單，因為中國的空觀思想，實際上是自鳩摩羅什譯述龍樹哲學後才正式開始。而憨山青年時期因讀《肇論》開悟，其中，僧肇的思想，根本也就是龍樹的思想。「龍樹」哲學在中國佛教的發展歷程，其實就是般若哲學的發展歷程。因此，想為憨山之般若自性說，爬梳基源性之理論源頭，本文的考慮，是借用龍樹的自性說。

至於（3）真常與般若合流之自性說，發展的軌跡既屬禪宗，則考慮由惠能的自性說進行，應屬恰當。事實上，在《六祖法寶壇經》中，我們亦確實可以見到將真常與般若合流的自性說之源頭。

因此，憨山自性禪學的本體論基礎，就依循其原有之本體論特性而架設成形。底下便逐一分說。

一、《起信論》之真常心理論

從憨山《大乘起信論疏略》〔註 12〕中，可大概見出其真常心理論的架構，憨山之華嚴、法華、淨土、儒道思想，都幾乎是此一真常理論的延伸，其重要性可見一斑。為實際之說明方便，本文底下擬就「自性之界說」、「一心二門」、「本覺說」、「三界唯心轉」諸論點，依序逐一闡述。

（一）自性之界說、一心二門

首先，吾人應先瞭解者，馬鳴《大乘起信論》（底下簡稱《起信論》）對於「自性」的界說，是以如來藏自性清淨的角度進行的，其曰：

> 復次真如自體相者，一切凡夫聲聞緣覺菩薩諸佛，無有差別增減，
> 非前際生，非後際滅，畢竟常恆。從本以來，自性滿足一切功德，

〔註11〕釋恆清法師「《大般涅槃經》的佛性論」文，曾區分如來藏系的經論為三個時期：「第一時期包括三世紀初陸續出現的主流典籍，如《如來藏經》、《不增不減經》等。中期的則有《佛性論》、《寶性論》等。後期的是融會如來藏說與唯識說的經典，如《楞伽經》、《大乘起信論》等。」引語見〈台灣大學文學院佛學研究中心學報〉第 1，頁 36。

〔註12〕憨山《大乘起信論疏略》見錄於嘉興大藏經十九冊，全文共二卷，底本係以法藏賢首四卷本之《大乘起信論疏》（見嘉興大藏經第七冊，頁 447～471）為主，憨山批注為輔。

> 所謂自體有大智慧光明義故、遍照法界義故、眞時識知義故、自性
> 清淨心故、常樂我淨故、清涼不變自在義故。具足如是過於**恒**沙，
> 不離、不斷、不異、不思議佛法，乃至滿足無有所少義故。名爲如
> 來藏，亦名如來法身。〔註13〕

這裡對於自性的說明方式，乃直接由不變不動的眞常心立場開展其本體論，從這個角度觀之，此一本體論有四個特質：

第一、此自性不會因爲不同靈修層級之有情而產生差異，它是凡聖同一的。

第二、此自性不受生滅法影響，它具有「畢竟常**恒**」的恆在性。

第三、此自性本身賦有遍顯一切法的智慧光明，自體就能具足一切功德。

第四、此一自性如涅槃四德一般，恆處「清涼不變自在」之清淨地。

而《起信論》的自性說，將這四個特質縮合無間，復命其名爲「如來藏」、「如來法身」；憨山之如來藏理念，即是根源於《起信論》的系統。此處特別值得注意的是：《起信論》的自性說，就「空」、「有」的相對層面言，它是屬於強調「有」的自性說。〔註14〕這與般若空觀藉著蕩相遣執而托顯自性的方式，並不相同。但在後來禪宗惠能自性說的發展中，《起信論》的眞常自性說，事實上與般若空是結合在一起的；此在惠能如此，憨山亦復如是。

此外，針對「一心二門」說，憨山之《大乘起信論疏略》則有如下的說明：

> 如來藏含於二義：一約體絕相義，即眞如門。謂非染淨生滅，不動
> 不轉，平等一味；性無差別，眾生即涅槃，不待滅也。二隨緣起滅
> 義，即生滅門。謂隨薰轉動，成於染淨，染淨雖成，性恆不動。……
> 故《楞伽》云如來藏名阿賴識，而與無明七識共俱，如大海波，常
> 無斷絕；並約生滅門說也。然此二門，舉體通融，體相莫二。此無
> 二處，諸法中實，不同虛空，性自神解，故云一心。〔註15〕

〔註13〕憨山《大乘起信論疏略》，嘉興大藏經十九冊，頁392。

〔註14〕而根據釋恆清法師之說，《起信論》已「融通了唯識與眞常二系的染淨說，並提供了解釋人性善惡兩面的另一思路。因其有濃厚的融通意味，遂成爲爲中國佛教法性宗人性論的基石」。這其實是將《起信論》的自性說延伸到人性論的視角上，基本上這也是偏向「有」的層面強調自性。所以，《起信論》的自性說，與般若空觀藉著蕩相遣執而托顯自性的方式，有相當明顯的差異。上引文證，見釋恆清法師〈大乘起信論的心性論〉，《台灣大學哲學論評》第12期，頁254。

〔註15〕憨山《大乘起信論疏略》，嘉興大藏經十九冊，頁379。

如來藏自性清淨心是可以取「體」、「相」分別看待的。就「體」的層面言，如來藏自性清淨心除具足前述四種特質外，它本身也同時是超越相對法的絕相存在，此即所謂「眞如門」。就「相」的層面言，如來藏自性清淨心則會因爲同依的阿賴識「隨薰轉動」、「與無明七識共俱」的緣故，而成就各種執著分別的染法以及遠離分別的淨法，此即所謂「生滅門」。順著《起信論》的觀點來看，「眞如門」與「生滅門」在如來藏自性清淨心的攝持下，二者是「舉體通融，體相莫二」的，換言之：眞如之體與生滅之相，又畢竟還原爲「一心」（而此「一心」則仍爲如來藏自性清淨心），而有本體論層面之「體」、「用」不二。由此可知：這種「一心二門」的論理，實際上雖然是在於強調眞常自性的存在，〔註16〕但從本體論的意義衡觀，禪家契欲逆證的自性本心，若要與此眞常自性相侔，則必然要開出體用不二的觀照境界，如此，眞常自性才能相對凸顯出來！

（二）本覺說、三界唯心轉

於是，《大乘起信論疏略》中，又借用了「大乘起信」、「摩訶衍」的名相，詮釋此一眞常心；並透過「始覺」、「本覺」、「心源」的巧妙圓說，證明此眞常自性的確然存在，文曰：

1、言大乘起信者，爲欲發起大乘正信故。言大乘者，即所信之法體。所言法者，謂眾生心：是心即攝一切世間、出世間法。……摩訶衍，此云大乘，謂所宗心法，即是大乘；能信此心爲大乘根本。有此勝益，是故須說。〔註17〕

2、虛空有二義，以況於本覺：一周遍義，謂橫遍三際、豎通凡聖。二無差別義，謂在纏出障，性恆無二故。……本覺隨染，要待始覺，方名本覺。覺至心源，本無二相。……始覺是本覺所成，還契心源，融成一體，方名始覺。〔註18〕

〔註16〕 尤惠貞《大乘起信論如來藏緣起思想之探討》一文，就依據「不變」與「隨緣」的互動運作，解釋此一眞常自性的存在性格。然而，尤文亦指出，這種一心二門的模式當中，不容易圓說何以有「無明妄現」的問題。其文謂：「《起信論》之心眞如，是智如不二之眞如心，故能不變隨緣起一切法，同時也能隨緣不變而還滅一切法。『不變』與『隨緣』中，有無明不覺的妄現，很容易被誤解爲『本體論的生起論』」。見尤惠貞《大乘起信論如來藏緣起思想之探討》，頁119。
〔註17〕 憨山《大乘起信論疏略》，嘉興大藏經十九冊，頁377。
〔註18〕 憨山《大乘起信論疏略》，嘉興大藏經十九冊，頁382。

這兩段文字，我們可依序理解如下：

第一、由於心體能包攝世出世間一切法，故此心乃是「大乘」所信之法體、所宗之基本。易言之，所謂「大乘起信」者，是以眾生「心」為造論主題；強調此體性層面之心法，才是大乘的根柢。

第二、既然心法是大乘之根柢，如何「還契心源」便成為實踐的重心。而它的還原歷程是：先有「始覺」的漸次修為，而後逐漸彰著眞心本有之覺性（即「本覺」），最後才是直契如來藏自性清淨心，「覺至心源，本無二相」。這整個「還契心源」的歷程中，由於「始覺」也是來自「本覺」之喚醒（「本覺」與阿賴耶同，皆是凡聖一致、染淨同依），不必假於外緣，所以，「還契心源」實際上是本覺內證的一種活動。

從第一點之中，透露了馬鳴《起信論》眞常唯心的哲學論點：就性體言，它主張確有眞常之如來藏自性清淨心，應予「正信」；就宇宙論言，則強調三界唯心，心為一切法成立的動力因。至於第二點，亦明顯與《攝大乘論》之唯識學的見解不同，差異在於：《起信論》認為本覺阿賴耶係染淨同依，只要本覺阿賴耶能轉淨內熏，就自性本心處即可完成轉識成智，毋須仰賴外來之正聞熏習；而無著、世親則以阿賴耶為染法，必須假藉外爍之正聞熏習，才能轉識成智。

在憨山之《大乘起信論疏略》中，正好有一段文字，可代表這種《起信論》的精神：

> 一心隨無明動作五種識故，故說三界唯心轉也。此心隨熏現似曰虛，隱其虛體、詐現實狀曰僞；虛僞之狀，雖有種種，然窮其因緣，唯心所作。……一切法皆是此心隨熏而起，更無異體，故說唯心。〔註19〕

又於〈示福厚禪人〉文中，憨山亦說：

> 蓋出世人福田漸積而厚，至佛乃足。猶如積微塵以成大地，厚之至也。吾佛世尊從無量劫來，捨頭目隨腦、積功累行，乃得菩提。菩提為涅槃之安宅，福樂之極地也。苟不積何以至此哉？然如者，乃如如佛性，吾人本有，良由積劫煩惱侵蝕，故煩惱情塵日厚，而如如佛性薄矣。今既知佛性本有，不假他求，從此日用念念知歸，但見情塵起處，以智光照之。久久純熟，則佛性厚而煩惱薄，煩惱薄而業障輕，業障輕而生死斷。是由積眞如以斷生死，求證菩提，享

〔註19〕憨山《大乘起信論疏略》，嘉興大藏經十九冊，頁386。

常樂我淨之厚福。豈非由積而至耶？故曰：水之積也不厚，則負大
舟也無力。〔註20〕

現象界一切法，都是「隨熏而起」的心所推動形成的，因此，可以說是「三
界唯心轉」。憨山「唯心識觀」的建立，便是在《起信論》這樣的脈絡中形成。
而他教導福厚行者，應在平常日用之中訓練「念念知歸」、以自性本具的智慧
之光斷去情塵煩惱、由「積真如」而求證菩提覺性的作法，也是《起信論》
精神的直接貫徹。所以，無怪乎〈答許鑑湖錦衣〉文中，憨山會有「禪乃心
之異名」如此見解的提出：

若以坐為禪，則行住四儀又是何事？殊不知禪乃心之異名，若了心
體寂滅，本自不動，又何行坐之可拘。苟不達自心，雖坐亦剩法耳。
〔註21〕

將「禪」直接等同於「心」，樹立這一見解的靈感，應是得益於《起信論》自
性真常的理論。而提出「苟不達自心，雖坐亦剩法耳」的看法，若不從惠能
《壇經》處探源，則其觀念之原型也是直通於《起信論》的。由是可知：《起
信論》思想對憨山自性禪學體系言，的確具有十分重要的意義。

而與《起信論》同屬真常心系統之楞伽思想，也有相同的自性見解。這
對於爾後惠能《壇經》之自性說的形成，乃至憨山之禪學體系，都有直接之
影響。當然，以真常理論言自性，自性是恆在的實有，此處自無疑義；〔註22〕

〔註20〕《憨山大師全集》卷四〈示福厚禪人〉，嘉興大藏經廿二冊，頁425。
〔註21〕《憨山大師全集》卷七〈答許鑑湖錦衣〉，嘉興大藏經廿二冊，頁460。
〔註22〕這個觀念，也同時貫徹於華嚴的「一真法界心（性）」，釋恆清法師〈大乘起
信論的心性論〉文中，就指出：「華嚴宗理事無礙的無盡法藏世界，即建立在
《起信論》的真如緣起上。而禪宗所要體證顯現的『含生同一真性』，亦不外
乎是《起信論》所言的人性本具的真如心」。見《台灣大學哲學論評》第12
期，頁235。不過，《起信論》的自性說也不是全無問題的，如尤惠貞所提出
之「無明」生起之困局，以及自性說被質疑偏向「有」的問題，都並不是《起
信論》本身能清楚交待的，這似乎仍須有進一步的詮釋才可以。而釋恆清法
師〈大乘起信論的心性論〉文內，倒是從「如來藏空性義」以及「無明『憑
依』真如而存在」的角度，消解了這些理論上的困難。《台灣大學哲學論評》
第12期，頁253~254之中，釋恆清法師便謂《起信論》有「三難」，當然，
亦有「三解」：
《起信論》產生三點疑難：一、真常易被指為『實有本體』。解決之道是：一
方面應從如來藏空性義上辯駁，一方面可把如來藏（佛性）視為宗教實踐的
潛能，以別於實體的自我。二、若眾生真如本性清淨，則雜染何自？《起信
論》乃以無明的作用做為解釋，至於無明的起源，則被視為「法爾如是」的

不過，如果對照以般若系統的自性說，見解就有頗大差異了。底下，即延伸此一論題，續由龍樹之自性說進行。

二、龍樹之自性說

從以上之討論看來，順著真常心的系統來看自性，自性確實顯出「有」的肯定姿態，但若相對照於龍樹的般若系統，「自性」便又有不同的處理了。

如前所述，龍樹的般若思想，是走向一切法「畢竟空」的，因此其般若學常被稱為空觀哲學。而此處我們要關心的是：究竟龍樹所指謂的「空」是什麼？它與「自性」之關係又如何？

（一）「空」義之界定

在《中論》卷四〈觀四諦品〉裡，有文如是：

> 眾緣具足，和合而生物，是物屬眾因緣，故無自性。無自性，故空；空亦復空。但為引導眾生故，以假名說，離有無二邊，故名為中道。
> 是法無性，故不得言有，亦無空，故不得言無。〔註23〕

這裡指出：凡是必須要「和合」其他因緣條件才能成立的事物，都是沒有「自性」的；由於無自性，所以就用「空」名之。而此「空」，一方面由於本身也依待於無自性的事物，一方面又酌情於保全事物的實際存有，因此，必須「空亦復空」。此一簡單的陳述，提供了兩種關於「空」的描寫：

第一、若以絕待為「自性」，則凡是「屬眾因緣」的事物，其自性都是「空」的。換言之，此「空」是「自性空」的涵義。

第二、若由「空」的實際觀照入手，為避免它自身也落入能所依待的窠臼之中，「空」的觀照必須納入一不斷超越的畢竟空之歷程中，以防杜流弊。換言之，此「空」是一個不斷超越自他、以臻絕待自性的實踐義。

其中，第一、是由萬法「自性空」的角度言「空」，第二、則是從「空觀」的實踐上面言「空」。前者屬觀法入空，偏向於靜觀；後者則是強調一種不斷蕩相遣

無始存在。三、《起信論》依如來藏『本覺』而有無明之『不覺』，則會疑惑何以顯本覺後，無明又依本覺而生？解決之道有二；一是「真如非無明生起的直接因，無明只不過是『憑依』真如而存在而已。故不會有佛生無明的問題」，一是「如來藏即（隱覆）真如，真如及無明皆為無始，並非先有如來藏或真如，而後才有無明。人只要不妄執『眾生無明有始、涅槃有盡』，自然就可消除此疑難。

〔註23〕《中論》卷四〈觀四諦品〉，磧砂大藏經十六冊，頁63。

執的工夫，偏向於動態的實踐。而將這一動一靜兩個型態的「空」晶結於一體，就是龍樹般若學之最大特色。如果我們需要對「空」下任何界定，〔註24〕也應是從這樣的方向進行。

（二）何謂「自性」

然而，此處我們真正該注目的關鍵論題還是：「物屬眾因緣，故無自性」中的「自性」究係何指？為什麼在「自性」的標準下，「屬眾因緣」的萬法就是沒有自性的？

針對此問題，釋印順於《中觀論頌講記》中，提出了「自性與緣生，不相並立」的看法，他說：

> 因緣和合的存在，是由種種的條件所生起。自性卻是自成的，本來如此的。自性與緣生，不相並立。所以，凡是自性成的，決不假藉眾緣；凡是眾緣生的，決無自性。〔註25〕

又以龍樹等中觀論者的角度解釋「無自性」謂：

> 中觀者看來，沒有固定的自體，就是無自性。無自性不是什麼都沒有，只是沒有固定性。〔註26〕

釋印順的看法是十分鞭辟入**裏**的，他指出「自性」除了必須不墮入各種依待條件之外，它同時也是「自成的，本來如此的」、具「固定性」的。也就是說：不論緣生萬法如何成住異滅，「自性」都不會改變，因為它是「不假藉眾緣」而存在的，它有自成性、有固定的自體。因此，所謂「自性」係指符應二端者：

〔註24〕原則上，「空」不應該靠著知性概念做任何界定，而且，在大乘教法當中，依據不同的進路與方便，對於「空」也可能產生不一致的強調面相。例如葉阿月〈「空性」的同義語〉一文，就主張依「唯識系及如來藏系」立場，「空」有「活用於淨化佛土」的意義：「大乘佛教所主張的空性，並不是空空洞洞、如龜毛兔角的消極否定的意思。尤其唯識系及如來藏系所強調的空性，……皆表示活用於淨化佛土的真空妙有的空性，就是「無之有」的空性的真意義。」（葉文見於《哲學與文化》第3卷第1期，頁34）。而釋恆清法師〈《大般涅槃經》的佛性論〉一文，則順空義論括佛性，以為佛性即是「具見空與不空的空」，其謂：「若以空義論佛性，則佛性是中道第一義空。它是具見空與不空的空。」釋恆清法師文見於《台灣大學文學院佛學研究中心學報》第1期，頁74。當然，這個小單元並不強調對「空」做任何以上偏約取向的論斷，筆者只是強調龍樹的「空」是建立在觀照與實踐的模式之下；而底下的「自性」說，自然也是順此「空」而拖帶浮現的。

〔註25〕釋印順《中觀論頌講記》，頁65。

〔註26〕釋印順《中觀論頌講記》，頁100。

1、自成性：不必假藉於其他條件就可自己成立。

2、不變性：有固定的自體，不隨緣生法之變動而變動。

此自成與不變，是區界自性與緣生的判準。所謂自性的「有」、「無」，也是依據這一判準。由此可見，順著自性的角度看來，「屬眾因緣」的緣生萬法當然是沒有自性的，無怪乎會被觀空。不過，《中論》認為緣生萬法雖然沒有自性，但萬法實際上的存有（即所謂「亦無空」）卻不容否定，於是採行「離有無二邊」的方式，跳離相對法的束縛，以獨特的「中道」觀照一切；在此中道觀（亦即「中觀」）中，一方面能燭見萬法的自性空，一方面亦保全萬法之作用與效能，就正如龍樹說的：

> 以有空義故，一切法得成；若無空義者，一切則不成。〔註27〕

「空」不是否定一切緣生法的存在，只是說它們的自性「空」；易言之，正因為具有了自性「空」的屬性，一切緣生法才可能在這能所相對的世界中，得到存在。所以，就動靜合一的般若中觀言，不論觀法入空或蕩相遣執，都只應視為是內面生命趨證於「涅槃」（即「自性」）的一種活動，它並不干預、破壞一切因緣所生法。

這種還原於自性的歷程，龍樹又曾藉「世俗諦」、「第一義諦」乃至「涅槃」的分別說加以強調，《中論》卷四〈觀四諦品〉文曰：

> 諸佛依二諦，為眾生說法：一以世俗諦，二第一義諦。若人不能知，
>
> 分別於二諦，則於深佛法，不知真實義。若不依俗諦，不得第一義；
>
> 不得第一義，則不得涅槃。〔註28〕

釋印順針對這段論述，則作如下按語：

> 不理解緣起法，就不能通達性空；不通達性空，就有自性見的戲論。
>
> 有了實有的自性見，就不能見到滅除妄見的安穩寂靜的涅槃法。「不
>
> 得第一義，則不得涅槃」，也就是這個意思。〔註29〕

因為有了「世俗諦」緣起法的實際臂助，我們才有通達「第一義諦」、體會自性空的可能。而真正的涅槃自性，就在這「第一義諦」自性空的當體燭照之中，浮現出來。所以，如此的推論就形成龍樹「自性」說的兩個特點：

1、由於「世俗諦」是趨悟「涅槃」的必經之路，因此「世俗諦」有

〔註27〕《中論》卷四〈觀四諦品〉，磧砂大藏經十六冊，頁63。

〔註28〕《中論》卷四〈觀四諦品〉，磧砂大藏經十六冊，頁63。

〔註29〕釋印順《中觀論頌講記》，頁132。

其積極正面的必要性、重要性。

> 2、因為能否得見涅槃自性，是繫依於性空的觀照故，所以，空觀是取證自性的關鍵。

其中，1、是對俗諦加以肯定，2、則是說明「自性」與「空」的微妙關係。剋就 2、言，此「空」之界定，當是指前述「不斷超越自他、以臻絕待自性」之動態歷程言，也就是說：「自性」就存在於這種「空」的超越歷程裡面。而釋印順甚至即直以此「空」等同「自性」，在《中觀今論》裡，他說：

> 自性是即空的，因為自性是顛倒計執而有的，沒有實性，所以說自性即是空。然不可說空即自性，以空是一切法本性、一切法的究竟真相，而自性不過是顛倒妄執。但以究極為自性說，空是真實、是究竟，也可能說空即（究極）自性。〔註30〕

如果把「自性」依顛倒計執而實有化，那麼，此「自性」也是落入相對能所之中，仍非「究極」的自性。真正的究極自性，就是徹底的空觀自身！

而這樣的自性說，對於憨山的影響可謂深遠，如前所述，憨山嘗謂「修行必以般若為本」，又以此「般若」的實證為「自心」、「自性」一種詮釋方式，可見憨山也是順著空觀的動態實踐，以體會此自性說。當然，在憨山言，般若空觀下的自性，與真常理念中的自性，其實也是可以合一的。而之所以能融合無間，則並非歷史之偶然，憨山之前的惠能，早已有兼攝真常、般若之自性說的走向了。

三、惠能《壇經》之自性說

正如前文所言，惠能自性說乃兼攝真常、般若為一，也就是說，惠能賦予其本體論以實踐的義涵。而這也正是憨山禪學的本體特質之一；所以，釐清惠能《壇經》之自性說，即等於深一層剖析了憨山本體思想之原奧。底下分依三端闡述之，首先，進行《壇經》「何期自性」語之內涵分析。

（一）「何期自性」語之內涵

在《壇經》〈自序品〉中，記載了一段五祖弘忍與六祖惠能間，關於「自性」的對話：

> 祖（弘忍）以袈裟遮圍，不令人見，為說《金剛經》，至「應無所住

〔註30〕釋印順《中觀今論》，頁80。

　　而生其心」，惠能言下大悟：一切萬法，不離自性。遂啓祖言：何期
　　自性，本自清淨！何期自性，本不生滅！何期自性，本無動搖！何
　　期自性，能生萬法！祖知悟本性，謂惠能曰：不識本心，學法無益。
　　若識自本心、見自本性，即名丈夫、天人師、佛。〔註31〕

惠能的「何期自性」語，提供了四個描寫自性的角度：

第一、就染、淨（即分別與非分別）角度言，自性是本來清淨的。

第二、從生滅法的角度言，自性則有其恆在性，不落生滅流轉之中。

第三、從現象界變動不居的角度言，自性是眞常不動的。

第四、就萬法的形成言，自性是創生萬法的動力因。

這四個角度，第二與第三指涉的恆在特性是一致的，所以，關於「自性」，惠能是以自性的本來清淨、恆在性，以及創生萬法三種特質分別表述。細心的讀者此處如果參照「《起信論》之眞常心理論」，不難看出惠能自性說與眞常心論點的雷同。而弘忍所謂「不識本心，學法無益」的觀念，其實也與《起信論》重視內證體性的路數相符應。因此，大體上，如果我們將惠能自性說歸類爲眞常自性說，這個理解的方向是正確的。以上是「何期自性」語的涵義。

　　（二）眞常與般若合流之自性說

　　不過，惠能之言自性，除了一方面奠基於眞常論理之外，他也吸納了般若的精華；《壇經》〈般若品〉中，惠能說：

　　一切般若智，皆從自性而生，不從外入，莫錯用意，名爲眞性自用。
　　〔註32〕

般若智並不是來自外來的正聞熏習，它是直接「從自性而生」。換言之，雖名之爲般若智，其實仍只是眞常自性之「眞性自用」。此與前述《起信論》之「始覺」由「本覺」所生、並同契「心源」的內證歷程，如出一轍。只是惠能已跳出「始覺」、「本覺」的名相，而直以般若、自性表述。也正由於這個特色，惠能的自性說，明顯表現出與菩提達摩「藉教悟宗」迥異的風格來，而且，在《壇經》〈般若品〉中，就依此眞常與般若合流的自性說，而發展出禪宗「見性成佛道」、「不假文字」的重要見解：

　　我此法門，從一般若生八萬四千智慧。何以故？爲世人有八萬四千
　　塵勞，若無塵勞，智慧常現，不離自性。悟此法者，即是無念、無

〔註31〕元宗寶《六祖大師法寶壇經》〈序品〉，嘉興大藏經第一冊，頁400。

〔註32〕元宗寶《六祖大師法寶壇經》〈般若品〉，嘉興大藏經第一冊，頁403。

> 憶、無著、不起誑妄，用自眞如性，以智慧觀照於一切法，不取不
> 捨，即是見性成佛道。……故知本性自有般若之智，自用智慧，常
> 觀照故，不假文字。譬如雨水，不從天有，元是龍能興致，令一切
> 眾生、一切草木、有情、無情，悉皆蒙潤，百川眾流，卻入大海，
> 合爲一體。眾生本性般若之智，亦復如是。〔註33〕

惠能認爲：塵勞煩惱雖然會覆蔽自性，但也並非無法超克，只要我們能啓動
自性之用（「用自眞如性」），以自性本有的「般若之智」觀照一切法，不再墮
入取捨分別的煩惱當中，「見性成佛道」就是一個當下的事實。在這個地方，
「眾生本性」與「般若之智」是被放入一套體用一致的執行模式當中的，也
就是說：「般若之智」原本即是一種內證本體的用，而此用又事實上還歸本體；
因此，重心依然在眞常之自性本體上。這就是爲什麼要「不假文字」的主要
理由，因爲文字言詮都不過是繞路說禪、玩弄光影而已，這當然不是強調體
用一致的惠能自性說所樂見的。

　　而在這一段引文中，特別值得留意的是：惠能雖然肯定自性乃本來清淨、
本無生滅，但他此處依舊承認：人實際上仍是活在「八萬四千塵勞」的牽纏
之中。這個看法，很明顯是源於晚期眞常理論（如《起信論》或《楞伽經》）
之視自性爲「染淨同依」的暗示。所以，惠能所代表的嶺南之「南宗」，遂有
了無念的「般若三昧」說。

　　（三）「般若三昧」說

　　對於「般若三昧」，惠能作如是解：

> 若識本心，即本解脫；若得解脫，即是般若三昧。般若三昧，即是
> 無念。何名無念？若見一切法，心不染著，是爲無念，用即遍一切
> 處，亦不著一切處；但淨本心，使六識出六門，於六塵中無染無雜、
> 來去自由、通用無滯，即是般若三昧。〔註34〕

依照前面的推論，這裡的「無念」自然也是自性的發用，所謂「無念」，如引
文云者，乃「見一切法，心不染著」，而實際上，此語的涵義是建立在自性「染
淨同依」的前提之上的。我們只要再重新回顧《起信論》認爲本覺阿賴耶係
染淨同依的論點，就很容易理解惠能之所以要強調「心不染著」的原因；因
爲只要停下染著心、不住於六塵，則染著心的眞正本質——「無染無雜、來

〔註33〕元宗寶《六祖大師法寶壇經》〈般若品〉，嘉興大藏經第一冊，頁405。
〔註34〕元宗寶《六祖大師法寶壇經》〈般若品〉，嘉興大藏經第一冊，頁405。

去自由、通用無滯」的自性清淨心，便會隨著呼之欲出了。所以，惠能的「無念」說，事實上仍具有體用一致的精神，終究它還是以趨證自性本心為最後的歸處。而所謂「般若三昧」者，正是惠能融鑄真常與般若為一、實踐本體論而為「性修不二」的明證。

對於惠能之性修不二，憨山是有極深體會的。在〈答鄭孝廉〉文中，他就從儒家的性善論兜回六祖的自性說，以體用一致的實踐觀行，說明性修不二的道理：

> 吾人性自本善，但為塵習所染故，蔽其靈明，于日用中，只用情習，不用性真耳。此所以凡民日用而不知，則聖賢可立待也。公即於日用善念現前不昧處，便是本來面目發現時也。若時時現前念念知覺，覺至純善之地，則性真自復，本體光明自然披露耳。〔註35〕

雖然「理」上有性善之本體論肯定，但也必須於日用現前處「不昧」，才能如理顯露「性真自復，本體光明自然披露」的純化境界。易言之，由真常之理言，雖然眾生的自性真常如一，但它真正的正面效益卻必須靠「于日用中」的般若工夫，才能貞定。如果「只用情習，不用性真」，性與修不能相應，則於六祖自性說，亦無法有實際的感應。

以上分別透過「《起信論》自性說」、「龍樹之自性說」、「惠能之自性說」，對於憨山禪學中之本體論進行根源性的理論架設。基本上，憨山並沒有為其本體論特意為文論述，也從未明白指出本體論的理論基礎為何。因此，本章如此進行的主要目的，是為憨山「禪者心之異名」的本體論，嘗試建構一套後設性之理論基礎。而因為此一理論之架設，主要又係憑依於憨山的本體論特質而來。因此，本章第一節部份雖題名為「基礎」，實際上卻已為憨山自性禪學之核心——本體論，鋪設出所有適當而可能的詮釋通路！

不過，筆者在此卻必須說明一個事實，那就是：雖然憨山的自性，可以通過我們後人之理性思維，加以區分，甚至架設出嚴整的理論基礎；然而實際上，憨山在運作其自性本體時，卻是一種統攝性的操作，他並未遵守於三種本體論特質（即真常之自性、般若之自性以及真常般若融合之自性）的嚴格分際。在憨山的體驗型態當中，自性向來就是流通著三種特質的，毋須去強分異同。所以，本章第一節之處理，純粹只是學術上的意義，筆者絕對無意於運用生硬之理論分析架構，來割裂憨山渾括之自性本體。

〔註35〕《憨山大師全集》卷八〈答鄭孝廉〉，嘉興大藏經廿二冊，頁474。

　　當然，奠基於傳統理論下之憨山自性禪學，既然我們已經護全其自性之整體性，那麼，它的實際活動如何？就成為我們矚目的焦點了。就其本體論言，在對應於當時教內外思想時，憨山禪學也特別能顯出精彩的一面。而這似乎也正是以自性為中心之憨山禪學，最吸引人關注之處！於是，順著這個脈絡，本章便將發展的重心，挪置於「憨山自性禪學本體論之動向發展」上面。

第二節　憨山自性禪學本體論之動向發展

　　正如緒論所言，由於憨山之思想層次相當複雜，不容易全盤掌握，即令本文只採取禪學之本體論進路，搭建在本體論上面的憨山思想，亦十分豐富可觀，取捨之間難予遽斷。所以，底下本文的設計，將採行選擇性的由「博」返「約」的方式。也就是說，這個部份將首先處理憨山禪學所對應之明末禪學趨向，討論憨山如何以其本體論角度統攝儒道二家、法華、華嚴、淨土等教內外之思想；再通過憨山之「轉識成智」說，逼顯出其本體論之核心論題——「唯心識觀」來。這是因應於憨山自性禪學所作的一種義理逐層深化之特殊設計，希望這個嘗試，能夠對於掌握「禪者心之異名也」的憨山自性禪，有積極的正面效益。

一、憨山對儒家思想之本體論轉化

　　憨山對於儒家的基本態度，可以從〈觀老莊影響論〉「論教原」中看出來，他說：

> 佛法豈絕無世諦，而世諦豈盡非佛法哉？由人不悟大道之妙，而自畫于內外之差耳。竊觀古今衛道藩籬者，在此則曰彼外道耳，在彼則曰此異端也，大而觀之：其猶貴賤偶人，經界太虛、是非日月之光也。是皆不悟自心之妙，而增益其戲論耳。蓋古之聖人無他，特悟心之妙者；一切言教，皆從妙悟心中流出。〔註36〕

憨山覺得對「佛法」、「世諦」作區分，形構各種「外道」、「異端」的經界，都只是「不悟自心之妙，而增益其戲論」而已。這當然是根據於他的「唯心

〔註36〕《憨山大師全集》卷卅〈觀老莊影響論〉「論教原」，嘉興大藏經第廿二冊，頁 644。

識觀」（本文稍後有專節之討論）而來的宏觀視野所建立的判斷。在這一段話中，憨山設法讓佛法與世學的差異性，暫時退位；一切價值問題全部都納歸於眞常之「妙悟心」，由「唯心識觀」來處理。如果這裡我們將「世諦」約化爲儒家思想，搭配以前述憨山「禪者，心之異名也」的理路，那麼，說儒家思想乃係整體憨山自性禪學的詮釋起點，其實也並不爲過。

（一）憨山〈春秋左氏心法〉之本體論色彩

對於以「仁」爲中心之傳統儒家哲學，憨山一方面透過如前述他個人對於世學的充份尊重以表達敬意外，一方面也積極構思如何將他熟悉的儒家義理移渡轉化成禪學的一部份、以收儒佛相互印證的實效。例如，憨山由《春秋左氏傳》中悟出的通路，便格外值得吾人重視。

憨山在〈觀老莊影響論〉中曾說：

> 不知春秋，不能涉世；不知老莊，不能忘世；不參禪，不能出世。
> 〔註37〕

又於《憨山老人年譜自敘實錄》之萬曆卅二年曰：「春秋乃明明因果之書耳，遂著〈春秋左氏心法〉。」〔註38〕可見憨山原係基於剖析涉世因果的動機而撰寫〈春秋左氏心法〉，而他的著眼處，雖然主要仍是在於引儒入佛，對於《春秋左氏傳》的原有精神，卻也有一番鞭辟入裡的體會。例如在萬曆卅三年寫成的〈春秋左氏心法序〉中，憨山就對范寧「左氏豔而富，其失也巫」一說，深表不以爲然：

> 先儒（范寧）有言：左氏豔而富，其失也巫。譏其好言鬼神卜筮之事，斯言過矣！孔子曰：君子有三畏，畏天命、畏大人、畏聖人之言。畏之言懼也。卜筮鬼神吉凶之先見、善惡之昭明，天命也；君父，大人也；經，聖人之言也。易尊卜筮，春秋尊君父，皆聖人之言也。易治之於未明，春秋治之於既亂。易言神道之吉凶，以懼之於幽；春秋言人道之賞罰，以懼之於顯。二者相須，如衣之有表裡、如木之有根株，豈有異哉！〔註39〕

〔註37〕《憨山大師全集》卷卅〈觀老莊影響論〉「論學問」，嘉興大藏經第廿二冊，頁645。

〔註38〕見《憨山老人年譜自敘實錄》卷下，嘉興大藏經第廿二冊，頁817。這一年，正逢達觀紫柏因沈令譽案入獄，憨山亦受牽連，被改配雷州戍役。

〔註39〕《憨山大師全集》卷十〈春秋左氏心法序〉，嘉興大藏經廿二冊，頁490。

范寧在〈春秋穀梁傳序〉中，認為左丘明對於孔子《春秋》經文的解釋，太流於強調「鬼神卜筮之事」，亦即所謂「其失也巫」。但憨山則坦率以為，「巫」的特色正所以凸顯出「君子三畏」的正面意義，而且，左丘明結合了《易》之「言神道之吉凶」與《春秋》之「言人道之賞罰」精神，也有幽顯相須、表裡呼應的直接效驗。因此，「巫」對於《春秋左氏傳》言，憨山其實並不從負面的角度去理解，反而他還說范氏之說乃「巫之為言，未探其本也」：

> 偶讀春秋，忽于左氏之心有當，始知巫之為言，未探其本也。觀其所載列國及諸大夫之事，委必有源、本必有末，吉凶賞罰不謀而符；俯而讀、仰而歎，不啻設身處地。每于微言密旨欣然會心，輒援筆識之，勒為一書，命曰左氏心法。非左氏心法也，仲尼之心法也；非仲尼之心法也，千古出世經世諸聖人之心法也。何以明之？心者，萬法之宗也；萬法者，心之相也；死生者，心之變；善惡者，心之跡；報應輪迴者，心之影響。〔註40〕

憨山認為范寧未能深察左丘明的「心法」，故有「失也巫」的判斷。因此，憨山接著指出「左氏心法」的共相涵義，不單可以仰承孔子的原始動機，即連「千古出世經世諸聖人」的「心法」也都可以一以貫之。而憨山所指的「心法」其實亦十分簡單，它就是〈觀老莊影響論〉的「唯心識觀」之另一說詞！所以，雖或有死生善惡、報應輪迴之異，根本上還是以「心」為主題，憨山皆視若真常自性之影像聲響。於是，〈春秋左氏心法序〉中，便提出了一種面對儒學的態度，所謂「即經以明心、即法以明心」者是：

> 禪者，心之異名也。佛言萬法唯心，即經以明心、即法以明心，心正而修齊治平舉是矣。于禪奚尤焉？夫言之為物也，在悟則為障，在迷則為藥；病者眾惟恐藥之不瞑眩也，迷者眾惟恐言之不深切也。
> 〔註41〕

這段話，反映在憨山「左氏心法」中，有底下兩層涵義：

第一、憨山強調《春秋左氏傳》也可以有助於我們掌握真常本心，因此《春秋左氏傳》的「經」、「法」雖為世儒之學，在真常心的活動中，它也能具有轉向於佛法的增上緣（即「明心」，明心見性之謂）。

第二、《春秋左氏傳》有「明心」的正面價值，而此「心」又為「修齊治平」

〔註40〕《憨山大師全集》卷十〈春秋左氏心法序〉，嘉興大藏經廿二冊，頁490。
〔註41〕《憨山大師全集》卷十〈春秋左氏心法序〉，嘉興大藏經廿二冊，頁490。

等內聖外王工夫的輻輳核心。所以，「左氏心法」實際亦即《大學》入
道必經之初階。

其中，前者明白表露出憨山撰述〈春秋左氏心法〉時之吸取儒家思想以印證
其本體論的立場，這一點事實上在憨山著作中，早已不是特例，我們並不感
覺新鮮。然而，後者延伸《大學》內聖外王工夫的義涵，直接形成自性禪學
的眞常心論題，倒是空前絕後的！

（二）憨山〈大學綱目決疑〉對真常性體之肯定

正如憨山在〈春秋左氏心法序〉斬釘截鐵指出的，《大學》的工夫架構是
築基於眞常性體的肯定上面，此於〈大學綱目決疑〉中，又有如左陳述：

> 學人獨貴在眞知，眞知一立則明德自明，原無一毫造作。大學工夫
> 所以言明、言知而修齊治平，皆是物也。〔註42〕

他認爲「大學工夫」的重心，貴在對於眞常自體的「眞知」之掌握。憨山強
調眞知挺立後，其它工夫便會水到渠成地逐步實現。而且，《大學》所以「言
明、言知而修齊治平」，都是爲了要維護這一「眞知」。在「欲誠其意先致其
知」的解釋中，憨山亦謂：

> 意乃妄想，知屬眞知；眞知即本體之明德，一向被妄想障蔽、不得
> 透露，故眞知暗昧受屈而妄想專權。譬如權奸，挾天子以令諸侯，
> 如今要斬奸邪，必請尚方之劍，非眞命不足以破僭竊；故曰欲誠其
> 意先致其知。知乃眞主，一向昏迷不覺，今言致者，猶達也；譬如
> 忠臣志欲除奸，不敢自用，必先致奸邪之狀、達于其主，使其醒悟，
> 故謂之致。若眞主一悟，則奸邪自不容其作祟矣，故曰欲誠其意先
> 致其知。〔註43〕

他認爲一般人的眞知「一向被妄想障蔽、不得透露」，就如同眞主「一向昏迷
不覺」一樣。對治這個現象的辦法，便是立即尋求醒化眞知的可能途徑；只
要眞知清明、「本體之明德」重現神采，肅清妄想意念的「誠其意」，自然就
順水推舟完成了。

其實，如果此處我們再兜回憨山的本體論來看，《大學》所標榜的工夫，
確實亦與禪門自性觀行，頗有若合符節之處。憨山解釋《大學》「知止而后有
定」時，動用了惠能「不思善，不思惡，如何是上座本來面目」的「自性定」

〔註42〕《憨山大師全集》卷廿九〈大學綱目決疑〉，嘉興大藏經廿二冊，頁642。
〔註43〕《憨山大師全集》卷廿九〈大學綱目決疑〉，嘉興大藏經廿二冊，頁642。

說，就多少應證了這種心態：

> 定字，乃指自性本體，寂然不動、湛然常定，不待習而后定者。但學人不達本體本來常定，乃去修習，強要去定，只管將生平所習知見，在善惡兩頭生滅心上求定；如獼猻入布袋、水上按葫蘆，似此求定，窮季也不得定。何以故？病在用生滅心、存善惡見，不達本體，專與妄想打交滾，所謂認賊爲子，大不知止耳。苟能了達本體當下寂然，此是自性定，不是強求得的定；只如六祖大師開示學人用心，云不思善，不思惡，如何是上座本來面目！學人當下一刀兩斷，立地便見自性，狂心頓歇。此後再不別求，始悟自家一向原不曾動。此便是知止而后有定。〔註44〕

把《大學》「志有定向」、「止於至善」的「定」，〔註45〕對照以六祖「自性定」；將「知止」的「知」視若負面的「生平所習知見」（而「眞知」則爲正面意義之「知」）、「止」解爲「狂心頓歇」。以上均足以證明憨山確是很有意識地要將儒家之《大學》，內化爲其禪學的一環。而在解釋「明明德」之「明明」時，這種禪家的色彩又更加鮮明：

> 兩個明字要理會，得有分曉，且第二個明字，乃光明之明，是指自己心體。第一個明字有兩義：若就明德上説，自己工夫便是悟明之明，謂明德是我本有之性。……若就親民分上説，第一個明字乃是昭明之明，乃曉喻之意、又是揭示之意，如揭日月於中天，即是大明之明。二義都要透徹。〔註46〕

此外，憨山對於「格物」、「物格」之「格」字的詮釋，也極具新意。底下節引其說：

> 1、知有眞妄不同，故用亦異。而格亦有二，以妄知用妄想，故物與我相扞格，此格爲鬥格之格；如云與接爲搆、日與心圖是也。以眞知用至誠，故物與我相感通，此格乃感格之格；如云格其非心是也。且如驢鳴、蛙噪、窗前草，皆聲色之境，與我作對爲扞格。而宋儒有聞驢鳴蛙噪、見窗前草而悟者。聲色一也。向之與我扞格者，今則化爲我心之妙境矣。物化爲知，與我爲一，其爲感格

〔註44〕《憨山大師全集》卷廿九〈大學綱目決疑〉，嘉興大藏經廿二冊，頁641。
〔註45〕見朱熹《四書章句集註》之《大學章句》，頁3。
〔註46〕《憨山大師全集》卷廿九〈大學綱目決疑〉，嘉興大藏經廿二冊，頁641。

之格。〔註47〕

2、學人要在此知字上著眼，前云致知格物者，是感物已達其知，此
　格字乃感格之格。今言物格而後知至者，是藉物以驗知體，意謂
　彼物但有一毫不消化處，便是知不到至極處。必欲物消化盡了，
　纔極得此眞知，如此則物格之格，乃來格之格。〔註48〕

3、慮而後能得，是已達，謂已于一切事物通達而不遷，目前無一毫
　障礙，則法法皆眞，豈非已達耶？其所以立、所以達，皆仗眞知
　之力也。故今作新民的工夫，就將我已悟之眞知，致達于萬物之
　中：萬物既蒙我眞知一照，則如紅爐點雪、烈日消霜，不期化而
　自化矣。故云致知在格物。物自化，故謂之格。彼物既格，則我
　之明德自然照明于天下，民不期新而自新矣，所謂立人達人也。
　如此則明德、新民，只是一事。〔註49〕

綜理上述，憨山至少對「格」字，作了三種不同的定義：

第一種定義是「杆格」之格：因爲「以妄知用妄想」，我之「心」與外界之「物」
　　　　處於心境相對的狀態下，故名杆格。這是塵井凡夫的一般通相。

第二種定義是「感格」之格：「以眞知」、「用至誠」，使萬物與我之心能彼此
　　　　相感通，「向之與我杆格者，今則化爲我心之妙境矣。物化爲知，與我
　　　　爲一」，即感格之謂。此乃就「致知〉格物」、由內而外的實踐理路立
　　　　言。

第三種定義是「來格」之格：即「藉物以驗知體」、由外而內的另一種實踐方
　　　　式。因爲是「物格〉知至」、從外境還原本心的路數，故以來格名之。

　　林繼平於《明學探微》〈從陽明、憨山之釋大學看儒佛疆界〉文中，主張
憨山之「眞知」與前述陽明「靈昭不昧」的本體良知，乃「完全一致」。其中，
憨山乃釋「仁」爲「知」，仁即是知，故有知無仁。而陽明則以「良知」爲「仁」
的根源，由知顯仁，且仁知兼攝。〔註50〕林氏之說，是否確當乃另一問題，

〔註47〕《憨山大師全集》卷廿九〈大學綱目決疑〉，嘉興大藏經廿二冊，頁642。
〔註48〕《憨山大師全集》卷廿九〈大學綱目決疑〉，嘉興大藏經廿二冊，頁643。
〔註49〕《憨山大師全集》卷廿九〈大學綱目決疑〉，嘉興大藏經廿二冊，頁642～643。
〔註50〕見林繼平《明學探微》，頁252。林氏另以憨山之「杆格」「感格」「來格」三
　　　　義，配對於「初關」「重關」「牢關」，其說過於牽強，筆者並不認同。而且，
　　　　他將憨山之「眞知」與王陽明「靈昭不昧」的本體良知等同，顯然也殊欠考
　　　　慮，因爲正如憨山自己說明之「儒佛宗本之辨」（見本文第六章之「頓悟漸修」
　　　　節）一樣，兩者之「心性精微處」，是存在著根深蒂固的絕對差異。

然至少他已指出憨山之〈大學綱目決疑〉，確與世儒之學關係密切。憨山圓寂之後，其隔代法裔藕益智旭曾言：

> 佛法之盛衰，而儒學之隆替，儒之德業學問，實佛之命脈骨髓。故在世爲眞儒者，出世乃爲眞佛。以眞儒心行而學佛，則不學世之假佛。〔註51〕

憨山〈大學綱目決疑〉所代表的精神，正是嘗試把原來接引自儒家的「儒之德業學問」，融入佛法的出世價值當中。而且，正如智旭的體會一樣，經世之眞儒與出世之眞佛，只要肯定了本體論上之「眞」，二者原本就是圓融互在的！

二、憨山之眞常自性與道家思想

在〈觀老莊影響論〉「論宗趣」中，憨山將老子「虛無大道」與眞常唯識論中之清淨第八識兩相鬥合，從而有如下之說：

> 老氏所宗虛無大道，即楞嚴所謂晦昧爲空、八識精明之體也。然吾人迷此妙明一心，而爲第八阿賴耶識，依此而有七識爲生死之根，六識爲造業之本，變起根身器界生死之相。是則十界聖凡，統皆不離此識。……至若老氏以虛無爲妙道，則曰谷神不死，又曰死而不亡者壽，又曰生生者不生。且其教以絕聖棄智、忘形去欲爲行，以無爲爲宗極，斯比孔則又進。觀生機深脈，破前六識分別之執，伏前七識生滅之機，而認八識精明之體，即楞嚴所謂罔象虛無、微細精想者，以爲妙道之源耳；故曰惚兮恍兮，其中有物。以其此識乃全體無明，觀之不透，故曰杳杳冥冥，其中有精。以其識體不思議熏、不思議變。故曰玄之又玄，而稱之曰妙道。以天地萬物，皆從此中變現，故曰天地之根，眾妙之門。不知其所以然而然，故莊稱自然。且老乃中國之人也，未見佛法而深觀至此，可謂捷疾利根矣。……當佛未出世時，西域九十六種以六師爲宗，其所立論百什，至於得神通者甚多，其書又不止此方之老莊也。〔註52〕

楞嚴「八識精明之體」，原指賴耶識染淨同依中之清淨識，也就是前述《起信

〔註51〕藕益智旭《靈峰藕益大師宗論》卷二之四，嘉興大藏經第卅六冊，頁289。
〔註52〕《憨山大師全集》卷卅〈觀老莊影響論〉「論宗趣」，嘉興大藏經第廿二冊，頁647。

論》所指謂之真常自性。而此處憨山將老莊的「天地之根，眾妙之門」，直接理解爲阿賴耶清淨識，主要還是基於其「唯心識觀」統攝三教的實際需求（請見本文稍後之臚述）。由引文可看出，舉凡「谷神不死」、「死而不亡者壽」、「生生者不生」、「惚兮恍兮，其中有物」、「杳杳冥冥，其中有精」、「玄之又玄，而稱之曰妙道」諸境界型態的描寫，憨山均一律將之與第八意識聯想在一起，雖或有削足適履之嫌，但就其圓說真常自性的立場言，則是前無古人的創見。

（一）憨山《道德經解》之本體化詮釋

所以，用來解釋老莊思想的實際核心，就在於真常自性，在憨山的注文內，無論印決於法華、楞嚴或華嚴，都以呈現此一恆在本心爲目的。例如《道德經解》註解「致虛極，守靜篤」時，憨山即曰：

> 虛，謂外物本來不有；靜，謂心體本來不動。世人不知外物本來不有，而妄以爲實，故逐物牽心，其心擾擾妄動，火馳而不返。……故曰歸根曰靜，靜曰復命，命，乃當人之自性，賴而有生者。……性，乃真常之道也，故云復命曰常。人能返觀內照，知此真常妙性，纔謂之明，故云知常曰明。由人不知此性，故逐物妄生，貪欲無厭，以取戕生傷性亡身敗家之禍，故曰不知常，妄作凶。人若知此真常之道，則天地同根、萬物同體，此心自然包含天地萬物，故曰知常容。〔註53〕

這完全是用禪觀中慣用的真常心解釋《道德經》，此與老子原本之虛靜心已大不相同。而尤其令人絕歎者，是憨山之注疏「知和曰常」與「知常曰明」：

> 然人之所以有生者，賴其神與精氣耳。此三者，苟得其養如赤子，則自不被外物所傷矣。……且此三者，以神爲主，以精爲衛，以氣爲守。故老子教人養之之方，當先養其氣，故曰知和曰常。何也？蓋精隨氣轉，氣逐心生；故心妄動則氣散，氣散則精溢，所謂心著行淫，男女二根自然流液。故善養者，當先持其心，勿使妄動。心不妄動則平定，心平則氣和，氣和則精自固、而神自安，真常之性自復矣。故曰知和曰常。如所云不認緣氣之心爲心，則真常之性自見，故曰知常曰明。意謂知真常之性者，可謂明智矣。
>
> 〔註54〕

〔註53〕《老子道德經憨山解》上篇，頁71。
〔註54〕《老子道德經憨山解》下篇，頁117。

「以神爲主，以精爲衞，以氣爲守」本來就是金代全眞教道徒結合易理與養生丹氣的主要心法，而憨山用以解釋《道德經》，並非意欲老子哲學的道教化，其目的是想在「心平則氣和，氣和則精自固、而神自安」的狀態中，讓人去體證逐漸復出的「眞常之性」。他認爲道徒羽士們只要能從「緣氣之心」中跳離，眞實存在的眞常心就自然會出現。

　　而就體用關係言，憨山亦認爲《道德經》本身確實具有「體用兩全、動靜不二」的義理風格。例如，「既知其子，復守其母」一語，便在憨山的眞常禪觀之中，呈現爲：

> 是知道爲體，而物爲用。故道爲母，物爲子。人若但知道體虛無，而不知物從此生，是知母而不知子，則淪於斷滅。若但知物而不知道，是殉物而忘道，則失其性眞。所以既知其母，亦復要知其子。所謂有體有用也。既知物從道生，則不事於物，故曰既知其子，復守其母。所謂用不離體也，體用兩全、動靜不二，故沒身不殆！……且眞常之道，吾固有之，但凡人不能承襲而自絕耳。苟能如此做工夫，則綿綿而不絕矣，故曰是謂襲常。〔註55〕

「道爲體，而物爲用」與「道爲母，物爲子」之中的「道」，是指「吾固有之」的眞常之道，此即「體」。而所謂「用」，憨山便以即體起用的方式，將之定位爲「用不離體」之「用」。如此一來，老子「既知其子，復守其母」原指之虛靜心境界型態體用論，就完全被收歸於眞常心的「一心二門」的體用不二論之中了。陳鼓應在〈老子哲學系統的形成〉中，曾指出老子有過度地耽溺於虛靜心，而「蘊含著事物的運動與變化是無須」的退縮傾向，〔註56〕這問題從憨山視自性本體乃一心二門、體用不二的詮釋進路看來，根本就不存在！

　　（二）眞常心理論下之《莊子內篇註》

　　而在寫《莊子內篇註》時，憨山以《起信論》之眞常心統攝內七篇的意圖，又更爲明顯。即以〈養生主〉「庖丁解牛」的疏文爲例，便如是道：

> 只一庖丁解牛之事，則盡養生主之妙。以此乃一大譬喻耳。若一一合之，乃見其妙。庖丁喻聖人，牛喻世間之事，大而天下國家、小而日用常行，皆目前之事也。解牛之技，乃治天下國家、用世之術智也。刀喻本性，即生之主；率性而行，如以刀解牛也。言聖人學

〔註55〕《老子道德經憨山解》下篇，頁113。
〔註56〕見陳鼓應《老莊新論》，頁45。

道，妙悟性真，推其緒餘以治天下國家，如庖丁先學道，而後用於
解牛之技也。〔註57〕

憨山所謂「一一合之，乃見其妙」，「合」係指合於真常心言。因此，他說庖
丁手上所執「若新發於硎」的「刀」，是譬喻於吾人之「本性」，而「以刀解
牛」的從心所欲，就如同順著本心而動止發用一般、隨處均可諦觀「性真」。
憨山這種以真常心統攝莊子思想的作法，還見諸〈齊物論〉卷末：

蓋未悟本有之真知，而執妄知為是。此等之人，雖聖人亦無奈之何
哉！可惜現成真心，昧之而不悟。惜之甚矣！由不悟真心，故執己
見為是，則以人為非，此是非之病根也。〔註58〕

此處，他也以禪家之「現成真心」，做為〈齊物論〉泯執去妄的本體動源。如
是看來，莊子的齊物，在憨山眼底，根本就與參禪沒有兩樣了；於是，他說：

齊物之意，最先以忘我為本指，今方說天籟，即要人返觀言語音聲
之所自發，畢竟是誰為主宰。若悟此真宰，則外離人我、言本無言，
又何是非堅執之有哉？此齊物論之下手工夫、直捷示人處，只在自
取怒者其誰一語。此便是禪門參究之功夫。必如此看破，方得此老
之真實學問處。〔註59〕

很顯然，憨山已經把「參禪者是誰」這個話頭，改裝套用在裡面了。所以他
解「自取怒者其誰」為等同於「禪門參究之功夫」，一點也不奇怪。

其次，於〈德充符〉疏文中，憨山對「介者王駘」亦有獨數一幟的解釋：

此篇以德充符為名，首以介者王駘發揮，只在末後數語，便是實德
內充，故符於外而人多從之，非有心要人從之也。蓋忘形骸、一心
知，即佛說破分別我障也；能破分別我障，則成阿羅漢果，即得神
通變化。今莊子但就人中說，老子忘形釋智之功夫，即能到此境界
耳。即所謂至人忘己也。此寓六骸、象耳目、一知之所知，即佛說
假觀，乃即世間出生死之妙訣，正子所謂修離欲禪也。〔註60〕

在前述「天乘止觀」性格之規範下，此處憨山也將莊子「忘形骸」、「一心知」、
「至人忘己」理解成破我執、離人入天的止觀工夫；並以莊子能破「分別我

〔註57〕《莊子內篇憨山註》卷三〈養生主〉，頁9。
〔註58〕《莊子內篇憨山註》卷二〈齊物論〉，頁25。
〔註59〕《莊子內篇憨山註》卷二〈齊物論〉，頁11。
〔註60〕《莊子內篇憨山註》卷三〈德充符〉，頁6。

障」、修「假觀」，而安配以「修離欲禪」的阿羅漢果位。可見憨山之注解《莊子》，始終不離於一個禪者的見解。甚至，他還將〈逍遙遊〉剒形去智、無己無名的境界，視如「以斷煩惱為解脫」之無礙解脫：

> 此為書之首篇，莊子自云言有宗，事有君，即此便是立言之宗本也。
> 逍遙者，廣大自在之意，即如佛經無礙解脫，佛以斷煩惱為解脫；
> 莊子以超脫形骸、泯絕知巧，不以生人一身功名為累為解脫。蓋指
> 虛無自然為大道之鄉，為逍遙之境。〔註61〕

而憨山如此不厭其煩地以禪解莊、或用莊子思想印證其自性禪學，他的理路是相當清晰而完整的。在〈大宗師〉裡，就透過內七篇義理的層序定位，說明他認為的莊子思想：

> 莊子著書，自謂言有宗、事有君。蓋言有所主，非漫談也。其篇分內
> 外者，以其所學乃內聖外王之道；謂得此大道於心，則內為聖人，迫
> 不得已而應世，則外為帝為王。乃有體有用之學，非空言也。且內七
> 篇，乃相因之次第。其逍遙遊，乃明全體之聖人，所謂大而化之之謂
> 聖，乃一書之宗本，立言之主意也。次齊物論，蓋言舉世古今之人，
> 未明大道之原，各以己見為是；故互相是非，首以儒墨相排，皆未悟
> 大道，特以所師一偏之曲學，以為必是，固執而不化。皆迷其真宰而
> 妄執我見為是，故古今舉世，未有大覺之人，卒莫能正之；此悲世之
> 迷，而不解皆執我見之過也。次養生主，謂世人迷卻真宰，妄執血肉
> 之軀為我，人人只知為一己之謀，所求功名利祿以養其形、戕賊其真
> 宰，而不悟此舉世古今之迷，皆不知所養耳。若能養其生之主，則超
> 然脫其物欲之害，乃可不虞生矣。果能知養生之主，則天真可復、道
> 體可全，此得聖人之體也。次人間世，乃涉世之學問，謂世事不可以
> 有心要為，不是輕易可涉；若有心要名干譽、恃才妄作，未有不傷生
> 戕性者。若顏子、葉公，皆不安命、不自知而強行者也。必若聖人忘
> 己虛心以遊世，迫不得已而應，乃免患耳。其涉世之難，委曲畢見；
> 能涉世無患，乃聖人之大用也。次德充符，以明聖人忘形釋智、體用
> 兩全，無心於世而與道遊，乃德充之符也。其大宗師，總上六義，道
> 全德備、渾然大化、忘己忘功忘名，其所以稱至人神人聖人者，必若
> 此乃可為萬世之所宗而師之者，故稱之曰大宗師。是為全體之大聖；

〔註61〕《莊子內篇憨山註》卷一〈逍遙遊〉，頁2。

意謂內聖之學，必至此爲極則，所謂得其體也。若迫不得已而應世，
則可爲聖帝明王矣。故次以應帝王，以終內篇之意。至若外篇，皆蔓
衍發揮內篇之意耳。〔註62〕

依陳榮波先生〈憨山大師的莊子思想〉之解釋，憨山內七篇註解是以「內聖
外王之道爲中心而開展出來的一套相因次第」。〔註63〕而根據上述《莊子內篇
註》引文，憨山筆下之莊子，確是有底下七層相因之次第：

第一、就「立言之本」言，〈逍遙遊〉乃是在於「明全體之聖人，所謂大而化
之之謂聖」，以聖人能夠破除分別我障，無待於功名人我，故能自在逍
遙。即此便是「一書之宗本，立言之主意也」。

第二、就「大道之原」言，〈齊物論〉是在於破斥因爲「迷其眞宰而妄執我見
爲是」所延伸出來的種種名言是非的紛爭。而所謂「大道之原」，即是
眞常自性，〈齊物論〉之絕待絕言，就是要呼應「大道之原」。

第三、就「養生之主」言，〈養生主〉強調血肉形軀之我並非「眞宰」，盲目
投入的結果，將會「戕賊其眞宰」、徒增「物欲之害」。其所謂「眞宰」，
是眞常自性；從眞常心入道，才是得「養生之主」眞諦。

第四、就「涉世學問」言，〈人間世〉主題在於挺顯聖人「涉世無患」的大用。
而涉足世間之所以能無患，則全賴「忘己虛心以遊世，迫不得已而應」
的智慧。

第五、就「體用兩全」言，〈德充符〉是在於彰顯眞常自性之「體」的效驗。
只要能「忘形釋智」、實證眞常性「體」，則因體起用的生命必是和諧而
超越的，所謂「無心於世而與道遊」者是。

第六、就「內聖之學」言，〈大宗師〉明指能履行「道全德備、渾然大化、忘
己忘功忘名」之至人神人聖人，就是大宗師。因爲彼等皆已臻內聖之學
的極則，亦即契會本心自性、「得其體」者故。

第七、就「聖帝明王」言，〈應帝王〉是說明「大宗師」的外王化。當一個對
眞常性體具有眞實體證的大宗師，因「不得已而應世」時，一定是無治
主義的聖帝明王。〔註64〕

〔註62〕《莊子內篇憨山註》卷四〈大宗師〉，頁1～5。
〔註63〕見《哲學、語言與管理》，頁66～72。
〔註64〕『無治主義』語，套用自陳鼓應〈莊子內篇發微〉之『應帝王——無治主義』
　　　　一文，見《老莊新論》P205。

綜結這七個次第，可知：憨山的確很清楚地以「眞宰」（即眞常自性）作爲貫連內七篇「內聖外王之學」的主軸。所以，作爲憨山自性禪思想淵源之一的道家哲學，最後也如同儒學一般，全數轉化爲印證禪家自性見地的有力學說。當然，不論以禪解莊、或用莊子思想印證其禪學，憨山將世諦法轉化爲佛法（尤其是以眞常理論爲中樞之佛法）、以「唯心識觀」（請見本文稍後之詳細論述）融會老莊的卓優創見，確實都已發古人所未見，值得我們給予喝采！

三、對於法華與華嚴思想之本體論轉化

（一）憨山之本體遍在說

中國魏晉格義佛教時期，竺道生已早有「一闡提有佛性」〔註65〕說，當時因爲曇無懺的大本《涅槃經》尚未譯出，故而引起學界不小的物議。所幸後譯之大本《涅槃經》，實際記載了惡性闡提眾生亦有佛性的說法，才算平反了竺道生的冤屈。不過，佛性的問題到了唐代，卻仍產生許多歧出而爭訟不決，此時辯諍的主題已不是惡性眾生，而是與有情眾生相對的草木瓦石之「無情」；學界爭執不一的是：究竟這些沒有情識的草木瓦石，其自身有無佛性？《金剛錍》的作者湛然認爲「有」，《頓悟入道要門論》的作者大珠慧海則認爲「無」；底下節引其說，以爲對照：

> 1、萬派之通途、眾流之歸趨、諸法之大旨、造行之所期，若是而思之，依而觀之，則凡聖一如、色香泯淨。阿鼻依正，全處極聖之自心；毘盧身土，不逾下凡之一念。曾於靜夜，久而思之，思之未已，怳焉如睡，不覺寐云：無情有性。……故子應知：萬法是眞如，由不變故。眞如是萬法，由隨緣故。子信無情無佛性者，豈非萬法無眞如耶？故萬法之稱，寧隔於纖塵？眞如之體，何專

〔註65〕依據釋恆清法師〈《大般涅槃經》的佛性論〉一文指出：《大般涅槃經》（即本文所稱大本《涅槃經》）對一闡提的最後定論，是佛陀所說的「一切眾生定當得成阿耨多羅三藐三菩提，以是義故，我經中說一切眾生、乃至五逆犯四重禁及一闡提，悉有佛性」。而能下此定義的理由，是因爲1、一切諸法無有定相，眾生根性亦不定2、佛性不可斷。正因爲眾生根性不定，一闡提才能在斷善根之後，再生善根。3、佛性非過去、非未來、非現在，故不可斷。因此一闡提也不斷佛性，而終有成佛的一日。（釋恆清法師語見《台灣大學文學院佛學研究中心學報》第1，頁61）

於彼我？……是則無佛性之法性，容在小宗；即法性之佛性，方
曰大教。〔註66〕

2、若心生，故一切法生。若心無生，法無從生，亦無名字。迷人不
知法身無象、應物現形，遂喚青青翠竹，總是法身，鬱鬱黃華，
無非般若。黃華若是般若，般若即同無情；翠竹若是法身，法身
即同草木。如人喫筍，應總喫法身也。如此之言，寧堪齒錄。對
面迷佛，長劫希求；全體法中，迷而外覓。是以解道者，行住坐
臥，無非是道；悟法者，縱橫自在、無非是法。〔註67〕

湛然主張無情有佛性，最基本的理由有二：其一是，他認為無情的「法性」
與有情的「佛性」是一，故有「即法性之佛性，方曰大教」說。易言之，儼
予區分佛性與法性，只是小乘作為；惟其能融透法性佛性為一體，才符應大
乘教理。其二是，通過不變隨緣說的直接推證，可以將體、用二界晶結為一。
既可體用一如，那麼從體用論的「體」層面就可說「萬法是真如」（「萬法」
意表無情生），「用」層面則可言「真如是萬法」；因此，「無情有性」說成立
自無問題。至於大珠於《頓悟入道要門論》中所言，則是從現象與本體的分
離處著手，將黃華翠竹等無情生純粹地視為不能展現自我的現象物。大珠認
為「青青翠竹，總是法身，鬱鬱黃華，無非般若」一義，是解道悟法者「行
住坐臥，無非是道」的境界，以「心生，故一切法生」的方式應物現形之謂。
所以，黃華翠竹仍只是黃華翠竹，絕不可囫圇吞棗地等視於法身、般若，這
也就是說：無情生只具有成就佛性的輔助性意義，其本身根本不具佛性！

前者湛然的立場，大體是依法華迴小向大的一乘思想而出發，其看法不
僅在天台教觀中極受推崇，禪門亦十分歡迎。後者大珠的見解，雖然代表馬
祖道一門下禪者的主張，卻反而在禪門中迅速式微。憨山身處之晚明，「無
情有性」說，便已是一般禪者的常識了。在〈示王牧長周世父〉中，憨山謂：

嘗謂天生萬物，唯人最靈，此古語也。予則謂之不然，何也？蓋人
與萬物，皆具靈覺之性，此性均賦而同稟者也。〔註68〕

對於「天生萬物，唯人最靈」，〔註69〕憨山深不以為然，他強調佛性（即「靈

〔註66〕湛然《金剛錍》，嘉興大藏經第四冊，頁122。
〔註67〕大珠《頓悟入道要門論》卷下〈諸方門人參問〉，嘉興大藏經第廿三冊，頁
　　　　267。
〔註68〕《憨山大師全集》卷五〈示王牧長周世父〉，嘉興大藏經廿二冊，頁445。
〔註69〕此古語原出於《尚書》〈泰誓〉上篇『惟人萬物之靈』。

覺之性」）不是只具顯在人的身上，從先驗的賦性、天生的稟受衡觀，萬物與人一樣，都具有靈覺之佛性。

不過，這個本體遍在論點的成立，除了是一樁本體論上之共識外；呼應在禪者日用任運之際時，仍須通過一心三觀的進路，方得以圓成。憨山給靈洲鏡上人的法語開示中，就有如此耐人尋味的一段話：

> 上人號曰鏡心，是以心為鏡耶？是以鏡照心耶？若以心為鏡，則老
> 盧道「明鏡亦非臺」非臺則無鏡可寄，若以鏡照心，心本無相，又
> 何從而照之耶？如此非心則非鏡，非鏡則非心，心鏡兩非，名從何
> 立？如此則上人名是假名，名假則真亦非真，是則所讀之般若，又
> 豈有文言字句寄於齒頰之端耶？上人苟能悟此法門，則江光水色、
> 鳥語潮音，皆演般若實相；晨鐘暮鼓、送往迎來，皆空生宴坐見法
> 身時也。〔註70〕

憨山故意在「以心為鏡」與「以鏡照心」之語言名相上面撥弄攪繞，其實用心亦無非是希望鏡上人能跳開「鏡」、「心」的能所對待。他說「上人名是假名，名假則真亦非真」，便是假觀與空觀的活用，意在契證無執無惑之中道正觀。憨山以此規戒鏡上人莫將般若實相，當作「文言字句寄於齒頰之端」看待；他鼓勵鏡上人直趨中道正觀，從外界實在的「江光水色、鳥語潮音」與「晨鐘暮鼓、送往迎來」裡面，證悟本體遍在的工夫。

當然，正如本文在稍前闡述龍樹般若空觀時，所得到的結論一樣。憨山本體遍在論點必須在個體心靈不受任何概念知性黏滯的情況下，才能真實發揮其妙用。憨山有名的〈貝葉佛母贊〉謂：

> 佛體如空，無處不容，牆壁瓦礫，達之者通。秋水澂澂、朝霞燦燦，
> 影落波心、光浮繁練，識之不見，見之不識。瞖目空華、太虛鳥跡。
> 貝葉無文，法身非有，萬壑松聲，作獅子吼。碧眼髯腮，維摩病骨，
> 漏逗形骸，分明眉目。〔註71〕

一個能徹見法性、佛性是一的行者，不論行住坐臥、有情無情，都是無師不在、無入而不自得的，任何一事一物皆可以直接通向於明心見性、體用如一。所謂「貝葉無文，法身非有，萬壑松聲，作獅子吼」，正代表了憨山對於般若空性與真常本心充份的融會。

〔註70〕《憨山大師全集》卷一〈示靈洲鏡上人〉，嘉興大藏經廿二冊，頁392。
〔註71〕《憨山大師全集》卷十九〈貝葉佛母贊〉，嘉興大藏經廿二冊，頁571。

（二）從本體論的層面詮釋止觀

憨山是一個重視實修的禪門尊宿，他的所有學思理念，幾乎都可以與他知行合一的風格相印證。是以天台之止觀法門對憨山而言，必定也是能直接裨益禪修禪行，才能得到其重視推崇的。憨山在《圓覺經直解》卷上，曾如此詮釋止觀：

> 梵語奢摩他，此云止也。然修行必以止為首者，以眾生向認妄想攀緣之心，念念生滅，無暫停時。今欲一旦離念，豈可得耶？故先修止行，以為最初工夫，為入禪之方便也。所言止者，按天台止有三止，謂體真止、方便隨緣止、息二邊分別止。以此三止為前導，然後可入空、假、中之三觀。今經之止，但是體之真止也。若修此止，先將身心內外一齊放下，放下又放下，放到無可放處，則諸想歇滅、內外一空。即此空處，便能體合真心，妄想不生，則念自離也。〔註72〕

他順著天台區分「止」為三的說法，強調「體真止」、「方便隨緣止」與「息二邊分別止」三種止行，分別可配屬為空觀、假觀、中觀的前導工夫。而在實際的禪修經驗的對照中，憨山則僅意許於「體真止」。由此可知：憨山詮釋止觀，仍偏於就本體論的側面來形成他的看法（而非從天台教觀的繁瑣名相系統中著手）。本文附錄於闡述憨山「青年時期」時，曾摘錄萬歷三年憨山於獨木橋上聽水聲而開悟的實際經驗，基本上，這就是一種止觀法門的實踐；其云「初則水聲宛然，久之，動念即聞，不動即不聞」者，表示他亦曾在控馭起心動念處，切實下工夫；而最後「自此眾響皆寂，不為擾矣」境界之獲得，即屬體性上的「體真止」之印證。所謂「體合真心，妄想不生，則念自離」者，倘使不從止觀的角度看，而由禪者的立場觀，這幾乎等於是直通於六祖自性法門的同質見解！無怪乎憨山會指稱此乃「入禪之方便」。

也因為憨山之專就本體論言三止三觀，所以，其所體驗之止觀法門，亦與禪門慣用的本心，脫離不了干係。他在〈示若曇成禪人〉文中，就說：

> 此經（法華）自入中土，受持者多。獨南岳思大禪師所悟精深，天台智者大師讀誦此經，乃見靈山一會儼然未散。思大師曰：此法華三昧也。非子莫證，非子莫識。故天台因之建立止觀妙門，發明百界千如實相之旨。向後依止觀而悟明一心者，如永嘉而下，非一人

〔註72〕憨山《圓覺經直解》卷上，嘉興大藏經第十八冊，頁719。

也。是知此經為成佛之妙行明矣。〔註73〕

如果暫借體用論之名相以衡視止觀法門，則很明顯地，憨山是認為：止觀之體，緣於一心；止觀之用，悟明一心。憨山十分地貫徹以止觀悟明本心的立場，再加上止門與觀門，原本就是來自於行者本心之作用；因此，奉行止觀法門，能有助於禪修行者，在盤根錯結的紛芸萬象中，「發明百界千如實相之旨」，體證一心遍顯三千法界、而三千法界又捲藏於一心的境界。

當然，智顗定慧雙修、止觀並重的雙軌並行主張，憨山亦予認同，他在〈示周子寅〉一文中，就曾透過止觀，解釋《永嘉集》裡面寂寂歷歷的體性工夫，意義十分特殊，其謂：

> 從上佛祖教人之法門，路雖多不出戒定慧三學。所謂因戒生定，因定發慧。其節目之詳，經不過《楞嚴》，至若祖語，無如《永嘉集》一書。足下熟讀玩味，至於其中入定用心之說，如云「恰恰用心時，恰恰無心用，無心恰恰用，常用恰恰無」，又云「忘緣之後寂寂，靈知之性歷歷，無記昏昧，昭昭契本，真空的的」。此用心之神符也。如四勿三省者，正乃戒耳。此中具悉。其實修心工夫條目，不出止觀等持三門而已。此集中奢摩他，止也；毘婆舍那，觀也；優畢叉，止觀雙運、定慧等持也。〔註74〕

永嘉玄覺與六祖惠能同時，曾師事天台慧威及北宗之神秀，後以「生死事大，無常迅速」一事，參謁六祖。據《六祖法寶壇經》載，惠能當時即印可其對般若「無生」的悟境。由於玄覺能掌握當下一瞬間的開悟經驗，故時人有「一宿覺」之美譽。〔註75〕再加以他有天臺宗的法脈傳承，所以，歷來皆視其學乃天台與禪的結合。憨山鼓勵周子寅讀《永嘉集》一書，主要也就是看重書中羅列之「入定用心之說」，皆有清晰不紊的「工夫條目」可資憑藉。尤其是結合止門、觀門、止觀雙運門的天台教觀，更有助於學者從日常生活的起心動念處，察微知著；從無師不在的每一個當下裡，證實禪心禪境。

由是可知：憨山基本上是認同天台止觀的修持方式的，它與標榜頓悟體性本心的禪宗，可以彼此攝持，成為性修不二的關係。在〈示玄津壑公〉中，憨山曰：

〔註73〕《憨山大師全集》卷四〈示若曇成禪人〉，嘉興大藏經廿二冊，頁432。
〔註74〕《憨山大師全集》卷五〈示周子寅〉，嘉興大藏經廿二冊，頁443。
〔註75〕元宗寶《六祖法寶壇經》〈機緣品〉，嘉興大藏經第一冊，頁411。

法華會上讚持經者曰：舉手低頭，皆已成佛。是乃以已成之佛心，
作現前之眾行。故一一行，皆是佛行，行之妙者，無踰於此。如此
是名眞佛弟子矣。〔註76〕

所謂「已成之佛心，作現前之眾行」，「已成」是止觀系統下的已成，「現前之
眾行」則指在四威儀中「入定用心」的禪經驗。在止觀雙行、性修不二的活
動中，自始至終，皆有明銳的本心穿梭其間，而構成以本體論爲主軸之體用
一如的關係；一位禪行者果能如是，那麼「一一行，皆是佛行，行之妙者，
無踰於此」，憨山就稱此爲「眞佛弟子」！

（三）憨山本體論底下之澄觀華嚴學

如第三章第三節所言，澄觀所理解的「心佛眾生三無差別」，其主軸無非就
是眞常心（或即謂自性清淨心），俗諦層面的眾生與聖諦層面的佛，就在眞常心
的一貫炳現下，彼此互攝互容，而消解了原來不同範疇的經界，以達平等法界
的圓融境界。這也就是說，印度部派佛教時期，以及小乘的阿含思想，對於我
們生存的這個世界，原有的「十法界」、「四聖六凡」之嚴格界定，在華嚴的思
想中，都可以全部被轉化成一個眞常心周遍含容的平等法界（所謂「一即一切，
一切即一」者是）。所以，生佛互在、凡聖不二的判斷，當然可以成立。

而也由於澄觀所理解的「心佛眾生三無差別」，其思想主軸是憑依於眞常
心（或即謂自性清淨心）的靈活運用，俗諦層面的眾生與聖諦層面的佛，必
須在眞常心的一貫炳現下，才能產生彼此的互攝互容。所以，澄觀其實並未
主張將現實層面中的眾生，直接毫無預設地就等同於佛。這個觀念，在憨山
的〈南堂廣智請益教乘六疑〉文內，有更明白的確認，他說：

心、佛、眾生，本來平等。以眾生是佛心中之眾生，故佛度自心之
眾生。若眾生相空，是爲度盡眾生，即成自心之佛。縱一心盡作眾
生，乃眾生自作自心之眾生，而佛界不滅。縱眾生界盡，只是消得
各各眾生界，以心平等故，而佛亦不增。佛觀眾生界空，若眾生自
心不空，則眾生亦不減。譬如長空，雲屯霧暗而空亦不減，雲散霧
消而空亦不增，雖終日暗、終日消，而空體湛然。此則佛界豈有增
減耶？〔註77〕

憨山以爲：佛與眾生都只是「自心之佛」、「自心之眾生」罷了。因爲一般人

〔註76〕《憨山大師全集》卷三〈示玄津壑公〉，嘉興大藏經廿二冊，頁416。
〔註77〕《憨山大師全集》卷五〈南堂廣智請益教乘六疑〉，嘉興大藏經廿二冊，頁439。

無法體察到「心平等故」，遂誤蹈於起心動念的知見束縛之中，馴致錯將撥弄光影的名相習性直接套襲於「佛」和「眾生」上。憨山指出如此之錯用心，學者必定會為眾生界、佛界之增減消長而爭訟不決。於是，原本澄觀依一真常心之發用遍潤，即可完成的「心佛眾生三無差別」之華嚴學；在憨山的自性禪學需求底下，就被更深化至無增無減的「空體湛然」裡，以六祖惠能「無一物」〔註78〕的禪法，給予華嚴學一種般若空觀的新詮釋。從〈示徑山堂主幻有海禪人〉文中，我們就可看到憨山這別出於澄觀的獨特解釋，其云：

> 佛說一心，就迷悟兩路，說透宗門，直指一心，不屬迷悟。要人悟透其實究竟無二，如來藏中求於去來、迷悟、生死了不可得。此豈屬迷悟耶？二祖云「覓心了不可得」六祖云「本來無一物」，即般若無五蘊根塵識界及出世三乘之法也。以無所得，故得菩提與覓心了不可得，豈二法耶？是知教說一心，所多者，凡情聖解耳。參禪頓破無明，是絕凡情也；悟亦吐卻，是絕聖解也。斯則禪呵知解，而教未嘗不呵也。……但不可把佛說的語言文字及祖師玄妙語言，當作自己知見，必要參究做到相應處。〔註79〕

把「心佛眾生三無差別」的華嚴理境，透過參禪者的實際經驗，加以重新組合解讀，是憨山在吸納華嚴哲學時，最獨異於時人之處。他說「佛說一心，就迷悟兩路，說透宗門，直指一心，不屬迷悟」，就是以禪宗慣用的直指人心的方式，一筆帶過地解消「眾生」與「佛」的「迷悟兩路」之名相分別與思路攪繞。而順著「不屬迷悟」這一心靈的超越與跳躍，憨山亟欲表現的本體，一方面是澄觀華嚴學裡自性清淨的真常心，一方面也是透過惠能「本來無一物」所凸現出來的「般若無五蘊根塵識界及出世三乘之法」（「五蘊根塵識界」乃廣泛謂指眾生，而「出世三乘之法」之終極處即佛）。易言之，憨山是經由「本來無一物」中「無」的般若觀照，取消佛、眾生的差別相。如果「心佛眾生三無差別」這個理境的詮釋進路，是可權依「破」、「立」來揀別的話，則澄觀的方式應是偏向於真常心的「立」，至於憨山，當屬般若觀照心——「破」的進路。而正因為「破」，所以「本體遍在」、「唯心識觀」（此當於稍後臚述）

〔註78〕關於「無一物」，松本文三郎撰，許洋主譯〈六祖壇經之研究〉文中，曾考證指出：後世以為是六祖所作、膾炙人口的「本來無一物」這一句，是宗寶本（明藏本）以來才開始有的，未見於唐本（興聖寺本、敦煌本）。請參見《佛光學報》第5期，頁235。

〔註79〕《憨山大師全集》卷三〈示徑山堂主幻有海禪人〉，嘉興大藏經廿二冊，頁411。

的這些論題，就更加可以凸顯出來。

　　當然，此處應該附帶一提的是，憨山除力言「無一物」中「無」之般若觀照外，尚呵彈各種「知解」流弊（此即前文所言當時晚明禪門的普遍積習）。他警告徑山堂的禪者，千萬不可食古不化，「把佛說的語言文字及祖師玄妙語言，當作自己知見」。憨山似已從當時的禪門窠濫中，深體「教說一心，所多者，凡情聖解」之可畏，所以，他力勸時人「必要參究做到相應處」；這亦正足以說明，憨山對於澄觀「教說一心」的體會，並不是一般「知解」之徒的凡情聖解，他看重的，是那種能夠相應於禪者行證工夫的實踐意義。鄭學禮〈禪維根斯坦與新正教神學──禪宗傳達眞理的問題〉文謂：

　　　　參禪時最不利的事，是透過思想將「道」合理化、概念化、知性化。
　　　　這樣做的人永遠無法悟道。禪宗認爲佛法不是推理的知識，它的傳
　　　　承不是藉助理性的推論，而是有賴個人的親晤。〔註80〕

這段文字用以描繪憨山，也是十分貼切的。事實上，即連建構了龐大形上體系的澄觀華嚴學，其核心課題「一眞法界心」、「生佛互在、凡聖不二」所表現的圓融互攝境界，也都不全然是「藉助理性的推論」，它們一樣端賴個人的親晤實踐。這一點，是我們在掌握憨山本體論之融攝轉化時，所不可忽略的！

四、憨山對於淨土思想之本體論涵攝

　　憨山身處的時代，幾乎與雲棲蓮池是重疊的，對晚明淨土思想的風偃天下，當然不可能沒有感應。蓮池圓寂之後，憨山就曾閉關精修淨業、日課佛號，可知他也是念佛法門的實際奉行者。只是，憨山的淨土思想仍自有其獨詣之處，而不與蓮池同。

　　（一）以《壇經》之自性言淨土

　　在〈與陳劍南貳師〉文中，憨山便談及兩種「淨土」的不同，頗堪玩味，其曰：

　　　　淨土者有二種：謂事土、理土。在事，則步有相修，爲種種行門，
　　　　即《龍舒淨土文》所說，乃接引中、下根人之祕訣。所言理土，乃
　　　　諸佛諸祖自受用之境界，名常寂光；言常則不變，寂則不動，光則

────────────────────

〔註80〕語見鄭學禮撰、釋若學譯〈禪維根斯坦與新正教神學──禪宗傳達眞理的問
　　　　題〉《哲學與文化》《憨山大師全集》卷七〈與陳劍南貳師〉，嘉興大藏經廿二
　　　　冊，頁466。第15卷第4期，頁44～45。

> 不昧，即吾人自性之本體也；故云「惟心淨土，自性彌陀」，又云「心
> 淨則佛土淨」，又云「生則決定生，去則實不去」，此乃上上根人所
> 證境界：《壇經》淨土之旨，蓋謂此也。〔註81〕

文中所提《龍舒淨土文》，是宋代淨土行人王日休所作，他也是淨土持名念佛
說的提倡者。在憨山當時，王著《龍舒淨土文》與蓮池的《彌陀疏鈔》幾乎
地位相埒，皆屬淨宗信眾案頭上常見的聖典。而此處憨山則分別從理事格局、
修為方式以及渡化根器等三個角度，涇渭禪與淨的差異。首先，就理事格局
言，憨山指稱王日休所言之淨土乃「為種種行門」的「事土」，以有別於取證
「吾人自性之本體」的「理土」。而事土為淨土宗一心傲向的淨土，理土則是
六祖以來的禪家共同認證的淨土。其次，從修為方式區分，淨土宗的念佛法
門為「有相修」，而禪宗的「惟心淨土，自性彌陀」與「心淨則佛土淨」的契
悟，則屬體性工夫上面的無相修。此外，針對渡化的根器分別，淨土念佛法
門往往只為「接引中、下根人之祕訣」，以求生彌陀淨土為現世之切願，有強
烈的他世傾向；但植根於「理土」、「自性本體」的禪家淨土法門，則重視眼
前當下，以顯發「生則決定生，去則實不去」的般若妙運替代往生的切願，
並以當下惟心之淨土以及眾生自性本具之自性彌陀，為用功之所在，憨山認
為這是「上上根人所證境界」，也就是禪的境界。

　　而憨山這樣地區分淨土，用意至為簡單，他只是想通過理土、事土之比
驗而援事入理，藉之提醒時人重返「《壇經》淨土之旨」，即六祖所云之「一
行三昧」：

> 若於一切處，行住坐臥，純一直心，不動道場，真成淨土，此名一
> 行三昧。〔註82〕

惠能將「一行三昧」理解為當下之直心境界，而直心也就是前述之離念的自
性本體。所謂「淨土」，就《壇經》立場言，並非十萬億國土以外的世界，淨
土就住於不動的本心當中，它為真常心觀照下的產物。所以憨山才會將常寂
光淨土，詮釋為「常則不變，寂則不動，光則不昧，即吾人自性之本體」，這
一強調本體論之論點，在〈與元溫起南〉文中，憨山又剖示得更為徹底：

> 淨穢隨心，苦樂在己：一切處，無非寂光真際也。〔註83〕

〔註81〕《六祖大師法寶壇經》〈付囑品〉，嘉興大藏經第一冊，頁410。

〔註82〕《憨山大師全集》卷八〈與元溫起南〉，嘉興大藏經廿二冊，頁476。

〔註83〕《憨山大師全集》卷一〈示優婆塞結念佛社〉，嘉興大藏經廿二冊，頁389。

如果人能將一切「淨穢」、「苦樂」的不確定條件，全部汰濾而還原到自己的本心，人也就有機會觸及不變不動的永相世界。在永相世界中，體用一如，所有境界全是「自性之本體」的貫徹，因此，無論身處任何的「一切處」，都是「寂光眞際」的淨土。憨山這一說法，正是惠能自性說的直接呼應。

所以，憨山其實是通過惠能的自性說，以融攝禪淨爲一；而他的理事淨土說，基本上也是依禪家之「理土」爲重心而援事入理。前文臚述永明延壽淨土思想時，曾提及憨山淨土思想乃是走向以禪修爲主之徹底的「禪淨一體論」，此處便可得到明證。

（二）憨山之「自性彌陀」說

另外，在〈示優婆塞結念佛社〉文內，憨山也曾針對當時蓮社的念佛行者，有過「心心彌陀出現，步步極樂家鄉」這樣的開示：

> 佛者，覺也。即眾生之佛性以迷之而爲眾生，悟之即名爲佛。今所念之佛，即自性彌陀；所求淨土，即唯心極樂。諸人苟能念念不忘，心心彌陀出現，步步極樂家鄉。又何必遠企於十萬億國之外，別有淨土可歸耶？所以道心淨則土亦淨，心穢則土亦穢。〔註84〕

將「佛」解釋爲自性本體，則念佛即等於念「自性彌陀」；把國土淨穢的問題，凝聚於心念的轉化與投射上面，則自心就有淨土，步步當下都是「極樂家鄉」，當然毋須於「十萬億國之外」再企望一個他世淨土。憨山這個看法，可謂遵循了惠能與永明的舊路，但卻與蓮池當時積極在信眾間提倡的「持名念佛」與「淨土實有論」彼此出入甚大，尤其〈示容玉居士〉中，憨山還提出「淨土在我而不在人，佛在心而不在跡矣」〔註85〕之說，更可見憨山胸中自有定見，對於蓮池的念佛法門，並非一味曲從。

這個現象，還見諸憨山主張之觀想念佛方法上面。前文提及蓮池念佛方法時，言其鼓勵「持名念佛」而反對「觀想念佛」，此一見解，在蓮池圓寂後，憨山就曾藉著對蓮池隨侍弟子開示的機會，給予溫和的修正，他說：

> 末法修行淨土，都要說想彌陀妙相，以未得親見面目，即想亦不眞；要聞彌陀說法，則思亦不眞。我觀大師（雲棲）則彌陀之化身。侍者執侍已久，豈可忘卻大師，又向他家求佛法開示？我謂侍者，更不必作別想，只想大師如生前，一一規模法範、音聲語言、作事威

〔註84〕《憨山大師全集》卷一〈示容玉居士〉，嘉興大藏經廿二冊，頁396。
〔註85〕《憨山大師全集》卷三〈示雲棲侍者〉，嘉興大藏經廿二冊，頁415。

> 儀、修行觀念、利生慈悲，細細從頭至足，終日竟夜，一一通想一
> 過。如此則念念想時，就是彌陀出現時也。纔有一念忘卻，便是負
> 恩德入生死之時。但以大師全身安向汝心中，不可吐卻。〔註86〕

蓮池原本即以「未得親見面目，即想亦不眞」而反對觀想念佛，但在憨山看來，任何一種念佛的方法，只要確能有助於本心（自心彌陀）的現前，都是好的方法。因此，倘使暫時權依觀想念佛，可以達到借假修眞、照顯本心的目的，他認爲亦無不可。所以，他鼓勵雲棲侍者將乃師觀想爲「彌陀之化身」，並且要「細細從頭至足，終日竟夜，一一通想一過」，如此念念之觀想，就等於念念彌陀之現前。而所謂「但以大師全身安向汝心中，不可吐卻」者，用意即是希望透過專注的觀想念佛，以進一步遞升爲直心禪悟、趨證本體。

由是可知，憨山對念佛方法的主張，與蓮池原來嚴謹的持名念佛說，並不相同。當然，觀想念佛也絕不是憨山念佛思想的重點，其眞正重點是希望將「念佛」轉爲一個能產生共鳴的媒介，以完成融淨入禪、化禪淨爲一體的目的，在〈示慧鏡心禪人〉中，他甚至就提出「念佛即是參禪」說，破盡傳統的「禪淨分別之見」：

> 念佛即是參禪。若似菩薩，則是悟後不捨念佛。故從前諸祖，皆不
> 捨淨土。如此則念佛即是參禪，參禪乃生淨土。此是古今未決之疑，
> 此說破盡，而禪淨分別之見，以此全消。即諸佛出世，亦不異此說。
> 若捨此別生妄議，皆是魔說，非佛法也。〔註87〕

順著永明「一念法界而念佛」的思路，並搭配以「所念之佛，即自性彌陀；所求淨土，即唯心極樂」的論點，憨山提出「念佛即是參禪」以及「參禪乃生淨土」的主張，無疑是十分圓融而成熟的。它是否眞能在禪與淨土之攪繞中排難解紛，尚在其次，至少此處憨山已將兩者的同質性（即「自性」）發揮致盡，就淨土或就禪而言，都是不凡的新義。

五、憨山本體論中之「轉識成智」問題

另外，順著《起信論》的眞常心理論，我們又可以追問出一個相當核心的問題，那就是：憨山如何面對眞如、生滅二心，以證成其「明心見性」的終極訴求？也就是說，憨山在《起信論》一心二門的自性格局中，如何能「離」

〔註86〕《憨山大師全集》卷四〈示慧鏡心禪人〉，嘉興大藏經廿二冊，頁428。
〔註87〕《楞伽阿跋多羅寶經》卷二，磧砂大藏經第十冊，頁350。

生滅而「證」眞如？要回答這個問題，我們必須熟絡運用憨山體用一如的方法論模式，並接駁到憨山「即眞即妄」的八識見解中，才能有正確的答案。

（一）「即眞即妄」的八識說

《楞伽經》卷二，提及八識與意識之間的關係：

> 大慧白佛言：世尊不建立八識耶？佛言：建立。大慧白佛言：若建立者，云何離意識、非七識？佛告大慧：彼因及彼攀緣故，七識不生意識者，境界分段計著生，習氣長養，藏識意俱。我我所計著，思惟因緣生。不壞身相，藏識因攀緣，自心現境界，計著心聚生，展轉相因。譬如海浪，自心現境界風吹，若生若滅亦如是。是故意識滅，七識亦滅。……妄想爾燄熾，此滅我涅槃。彼因彼攀緣，意趣等成身，與因者是心，爲識之所依。如水大流盡，波浪則不起，如是意識滅，種種識不生。〔註88〕

本處重點有二：第一、強調「意識」（第六識）爲牽動一切執著妄想的主因，如果能離卻「意識」分別攀緣的作用，那麼，其他七種識的動因便會消失，七識也就不存在，所謂「意識滅，種種識不生」者是。第二、雖然「意識」與其他七種識，彼此牽混攀緣，連帶亦使「藏識」（第八識阿賴耶識）因之長養熏習。但是，「意識」與「藏識」的關係，畢竟仍僅是波浪與水之分而已，只要意識能不攀緣造作，現前之「藏識」就即是涅槃解脫境界之朗現，所謂「妄想爾燄熾，此滅我涅槃」者是。

針對於上述經文，憨山於《楞伽補遺》中，作如下之按語：

> 此經宗旨，說識藏即如來藏，不必更轉。其藏性寂滅之體，所以不得顯現者，但因妄想攀名相之過也。藏體本是湛淵之心，猶如湛海難云。前七波浪，其實只因六識攀緣外境界風，鼓動波浪。即七識亦因六識所起之波浪，其體同是八識精明。故本不生。是故三性之中，依他原自無性，其過在遍計執性耳。然妄想乃遍計執性，正是六識攀緣種種如幻依他境界，增長習氣，長養藏識。故今特辨妄想過重故，六識滅則內外心境一切皆寂滅，如來藏性應念現前，所以特說六識滅爲涅槃也。此經宗趣與相宗迥不相同，故不立七識。所以世尊隨節說妄想分別通相，以顯即妄即眞，爲如來最上一乘禪也。〔註89〕

〔註88〕《楞伽阿跋多羅寶經》卷二，磧砂大藏經第十冊，頁350。
〔註89〕《憨山大師全集》卷廿八《楞伽補遺》，嘉興大藏經廿二冊，頁639。

對於意識的攀緣種種外境，以至前七識皆變成「因六識所起之波浪」，憨山特以遍計所執性名之。此亦即謂：第六意識之所以遮蔽「藏性寂滅之體」，使不得顯現者，全繫於遍計執性的妄想分別所致。因此，惟有超克遍計執性的分別妄想，才能真正「滅」第六意識。而就本體論角度言，此「滅」第六意識的同時，也就是代表一切心境、能所之歸於寂滅，此時，原本不起生滅相的「八識精明」本體，便會在水淨沙明之當下，以「如來藏性」的姿態「應念現前」。根據這一個思想主軸，憨山之按語可爬梳爲下面兩種看法：

第一、就阿賴耶識（底下簡稱「識藏」）的層面言：識藏雖因意識的攀緣相依而有習氣熏習，但它「寂滅之體」的先在精明本質，則永恆不易。因此，當識藏的本質爲習氣覆藏、「不得顯現」時，稱之爲「識藏」；一旦「六識滅則內外心境一切皆寂滅」時，此識藏即名「如來藏」。所以，如來藏自性清淨心與阿賴耶識，實爲「即妄即眞」、同一本體的兩種名相。憨山之「識藏即如來藏，不必更轉」語，宜作如是理解。

第二、就意識的層面言：意識因爲是「鼓動」其他七識的動因，且又與眼、耳、鼻、舌、身、末那、識藏諸識彼此輾轉、互爲因果，因此，對意識的實際駕馭與掌控，乃至純化，便成爲楞伽八識說的重點。換言之，如何淨除藏識之無始習氣熏染、轉成如來藏，意識之操修行履具有決定性的影響力。只要意識作用當下停歇，如來藏性就應念現前。

這其中，一、是本體論的看法，重點在於強調阿賴耶與如來藏是染淨同依的一體。二、則是延伸到工夫論的看法，主張第六意識上面的實際行證，可決定阿賴耶能否轉化爲如來藏。透過這簡單的解析，我們就可以將話題轉入憨山「轉識成智」的問題。

（二）憨山之「轉識成智」說

剋就本體論的角度觀，很顯然憨山是認同楞伽看法的。在〈謝吳曙谷相國〉文中，憨山就以楞伽的本體論爲大乘頓教的正綱，反對另立第九識，〔註90〕他說：

> 此經（楞伽）何以不立九識？蓋佛應機說法，教有權實。以初出世時，化機未熟，不堪受大，姑爲小乘劣根說六識三毒爲生死本，即八識祕未敷說。直至三十年後，根機漸熟，方說唯識，以八識爲迷

〔註90〕即將阿賴耶識中純淨之識另立爲第九『菴摩羅識』，清淨無垢識之謂；此說由玄奘譯之無著《攝大乘論》三卷本，首先提出。

悟生死之本，猶恐不信佛性，故於八外又別立第九，名無垢識，以
引進之。此亦未盡大乘了義。過此已後，觀機已熟，乃說楞伽，直
指識藏即如來藏，爲頓教大乘。此經不立修證漸次名位，但了一念
無生，頓同佛體。……但觀經中識藏即如來藏一語，便是究竟極則，
不必更求九識爲實法也。〔註91〕

憨山排拒天親唯識學之九識說，理由十分簡單，因爲他認爲清淨無垢識就在
藏識之中，「識藏即如來藏」故。而且，在八識之外別立第九識，憨山還是以
「未盡大乘了義」看待的。此處，他認許的是「一念無生，頓同佛體」的眞
常論點。若搭配前述「意識滅，七識亦滅」之看法，則可作如是解，那就是：
只要意業不生，八識田中本來清淨的如來藏性，當即如撥雲見日一般朗現出
來。易言之，憨山之轉識成智說，是搭設在第八識染淨同依的前提上，無分
別之清淨識本身就內化八識之中，毋須更假於菴摩羅識。所以，憨山關於唯
識的看法，不能以單純的相宗去理解，他的唯識說，其實是與《起信論》的
自性系統一脈相承的。

此外，就轉識成智的歷程來看，憨山則是跨足到工夫論上之「漸修頓悟」
（請見第六章第二節）立場，有力而完美地圓滿此一歷程。他在回答潮州僧
人海印請益楞伽思想的信裡，曾經說：

若無行證，徒信無益。豈有但以信字，便爲了徹耶？古人云先悟後
修，是則悟後正好修行。古德云：學人但得一念頓契自心，是爲妙
悟。尚有八識田中，無量劫來惡習種子，名爲現業流識。既悟之後，
即將悟得道理，二六時中密密綿綿，淨除現業流識，名之爲修。不
是捨此悟外更有修也，淨除現業乃爲隨緣消舊業，全仗悟之功，乃
能有力淨除惡習。若但空信，將何以消惡習乎？〔註92〕

憨山自然深知楞伽「一念無生，頓同佛體」的道理，但類如「一念頓契自心」
的妙悟，他又另具一番見地。在憨山看來，楞伽之妙悟偶一流露並不困難，
困難的地方在於這一妙悟能否持續地呈現，以保任不墜。憨山認爲只有「二
六時中密密綿綿，淨除現業流識」，持續不斷地淨除阿賴耶識中的惡習種子，
楞伽之妙悟才能眞正發揮其意義。這也就是說，「淨除藏識之無始習氣熏染，
轉成如來藏性」這一行動，自「一念頓契自心」處言，固然爲頓教大乘；但

〔註91〕《憨山大師全集》卷九〈謝吳曙谷相國〉，嘉興大藏經廿二冊，頁480。
〔註92〕《憨山大師全集》卷五〈答潮州僧海印〉，嘉興大藏經廿二冊，頁435。

自「淨除現業流識」的歷程言，則仍然端賴漸修。因此，由憨山本體論所發展出來之轉識成智說，最終必與工夫論之「頓悟漸修」相資相成、互爲印證。從這個地方，我們就可以十分肯定地道出：憨山的本體論，終極處必定也是以「見性成佛」爲最高的目標。

宋人志磐《佛祖統紀》卷廿九，載錄菩提達摩以《楞伽》傳心，言「藉教悟宗」事，志磐如是謂：

> 直指人心，見性成佛，至矣哉。斯吾宗觀心之妙旨也。謂之教外別
> 傳者，豈果外此爲教哉？誠由此道，以心爲宗、離言說相。故強爲
> 此方便之談耳。不然何以出示《楞伽》，令覽教照心耶？何以言大乘
> 入道，藉教悟宗耶？〔註93〕

「出示《楞伽》，令覽教照心」、「言大乘入道，藉教悟宗」，這是禪宗初祖菩提達摩在「教外別傳」之外的方便之談。雖然是方便之談，最後的指向仍是「直指人心，見性成佛」；志磐認爲這是禪宗「觀心之妙旨」。而衡觀前述，如果以勞思光《中國哲學史》所提出的「基源問題討論法」看，那麼，取「直指人心，見性成佛」爲憨山自性禪學之基源所在，自不爲過。

當然，順著本體論的立場，憨山對於八識「即眞即妄」之特性，亦有相當明銳的洞視。例如：在孔老思想的層面上，他就曾給予十分徹底的發揮，於〈觀老莊影響論〉「論宗趣」中，憨山謂：

> 八識爲生死根本，豈淺淺哉？故曰一切世間諸修行人，不能得成無上
> 菩提，乃至別成聲聞緣覺，及成外道諸天魔王及魔眷屬，皆由不知二
> 種根本：一者、無始生死根本；則汝今者與諸眾生用攀緣心爲自性者。
> 二者、無始涅槃元清淨體；則汝今者識精元明，能生諸緣緣所遺者，
> 正此之謂也。噫！老氏生人間世，出無佛世，而能窮造化之原。深觀
> 至此，即其精進工夫，誠不易易；但未打破生死窠窟耳。〔註94〕

憨山雖然一方面認同於道家之能窮究「造化之原」，但也從《起信論》的眞妄和合立場，指出其「未打破生死窠窟」。這一段話，同時跨接了憨山的禪學與老莊孔老等世學，很顯然這也是憨山自性禪本體論中之十分重要的論題。底下，本文之發展，就接著從這個本體層面的核心論題──「唯心識觀」，繼續進行。

〔註93〕宋志磐《佛祖統紀》卷廿九，嘉興大藏經第十冊，頁586。
〔註94〕《憨山大師全集》卷卅〈觀老莊影響論〉「論宗趣」，嘉興大藏經第廿二冊，
　　　頁647。

六、憨山本體論中之「唯心識觀」

（一）「唯心識觀」之基礎

　　憨山對於標幟三界唯心、萬法唯識之「唯心識觀」，除了得益於前述第八
識具「染淨同依」特性的啓蒙外（即「唯心識觀」之「識」義）；實際上，《起
信論》眞常本心之理解，也決定了這個獨特論題的主要性格。而欲一探憨山
「唯心識觀」之原奧，取徑於〈觀老莊影響論〉，最容易入手。例如，在〈觀
老莊影響論〉「敍意」中，憨山便有「唯心識而觀諸法」的構想：

> 余居海上枯坐之餘，因閱楞嚴、法華，次有請益老莊之旨者，遂蔓
> 衍及此，以自決非敢求知于眞人，以爲必當之論也。且慨從古原教
> 破敵者，發藥居多，而啓膏肓之疾者少；非不妙投，第未膌其病原
> 耳。是故余以唯心識觀而印決之，如摩尼圓照，五色相鮮；空谷傳
> 聲，眾響斯應。苟唯心識而觀諸法，則彼自不出影響間也。〔註95〕

文中可知，憨山係因於楞嚴與法華的思路，而進一步嘗試依「唯心識觀」印
決老莊，給予道家哲學以恰當的定位。此一嘗試，又在〈觀老莊影響論〉之
「論心法」裡，透過「心」、「法」的圓融關係，給予更明確的肯定：

> 既唯心識觀，則一切形，心之影也；一切聲，心之響也。是則一切
> 聖人，乃影之端者；一切言教，乃響之順者。由萬法唯心所現，故
> 治世語言資生業等，皆順正法；以心外無法，故法法皆眞。迷者執
> 之而不妙，若悟自心，則法無不妙；心法俱妙，唯聖者能之。〔註96〕

首先，從「心」到「法」的縱貫關係言，憨山對於「一切形」、「一切聲」，皆
視如自心本性所投射出來之影像與聲響；而所有「聖人」、「言教」，都成爲「心
之影」、「心之響」之端緒。其次，就「法」回歸於「心」之還原關係言，一
切「治世語言資生業」，在融入「萬法唯心所現」的歷程上，都可以被賦予眞
常自性的價值，因此，便不難獲得「法法皆眞」、「法無不妙」的結論。由此
證知：憨山之唯心識觀，是在心法圓融的基礎上提出的。

　　而憨山亦認爲：這一心法圓融基礎的成熟運用，可以將唯心識觀與華嚴
的「平等法界」觀，深一層地搭接在一起，成爲統會三教、包攝老莊哲學之

〔註95〕《憨山大師全集》卷卅〈觀老莊影響論〉「敍意」，嘉興大藏經第廿二冊，頁
　　　　644。

〔註96〕《憨山大師全集》卷卅〈觀老莊影響論〉「論心法」，嘉興大藏經第廿二冊，
　　　　頁644。

理論依據，此則見於〈觀老莊影響論〉「論教乘」，憨山曰：

> 若以三界唯心、萬法唯識而觀，不獨三教本來一理，無有一事一法不從此心之所建立。若以平等法界而觀，不獨三聖本來一體，無有一人一物不是毘盧遮那海印三昧威神所現。……良由眾生根器大小不同，故聖人設教淺深不一，無非應機施設，所謂教不躐等之意也。由是鑒知：孔子，人乘之聖也；故奉天以治人。老子，天乘之聖也；故清淨無欲，離人而入天。聲聞緣覺，超人天之聖也；故高超三界、遠離四生、棄人天而不入。菩薩，超二乘之聖也；出人天而入人天，故往來三界、救度四生，出真而入俗。佛，則超聖凡之聖也；故能聖能凡、在天而天、在人而人，乃至異類分形，無往而不入。且夫能聖能凡者，豈聖凡所能哉？據實而觀，則一切無非佛法，三教無非聖人；若人若法，統屬一心；若事若理，無障無礙，是名為佛。〔註97〕

以「唯心識觀」言，「三教本來一理」，且不論任何一事、任何一法，皆「統屬一心」；而順著法身佛立場言「平等法界」，則不僅儒釋道三教聖人「本來一體」，即連事、理法界也都會轉化為「無障無礙，是名為佛」的海印三昧境界。可見憨山在詮釋「唯心識觀」時，不是單單只從「三界唯心、萬法唯識」的意義出發，他也設法從華嚴的經教上著眼，取得與華嚴平等圓融境界相侔的論點；又由於唯心識觀係得益於楞嚴、法華之啟蒙，是故憨山之以「唯心識觀」看待三教聖人、禪解儒道，都並不是屬於肆意之牽強附合。這一點，憨山在註解《莊子》〈應帝王〉時，就作了說明：

> 古今宇宙兩間之人，自堯舜以來，未有一人而不是鑿破渾沌之人也。此特寓言大地皆凡夫愚迷之人，概若此耳。以俗眼觀之，似乎不經，其實所言無一字不是救世愍迷之心也。豈可以文字視之哉？讀者當見其心可也。即予此解，亦非牽強附合，蓋就其所宗，以得其立言之旨。但以佛法中人天止觀而參證之，所謂天乘止觀，即《宗鏡》亦云，老莊所宗自然清淨無為之道，即初禪天通明禪也。吾徒觀者，幸無以佛法妄擬為過也。〔註98〕

〔註97〕《憨山大師全集》卷卅〈觀老莊影響論〉「論教乘」，嘉興大藏經第廿二冊，頁 645。

〔註98〕《莊子內篇憨山註》卷四〈應帝王〉，頁 21〜23。

即連曹洞宗之永明延壽，都有「老莊所宗自然清淨無爲之道，即初禪天通明禪」的見解；足證憨山之以「唯心識觀」禪化老莊、「以佛法中人天止觀而參證之」的作法，乃至心法俱妙說與平等法界觀的提出，都並未逾越一個傳統禪者的分際。而憨山這一本體理念的更清楚展示，則見於〈觀老莊影響論〉「論行本」中，關於儒道聖人的定位問題。

（二）唯心識觀之實踐進程

於〈觀老莊影響論〉之「論行本」中，憨山又謂：

> 原夫即一心而現十界之像，是則四聖六凡，皆一心之影響也。……究論修進階差，實自人乘而立，是知人爲凡聖之本也。……由是觀之，捨人道無以立佛法，非佛法無以盡一心。是則佛法以人道爲鎡基，人道以佛法爲究竟。……嗟乎！吾人爲佛弟子，不知吾佛之心；處人間世，不知人倫之事。與之論佛法，則儱侗眞如、瞞頇佛性；與之論世法，則觸事面牆、幾如擣昧；與之論教乘，則曰枝葉耳，不足尚也；與之言六度，則曰菩薩之行，非吾所敢爲也；與之言四諦，則曰彼小乘耳，不足爲也；與之言四禪八定，則曰彼外道所習耳，何足齒也；與之言人道，則茫不知君臣父子之分、仁義禮智之行也。嗟乎！吾人不知何物也。然而好高慕遠，動以口耳爲借資，竟不知吾佛教人出世，以離欲之行爲第一也，故曰離欲寂靜最爲第一。以余生人道，不越人乘，故幼師孔子。以知人欲爲諸苦本，志離欲行，故少師老莊。以觀三界唯心、萬法唯識，知十界唯心之影響也，故歸命佛。〔註99〕

此處，憨山詳論其「唯心識觀」的形成歷程，亦即自孔儒之人道人倫始，進而取法於老莊、「志離欲行」；最後才匯歸「觀三界唯心、萬法唯識」，完成其「唯心識觀」。這一個歷程，有底下三種涵義：

第一、憨山說「余生人道，不越人乘」，主張「以人道爲鎡基」做爲佛法的根本。所以，舉凡一切工夫論意義之「修進階差」，都是從「人乘」而建立；至於「十界唯心之影響」所見之四聖六凡，也是以「人爲凡聖之本」。

第二、雖然人道人倫是佛法的基礎，學佛行者不能昧於「君臣父子之分、仁

〔註99〕《憨山大師全集》卷卅〈觀老莊影響論〉「論行本」，嘉興大藏經第廿二冊，頁646。

義禮智之行」，但憨山仍強調人乘必須「以佛法爲究竟」，才是終極的依止處。這裡可以清楚覺察到憨山將世間學之人乘包攝於其佛學底下的意圖。換言之，在憨山的觀念中，孔儒之人乘發展到究竟處，也是佛法。人乘，就現實型態上言雖非即佛法，卻有成爲佛法之潛能。

第三、同樣的觀念，也適用於老莊，甚或佛說之小乘、外道；憨山一律視其乃潛能型態之佛法。所以，他認爲行者應依平等心看待，不宜「好高慕遠，動以口耳爲借資」。而「三界唯心、萬法唯識」所依據的眞常信念，也與此平等觀彼此吻合。

承上所言，如果我們就三教之實行位序言，憨山當係以儒家之人乘爲基礎，再依「離人而入天」之老莊而進窺天乘，最後方以超越聖凡之佛乘爲終極歸依。不過，三教雖有人乘、天乘、佛乘工夫次序上的不同，在「唯心識觀」之中，卻有一種如同法華「三乘歸一」的結論，也就是：儒道佛三教，都被統收於「唯心識觀」的眞常「一」心之中，皆視同「一心之影響」。於是，「論行本」中所謂「幼師孔子」、「少師老莊」，乃至最後之「歸命佛」，就不單只是憨山對自己信仰生活的回顧，它亦同時對顯了「唯心識觀」的形成歷程與其含容三教的圓融廣度。而這整個運作的軸心，正是本體論！

此外，憨山對於「唯心識觀」之運用，本身亦極爲靈活，不僅用以統會三教，對於教內之楞嚴、法華諸思想等，都有十分明銳的闡示。

（三）依「唯心識觀」結合楞嚴與禪

憨山之楞嚴思想，具見於其《楞嚴通議》及《楞嚴通議補遺》二書。在《楞嚴通議補遺》卷首語中，憨山道出了他嘗試以「一心三觀」模型，作爲歸納楞嚴思想的企圖，他說：

> 首楞嚴一經，統收一代時教，迷悟修證因果，徑斷生死根本。發業潤生，二種無明名結生相續，頓破八識三分，故設三種妙觀，攝歸首楞嚴大定，是爲最上一乘圓頓法門，直顯一眞法界，如來藏性稱爲妙圓眞心，據此大定列爲三觀者，以如來藏有三種義：謂空如來藏、不空如來藏、空不空如來藏。由此藏性迷爲阿賴耶識變，起見相二分，藏性在識名自證分，由本性不染名曰淨識，爲證自證分。按論眞如、生滅二門，此證自證分，即是眞如，其自證分，即述中本覺，見分即指七轉識，相分即虛空四大，在外爲世界山河大地及五塵境，在內爲根身、爲有執受，五蘊之色受

二蘊見，即七識，意根即六意識，及前五識，與同時分別意識。今修楞嚴大定，端在直破八識。但此識體久迷，由相、見二分結爲五蘊根身及外世界五塵，爲分別俱生麤細我法二執。以執五蘊根身爲我執，貪外五塵爲我所受用，及計有所作爲法執。由此二執，纏綿生死。故今願破生死，先破二執，爲最初方便也。……是知此經，始終不出三觀，究竟不離一心耳。其經文雖未明言指歸，其於破顯之文，皎然明白，第流通者未之究耳！三觀者，經云奢摩他即當空觀，三摩即假觀，禪那即中道觀也。皆云妙者，意顯圓融三觀，妙契一心；舉一即三，言三即一，離即離非，迥出思議之表也。〔註100〕

憨山是將天台宗的空觀、假觀、中觀，統收於楞嚴所指「妙圓眞心」（即眞常自性）之內；並把楞嚴先驗本體所對的山河大地，理解成由我執、法執的作用所構成。這一步驟，其實就是援依於「唯心識觀」對於現象界的觀察理路，直接搭接在楞嚴的本體論上。可見，憨山處理楞嚴思想的重心，主要還是安置於「唯心識觀」的考慮上。

　　而楞嚴的本體論之所以特別爲禪者之憨山所倚重，關竅處仍繫乎「妙圓眞心」的「妙」與「圓」。剋實言之，楞嚴言「妙」，係就其實踐層面之回歸本體言妙；其言「圓」者，則指本體之能圓融兼收二端。此與「轉煩惱作菩提，轉生死作涅槃」的禪行，乃至《起信論》一心二門之體用觀，實恰成呼應。於〈答鄒南皋給諫〉文內，憨山即謂：

憂患人情皆本體也。非握至眞之符，又何能轉煩惱作菩提，轉生死作涅槃。從來學道人，皆在生死關頭，掉臂而過，前輩不能盡知；近年若羅近溪，則其人也。〔註101〕

陽明學泰州學派大將羅近溪，吸收了禪家的工夫，以「渾然順適，眼前即是」的禪者風格，一洗理學膚淺套括之氣，而獨現其清新俊逸。然而，羅近溪雖能知「憂患人情皆本體」，卻不能契會妙圓眞心，「握至眞之符」，令憨山有「生死關頭，掉臂而過」之深惜。所以，憨山對於時人求道者，往往直以《起信論》一心二門之本體理境答覆，並以「唯心識觀」深觀於「現前身心世界」，諄諄勉進時人，例如〈答鄭崑嚴中丞〉信文中，憨山就說：

〔註100〕見《憨山大師全集》卷廿七，嘉興大藏經廿二冊，頁632。
〔註101〕《憨山大師全集》卷八〈答鄒南皋給諫〉，嘉興大藏經廿二冊，頁473。

將自己現前身心世界一眼看透，全是自心中所現浮光幻影，如鏡中
像、如水中月；觀一切音聲，如風過樹觀一切境界，似雲浮空，都
是變幻不實的事。不獨從外如此，即自心妄想情慮、一切愛根種子、
習氣煩惱都是虛浮幻化不實的，如此深觀，凡一念起，決定就要勘
它個下落，切不可輕易放過，亦不可被它瞞昧。如此做工夫，稍近
真切。〔註102〕

此處，憨山就是鼓勵人將「唯心識觀」真正落實在「現前身心世界」中，深
觀「一切境界，似雲浮空，都是變幻不實」。並且把如此工夫做得更真切，轉
成看話禪的路數，認真地觀照每一個起心動念，「決定就要勘它個下落」，不
輕易放過。這是憨山順著本體論的通路，以「唯心識觀」為核心，實際付諸
日用現前之禪行的最好例示。

而仔細思索前文，亦不難得知：楞嚴對於本體之回歸要求，與其強調本
體圓收心物的特點，在憨山「唯心識觀」的線索中，均能給予肯認以及進一
步的意義深化，剋此而言，楞嚴與禪實可並行不悖、相得益彰。當然，憨山
引楞嚴入禪，就禪者的實際需求言，應原有其強調「教禪一致」的用心在，
不過，能就楞嚴與禪的共識處出發以深化禪學，憨山確有獨樹一幟之處；其
中，以真常色彩濃厚之「唯心識觀」深化楞嚴，尤是令人注目。

不惟楞嚴，即強調「三乘歸一」之法華思想，憨山也透過這一「唯心識
觀」之詮釋，將原指佛乘實諦的「一乘」，〔註103〕轉化成禪家的「自性」。

（四）以「唯心識觀」轉化一乘觀

憨山〈示蘄陽宗遠庵歸宗常公〉文中，對於法華的一乘觀，有相當深透
的解析，頗可看出他縕合法華與禪的功力，他說：

所云一乘者，乃一切眾生之本心，吾人日用現前知覺之自性也。以
此心性是一切聖凡之大本，故說為乘。乘者，是運載義，故曰三界
上下法，唯是一心作。除此心外無片事可得，即吾人日用六根門頭，
見聞不昧，了了常知，不被塵勞妄想之所遮障，光明普照，靈覺昭
然，即此一心，是佛境界，則運至於佛。若以此心廣行六度、攝化
眾生，不見有生可度，亦不見有佛可成；如是一心，即菩薩境界，

〔註102〕《憨山大師全集》卷一〈答鄭崑嚴中丞〉，嘉興大藏經廿二冊，頁385。
〔註103〕對於「一乘」原指佛乘實諦的論證，在蔡耀明〈佛陀教法三乘的分立與連貫〉
一文中，有相當深入的剖示。參見鵝湖170號P15～28。

則運至菩薩。……是故佛説三界唯心，除此一心，無片事可得，唯
此一事更無餘事，故説一乘。非此心外別有一法可説也，若心外有
法，是爲外道邪見，非正法也。若了此心，則知三賢十聖及一切眾
生，皆一心之影響。〔註104〕

這裡，憨山扣緊了「一乘者，乃一切眾生之本心，吾人日用現前知覺之自性
也」這一主題，反覆論陳法華一乘與禪家的本心覺性的同一性，他指出：佛
説的「三界唯心」，其唯心一説，其實也就是法華一乘之所指。所以，禪者只
要能「了此心」、體察「除此一心，無片事可得，唯此一事更無餘事」的道理，
便可算是通達法華的一乘教理了。

　　憨山此一見解，很明顯的是站在禪者觀心實修的立場下說的。換言之，憨
山並沒有實際照顧到法華一乘思想的原初經教主題，而僅僅只是透過本體論的
通路，抓取當下現證的一乘涵義。憨山所理解的一乘思想，其實就是徹底的唯
心識觀（「三界唯心，萬法唯識」）的觀念。所以，才會從法華的一乘教義內，
導出「三賢十聖及一切眾生，皆一心之影響」的特殊看法。如此視一切眾生不
過乃吾人一心之影響的看法，已見於〈觀老莊影響論〉文中，茲不另贅。

　　由於憨山是經由唯心識觀而吸納、轉化法華一乘思想的，所以，一乘實教
攝括三乘權法的涵義，亦自然被導入「三界唯心，萬法唯識」的理解脈絡之中，
易言之，憨山係將「一乘」體會成吾人之自性本體，「三乘」則是本體所對的駁
雜萬法；而這同樣的唯心識觀，憨山也貫徹於楞嚴與禪的接通介面上。可見，
掌握了本體論上的唯心識説，也就是掌握了憨山禪學的核心論題。當然，「三乘
歸一」的教理，也正是通過憨山此一心識説的提煉昇華，才成爲「治世語言資
生業等，皆順正法；以心外無法，故法法皆眞」如此強調體用一如的獨特禪解。
從這個角度來看，則法華的一乘説，恰如楞嚴之教理一般，不但已爲憨山體用
合一的唯心識觀所充分融攝，而且亦是憨山統會儒釋道三家的教理依據。

　　以上，我們順著憨山的本體論，逐一勘驗了各種不同之思想領域，可歸
納爲底下諸項結論：

　　首先，在第二節一、當中，我們透過憨山的《春秋左氏心法》、《大學綱目
決疑》以及相關文證，說明了憨山禪學與儒家思想的關係。我們發現，原本經
世意識濃厚的儒家哲學，在憨山本體性地轉化當中，都已內化爲其禪學的一部

〔註104〕憨山大師全集》卷一〈示蘄陽宗遠庵歸宗常公〉，嘉興大藏經廿二冊，頁408。

份；其中，尤以《大學綱目決疑》對「格物致知」的看法，最具代表性。

而第二節二、的思路，本文主要是依據憨山的〈觀老莊影響論〉、《道德經解》、《莊子內篇註》，逐層核驗於虛靜心為主體的道家境界型態。在思路的推展過程中，我們深刻體驗了憨山以真常自性立場消化老莊之用心。基本上，道家的「虛無大道」，也已全部被移渡轉化成真常心為樞紐的憨山自性禪學。

第二節三、裡面，吾人亦得知：憨山對於智顗定慧雙修、止觀並重的雙軌並行主張，是表示認同的。這一層面的見解，可以直接延伸到憨山對於惠能定慧觀以及宗杲看話禪的看法，具相當重要的意義。此外，憨山之「本體遍在」說，強調佛性（即「靈覺之性」）不是只具顯在人的身上，從先驗的賦性、天生的稟受衡觀，萬物與人一樣，都具有靈覺之佛性。所以在一個能徹見法性、佛性是一的行者眼底，不論行住坐臥、有情無情，都是無師不在、無入而不自得的，任何一事一物皆可以直接通向於明心見性、體用如一。所謂「貝葉無文，法身非有，萬壑松聲，作獅子吼」，正代表了憨山此一「本體遍在」說對於般若空性與真常本心充份融會。

而本文前已提挈澄觀「心、佛、眾生，三無差別」以及「生佛互在」與「凡聖不二」的華嚴義理，在第二節三、之（三）項之中，復通過憨山的禪學觀點加以證成。由是可知：憨山禪學與澄觀華嚴學的淵源關係，自始就是形影相隨的。二者之間雖然對於「心、佛、眾生，三無差別」同一理境的詮釋進路，可能有般若觀照之「破」與真常心之「立」的不同，但是在憨山的本體論當中，般若自性與真常自性其實都是本體的內容。所以，憨山自性禪學與澄觀華嚴學，實際上仍可相互印證而無相忤。

至於憨山對於淨土思想的本體論轉化，本文已先在上一章中臚述五祖弘忍的一行三昧、永明延壽的禪淨一體、以及雲棲蓮池的淨土法門，以形成一淨土思想的輪廓；在本章第二節四、之中，又通過憨山的「離念」說、「理事淨土」說以及對念佛法門的看法，加以逐一之勘驗。我們發現：憨山的確亦有禪淨雙修的主張，只是他強調的是以禪宗為第一順位，淨土仍將以「念佛即是參禪」的途徑，被轉化為禪學的一部份。而這種禪學的轉化，正是本體論的一種妙運！

另外，第二節五、裡，本文亦處理了憨山自性禪之「轉識成智」問題。自本體論的角度來看，由於憨山認同《楞伽》阿賴耶識與如來藏性「染淨一體」的看法，所以他不贊成在八識之外另立清淨識。如此一來，憨山的「轉

識成智」說，便與其明心見性的要求一致，由賴耶轉成如來藏自性清淨心，只是一種本體性的轉化而已。此一本體論之定見，若搭配以《起信論》的自性思想，即是造就憨山「唯心識觀」之重要理論基礎。

　　所以，在第二節六、當中，「唯心識觀」便水到渠成地，成爲憨山禪學本體論之核心論題。以憨山之「唯心識觀」言，「三教本來一理」，且不論任何一事、任何一法，皆「統屬一心」。而順著法身佛立場言「平等法界」，則不僅儒釋道三教聖人「本來一體」，即連事、理法界也都會轉化爲「無障無礙，是名爲佛」的海印三昧境界。可見憨山對於「唯心識觀」之詮釋，不是單單只從「三界唯心、萬法唯識」的意義出發，他也賦予了「唯心識觀」以「心」、「境」的兩重圓滿性格；就「心」言，係指回歸眞常自性本心言，就「境」言，則與華嚴平等圓融境界相侔。

　　其次，就「唯心識觀」的形成歷程言，亦即自孔儒之人道人倫始，進而取法於老莊、「志離欲行」；最後才匯歸「觀三界唯心、萬法唯識」，完成其「唯心識觀」。這一個歷程，強調了「以人道爲鎡基」做爲佛法的根本，因爲就現實型態上言雖非即佛法，卻有成爲佛法之潛能。由是可看出「唯心識觀」在憨山自性禪學中，具有圓融佛法與世學的核心地位。而就憨山之憑藉「唯心識觀」對楞嚴與法華的轉化觀之，憨山主要則是順著「唯心識觀」匯歸眞常自性的通路，以之詮釋佛教的各宗經教義學。換言之，對於憨山自性禪學思想言，「唯心識觀」一方面代表著歸攝「心」、「境」於本心自性的觀照模式，一方面也提供予「禪教一致」說（下一章將論及）以成立的基礎。

　　而從以上的歸納之中，實際上吾人亦已清楚察覺憨山禪學之本體論，實與其相伴而生之工夫論密不可分。當然，本章之所以要爲憨山之自性本體奠立理論基礎，除了論說上的需要外，主要目的也還是希望在這個基礎上，能進一步地延伸出呼應於本體論的實踐理念——即工夫論來。因爲，「眞正自我與圓滿的自我實現，就是自性成佛」，〔註105〕討論憨山自性禪之本體論，最終之歸趣，亦應是「自性成佛」。而成佛，自然不是無據的，下一章關於工夫論的探討，正可以引導吾人的思路，逐層深入憨山自性禪的另一重心。

〔註105〕參考佛日〈自我實現與自性成佛〉，見十方第 10 卷第 9、10 期合刊本，頁 55。大陸學者蒙培元《中國哲學主體思維》中，則將禪宗之「明心見性」歸併爲「自我反思型內向思維」，此與見性成佛之說是一致的。蒙文見該書第二章（五），頁 47。

第六章　憨山自性禪學的工夫論基礎
　　　　與核心論題

　　通過第五章的論述，我們已經勾勒出憨山自性禪學之本體論，在理論基礎以及動向發展的多元內涵。而承續前言，憨山本體論之發展，必終極地指涉到見性成佛的實現；然而，一入手就擒住自性本體，以見性成佛為終極徵向，這在禪宗傳統來看，固然十分精彩有力，但在知性理路上的考慮，卻很難如此。

　　何以故？因為，正如我們在提挈憨山自性禪學方法論時，所提到的「即本體即工夫」一般，在憨山禪學中，本體論並不是孤起的存在，如無工夫論的點潤，本體論根本不可能獨立存有。而且，如果我們漠視了憨山的工夫論，僅僅純依於理論概念來測量憨山的自性本體，也是一種抹殺其禪學的行動。甚至，更實際地說，如果沒有工夫論的實踐成份，則憨山禪學本體論所指涉的自性成佛，也都將空無所指，而全部淪失其意義。所以，為了貫徹憨山「即本體即工夫」的禪學立場，並為其本體論型塑一種動態之實踐義涵，我們將緊跟著將論題跨接到工夫論，豁顯憨山自性禪學之完整義涵。

　　而正如本體論一般，處理憨山之工夫論原始文獻，也將面臨著一些粗雜而不完整的零散論點，坦白說，憨山禪學之工夫論，比本體論更缺乏足夠形成系統的理論組織。但是，一樣基於本論文的學術取向，筆者將再度試著從憨山之工夫論特質裡，通過傳統佛教工夫論的穿針引線，架構出憨山禪學底層向來闇昧不明之工夫論基礎。這一工作，將在本章第一節當中，透過「憨山自性禪學之工夫論基礎」的闡述，加以完成。其次，在第二節的論述裡，

我們將特別針對工夫論當中幾個基要之「核心論題」，進行深入的剖視，希望這對於彰顯憨山自性禪學之工夫論，亦能提供正面有益的幫助。

依此安排，本文的進行，即首先從第一節部份開始。

第一節　憨山自性禪學之工夫論基礎

憨山在〈示鄧司直〉文中，曾說：

> 修行必以般若為本。般若，梵語，華言智慧。以此智慧乃吾人本有之佛性，又云自心，又云自性。此體本來無染，故曰清淨；本來不昧，故曰光明；本來廣大包容，故曰虛空；本來無妄，故曰一真；本來不動不變，故曰真如，又曰如如；本來圓滿、無所不照，故曰圓覺；本來寂滅，故曰涅槃。此在諸佛圓證，故稱為大覺，又曰菩提。諸佛用之，故為神通妙用，菩薩修之，名為妙行。二乘得之，名為解脫。凡夫迷之，則為妄想業識。〔註1〕

此處，憨山對於「般若」一詞，一方面直以「自心」、「自性」名之。一方面又藉「清淨」、「光明」、「虛空」、「一真」、「真如」、「如如」、「圓覺」、「涅槃」諸語形容它。由此便可看出：「般若」之涵義，絕不僅於「華言智慧」如此之單純。而接著憨山又指出：佛菩薩聖者因為證悟了自心自性，故而能起一切妙用妙行；凡夫之所以不能，皆係由於迷闇心性、般若成了「妄想業識」所致。

憨山這一段文字，至少提供了兩種理解「自心自性」的途徑，一是從自性本體進入，一是從實際之觀照工夫進入。而在憨山的自性禪論述中，這兩種途徑往往又是靈活運用、融合無間的。且正如進行前一章時本文所遭遇的困難一樣，憨山自性禪學的工夫論論點，實際上多為支離零散之作，並無周嚴之系統專論可循。因此，本章的詮釋重心，乃轉由其禪學論述之工夫背境，進行根源性的考察，期望亦藉此工夫論之溯本歸源，重新賦予憨山自性禪學之工夫論以完整周全的詮釋網絡。

（一）憨山自性禪學之工夫論特質

首先，我們可以從憨山著述中出現頻率最多之工夫見地部份，歸納成底下四項工夫論特質，為加強說明效果，每項均例列相關文證說明之：

〔註1〕《憨山大師全集》卷一〈示鄧司直〉，嘉興大藏經廿二冊，頁397。

1、境隨心轉之心境說

〈示優婆塞王伯選〉曰：

> 古人多稱塵勞中人，有志向上、求出生死，謂之火裡生蓮，以其眞
> 難得也。以一切眾生無量劫來，耽溺五欲，而爲煩惱火燒，日夜熾
> 然，未曾一念迴光、暫得清涼。直至如今，能於烈燄聚中，猛地回
> 頭，頓思出路，豈非蓮華生於火內！⋯⋯老人憐之，爲授五戒，開
> 示念佛法門，專心淨土。然此淨土，豈從外得耶？經（《維摩詰經》）
> 云心淨則佛土淨，以吾人自心是佛，唯心是土。淨穢不二、心佛一
> 如。如是觀察，作如是念。念念薰修，一心清淨、光明煥發，十方
> 佛土皎然在前，又何勞十萬億外別求妙麗乎？古德云生則決定生，
> 去則實不去；若達此旨，則日用塵勞，頭頭淨土、念念彌陀，不出
> 娑婆，頓生安養矣。〔註2〕

此處憨山是以「境隨心轉」的工夫論模式，將塵勞煩惱轉化成菩提智慧，並
以「一心清淨」轉化出國土之清淨。憨山在這種工夫論當中，很強調「唯心」
的地位，而此唯心又極具於般若空觀的任運、妙運之特性，故能「境隨心轉」、
無入而不自得。

2、本體與工夫之「體用不二」

〈示舒中安禪人住山〉文曰：

> 夫道不在山，而居山必先見道，見山忘道，山即障根；見道忘山，
> 觸目隨緣，無非是道。此古德名言，永嘉之諦訓也。子今志欲居山，
> 是見道而後居耶？是居之而後見道耶？若見道而後居，居則有住，
> 住則道非眞道。若欲居山而後見道，道本無住，住則道不在山也。
> 子將以何爲道？而又何所居也？子徒以山爲山，殊不知日用現前、
> 身心境界皆山也。〔註3〕

這段文字，重點在於說明實證本體之後（所謂「見道」），則「道」將無處不
在，「觸目隨緣，無非是道」，即所謂「體用不二」是也。此種「體用不二」
的工夫論特質，是以回歸自性爲實踐的核心，而且，它是眞實不妄的。〔註4〕

〔註2〕《憨山老人夢遊全集》卷二〈示優婆塞王伯選〉，嘉興大藏經廿二冊，頁747。
〔註3〕《憨山大師全集》卷一〈示舒中安禪人住山〉，嘉興大藏經廿二冊，頁393。
〔註4〕參見杜松柏〈禪宗的體用研究〉文：「禪宗言心言性，所顯示的本體歸於一致，
　　　且係以頓悟的正確方法而入道獲致，自係正確而無誤無偏。故而由體起用、
　　　體用不二。則其論用，亦必無誤無偏了。哲學家的言體用，多出自思議推論，

憨山之〈性箴〉又謂：

> 爾體圓明，爾形精奧。不動不遷，無相無貌。如水之濕，如火之燥，
> 萬化不移，名言不倒。去住來今、閒忙靜躁，卓爾獨存，是名真道。
> 〔註5〕

自性本體是「不動不遷，無相無貌」的，即使側身「去住來今、閒忙靜躁」
之叢脞萬法當中，自性依舊「卓爾獨存」。〈性箴〉可看出憨山體用一致說之
工夫論特質。

3、「定」學、「慧」學之並重

這個特質，是憨山著述中最常見的工夫論模式。所謂「定」是指「止」
的工夫，意謂止息分別思慮、不執不惑的定境；「慧」則是指依於自性本體的
般若觀照，乃依體起用之「觀」。而在憨山慣用之工夫論陳述中，既非先定後
慧，也不是先慧後定，憨山主張的是定慧同時。例如，〈示曹士居〉文曰：

> 凡民日用，不離見聞覺知，而聖人亦然。其用既同，而有聖凡之別
> 者，在知與不知之間耳。故曰：百姓日用而不知。學人復聖工夫，
> 只在日用不知處，求其固有之知。若見本有之知，則一切聲色貨利，
> 了然不被所惑。如是遇境逢緣、如鏡現像，無一物可動於中矣。此
> 入道之要門也。〔註6〕

在「了然不被所惑」、「無一物可動於中」之定境當中，即體即用，同時生起
「見本有之知」的觀慧。而且，一切的「見聞覺知」、「行住坐臥」，都貫徹了
這種定慧等持的觀行。所以，定慧並重。是憨山工夫論的一大特點。

4、強調「話頭」之參究

憨山除了上述三種工夫論特質外，另外又有一項相當常見的修行方式，
即「參」話頭。如〈示體具禪人〉曰：

> 趙州無字死生關，鐵壁銀山冷眼看；但向未生前覷破，自然不被舌
> 頭謾〔註7〕。

「趙州無字死生關」即指趙州和尚之「無」字公案，「但向未生前覷破」則是指

而所言之本體又人言人殊、人各異道；苟如其所言，將道為天下裂，無所依
從了。宋五子的不同道，朱陸的是非相攻，其故在此。所以，禪宗所建立的
體用觀，應是真實不妄的。」語見《中華佛學學報》第1期，頁242～243。
〔註5〕《憨山大師全集》卷廿一〈性箴〉，嘉興大藏經廿二冊，頁593。
〔註6〕《憨山大師全集》卷三〈示曹士居〉，嘉興大藏經廿二冊，頁412。
〔註7〕《憨山大師全集》卷廿二〈示體具禪人〉，嘉興大藏經廿二冊，頁604。

參此話頭，可以睹見吾人本來面目（亦即自性）。又〈寄示曹溪禪堂諸弟子〉曰：

> 當遵六祖開示慧明不思善、不思惡，如何是當下本來面目。公案蘊
> 在胸中，時時參究，久之，自有發明時節。〔註8〕

也是將惠能的「不思善、不思惡，如何是當下本來面目」一語，當成話頭「時時參究」，目的也是一樣，為了取證自性，最後達到見性成佛的目標。

上述四項特質，是憨山自性禪當中最矚目的四個工夫論特質。也是憨山實證自性的行動當中，最容易被吾人所擷取認知的工夫模式。只是，四者在憨山著述裡面，均往往只是信手隨拈，不具系統；而憨山又不曾為其工夫論專文著述、貞定任何的工夫論架構。底下，本文基於論述之需要，將嘗試依分別說的角度，重新還原憨山工夫論的基礎，以期朗現憨山自性禪學工夫之原貌。

（二）憨山自性禪學之工夫論架構

於是，在形構憨山禪學之工夫論基礎上，我們就可以分從四個部份進行解讀，一是《維摩詰所說經》（底下均簡稱《維摩經》）之「頓教不二法門」，二為僧肇《肇論》的工夫論，三是惠能之「無念、無住、無相」工夫與定慧等持，四則是大慧宗杲的「看話禪」。筆者以為這四者，一方面可以圓滿涵括憨山自性禪學之工夫論見解，一方面亦可與其禪學的本體論相互攝持結合，成為吾人理解憨山禪學核心的重要依據。

為何選擇《維摩經》來架構憨山之禪學工夫？本文根據的理由有四點：第一、本經與龍樹般若空觀可以相互承續，而且它所契證之境界乃無師不在、無入不自得的空性境界，憨山對此均有十分深刻的體驗。憨山有名的〈貝葉佛母贊〉，如果不從神蹟的層面去思考，則其工夫見地是源自於這樣的空性境界。第二、《維摩經》強調般若的實踐，必須要能回轉於俗諦世間以即俗見真，所以它有「煩惱即菩提」的洞見。此一洞見，則充份應證於憨山大部份的著作之中，甚至，憨山中年時期的流戍歲月，也是「煩惱即菩提」的一種工夫實踐。第三、憨山在晚明禪淨融會潮流當中，與蓮池之淨土法門的實踐工夫產生歧異（請參見前文），主要是因為他深受《維摩經》「心淨國土淨」的影響。而「心淨國土淨」的精神，與憨山憑藉般若之生命實感以觀照現前一念的禪行工夫，其實亦是一致的。第四、《維摩經》之主題乃在豁顯掃言歸默之不二境界，此與憨山反對知見求解、繞路說禪，強調實修實證的禪學性格，

〔註8〕《憨山老人夢遊全集》卷二〈寄示曹溪禪堂諸弟子〉，嘉興大藏經廿二冊，頁749。

是彼此符應的。所以，基於這四點考量，《維摩經》可視爲憨山自性禪學工夫論之後設動源。

其次，何以要透過《肇論》來凸顯憨山之工夫論。原因如下：第一、僧肇在〈不眞空論〉中，將「不動本際，爲諸法立處」體會爲一種「立處即眞」、「觸事而眞」的活動義，此一空有圓融、智境相契的工夫模式，正是發展憨山「有志於道者，當從日用中做」此一圓融禪行的主要依據。第二、在〈物不遷論〉裡，僧肇以「物」之刹那變異，說明在過去、現在、未來之動態時間發展中，不存在「物」的同一性，所謂「事各性住於一世」是。而憨山昔讀〈物不遷論〉，因梵志「吾似昔人非昔人」語，澈悟「諸法本無去來」之體用一如眞諦，〔註9〕即是憑恃於這種「性住於一世」之緣起觀照。所以，〈物不遷論〉的體用一如、乃至即動即靜之工夫模式，對於憨山禪學確有極爲相應的涵攝性。第三、在僧肇看來，〈般若無知論〉之工夫模式即是：破斥執取名相、概念的「惑取之知」，肯定無形相、無概念、無執取的「般若之知」。此一基本的工夫模式，則正好具現於憨山呵彈知見障礙，主張操修實證的禪行風格上。因此，運用《肇論》以闡示憨山自性禪學之工夫論，是十分貼切的進路。

另外，本章亦借用以惠能的三無工夫與定慧等持，基本的考量則是傳統之禪家思路。因爲自從神會南宗以來，惠能的思想便一直左右著中國禪學的脈動，雖然在憨山當時，一花五葉盛況早已不再、原來六祖之曹溪祖庭亦日見凋敝荒涼。但《六祖法寶壇經》卻仍然爲禪門的普遍讀物。而且，對於一個曾立志恢復曹溪祖庭如憨山者而言，惠能的影響力更是絕對性的。本章在這個部份，便將通過惠能「無相」、「無住」、「無念」之考察，以及「定慧均等」的說明，希圖建立一個能夠圓融解讀憨山自性禪學工夫論的通路。

最後，本章是安排以大慧宗杲的「看話禪」，做爲透視憨山工夫論之根據。宗杲是一個民族主義色彩濃烈的愛國禪僧，楊惠南先生稱其禪學乃是一種「強調不妨礙世俗生活，而且簡單易行」的禪法，而其特色即在於通過公案（主要是法演的「無」字公案）的參究，以臻至如同淨土持名念佛所達到的「一心不亂」目的。〔註10〕而楊白衣則以爲宗杲看話禪之本質，乃係儒家的「仁

〔註9〕見本文附錄之「青年時期」的敘述。
〔註10〕楊惠南先生〈看話禪與南宋主戰派之間的交涉〉文曰：「他（宗杲）所開展出來的看話禪，乃是一種強調不妨礙世俗生活，而且簡單易行的禪法。這種禪法的主要特色，是在採取古人所遺留下來的「現成公案」（例如「無」字公案），做爲教導弟子們的方便。像這種參究古人現成公案的禪法，和當時

義禮智信」之「學」，以及「格物忠恕」之「道」的結合；宗杲之禪風即是「有主體性、個性、積極性、倫理性的禪風」。〔註11〕憨山當時之晚明禪家，看話禪已儼然成為工夫實踐之普遍共法。所以，扣緊大慧宗杲的「看話禪」，憨山自性禪之工夫論真義，也就可以隨之掌握。

順著以上的構想，底下本文之進行，便首先由《維摩經》的頓教不二法門開始。

一、《維摩經》之頓教不二法門

憨山在〈化生儀軌〉中，對《維摩經》有如此之敘述：

> 佛說維摩一經，以淨名居士示現處俗，有妻子眷屬，假托問疾因緣，與文殊對談不二法門，以呵斥二乘，激發入俗度生之心。其教名為彈偏斥小、歎大褒圓，為不思議法門，以袪二乘狹劣之見。此乃吾佛深慈大悲，為小根人種種方便權巧，引入大乘之意也。〔註12〕

憨山將《維摩經》之不二法門，視如呵彈小乘、「引入大乘」的不思議法門，並以「入俗度生」、「歎大褒圓」理解不二境界。由此細予尋思，不難得知憨山偏重迴小向大、二諦圓融的詮釋風格。為了進一步廓清其原奧，底下本文的進行，擬重新回歸於《維摩經》般若「空」觀、逐步徵驗以「煩惱即菩提」、「心淨國土淨」以及「言說與默示」之理，希望藉此豁顯憨山自性禪工夫論的基礎。

（一）《維摩經》之般若「空」觀

在天台智顗的判教系統中，《維摩經》被納入方等時的範疇內。但事實上，憨山理解本經的立場，仍是透過空宗的思路而展開的，其實質的蘊涵，亦以禪修的實際體驗和解悟為主。所以，與其視它為方等時的經典，不如直接取其不二的頓教意義。唐代華嚴祖師賢首法藏於《華嚴一乘教義分齊章》卷二曾謂：

流行的淨土宗口唸「南無阿彌陀佛」，並沒有本質上的差別。淨土宗以一句佛號，試圖阻斷人們紛亂的思緒，以達到「一心不亂」的目的；而看話禪則是以古人的現成公案，試圖杜絕禪者雜沓的念頭，以臻於「明心見性」的禪境。二者手段儘管有異，目的卻是相同。」語見《中華佛學學報》第7期，頁209。

〔註11〕楊白衣〈看話禪之研究〉文曰：大慧禪的本質，是以儒家的「仁義禮智信」之「學」，加以「格物忠恕」之「道」，而主張「性即道」的。……這一宗教熱誠，演成主戰論者的救國佛教，而開拓了有主體性、個性、積極性、倫理性的禪風。（語見《華岡佛學學報》第4期，頁21）

〔註12〕《憨山大師全集》卷卅二〈化生儀軌〉，頁657。

> 頓者，言說頓絕，理性頓顯，解行頓成。……以一切法本來自正，
>
> 不待言說，不待觀智，如《淨名》以默顯不二。〔註13〕

由此不難得知法藏將本經的義理核心「不二法門」，理解之爲頓教，原是順著本經般若的路向而領會；而事實亦證明依此基本定向確可見出《維摩經》的全幅輪廓。

前述龍樹自性思想嘗提及，凡是需要通過條件因緣的聚集縮結才能存在的，站在眞理實相立場觀之，它們都沒有絕對的自性；而這也正是龍樹所亟欲揮斥的，龍樹說「眾因緣生法，我說即是空」，〔註14〕便是順著自性絕待的語脈，所進行的抉斷。《維摩經》義理之表達，也是承此「空」的脈絡展開，例如〈觀眾生品〉中，有一則尊者舍利弗與天女的對話，就運用了文學性的描寫生動地傳達「空」的思想：

> 舍利弗言：「汝何以不轉女身？」天曰：「我從十二年來，求女人相
>
> 不可得，當何所轉？譬如幻師化作幻女；若有人問，何以不轉女身，
>
> 是人爲正問否？」舍利弗言：「否也。幻無定相，當何所轉？」天曰：
>
> 「一切諸法，亦復如是，無有定相。云何乃問不轉女身！」

即時天女以神通力，變舍利弗令如天女，天自化身如舍利弗。而問言：「何以不轉女身？」舍利弗以天女像而答言：「我今不知何轉而變爲女身！」天曰：「舍利弗，若能轉此女身，則一切女人亦當能轉。如舍利弗非女而現女身，一切女人亦復如是，雖現女身而非女也。是故佛說一切佛法，非男非女。」

> 即是天女還攝神力，舍利弗身還復如故。天問舍利弗：「女身色相，今何所在？」舍利弗言：「女身色相，無在無不在。」天曰：「一切諸法，亦復如是，無在無不在。夫無在無不在，佛所說也。」〔註15〕

對話之中，天女對「女身」作了戲劇性的變化轉易，用意不在撥弄神通，而是希望藉此發掘出諸法無自性而「幻無定相」的眞諦，並順勢轉出般若空「無在無不在」的無執超越性格。而實際上，亦唯有在個體心靈不受任何概念知性黏滯的情況下，這種性格才能眞正被體現。關於這一點，我們在《維摩經》內，隨處皆可汲取印證，其中，「天女散華」一喻，尤屬犖犖大者，〈觀眾生品〉謂：

〔註13〕《華嚴一乘教義分齊章》卷二，嘉興大藏經第五冊，頁562。
〔註14〕《中論》卷四，磧砂大藏經第十六冊，頁59。
〔註15〕底下引文見嘉興大藏經第九冊《維摩詰所說經》(姚秦鳩摩羅什譯本)，頁331。

> 時維摩詰室，有一天女，見諸天人聞所說法，便現其身，即以天華
> 散諸菩薩、大弟子上。華至諸菩薩，即皆墮落；至大弟子，便著不
> 墮，一切弟子神力去華，不能令去。爾時天問舍利弗：「何故去華？」
> 答曰：「此華不如法，是以去之。」天曰：「勿謂此華爲不如法。所
> 以者何？是華無所分別，仁者自生分別想耳。若於佛法出家，有所
> 分別，爲不如法；若無所分別，是則如法。」〔註16〕

對於天華的供養，可以因爲個體心靈的是否執著，而決定出兩種截然不同的
態度。舍利弗等人，由於受到心思分別執著的拘蔽，無法跨升到菩薩們「無
所分別」的境界，因此天華的供養，對他們來說，不僅不是一椿雅事，甚且
成爲一個既難纏又窘困的問題，所謂「一切弟子神力去華，不能令去」者，
明白托顯出這些大弟子們無法面對、又不知如何化解的窘態（這些情形，在
不起分別想的菩薩身上，自然不會發生）。

這些示例，很明顯地傳送一種訊息，那就是：障礙著我們進入空性世界
的最大阻力，原非來自外面，因爲最大的阻力，正來自於我們心靈的沉滯與
執著。這同樣的原理，具見於憨山〈貝葉佛母贊〉中：

> 佛體如空，無處不容，牆壁瓦礫，達之者通。秋水澄澄、朝霞燦燦，
> 影落波心、光浮繁練，識之不見，見之不識。翳目空華、太虛鳥跡。
> 貝葉無文，法身非有，萬壑松聲，作獅子吼。碧眼鬚腮，維摩病骨，
> 漏逗形骸，分明眉目。〔註17〕

一個能見「佛體如空」的行者，不論行住坐臥、有情無情，都是「分明眉目」、
明心見性的。所謂「貝葉無文，法身非有，萬壑松聲，作獅子吼」，正說明見
性者無師不在、無入而不自得的觀照妙境。

（二）煩惱即菩提

當然，《維摩經》所提示的意義，也絕不是一種靜穆的觀照，般若思想的
實際活動，必然要回到現行世界裡，以「煩惱即菩提」的姿態，來兌現其對
人間的肯定與關懷。本經〈文殊師利問疾品〉曰：

> 維摩詰言：以一切眾生病，是故我病。若一切眾生得不病者，則我
> 病滅。所以者何？菩薩爲眾生故，入生死；有生死，則有病。〔註18〕

〔註16〕嘉興大藏經第九冊《維摩詰所說經》，頁331。
〔註17〕《憨山大師全集》卷十九〈貝葉佛母贊〉，嘉興大藏經第廿二冊，頁571。
〔註18〕嘉興大藏經第九冊《維摩詰所說經》，頁329。

又〈佛道品〉謂：

> 一切煩惱為如來種。譬如不下巨海，不能得無價寶珠，如是不入煩
> 惱大海，則不能得一切智寶。〔註19〕

菩薩之所以生病、入於生死，真正的原因，是在於大悲心，所謂「菩薩為眾生故，入生死」者是；隨此義理之深化，可以推知的是：般若的觀照與悲心的共同彰顯，實質上便是「煩惱即菩提」一義背後的實踐動源與圓融範式。順此範式以觀，則「煩惱即菩提」當不僅只是一空性的活動，亦且富含著般若獨特的道德關懷。而這一理念，正足以構成「一切煩惱為如來種」的根本體驗型態。日人鎌田茂雄《沉默的教義──維摩經》一書中，便曾說：

> 《維摩經》能將大乘佛教的根本原理，很明白地表現出來；這個根
> 本原理，也就是「煩惱即菩提」，在《維摩經》裡稱之為「不二法
> 門」。……就《維摩經》的不二觀來說，它是以現實為前提，從人生
> 當中揀拾話題來討論的高層次世界觀。〔註20〕

可見《維摩經》「煩惱即菩提」的不二境界，不但正面成全了現行世界的意義，而且也賦予「空」義更自由充沛的活動空間。所以，憨山〈苦熱行〉偈，便如此微妙地道出真俗二諦的弔詭圓融：

> 人世苦炎熱，余心何清涼；直以無可觸，故能安如常。〔註21〕

此詩寫於憨山遣戍嶺南之際，時憨山以弘法而蒙難，正可謂「人世苦炎熱」者，然而他仍不廢失於弘渡悲願與般若智慧，因此能無所觸於煩惱，直顯自性覺悟之菩提。其所謂「何清涼」、「安如常」，正是奠基於此一悲智雙運下的必然觀行。

　　不過，單就「煩惱即菩提」表層的語言構造言，我們還是必須澄清一點，那就是：「煩惱」與「菩提」兩者，仍不是一種平行的並列關係。究實言之，煩惱終是煩惱、菩提亦終是菩提，兩者的意義範疇與價值層次，並不等同；它們之間之所以能「即」，實際上是通過心靈的轉化而來。此處我們就必須對「心淨國土淨」的原則有所洞察，方能在「煩惱即菩提」的理念中有如實的感應。

　　（三）心淨國土淨

　　關於這一點，《維摩經》〈佛國品〉中，有一段經文可以參考：

〔註19〕嘉興大藏經第九冊《維摩詰所說經》，頁333。

〔註20〕見該書P8～9。

〔註21〕《憨山大師全集》卷卅五〈苦熱行〉，嘉興大藏經，頁669。

> 舍利弗言：「我見此土，丘陵坑坎，荊棘砂礫，土石諸山，穢惡充滿。」
>
> 螺髻梵王言：「仁者心有高下，不依佛慧，故見此土為不淨耳。舍利
> 弗！菩薩於一切眾生悉皆平等，深心清淨，依佛智慧，則能見此佛
> 土清淨。」於是佛以足指按地，即時三千大千世界，若干百千珍寶
> 嚴飾，譬如寶莊嚴佛，無量功德寶莊嚴土。一切大眾，歎未曾有，
> 而皆自見坐寶蓮華。〔註22〕

這裡所謂的「於一切眾生悉皆平等，深心清淨」，其實仍是安立在般若空慧的
觀照上立說。而螺髻梵王對舍利弗的批評，「心有高下，不依佛慧，故見此土
為不淨」，則明顯還是對人類心靈內部的分別計執的揮斥。易言之，實際決定
外在世界清淨與否的最根本力量，仍繫屬於我們自己的心靈。如果我們企望
一個清淨的世界，首須進行的，便是先洗滌我們心靈中的黑暗與染污，跨越
原本圍限自己的思想和觀念。唯有如此，「佛土清淨」才是一個可完成而有意
義的境界。同樣的，「煩惱即菩提」所反映的義理，也要以般若的實際觀行，
作為工夫之進路，才能有真實的體會。在本經〈弟子品〉，維摩詰有「不捨道
法而現凡夫事」及「雖成就一切法，而離諸法相」語，便是這一實諦精神的
體現。此在憨山自性禪學之中，即是觀照「現前」一念的工夫，在〈示新安
仰山本源覺禪人〉中，憨山言：

> 十法界聖凡因果，皆一心之影像。……若達唯心法門，則一切染淨
> 因果，皆即現前念念轉變。故曰心淨則佛土淨。〔註23〕

所有的四聖六凡境界，皆視若「一心之影像」；禪修工夫也自然以觀照現前一
念為核心。憨山認為心淨土淨的境界，仍純然須賴由現前生命的實感去領受
才可以，若單循於理論言說之路，並不容易觸及。如是，則又轉入《維摩經》
「言說與默示」的問題。在〈入不二法門品〉的經文中，維摩詰便以極直截
了當的態度，處理這個問題，其謂：

> 於是文殊師利問維摩詰：「我等各自說已，仁者當說，何等是菩薩入
> 不二法門？」時維摩詰默然無言。文殊師利歎曰：「善哉！善哉！乃
> 至無有文字語言，是真入不二法門。」〔註24〕

〔註22〕　嘉興大藏經第九冊《維摩詰所說經》，頁 323。
〔註23〕　《憨山老人夢遊全集》卷五〈示新安仰山本源覺禪人〉，嘉興大藏經第廿二冊，
　　　　　頁 787。
〔註24〕　嘉興大藏經第九冊《維摩詰所說經》，頁 336。

在維摩詰言，不二境界的呈現，原即是觀照心活動下的表達；根本上就不是一套理論或觀念能夠摹畫的，更何況在吾人心中，亦有許多理論、觀念無法說明的部份。因此，維摩詰寧可讓所有菩薩全部皆發言，亦不肯打破緘默。維摩詰的沉默，並不是停止了表達，反而這種沉默還是一個說明無限的沉默，所謂「一默一聲雷」；在空性的活動裡，這是很能相應般若生命內部自然要求的一種姿態。唐君毅於《中國哲學原論～導論篇》中曾說：

如《維摩經》言入不二法門，亦須先列諸菩薩於入不二法門之諸說既盡，然後有維摩詰之默然無言，以此見無言，即所以入不二法門者。〔註25〕

可見維摩詰之掃言歸默，本身也是一種不二義理的表達。透過此一默教，反倒更能單刀直入地契證空性、直取本心實相。〔註26〕而這與憨山反對憑藉知見繞路說禪、強調實修實證的禪學性格言，恰相符應。

歸納前述，吾人可清楚看出：憨山對於《維摩經》之義理掌握，無論就般若空觀言，或就煩惱、菩提之相即，乃至心淨土淨之見解言，都與其歸復本心自性的方向密切呼應。而維摩詰掃言歸默的實踐性格，亦充份見證於憨山強調現量修證的具體行動上。所以，《維摩經》的不二法門，在憨山自性禪學工夫論上言，確是舉足輕重的動源。

此外，依據憨山自述年譜云，《肇論》之「旋嵐偃嶽」旨，亦曾令青年憨山有數次開悟之經驗（見本文附錄第二節「青年時期」）。如是，則僧肇《肇論》中所寓含之工夫論，亦當為吾人所關心。底下，即試作《肇論》工夫論之剖析。

二、《肇論》之工夫論

僧肇（374～414）生當魏晉玄學盛行之世，又親炙於精通般若空宗的鳩摩羅什門下，故而其《肇論》具有濃厚之玄學與空宗色彩。值得一提的是：《肇論》是格義佛教時期，第一個以龍樹般若學綜觀六家七宗與魏晉玄學的系統之作。慧皎《高僧傳》卷六載，僧肇〈般若無知論〉文發表問世之後，乃師

〔註25〕見《導論篇》，頁216。
〔註26〕何曼盈〈維摩詰經之般若智慧〉也強調：「若要了悟實相世界，便不能依賴名言概念之說明闡析，只有透過實修實證，才能真正了悟實相。」語見鵝湖237號P14。

鳩摩羅什讀之，曾有「吾解不謝子，辭當相挹」之絕讚，〔註27〕而後起之嘉祥吉藏三論宗亦推崇僧肇、奉爲空宗正統，足證僧肇《肇論》確能把握龍樹般若思想之眞精神。底下，剋就《肇論》〈不眞空論〉、〈物不遷論〉、〈般若無知論〉之工夫論內涵，逐一臚述。

（一）統攝有無、智境相契的般若觀照

僧肇在〈不眞空論〉中，曾歸納魏晉以來談論般若學之六家七宗〔註28〕爲三派，即：心無宗、即色宗、本無宗，並作如下之評述：

> 心無者，無心於萬物，萬物未嘗無；此得在於神靜，失在於物虛。即色者，明色不自色，故雖色而非色也。夫言色者，但當色即色，豈待色色而後爲色哉？此直語色不自色，未領色之非色也。本無者，情尚於無，多觸言以賓無。故非有，有即無；非無，無即無。尋夫立文之本旨者，直以非有非眞有，非無非眞無耳；何必非有無？此有非無，無彼無此，直好無之談！豈謂順通事實、即物之情哉！〔註29〕

依據僧肇之分析，心無宗、即色宗、本無宗都各有所蔽而偏離於龍樹中觀，其說可整理如后：

第一、心無宗面對的主題，是以「心」與「萬物」的虛實關係爲中心，它主張「心無者，無心於萬物，萬物未嘗無」。足見心無宗目的在於跳離萬物的牽絆，觀吾人之心體爲虛，以求「神靜」；至於萬物，則概以現實存有視之。這是「空心不空色」的理論。僧肇認爲心無宗「得在於神靜，失在於物虛」，就是指出心無宗雖能以虛靜觀心，卻不能透視萬法緣起性空的本相。

第二、即色宗理論，是針對色法的空無自性而發揮，所謂「即色者，明色不自色，故雖色而非色也」。本來，如果依緣起性空角度來看，即色宗的主張確亦吻合緣起「空」之所指；然而，浮濫執守「眞空」的層面，完全漠視萬法「妙有」的實諦，對於「當色即色」的眞理未能顧及，

〔註27〕梁慧皎《高僧傳》卷六，磧砂大藏經第卅冊，頁602。
〔註28〕依李潤生《僧肇》第一、二章之歸納，六家七宗確可如僧肇說，分爲三組：一、主張「心無色有」：「空心不空色」，以「心無宗」爲代表。二、主張「色無心有」：「空色不空心」，以「即色宗」爲代表，兼攝「識含」、「幻化」、「緣會」。三、主張「心色俱無」：把一切回歸到宇宙的本體中去，以「本無宗」爲代表，兼攝「本無異宗」。
〔註29〕《肇論》卷上〈不眞空論〉第二，嘉興大藏經廿冊，頁261。

此與龍樹空有圓融的中道精神，其實並不相應，故仍為僧肇所破。僧肇言「直語色不自色，未領色之非色」，正是立足在中道的觀照下，所作出的批判。

第三、本無宗的主要理論特色，即是「好無」，對於所知境的理解，不論有相、無相，一律將之歸入「無」的性空教義之中（所謂「多觸言以賓無。故非有，有即無；非無，無即無」是）。就龍樹自性空角度衡觀，雖亦有析法入空的「無」之涵義，卻不是童騃式地「有即無」與「無即無」、一昧拘溺以「無」。所以，僧肇批評本無宗未能「順通事實、即物之情」，它與般若中觀雙即雙遣、圓融真俗二造的精神，還是有相當大的距離。

可見在僧肇的理解中，心無、即色、本無三宗對於現象萬法的看法，或執為有、或執為無，或歸入性空之「無」，都各有偏至，亦各有其弊端。在這樣的對照之下，〈不真空論〉的題旨，便緊隨著僧肇之推論而浮現，僧肇曰：

> 然則萬法果有其所以不有，不可得而有；有其所以不無，不可得而無。何則？欲言其有，有非真生；欲言其無，事象既形。象形不即無。非真非實有。然則不真空義，顯於茲矣。〔註30〕

「象形不即無。非真非實有」、統攝有無、雙非遮詮、否定二造而直趨中道，代表僧肇對於龍樹般若學的圓融體會，〔註31〕據慧達《肇論疏》言，僧肇此一「不真空義」，原可作「理」、「事」兩種解釋：

> 此不真空名，所作兩釋：一云世法不真，體性自空；一云俗法浮偽，遣偽之空，亦非真空，名不真空。若以俗空名不真者，般若之空，應名真空。〔註32〕

就「理」上言，不真空係指「世法『不真』，體性自『空』」；〔註33〕就「事」上言，類如心無、即色、本無之遣偽俗法，不能契應於般若之「真空」，故而破斥三宗之說，亦名不真空。前者是從世諦之存有論範疇，言世間緣起法的

〔註30〕《肇論》卷上〈不真空論〉第二，嘉興大藏經廿冊，頁262。

〔註31〕蔡纓勳《僧肇般若思想之研究——以「不真空論」為主要依據》也認為：僧肇「不真故空」，意謂一切萬法不真，不真故空。其實只是般若三論「緣起性空」，在語句上之轉換而已。（語見該文P164。）

〔註32〕見《卍續大藏經第一百五十冊》，頁858。

〔註33〕湯錫予認為〈不真空論〉是談「體」之作，很明顯只從「理」的層面立言。詳見湯著《漢魏兩晉南北朝佛教史》第二分第十章，頁337。

不眞實與自性空；後者則是就聖諦之般若眞空，對照出三宗「遣僞之空」的不眞空。〔註34〕而這「理」、「事」二種解釋的兩相鬥合，僧肇〈不眞空〉之工夫論，便因之清晰可見：

> 故經云：甚奇世尊！不動本際，爲諸法立處。非離眞而立處，立處即眞也。然則道遠乎哉？觸事而眞。聖遠乎哉？體之即神。〔註35〕

僧肇將「不動本際，爲諸法立處」體會爲一種「立處即眞」、「觸事而眞」的活動義，此實際上乃指出：人本來就活在無師不在的空性中，無論何時都隨處可即俗見眞；般若之道原來就孳息於我們的生活四周。〔註36〕而且，僧肇亦認爲，般若工夫唯有透過二諦的圓融接會，其工夫之呈現才是有意義的，他連問「道遠乎哉」、「聖遠乎哉」二語，即表明此一般若的超越活動乃不離於現象萬法，〔註37〕境智相契。如此的工夫路數，在憨山著述中，可謂屢見不鮮，〈示歐嘉可〉文裡，憨山即曰：

> 語曰：人莫不飲食也，鮮能知味也。此言道在日用至近，而知之者希。古人謂除卻著衣吃飯，更無別事，是則古今兩間之內，被穿衣吃飯瞞昧者多矣。儻不爲其所瞞，則稱豪傑之士矣。學道之士，不必向外別求玄妙，苟於日用一切境界，不被所瞞。從著衣吃飯處，一眼看破，便是眞實向上工夫。有志於道者，當從日用中做。〔註38〕

〔註34〕劉貴傑先生則以爲僧肇此一論見，乃是魏晉玄學關於本末（本末，係套用王弼『崇本息末』之本末義涵）看法的總結，語見劉貴傑先生〈僧肇思想之背景及其淵源〉，中華佛學學報第 1 期，頁 116。

〔註35〕《肇論》卷上〈不眞空論〉第二，嘉興大藏經廿冊，頁 262。

〔註36〕祝平一〈從「肇論」「壇經」論大乘空宗、禪宗的神祕主義：兼論道默林對大乘禪宗神祕主義的構思〉一文，則指出道默林（Dumoulin）試圖通過神祕主義來闡述「悟」的問題，道默林認爲禪宗的開悟經驗並非來自經驗性的體證，經驗性的體證只有在一神論中「在精神性自我接觸到絕對者的領域時」，才能感覺到。這種看法，筆者並不認同，故本文未予引用。請參見鵝湖 166 號 P30～35。

〔註37〕故而就僧肇思路言，現象萬法實乃與我爲一體者，筆者曾以僧肇此一體用問題求教於業師林顯庭先生，林師則以爲：僧肇之體用論，更精確地說，應是「即『用』顯體」之說；也就是說，僧肇雖可以體用一如說涵蓋之，但工夫之實際，卻是在「用」上面著手。劉貴傑先生〈僧肇思想之基礎〉文亦指出：「以僧肇言，不僅物物相異而互不相悖，且其最終乃是「物我俱一」、「物我同根」——主客冥合、不相妨礙之圓融境地。」這種主客冥合、不相妨礙之圓融境地，是透過般若在「用」上面之超越活動而完成的。劉語見《華岡佛學學報》第 8 期，頁 333。

〔註38〕《憨山大師全集》卷一〈示歐嘉可〉，嘉興大藏經廿二冊，頁 400。

「穿衣吃飯」，單就世諦言，原是日用生活中事，一般人往往就在這緣起序列之中沉浮庸碌一生。然而，在聖俗二諦圓融的層面上，經由般若真空的觀照（「智」），此日用生活中事（「境」），卻可立即被轉化成「真實向上工夫」的智境相契活動。是可知：「不真」之日用一切境界，在般若觀行「觸事而真」的活動底下，確可被賦予即俗見真的實踐內涵。憨山所謂「有志於道者，當從日用中做」的圓融禪行，正是僧肇此一智境相契工夫的最好示例。

而前引憨山《年譜》言，萬曆二年憨山嘗有〈物不遷論〉之妙悟，此已涉入《肇論》不二相即之體用論，底下續依〈物不遷論〉觀之。

（二）即動即靜、不二相即之體用論

僧肇〈物不遷論〉卷頭語曰：

> 夫生死交謝、寒暑迭遷、有物流動，人之常情。余則謂之不然。何者？放光云：法無去來、無動轉者。尋夫不動之作，豈釋動以求靜，必求靜於諸動？必求靜於諸動，故雖動而常靜。不釋動以求靜，故雖靜而不離動。然則動靜未始異。〔註39〕

僧肇以為：一般人從「生死交謝、寒暑迭遷」的變化之中，直接衍生的「有物流動」之見解，並沒有看到現象萬法的真相。僧肇此處指出，狀態當中的「動」相與「靜」相，實際上根本沒有獨立存在的可能，他抱持的理由十分簡單：「動」與「靜」原來就是一個「動靜未始異」之整體的兩種分說；換言之，在談論「動」時，同時也是「雖動而常靜」，而在談論「靜」時，也有「雖靜而不離動」的兼攝。於僧肇言，「動」與「靜」，恰如龍樹遮遣相對法的結論一樣，是動靜不二、即動即靜的。而這不二相即的觀照，正是〈物不遷論〉工夫實踐的核心。

為進一步證成此一工夫模式，僧肇又推出「事各性住於一世」的論點，以剎那暫住的獨特時間觀，通說現象界的一切法，其說如下：

> 1、求向物於向，於向未嘗無；責向物於今，於今未嘗有。於今未嘗有，以明物不來；於向未嘗無，故知物不去。覆而求今，今亦不往；是謂昔物自在昔，不從今以至昔，今物自在今，不從昔以至今。故仲尼曰：回也，見新交臂非故。如此則物不相往來明矣。
> 〔註40〕

〔註39〕《肇論》卷上〈物不遷論〉第一，嘉興大藏經廿冊，頁260。

〔註40〕《肇論》卷上〈物不遷論〉第一，嘉興大藏經廿冊，頁260。

2、人則求古於今，謂其不住，吾則求今於古，知其不去。今若至
　　古，古應有今；古若至今，今應有古。今而無古，以知不來；
　　古而無今，以知不去。若古不至今，今亦不至古，事各性住於
　　一世，有何物而可去來？〔註41〕

在1、之中，僧肇以「物」之刹那變異，說明在過去、現在、未來之動態時間發展中，不存在「物」的同一性。所謂「昔物自在昔，不從今以至昔，今物自在今，不從昔以至今」，就是說明現象界中一切「物」，隨時均處於新新不停的變化當中，過現末三世序列中看似不起變化的「物」，其實早已不是同一物。所以，現象萬法的存在，在僧肇看來，是以「性住於一世」之瞬息暫住狀態而被肯定；2、之中，僧肇便以「性住於一世」之瞬息暫住狀態，說明「物」之無去來相，所謂「古不至今，今亦不至古，事各性住於一世，有何物而可去來」者是。

　　既然現象萬法的存在，只是「性住於一世」之瞬息暫住狀態，則不僅今古、去來不相對，前述「動」相、「靜」相不二相即之理，亦因以獲得更充足的成立理由。所以，在狀態中，物之去來相不可得；時間中，過現末亦不存在同一物之遷動，「物不遷」的論旨遂得以確立。

　　憨山對於僧肇〈物不遷論〉的論旨，初由「旋嵐偃嶽」義進入，最後以「諸法本無去來」發悟，底下據引《年譜》萬曆二年條如左：

　　　向於不遷論「旋嵐偃嶽」之旨不明，切懷疑久矣。今及之猶罔然，
　　　至「梵志出家，白首而歸。鄰人見之曰：昔人猶在耶？志曰：吾似
　　　昔人非昔人也」，恍然了悟曰：信乎，諸法本無去來也！即下禪床禮
　　　佛，則無起動相；揭簾立階前，忽風吹庭樹，飛葉滿空，則了無動
　　　相；曰此旋嵐偃嶽而常靜也。至後出遺，則了無流相；曰此江河注
　　　而不流也。於是生來死去之疑，從此冰釋！乃有偈曰：死生晝夜，
　　　水流花謝，今日乃知鼻孔向下。〔註42〕

憨山此處論及狀態之「動靜」、「去來」以及時間的「今昔」，全屬現象界內的事物，亦皆具僧肇所謂「性住於一世」之瞬息暫住特質。值得注意的是：憨山因梵志「吾似昔人非昔人」語，澈悟「諸法本無去來」之真諦，除了憑恃於「性住於一世」之緣起觀照外，他同時又返照於現象萬法，提出「死生晝

〔註41〕《肇論》卷上〈物不遷論〉第一，嘉興大藏經廿冊，頁260。
〔註42〕見《憨山老人年譜自敘實錄》卷上，嘉興大藏經第廿二冊，頁803。

夜，水流花謝，今日乃知鼻孔向下」的見地。這一返照安立俗諦萬法的回向
特點，亦見諸僧肇〈不眞空論〉中：

> 是以聖人乘眞心而理順，則無滯而不通；審一氣以觀化，故所遇而
> 順適。——乘千化而不變，履萬惑而常通者，以其即萬物之自虛，
> 不假虛而虛物也。〔註43〕

僧肇雖以萬物之「不遷」破「遷」，但對於現存有相境之之功能、作用乃至影
響力等，卻未加以否定。也就是說，在般若聖心的充份觀照之下，現象界當
中的「物」，僅是「自性」的觀空（即「萬物之自虛」所謂），它的實存事實
（尤其是作用與影響力），仍不宜遽以虛化。所以，僧肇對於現象界，方有「不
假虛而虛物」的正面肯定。而「即萬物之自虛，不假虛而虛物」，正代表《肇
論》亦爲有破有「立」之作，此與龍樹不二相即之中道精神是相應的。憨山
之開悟偈，所謂「死生畫夜，水流花謝，今日乃知鼻孔向下」者，既明瞭萬
法無去來相，亦同時兼收眞俗二諦，也是此一中道境界的描繪。

而藉由上述即動即靜、不二相即的信念，可斷定僧肇乃係主張即體即用
之體用一如說者。這一體用論，同時亦爲憨山所接受，宏觀憨山禪學思想，
體用一如的色彩可謂十分鮮明。所以，《肇論》對於憨山禪學之影響程度，確
實不容輕忽！

（三）諦觀無相眞諦之般若工夫

此外，僧肇〈般若無知論〉中，還透過般若智的活動情況，分析了有形
相、有名言概念之「惑取之知」與虛心實照、萬法平等之「般若之知」的不
同，僧肇曰：

> 夫有所知，則有所不知。以聖心無知，故無所不知，不知之知，乃
> 曰一切知。故經云：聖心無所知，無所不知。信矣！是以聖人虛其
> 心而實其照，終日知而未嘗知也。故能默耀韜光、虛心玄鑒、閉智
> 塞聰而獨覺冥冥者矣。……經云般若清淨者。將無以般若體性眞淨，
> 本無惑取之知。本無惑取之知，不可以知名哉。豈唯無知名無知，
> 知自無知矣。是以聖人以無知之般若，照彼無相之眞諦。眞諦無兔
> 馬之遺，般若無不窮之鑒。所以會而不差、當而無是，寂怕無知而
> 無不知者矣。〔註44〕

〔註43〕《肇論》卷上〈不眞空論〉第一，嘉興大藏經廿冊，頁261～262。
〔註44〕《肇論》卷中〈般若無知論〉第三，嘉興大藏經廿冊，頁262～263。

僧肇認爲依「惑取之知」而建立的認識論，只能界定概念化、形相化的知識，雖然可凸顯「有所知」的知識表相，但實際上「有所不知」的地方，卻可能更多。因此，「聖人虛其心而實其照」的般若觀照，便因應於解脫「惑取之知」的桎梏，而成爲〈般若無知論〉的闡述主題。在僧肇看來，般若所要認識的是反映現象本質的「無相之眞諦」，由於眞諦無形相，也就不可能產生「知」之名；更何況「有所知，則有所不知」，只有「以無知之般若」，才能眞正地無所不知。所以，李潤生《僧肇》即歸納僧肇「般若無知」思想爲否定、肯定二重意義：

> 否定部份，是否定有形相、有概念、有執取之知；
>
> 肯定部份，則是肯定無形相、無概念、無執取，照而常寂、寂而常照，默耀韜光，虛心玄鑒，閉智塞聰，獨覺冥冥之知。〔註45〕

由此約略可知〈般若無知論〉之「無知」並非木石一般之無知，而是觀照境界下，無執無言的無知。此一無知，搭配於前述《維摩經》的無言默教，其實都有共同的精神，那就是：藉由實際的觀照活動，以替代一切知解戲論。易言之，回歸到行者自身實地的操修行履，才能眞正如法地保住「般若無知」的意義；此在憨山〈南堂廣智請益教乘六疑〉中，亦嘗提及：

> 解爲見地，有三種不同：有學解、有信解、有悟解。若從教上或祖師公案上解，得佛祖究竟處，不落枝岐，此雖是名見地，謂依他作解。其有未親言教，但只決定信自心了無一物，是爲信解。若參究一旦明本有，是爲悟解。此三者，皆名見地，但依他解，多落知見障。信解如此，亦要操修，以臻實證。其悟解雖一念頓悟，尚有無始微細惑障，亦要淨除。是三種見地雖貴，若不行履，終難究竟。今古人所貴見地者，但就根器爲本，非全不行履。古人一期之語，不可作實法會也。〔註46〕

憨山當時禪門行者喜於撥弄知見光影，此前文業已提及。而憨山最不屑的多瓜禪、拍盲禪，其最大的錯誤，除了自誤誤人外，便是將般若觀照中「眞諦現量」的問題，逕付俗諦之名言概念、「依他作解」。這樣一來，參禪就眞會流入迂闊空談，而原來重視日用觀照的般若活動，便也隨之宣告死亡。所以，即使在回答南堂廣智禪人時，對學解、信解、悟解三種見地均溫和承認其效驗，但憨山

〔註45〕見該書 P107。
〔註46〕《憨山大師全集》卷五〈南堂廣智請益教乘六疑〉，嘉興大藏經廿二冊，頁439。

骨子內卻是一套不折不扣的實修哲學。他要廣智甩脫「古人一期之語」，並非是要否定祖師的開悟經驗，他目的僅是要把已經形相化、概念化的「知」去除，逕依般若智以體證虛心實照、萬法平等之「知」。因此，「但依他解，多落知見障」，是憨山亟欲革除的；而「操修，以臻實證」的般若活動，則為其所鼓勵。

由是可證，〈般若無知論〉所強調諦觀「無相之真諦」的般若工夫，亦確為憨山禪行之重要依據。而歸結上述論點，可簡單整理如下：

第一、僧肇在〈不真空論〉中，將「不動本際，為諸法立處」體會為一種「立處即真」、「觸事而真」的活動義，此一工夫模式實際上乃指出：人本來就活在無師不在的空性中，無論何時都隨處可即俗見真；般若之道原來即孳息於日常生活之中。而且，僧肇亦認為，般若工夫唯有透過二諦的圓融接會，以達「智」、「境」相契，其工夫之呈現才是有意義的。而憨山「有志於道者，當從日用中做」的圓融禪行，正是相應於此一即俗見真、智境相契工夫的最好示例。

第二、在〈物不遷論〉裡，僧肇以「物」之剎那變異，說明在過去、現在、未來之動態時間發展中，不存在「物」的同一性。現象萬法的存在，在僧肇看來，是以「性住於一世」之瞬息暫住狀態而被肯定；由於現象萬法僅存在於瞬息暫住狀態之中，所以「物」之去來相不可得，去來相既然不可得，則「物不遷」之說便成立。而透過「物不遷」觀攝「動」與「靜」，則恰如龍樹遮遣相對法的結論一樣，是動靜不二、即動即靜的。憨山讀〈物不遷論〉，因梵志「吾似昔人非昔人」語，澈悟「諸法本無去來」之體用一如真諦，即是憑恃於這種「性住於一世」之緣起觀照。其次，〈物不遷論〉「功業不可朽」語，強調現象萬法功能、影響力的實存性，亦應證於憨山圓融二諦的禪行之中。

第三、在僧肇看來，般若所要認識的是反映現象本質的「無相之真諦」，由於真諦無形相，也就不可能產生俗諦中「知」之名；更何況「有所知，則有所不知」，俗諦上「惑取之知」的知識運作，只徒然增加「有所不知」的缺憾；惟有「以無知之般若」，才能真正地無所不知。所以，〈般若無知論〉工夫模式即是：破斥執著名相、耽溺於概念的「惑取之知」，肯定無形相、無概念、無執取，照而常寂、寂而常照的「般若之知」。此一工夫模式則正好具現於憨山呵彈「知見障」，主張「操修」、「實證」的禪行風格上。

另外，影響於憨山禪行工夫諸根源中，最足以逗發直接聯想者，當屬《壇經》提出之「無念為宗、無相為體、無住為本」說，以及「定」、「慧」等持

見解。底下，本文之思路，即由「惠能之三無工夫與定慧等持」繼續探討之。

三、惠能之三無工夫與定慧等持

於《壇經》〈定慧品〉中，惠能云：

> 本來正教，無有頓漸，人性自有利鈍。迷人漸修，悟人頓契；自識
> 本心，自見本性，即無差別。所以立頓漸之假名。善知識！我此法
> 門，從上以來，先立無念爲宗、無相爲體、無住爲本。〔註47〕

這裡面，惠能認爲頓漸本來就只是依據個體根器「利鈍」而有之差別（所謂「迷人漸修，悟人頓契」者是），而不管迷悟漸頓，只要個體確能洞見「本心」、「本性」，都是平等「無差別」的。因此，惠能《壇經》所展示的禪宗法門，也就是在這種「自識本心，自見本性」的前提下，逐一開展。至於「無念爲宗、無相爲體、無住爲本」，據楊惠南先生《惠能》第四章言：

> 念與相乃由自性所生，這是四卷本《楞伽經》的思想；它偏向於哲
> 理上的詮釋。不住著於念與相的無住，以及由它衍生出來的無念與
> 無相，則多分《金剛經》的般若思想；這是偏於實踐意義的指示。
>
> 〔註48〕

楊惠南先生把「念」、「相」的概念與眞常自性說連繫起來，這一點，本文於「惠能《壇經》之自性說」中，亦藉惠能「般若三昧」說證成無誤，自無疑義。至於將「無住」、「無念」、「無相」視爲般若的實踐，筆者亦表贊同，且可作如下分說：

（一）無住爲本

如前所述，惠能是聽弘忍講授《金剛經》，至「應無所住而生其心」而言下開悟，因此，「無住」的般若實踐，成爲其頓悟法門的主要觀行，這一點，吾人並不意外。惠能自己對「無住爲本」一語，曾作如下之說明：

> 無住者，人之本性，於世間善惡好醜，乃至冤之與親，言語觸刺欺
> 爭之時，並將爲空、不思酬害。念念之中，不思前境，若前念、今
> 念、後念，念念相續不斷，名爲繫縛。於諸法上，念念不住，即無
> 縛也。此是以無住爲本。〔註49〕

〔註47〕元宗寶《六祖大師法寶壇經》〈定慧品〉，嘉興大藏經第一冊，頁404。
〔註48〕楊惠南先生《惠能》第四章，頁112。
〔註49〕元宗寶《六祖大師法寶壇經》〈定慧品〉，嘉興大藏經第一冊，頁404。

按照惠能的說法，所謂「無住」，是指不在相對法中起利害分別的一種般若觀照，這原是與其真常自性說相呼應的實踐型態（而惠能亦正是通過他的真常自性說，藉「無住」之般若觀行，達到體用一致的圓融）。而特別值得注意的是，針對這一超絕於相對法的「無住」，此處惠能又將它更具體地推闡爲「念」的「不思」與「不住」；這給予「無住」以更清晰的實踐義涵。惠能之所謂「不思」，係指謂心念與內外境界的能所分離言；所謂「不住」，則是指心念之不執縛於萬法言。而合觀「不思」與「不住」，在實踐歷程上，則恰好形成前因後果的遞進關係。所以，惠能之「無住爲本」說，在其頓教法門當中，行動的意義實遠大於理論，不言可喻。

不過，有一點必須強調的是：正如惠能之融結真常、般若一般，在《壇經》之中，並非一面倒地僅只強調「無住」之遮撥爲用，惠能也同時兼顧了自性「常住」的問題。爲方便說明起見，底下分別參引《壇經》〈機緣品〉與〈護法品〉文字對照：

> 1、汝須念念開佛知見，勿開眾生知見。開佛知見，即是出世間；眾生知見，即是世間。汝若但勞勞執念以爲功課者，何異犛牛愛尾。〔註50〕
>
> 2、實性者處凡愚而不減，在賢聖而不增，住煩惱而不亂，居禪定而不寂；不斷不常、不來不去、不在中間及其內外，不生不滅，性相如如，常住不遷，名之曰道。〔註51〕

搭配前述論證可知：惠能之所以強調「無住」的般若觀行，原是爲克制「勞勞執念」的病灶，此乃係就工夫層次言「無住」。至若本體論言，惠能則依然肯定「常住不遷」的本心之存在。兩者看似矛盾，實際上並沒有衝突，因爲在他的系統中，是「性相如如」的，「體」和「用」本來一致。憨山在〈答蕭玄圃少年〉一文中，也同樣地運用了這樣的無住觀行，他說：

> 吾人心體本來圓滿光明，即今不能頓悟、不得現前受用者，蓋因無量劫來貪瞋癡愛種種煩惱障蔽自心。……但日用向未起心動念處，立定腳跟，返觀內照。但於一念起處，即追審此念從何處起。追到一念生處，本自無生。則一切妄想情慮，當下冰消矣。〔註52〕

〔註50〕元宗寶《六祖大師法寶壇經》〈機緣品〉，嘉興大藏經第一冊，頁411。

〔註51〕元宗寶《六祖大師法寶壇經》〈護法品〉，嘉興大藏經第一冊，頁414。

〔註52〕《憨山老人夢遊全集》卷五〈答蕭玄圃少年〉，嘉興大藏經廿二冊，頁790。

對於「勞勞執念」的病灶，憨山認為應直觀其「本自無生」的本質，如此則一切妄想情慮，便不會再攖擾障蔽自心。而依照憨山的看法，只要能就起心動念處返觀內照，吾人原有的「圓滿光明」，自會順應於無住的般若觀行而一體朗現。當然，這進一步的工夫層域，便是惠能之「性相如如，常住不遷」的體用合一境界。

走筆至此，「相」的問題已隱約在目，接著便以「無相為體」說，繼續析解惠能的看法。

（二）無相為體

關於「相」一詞，惠能於〈頓漸品〉嘗曰：

> 吾所説法，不離自性；離體説法，名爲相説。〔註53〕

此處對於「相」的界定十分簡潔扼要，凡是離開自性本體之外的，舉凡相對性之概念思維、分別說之語言文字，全都被歸類為「相」。由於只是暫住之緣生法，所以惠能主張以「無相」遮遣之；而遮遣「相」的用意，前文亦言，不是在於摧壞現象萬法，而是歸復自性本體。因此，惠能言其頓教法門乃「無相為體」，基本上也是來自實際觀行的必然發展。

理解了這一層道理，那麼，對於〈定慧品〉的敘述，自然也就可以體會：

> 外離一切相，名爲無相。能離於相，則法體清淨。此是以無相爲體。
> 〔註54〕

這裡的「外」並非空間意義上的「外」，惠能是就真常自性的本質言；只要能見性頓悟本心，其一切形諸於舉止言表之「外」，也都等如清淨法體的貫徹。所以，此「外」亦可視同是真常本體的化現。而「外離一切相，名爲無相」者，正是爲貫徹本體而有的具體實踐。此一「無相爲體」的觀行境界，還可依《壇經》〈頓漸品〉之「見性」說予以補充：

> 見性之人，立亦得，不立亦得。去來自由、無滯無礙，應用隨作、
> 應語隨答，普見化身，不離自性。即得自在神通、遊戲三昧，是名
> 見性。〔註55〕

見性之人因爲「不離自性」且「外離一切相」，故能於日常生活、行住坐臥之間，兌現「無滯無礙，應用隨作、應語隨答」的觀行境界。而這「無相爲體」

〔註53〕元宗寶《六祖大師法寶壇經》〈頓漸品〉，嘉興大藏經第一冊，頁413。
〔註54〕元宗寶《六祖大師法寶壇經》〈定慧品〉，嘉興大藏經第一冊，頁404。
〔註55〕元宗寶《六祖大師法寶壇經》〈頓漸品〉，嘉興大藏經第一冊，頁413。

說，也同時是直接催生惠能「外禪內定」信念的觸媒，據《壇經》〈坐禪品〉言：

> 善知識！何名禪定？外離相爲禪，內不亂爲定。外若著相，內心即亂；外若離相，心即不亂。本性自淨自定，只爲見境思境即亂，若見諸境心不亂者，是眞定也。〔註56〕

「外離相」之「無相」即是禪，「無相」所遮詮之「本性自淨自定」即是定。兩相鬥合起來，惠能之「外禪內定」說，實際上仍與「無相爲體」說形影不離。故此可知，般若之無相觀照，確是豁顯惠能禪觀內涵之重要工夫。

（三）無念為宗

至於《壇經》之「無念」說，除前述依「般若三昧」，可界定其乃隸從於般若觀行之特色外，惠能在〈定慧品〉中，又作如下闡釋：

> 云何立無念爲宗？只緣口說見性，迷人於境上有念，念上便起邪見，一切塵勞妄想從此而生。自性本無一法可得，若有所得，妄說禍福，即是塵勞邪見。故此法門立無念爲宗。善知識！無者無何事？念者念何物？無者，無二相、無諸塵勞之心；念者，念眞如本性。眞如即是念之體，念即是眞如之用。〔註57〕

惠能在這段文字裡，分別以俗諦與眞諦立場說明「無念」：

1、自俗諦立場言：「念」是一切塵勞妄想的起因，作「無念」之觀行，目的即在減除「塵勞邪見」。

2、自眞諦立場言：「無」係指從相對法中超越的般若觀照，「念」則是將眞如自性開展於日用平常之用。

其中，1、之「無念」，面對之對象是一切塵勞妄想，具有能所對待的意義，其目的乃在於撥迷歸覺，超脫塵勞妄想；而2、則是將「無」與「念」歸返眞如本性，以體用論之「用」範疇無念。而這眞俗二諦又依般若三昧之「見一切法，心不染著，是爲無念」爲總持觀行，形成一套儼無罅隙的圓說。這一層道理，惠能復以「不於境上生心」統攝之，其云：

> 善知識！於諸境上心不染，曰無念。於自念上，常離諸境；不於境上生心。若只百物不思，念盡除卻，一念絕即死，別處受生，是爲大錯！學道者思之，若不識法意，自錯猶可，更勸他人；自迷不見，

〔註56〕元宗寶《六祖大師法寶壇經》〈坐禪品〉，嘉興大藏經第一冊，頁405。
〔註57〕元宗寶《六祖大師法寶壇經》〈定慧品〉，嘉興大藏經第一冊，頁404。

又謗佛經。所以立無念爲宗。〔註58〕

「無念」之觀行並非任何心念都斷絕的意思，「百物不思」只是槁木死灰，這當然不是惠能的本意。惠能的本意簡扼言之，就是「不於境上生心」一語。釋印順在《中國禪宗史》裡，就如此道：

> 「無念」，一般總以爲是沒有念、什麼心念都不起。惠能以爲人的本性，就是念念不斷的，如真的什麼念都沒有，那就是死了。所以，勸人莫「百物不思，念盡除卻」。……一般人的「念」，是依境而起、隨境而轉的；這樣的念，是妄念終日，爲境相所役使、不得自在，……所以，要「無念」。從性起念，本來自在，只爲了心境對立，心隨境轉，才被稱爲妄念；只要「於自念上離境」，念就是見聞覺知（自性的作用）；雖還是能見能聽，而這樣的見聞覺知，卻不受外境所染，不受外境的干擾，（性自空寂）而念念解脫自在。〔註59〕

釋印順認爲惠能之「無念」，是無「依境而起、隨境而轉」的心念，而非灰身滅智之意。同時，他亦指出純化過之「念」，可轉化爲自性直接作用下之「見聞覺知」，實際游轉於外境而不染。這都是將「無念爲宗」具體定位爲實踐意義的明證。相應於此一工夫論精神，憨山於〈憨山緒言〉之短文中，亦曾謂：

> 眾念紛紛不止，無以會真。若以眾念止眾念，則愈止愈不止矣。若以一念止眾念，則不止而自止矣。吾所謂一念者，無念也。能觀無念，不妨念念。而竟何念哉！……天地之功，不捨一草；滄海之潤，不棄一滴；圓明之體，不離一念。是知一念之要，重矣夫。〔註60〕

憨山也相當認同純化過之「無念」，是止揚「眾念紛紛不止」的最好途徑。而且，他也承續了惠能的看法，認爲以「無念」純化過的境界，是無入不自得的，所謂「能觀無念，不妨念念」者是。

　　而相應於無住、無相、無念的工夫，「定」與「慧」在惠能思想中，也是有十分特殊的處理。

（四）定慧等持

　　如前所述，惠能禪法係主「無住」，以絕異於住心一境的定法。而他強調「無相」，也主要是對治緣起緣滅之名言法相；至如「無念」者，則是一種超

〔註58〕元宗寶《六祖大師法寶壇經》〈定慧品〉，嘉興大藏經第一冊，頁404。
〔註59〕釋印順《中國禪宗史》〈曹溪禪之開展〉，頁359。
〔註60〕《憨山大師全集》卷卅一〈憨山緒言〉，嘉興大藏經廿二冊，頁651。

越心境對立、回返自性作用的努力。此三者之共同精神，均是以直下見性、當下自在解脫爲訴求。而這一個共相，貫徹在「定」、「慧」，便是定慧一體的工夫。《壇經》〈定慧品〉中，惠能如是言：

> 我此法門，以定慧爲本，大眾勿迷，言定慧別，定慧一體，不是二。定是慧體，慧是定用；即慧之時定在慧，即定之時慧在定。若識此義，即是定慧等學。〔註61〕

就分別說立場言：所謂「慧」，意指對於事理法性（屬「境」）或本心自性（屬「心」）的觀照；而「定」，則是停息分別妄想、調攝亂意之謂。但惠能此處卻認爲，定慧二者雖然具有本體與作用的關聯，然於工夫論中則全是「定慧一體，不是二」的非分別說，原本就不宜儼予區分。換言之，「即慧之時」，已有「定」的工夫調攝其中；同樣地，「即定之時」，觀照之「慧」也同時生發，「定」、「慧」的體是一致的，發用也在同時發用。因此，惠能便即以這種「定慧一體」的論點，消解時人對於究竟該「先定發慧」，或者該「先慧發定」的疑惑，於〈定慧品〉，惠能又曰：

> 諸學道人，莫言「先定發慧」、「先慧發定」各別。作此見者，法有二相。口說善語，心中不善，空有定慧，定慧不等。若心口俱善、內外一如，定慧即等。自悟修行，不在於諍；若諍先後，即同迷人，不斷勝負，卻增我法，不離四相。〔註62〕

惠能以爲定力與慧力本來就是相等而行的，如果只知競言定慧先後之別，則「即同迷人」一般。這個看法，不僅在曹溪禪中成爲宗旨信念，對於後代也很有啓迪深義。眾所週知者，宋代禪學，有臨濟宗大慧之「看話禪」，與曹洞宗正覺「默照禪」的不同，其根本工夫型態之差異，類似於「『先定發慧』、『先慧發定』各別」之翻版；「看話禪」偏重於「先慧發定」，由參趙州「無」字話頭入手，而「默照禪」則有「先定發慧」的趨向，重視由定生慧的工夫。雖然看話、默照各有其擅場與影響力，然究竟言之，兩者放在惠能眼界底下，可能都只是「定慧不等」的偏至型態，面對於定慧體用一如的圓融工夫，仍有距離。

所以，參讀底下惠能對定慧二學的譬喻，便格外有意義，惠能曰：

> 善知識！定慧猶如何等？猶如燈火，有燈即光，無燈即暗；燈是光之體，光是燈之用。名雖有二，體本同一。此定慧法，亦復如是。

〔註61〕元宗寶《六祖大師法寶壇經》〈定慧品〉，嘉興大藏經第一冊，頁404。
〔註62〕元宗寶《六祖大師法寶壇經》〈定慧品〉，嘉興大藏經第一冊，頁404。

〔註63〕

定力與慧力的關係，正如同燈與光一般，有燈就有光，沒有燈就暗。於是，「名雖有二，體本同一」，便成爲惠能處理定慧關係的最後定論。而這個工夫論的特色，則被憨山具體實行於「歷境驗心」的日常修持當中，於〈答鄭崐巖中丞〉文，憨山謂：

> 于一切境緣上，以所悟之理，起觀照之力，歷境驗心。融得一分境界、證得一分法身；消得一分妄想、顯得一分本智。……若將心待悟，即此待心，便是生死根株。〔註64〕

「所悟之理」若是不執不惑之理，必可生「定」；「觀照之力」若能回歸自性本體，則是般若之觀「慧」。而在「歷境驗心」的日常修持生活中，此種定慧等持的禪行工夫，隨時都可以驗收「融得一分境界」、「顯得一分本智」的累進成果。所以，憨山因此推出「不可將心待悟」的見解，這是搭配在惠能定慧等持工夫底下的一種實踐心得！

而陳榮波先生〈禪宗與管理〉文則認爲，要獲得定慧，必先有「戒」之洗禮，戒是定慧等持的先行條件。〔註65〕據釋印順《中國禪宗史》第四章第二節〈東山門下的種種相〉，亦言惠能《壇經》確有明顯的「戒禪合一」走向，〔註66〕由是可知，惠能之定慧等持工夫，最終還是必然地要回返於三學並舉的格局中，完成圓融的定位。

綜觀以上論點，可作如下兩點歸納：

第一、惠能之所以強調「無住」的般若觀行，原是爲克制「勞勞執念」的病灶，此乃係就工夫層次言「無住」。至若本體論言，惠能則依然肯定「常住不遷」的本心之存在。兩者看似矛盾，實際上並沒有衝突，因爲在他的系統中，是「性相如如」的，「體」和「用」本來一致。而所謂「無相」，係指對於一切相對性之概念思維、分別說之語言文字、乃至一切暫住之緣生法的超越遮遣。至於「無念」，並非指百物不思，乃是「不於境上生心」之謂。惠能的三無工夫，對於憨山的禪學，是全面性的影響；〈憨山緒言〉中，憨山所提出的「能觀無念，不妨念念」以即「圓明之體，不

〔註63〕元宗寶《六祖大師法寶壇經》〈定慧品〉，嘉興大藏經第一冊，頁404。
〔註64〕《憨山老人夢遊全集》卷一〈答鄭崐巖中丞〉，嘉興大藏經廿二冊，頁730。
〔註65〕見陳榮波先生《哲學、語言與管理》，頁226。
〔註66〕見該書P157。

離一念」的工夫見地，其實就是惠能三無工夫的總結。而這樣的工夫見地，則貫徹於憨山自性禪學之中。足證惠能對憨山影響之大。

第二、相應於惠能之「定慧等持」，憨山亦透過「歷境驗心」的工夫加以實踐。而惠能原來所強調之「慧中有定」、「定中有慧」的工夫論，憨山則將其落實於日常觀行之中，以「融得一分境界」、「顯得一分本智」的累進漸修，而加以兌現。

由以上探討可知：憨山在禪學著述之工夫論見解，雖然往往吉光片語、不成系統，但是通過惠能的工夫論架構來予以詮釋，確能清楚豁顯其工夫論之來龍去脈與真正的精神。

前面本文曾述及憨山之自性禪實踐，乃以內證自性為核心。這一點，證諸憨山現存著述，可謂歷驗不爽。而特別值得注目的是：在其著述之中，憨山往往直以參究話頭作為內證自性之觀行依據，以《憨山大師全集》卷三為例，關於參究話頭的文字即有四十七則，例如：

1、若話頭純熟，妄想自稀，不作障礙，久久疑情得力。妄想暫歇時，便得一念歡喜也。〔註67〕

2、只是一個話頭，作自己命根。古人三十年不雜用心，正是此耳。〔註68〕

3、學人當要念頭起處即看破，事未至時莫妄生。果能如此用心，則妄想自斷，外事自然無擾。道力自強。工夫必易就耳。〔註69〕

以上很明顯都以參話頭為主題。那麼，究竟憨山如何透過話頭的參究而契悟自性？其觀行之傳承、依據又如何？這都是我們應予釐清的。本文底下，即嘗試由「大慧宗杲之看話禪」單元，探討這些論題。

四、大慧宗杲之看話禪

本單元將討論三個子題，分別乃（一）、看話禪之特點；（二）、參話頭與「死疑」之工夫；（三）、「理障」說與悟修合一。這裡面，（一）、是對宗杲之「看話禪」進行特性之描繪，並以宗杲立場給予「默照禪」以批判及定位。而（二）及（三）之論題設計，則純粹係酌情於憨山對宗杲看話禪之個人體

〔註67〕《憨山大師全集》卷三〈示太素元禪人〉，嘉興大藏經廿二冊，頁413。

〔註68〕《憨山大師全集》卷三〈示石鏡一禪人〉，嘉興大藏經廿二冊，頁413。

〔註69〕《憨山大師全集》卷三〈示朱素臣〉，嘉興大藏經廿二冊，頁414。

會。期望藉本節之敘述，得一探憨山工夫論之底蘊。

（一）看話禪之特點

據普濟《五燈會元》卷四載，唐末趙州從稔（779～897）有公案曰：

> 僧問：狗子還有佛性也無？師曰：無。……又有僧問：狗子還有佛
> 性也無？師曰：有。〔註70〕

這一則公案在機鋒禪機充斥的文字禪中，是十分清新的，依柳田聖山的推想，
於此公案中，至少牽涉了「無」的問題、佛性問題、業識問題等諸方面。〔註71〕
不過，趙州之後，最主要的理解方向還是關於「無」的體會。臨濟宗的前輩黃
檗希運，就曾借用「狗子還有佛性也無」一語，作爲開示學人的話頭。而到了
宋代臨濟宗大慧宗杲，更是沿取趙州與希運對於「無」的重視，教人專就「趙
州狗子無佛性語」，「抖擻精神」、百計搜尋話下深義，一直要參究到心開悟解處，
才可罷休。宗杲如是說：

> 趙州狗子無佛性語，喜怒靜鬧處，亦須提撕。第一不得用意等悟，
> 則自謂我即今迷，執迷待悟，縱經塵劫，亦不能得悟。但舉話頭時，
> 略抖擻精神，看是箇甚麼道理？〔註72〕

宗杲勸人務必抖擻精神，集中全副精力參究話頭，絕對不可孤守默照、「執迷
待悟」，而且他認爲這種參究的精神必須是二六時中一體貫徹、不稍間斷，即
於「喜怒靜鬧處」，亦均須提撕。所以，宗杲此一行動取向的禪風，搭配上一
詞一語之穿鑿參究，就被稱爲「看話禪」。今人黃懺華便如此界定「看話禪」：

> 用一則全無義味的語句，使人不就意識思維穿鑿。但淨淨地參究一
> 回。因此大發疑情、力求透脫，如咬鐵丸相似，定要嚼碎；嚼不碎、
> 拼命嚼。如此迴光就己、返境觀心，忽然把一切妄想雜念照破，驀
> 地一聲，洞見父母未生前面目。這一看話法門，自從宗杲開闢以來，
> 臨濟宗人無不奉爲圭臬。〔註73〕

由此可大略歸納宗杲看話禪的三個特點：1、首先選取一則語句，作爲參究的
話頭。2、必須時刻照管、綿密參究此話頭，不容一絲鬆懈。3、一方面藉著

〔註70〕 宋普濟《五燈會元》卷四，嘉興大藏經廿四冊，頁71。
〔註71〕 見《中國禪思想史》，頁184。
〔註72〕 《大慧普覺禪師語錄》卷十九〈示清淨居士〉，《佛光大藏經》「禪藏」之語錄
　　　　部，頁391。
〔註73〕 見《禪宗思想與歷史》〈看話禪與默照禪〉，現代佛教學術叢刊第五十二，頁73。

專意參究此話頭，止息其他的一切分別妄想；一方面則深化此話頭，藉此大發疑情、力求開悟。

　　這其中，2、事實上是將「話頭」當成一個過渡到真理的跳板，雖然其表面往往只是全無義味的語句，然而只要能傾注身心精力鑽研，抱定如「嚼碎鐵丸」一般的意志，「話頭」終究會變成開悟的契機。至於 3、則是強調透過話頭的專意參究，可以止息心意識的種種煩惱障礙；並以大疑則大悟、小疑則小悟的觀行實踐，說明此看話禪的主要精神。宗杲於上堂語錄中，即不斷地重覆這兩個特點，在〈示羅知縣〉文中，甚至就以他自己的立場，痛疵曹洞宗宏智正覺之默照禪為「墮在無言無說處」：

> 切忌墮在無言無說處，此病不除，與心意識未寧時無異！……纏住在無言說處，則被默照邪禪幻惑矣。……雜念起時，但舉話頭。蓋話頭如大火聚，不容蚊蚋螻蟻所泊，舉來舉去，日月浸久，忽然心無所之，不覺噴地一發。當恁麼時，生也不著問人，死也不著問人，不生不死底也不著問人，作如是說者也不著問人，受如是說者也不著問人。如人喫飯，喫到飽足處，自不生思食想矣。〔註74〕

在宗杲角度看來，「但舉話頭」才是一個禪行者該當時刻提撕照管的大事；真正懂得如何參話頭的人，可以將一句話頭溫煨純熟、如「大火聚」般，由慧生定，〔註75〕擯除一切煩惱障礙。宗杲很肯定地認為：如此「日月浸久」地持恆為之，最後必有「噴地一發」的妙悟。而且心開悟解之後，「如人喫飯，喫到飽足處」，自然一切功德具足、「不著問人」。此時，「無言無說」之言默境界，或許才是宗杲所認同的。〔註76〕換言之，宗杲痛疵曹洞宗宏智正覺之默照禪為「墮在無言無說處」，是斥責彼等執守著由定生慧的路數，往往未臻

〔註74〕《大慧普覺禪師語錄》卷廿〈示羅知縣〉，《佛光大藏經》「禪藏」之語錄部，頁 420。

〔註75〕由此看來，宗杲就不吻合於惠能「定慧等持」的工夫模式了。其實，憨山的看話頭工夫，就表面上來看，也跟宗杲一樣，有著「由慧生定」的執著。不過，由於憨山主張一切行住坐臥、天地萬物均可成為話頭，而且認為頓悟漸修乃係一體，所以，憨山所認同的「由慧生定」，實際上是方便說而已，真正在參究的當下時，定與慧、止與觀，都是雙運並行的。

〔註76〕而鄧克銘〈大慧宗杲禪師禪法之特色〉則指出，宗杲對於靜坐、公案語錄，其實都並未排斥，只是宗杲認為它捫僅是一種權便之道，不應該去執著，鄧文曰：「大慧並不反對靜坐，也不反對看祖師語錄，然而必須清清楚楚地認識這些是方便法門、應病之藥。」引文見《中華佛學學報》第 1 期，頁 285。

妙悟即取「無言無說」以自足，宗杲實無意於批評「言默」的不二境界。這
樣的觀點，在〈答張舍人狀元〉文內，就表達得更為明確：

> 或以無言無說，坐在黑山下鬼窟裡，閉眉合眼謂之威音王那畔、父
> 母未生時消息，亦謂之默而常照為禪者。如此等輩，不求妙悟，以
> 悟為落在第二頭；以悟為誑謼人，以悟為建立，自既不曾悟，亦不
> 信有悟底。〔註77〕

宗杲認為正覺默照禪的「自既不曾悟，亦不信有悟底」，是默照禪最大之致命
傷。〔註78〕因為如果「不求妙悟」，或以「悟」為次於默照的「第二頭」事，
那麼，其主張之「無言無說」、「默而常照」都將會變成步空蹈虛的戲論！而
宗杲所擔心的「纔住在無言說處，則被默照邪禪幻惑矣」，正是這個意思。

（二）參話頭與「死疑」之工夫

　　憨山對於宗杲的看話禪，有相當深透的體驗，在他現存著述中，凡言及
實修參究工夫者，都是看話禪的路數。〈示參禪切要〉文中，憨山就是以看話
禪開示學人，其曰：

> 大慧專教看話頭下毒手，只是要你死偷心耳。如示眾云：參禪惟要
> 虛卻心，把生死二字貼在額頭上。如欠人萬貫錢債相似，晝三夜三、
> 茶裡飯裡、行時住時、坐時臥時，與朋友相酬酢時、靜時鬧時，舉
> 個話頭「狗子還有佛性也無」，州云「無」。只管向個裡看來看去，
> 沒滋味時，如撞牆壁相似，到結交頭，如老鼠入牛角，便見倒斷也。
> 要汝辦一片長遠身心，與之撕捱；驀然心華發明，照十方剎；一悟
> 便徹底去也。此一上，是大慧老人尋常慣用的鉗錘。其意只是要你
> 將話頭堵截意根下，妄想流注不行。就在不行處，看取本來面目。
> 不是教你向公案上尋思。當疑情討分曉也。〔註79〕

憨山也認同宗杲「將話頭堵截意根下」的禪風，認為它是一種由慧生定、「看

〔註77〕《大慧普覺禪師語錄》卷卅〈答張舍人狀元〉，《佛光大藏經》「禪藏」之語錄
　　　　部，頁609。

〔註78〕陳榮波先生《曹洞宗的五位宗旨研究》文，則以為宗杲所批判之默照禪乃「默
　　　　照禪的末流——死坐禪」，其曰：「默照乃是一種了然自證的境界，亦可說是
　　　　本來面目的直接體驗。……默照禪容易誤用為『默默冷坐』，易陷於只圖靜坐
　　　　之毛病。當時大慧所要批評的默照禪，不是指宏智真正的默照禪，而是默照
　　　　禪的末流——死坐禪。」語見該書之P136～139。

〔註79〕《憨山大師全集》卷三〈示參禪切要〉，嘉興大藏經廿二冊，頁410。

取本來面目」的捷徑。而所謂「堵截意根下」，就是以參話頭的方式，達到「死偷心」、「妄想流注不行」的境界，此時「重下疑情」，便容易有所得。憨山另於〈示知希先山主〉文中謂：

> 單提本參話頭，重下疑情，斬斷妄想煩惱根源。使內不得出，外不得入，前後際斷，中間自孤，只有一箇疑團，作自己命根。疑到疑不去，用力不得處，一覷覷定，看他畢竟是個甚麼？看來看去，自有倒斷時也。但存絲毫知見於中，便隔千里萬里，但看初祖云：心如牆壁，可以入道。便是歸家第一條路也。若心不肯死疑、不切當，則千生百劫終在途路耳。〔註80〕

宗杲確亦主張參究時當具「疑情」，而且也曾特別強調「疑」的地位。所以到了憨山手上，參話頭便幾乎成為「疑」話頭一般。此處，憨山以菩提達摩「心如牆壁，可以入道」語，點明「疑」字的精神，將其解釋成鑽研不懈的態度（所謂「死疑」），這一方面保留了宗杲看話禪的行動風格，一方面也突出他自己獨樹一幟的實踐特性。在〈示梁仲遷〉文中，憨山就以六祖「本來無一物」話頭，教人時刻不懈「橫在胸中」，做切當綿密之死疑工夫：

> 梁子自今以往，當先洗除習氣，潛心向道，將六祖「本來無一物」話頭橫在胸中，時時刻刻照管，念起處無論善惡，即將話頭一提，當下消亡，綿綿密密，將此本參話頭，作本命元辰。久久純熟，自然心境虛閒、動靜云為，凡有所遇，則話頭現前，即是照用分明，不亂定力。所持自不墮麤浮鹵莽界中，不隨他腳跟轉矣。即讀書做文字，亦不妨本參。讀了做了，放下就還他個本來無一物，自然胸中平平貼貼，久之，一旦忽見本無心體，如在光明藏中，通身毛孔皆是利生事業。又何有身命可捨哉！〔註81〕

憨山主張參話頭時，除了必須時刻照管、「將此本參話頭，作本命元辰」外；最重要的是，當遭逢喜怒哀樂諸境界來到時，也要能鍛鍊成「凡有所遇，則話頭現前」的定力，不要隨便忘失自己所參的話頭。如此明白圓密、工夫純熟之餘，做任何事，都「不妨本參」；開悟才有其可能。

（三）「理障」說與悟修合一

　　至於宗杲最排擯的默照禪，憨山則未直接予以批判，但在〈答鄭崑巖中

〔註80〕《憨山大師全集》卷三〈示知希先山主〉，嘉興大藏經廿二冊，頁411。
〔註81〕《憨山大師全集》卷一〈示梁仲遷〉，嘉興大藏經廿二冊，頁401。

丞〉文中，憨山卻以「理障」說，表達了他自己的見解：

> 凡利根信心勇猛的人，修行肯做工夫，事障易除，理障難遣。此
> 中病痛略舉一二：第一、不得貪求玄妙。以此事本來，平平貼貼、
> 實實落落，一味平常，更無玄妙。其次、不得將心待悟。以吾人
> 妙圓真心，本來絕待，向因妄想凝結，心境根塵對待角立，故起
> 惑業。其次不得希求妙果，若一念頓悟自心，則如大冶紅爐陶鎔
> 萬象，即此身心世界，元是如來果體；即此妄想情慮，元是神通
> 妙用。換名不換體也。永嘉云無明實性即佛性，幻化空身即法身。
> 〔註82〕

憨山認為「修行肯做工夫」並不困難，但「理」上的障礙卻不容易超越。仔細
爬梳前文，我們仍可將「貪求玄妙」、「將心待悟」、「希求妙果」諸項理障，重
新予以還原歸位，其實它與宗杲當初面對默照禪的態度，並無二致。然而，憨
山刻意彰顯絕待真心、並明顯重視妄想情慮原具本體神通妙用的「體」、「用」
一致說，此在宗杲看話禪中則未如此強調。形成這種差異的主要原因是：宗杲
畢生學問在參究話頭、追求一「悟」，希望藉此行動對抗默照禪「將心待悟」、「無
言無說」的流弊；所以他必須視妄想情慮為虛妄，由慧生定，以朗現自性本心
為標的。〔註83〕而憨山則以體用一致說，重新圓融宗杲看話禪，並依於定慧等
持的進路，將本心的開「悟」與身心世界的「修」持合一。就渾淪籠統的角度
言，宗杲與憨山二人，都是頓悟漸修的主張者，但細予區辨，則宗杲往往逕以
頓悟為目的，憨山則延伸為頓漸一體、頓而漸、漸而頓、生生不息；因此，相
較之下，憨山之看話禪，反而更吻合於「平常心是道」的溫和路數，而與性格
強悍峻烈的宗杲，又自不同。不過，無論如何，透過宗杲重新解讀憨山自性禪
學之工夫論，的確是有它積極的效益，這一點，不容抹殺！

廖寶泉於其學位論文《從天台圓教看無情有性》中，說道：

〔註82〕《憨山大師全集》卷一〈答鄭崑巖中丞〉，嘉興大藏經廿二冊，頁386。

〔註83〕如果結合上頓悟之前的看話工夫，也可以導出楊白衣〈看話禪之研究〉所稱
的「大慧一派的禪，確為頓悟漸修的階梯禪。」（見《華岡佛學學報》第4期，
頁37）之結論。然而，宗杲之看話禪只參究公案，又偏於「慧」學，侷限性
太大；此與憨山定慧等持、依一切現象而參究的看話禪，實存在極大差異。
陳榮波先生〈大慧宗杲看話禪之禪法──兼論與默照禪比較〉文，則指出宗
杲之思路乃係由「行」至「智」的思考模式，從「文字般若」至「觀照般若」，
達到一切皆空的「實相般若」（語見《東海學報》37卷，頁137）。這個看法，
相當準確地掌握了宗杲看話禪的精神。

> 禪不能獨立地講，因爲「無法可說」之禪，乃諸宗之「共相」。必須
> 配以教理，方能找到解釋的脈絡。〔註84〕

禪學的確必須「配以教理」，才能找到詮釋它的脈絡。當然，筆者亦十分警覺
到，本章對於憨山禪學工夫論的基礎建構，「教理」的涵蓋度是不夠的，但是，
本文所取樣的四個模本，就憨山禪學這個範圍而言，卻很有足夠的代表性與
說服力。以前文各子題之敘述爲例，我們可以清楚地在《維摩經》中，分別
找尋到憨山不二法門、「煩惱即菩提」乃至「心淨國土淨」諸工夫見地的源頭。
而透過僧肇的工夫論，則給予憨山以「體用一如」、「智境相契」、去「惑取之
知」趨證「般若之知」等諸靈感。至於惠能的「無住爲本，無相爲體，無念
爲宗」，本來就是內化於憨山禪學之中的工夫論；而重要的當是惠能的「定慧
等持」說，它是詮釋憨山頓悟漸修（見本章第二節之討論）這個核心課題時，
不可或缺的線索。最後，則是大慧宗杲的看話禪，它是幫助我們解讀憨山「參
究」工夫的最根源性依據。

　　而綜觀全局，這樣的一套工夫論詮釋網絡，雖然已經足夠通說憨山禪學的
任何一樁工夫見地。但是，如果我們對於憨山自性禪學工夫論上之核心論題，
如「頓悟漸修」、「教禪一致」等，沒有足夠的感應，亦將致遺憾。因此，以上
所探討的，僅是憨山自性禪學之工夫論的一部份，它必須接上工夫論的核心，
才是一個完整的體系。底下，本文處理的主題，正是工夫論之核心論題。

第二節　憨山自性禪學工夫論之核心論題

　　在〈答無錫翁兆吉廣文〉中，憨山提出他對於當時宗門流弊的批評，其曰：

> 近習多好宗門爽快語句，太爲流弊，誤人不少。以杜口頭，非眞知
> 見也。至若楞伽、楞嚴、金剛三經，乃發明最上第一義，顧以文字
> 視，非正眼也。顧公留心時時披究，當得眞正路頭。以末世無明眼
> 人，賴此爲印證耳。〔註85〕

憨山此中特別強調三經之「最上第一義」，不能流於口頭文字的知見。所謂「最
上第一義」，以憨山之理解言，是經由操修實證所契會的體用一如之淨明眞常
本心。但這在《楞伽經》的論理架構言，則是透過「如來禪」思想與「宗通」、

〔註84〕見廖寶泉《從天台圓教看無情有性》，頁335。
〔註85〕《憨山大師全集》卷九〈答無錫翁兆吉廣文〉，嘉興大藏經廿二冊，頁478。

「說通」的穿梭迴證，而發展出「漸修頓悟」、「教禪一致」的重要論題。而通過《華嚴》教觀，憨山亦藉由惠能的工夫論通路，提出了屬於他自己的「行住坐臥是禪」之獨特見解。凡此都是為了要實證「最上第一義」而發展出來的核心課題。理解憨山之自性禪思想，如能掌握這些工夫論核心，其體用為一的禪學架構便了然在目矣。

酌情於上述之考量，本文底下之安排，乃計劃由三個工夫核心以詮釋憨山之禪學，這三者分別為：一、「頓悟漸修」；二、「教禪一致」；以及三、「行住坐臥是禪」。這三者，在憨山禪學中而言，其實都是以發明真常自性、達成「明心見性」，作為終極的目的，此處提出作分別闡述，只是方便法，究竟義上言，這些核心論題，都是為了要趨證體用一際的真常自性。

底下本文即依此順序，逐一進行。

一、「頓悟漸修」說

（一）「如來禪」下的「頓悟漸修」

「如來禪」一語，見於《楞伽經》卷二。對於「禪」，《楞伽經》原有四種分類，其文曰：

> 有四種禪，云何為四？謂愚夫所行禪、觀察義禪、攀緣如禪、如來禪。云何愚夫所行禪？謂聲聞緣覺外道修行者，觀人無我性自相共相，骨鏁無常，苦不淨相，計著為首。如是相不異觀，前後轉進，相不除滅。是名愚夫所行禪。云何觀察義禪？謂人無我自相共相，外道自他俱無性已。觀法無我彼地相義，漸次增進。是名觀察義禪。云何攀緣如禪？謂妄想、二無我妄想、如實處不生妄想。是名攀緣如禪。云何如來禪？謂入如來地，得自覺聖智相、三種樂住，成辦眾生不思議事。是名如來禪。〔註86〕

「愚夫所行禪」所指對象專就聲聞、緣覺以及外道修行者言，彼等之名「愚夫所行」，主要是因為：他們雖能善觀「無我」、「無常」、「不淨」諸相，捨離形軀之累，卻往往在最後慣性地沉溺於捨離諸相之後的滅盡定境界，且自以為已得究竟；由於「相不除滅」，不免於畫地自限，故名愚夫所行禪。而從愚夫所行禪轉出者，即是「觀察義禪」。所謂「觀察義」，是指從滅盡定境界跳

〔註86〕《楞伽阿跋多羅寶經》卷二，磧砂大藏經第十冊，頁350。

脫出來，進一步深觀於一切的緣起萬法，體悟到緣起萬法都是沒有永恆不變的自性（即「無性」）；即連自我的存在，在緣起萬法中也都貞定不住（即「觀法無我」）。如此的深心諦觀，便稱為「觀察義禪」。至於「攀緣如禪」，則是深一層地洞見了所有緣起網絡的根源，亦即人的「妄想」（一切現象萬法，皆起因於妄想的造作分別）。因此，將容易造作分別的妄想心停下來，相對地，原本冰藏的「如實處」之真如心（此處「如」乃指謂真如，「實」為實相），便會逐漸浮現，這就是「攀緣如禪」的著力所在。

而以上的「愚夫所行禪」、「觀察義禪」與「攀緣如禪」，都只應被視為進階性質的歷程，因為三種禪皆未能頓入「如來地」，也還沒有實際契證本心（未得「自覺聖智相」），當然也無法圓滿成辦利他的不可思議功德。所以，都不是如來禪。然而，這三種禪卻是進入如來禪之前，可能存在的先行階段！它們的境界型態，雖然究竟地說並非了義，卻也有蹞步千里的積漸之功。因此，就實際修證的過程來看，如來禪其實乃意指本心（即「聖智」）撥迷歸覺歷程下的一種終極頓境；如來禪的境界，也就是明心見性的境界。

而一般中國佛教史的觀點，常以為「如來禪」是釋迦金口所宣，為經典中所主張之漸修式的禪學；「祖師禪」則以中國禪宗祖師所發揚的頓悟法門為特色。這是將「如來禪」的「如來」作名詞解，才有如來、祖師的區分。但實際上，若剋就上述《楞伽》的角度衡觀，「如來」動詞性質的涵義，實遠大於名詞的成份。而且，將「如來禪」理解成漸修之禪學，不如說它是漸修頓悟之禪學來得切題，因為《楞伽》的四禪說，原本就以鋪示漸、頓一體的禪修歷程為訴求。這樣看來，強予分別如來、祖師云云，其實並不恰當。對於這一點，憨山是有深刻體會的，在〈王芥庵朱白民請益〉中，他就說：

> 如來禪、祖師禪，本來無二。但如來禪就迷中說悟，要修而後入；祖師禪直指，不屬迷悟一著，不假修為，要人直下頓了自心。凡落迷悟關頭，便是第二義也。所以古德云：修行即不無，其如染污何。是故宗門向上一路，須是簡裡人始得。《楞伽》四種禪中，最上一乘禪即祖師禪。其實本無異也。若根器不淨，妄逞聰明知見，把作會祖師禪，如此連如來禪亦未夢見在，譬如貧人妄稱帝王，自取誅戮，可不思哉。〔註87〕

就整個「如來禪」的禪修歷程著眼，憨山亦認同如來禪、祖師禪有「就迷中

〔註87〕《憨山大師全集》卷五〈王芥庵朱白民請益〉，嘉興大藏經廿二冊，頁441。

說悟，要修而後入」與「不假修爲，要人直下頓了自心」的漸頓之異。然而，若就「如來禪」的當下證量言，則「《楞伽》四種禪中，最上一乘禪即祖師禪」，如來禪就是祖師禪。所以，「宗門向上一路，須是箇裡人始得」，應是憨山這段話的關鍵語。「向上一路」是指修證本心之撥迷歸覺歷程，「箇裡人」即實際體驗這個歷程的參學人。他認爲只有箇裡人，才能在契會如來禪的當下證量中，如實領略「如來禪、祖師禪，本來無二」的道理。

憨山之漸修頓悟說，就在如來禪、祖師禪的這種辯證發展中形成。當然，其強調的方向仍在於實際的行持上面，而非知見思惟；〈與漢月藏公〉文中，他說：

> 眾生識情深固，苟學人以思惟爲參究，以玄妙爲悟門，恐不能透祖師關，亦難出妄想窠窟也。公如眞實爲人，切不可以偈語引發初機，直使死偷心、泯知見爲第一著。庶不負此段因緣耳。若曰如來禪、祖師禪如何如何，皆餖飣耳！〔註88〕

又於〈答王于凡〉文，曰：

> 如今說要參禪頓悟了生死，請自討量：果能一念頓斷歷劫煩惱如斬亂絲否？若不能斷煩惱，縱能頓悟，亦成魔業，豈可輕視哉。從上諸祖頓悟，亦從多生積功漸修中來。故頓悟一著，說則似易，其實爲難。苟無二三十年死心工夫，如何得向熱惱中一念頓悟？〔註89〕

頓悟是「從多生積功漸修中來」，因此憨山鼓勵參究學人應做「死心工夫」，以斷「歷劫煩惱」。由此可證：憨山是以漸修、頓悟爲一整體性的動態實踐，不宜作靜態之玄妙思惟觀。〔註90〕如果學人只知以玄妙思惟參究，徒逞口舌妄想，那麼，「曰如來禪、祖師禪如何如何」，都將成爲不相干的餖飣之學。

歸結上述可知：憨山是由如來禪的迷悟遞進歷程中，啓發了漸修頓悟說的靈感；而禪者的動態實踐，則是他能賦予《楞伽》如來禪新義的源頭活水。易言之，所謂「頓」，是從如來禪的當下證量言「頓」，此時如來禪與祖師禪

〔註88〕《憨山大師全集》卷五〈與漢月藏公〉，嘉興大藏經廿二冊，頁455。

〔註89〕《憨山大師全集》卷九〈答王于凡〉，嘉興大藏經廿二冊，頁479。

〔註90〕用憨山的立場來看，頓悟和漸修並不是兩個階段，頓悟與漸修是一體性的結構。所以，即使有頓悟的悟境，也並非代表修行的結束；它依然要藉「歷境驗心」，以連續呈現頓悟的悟境。而漸修也並非與頓悟離異，只要能觸類是道，任一時任一地之漸修，都是悟境的開顯。所以，憨山在〈答王于凡〉文中，提醒時人是否眞能「一念頓斷歷劫煩惱如斬亂絲」，其實重點都是在於強調頓悟漸修一體性的關係。

是一；所謂「漸」，則是指「入如來地」之前，「多生積功漸修」的逆覺體證歷程。所以，學人如果只是片面性地以知見思惟奢逞頓悟、撥弄光影，而不能在漸修上面腳跟落實，則「縱能頓悟，亦成魔業」。

（二）「頓悟漸修」之靈活運用

這個工夫論的態度，在憨山禪學之中，可以找到相當多的例證。例如《論語》「性相近，習相遠」一語，原本程朱是將「性」定義爲稟賦各殊的「氣質之性」，「習」則以動詞義之「習於善則善，習於惡則惡」涵括。〔註 91〕但在憨山體會中，此語則不僅被融入他慣常之眞常自性的解釋，而且還從頓悟漸修的工夫層面，重新定位「性」、「習」的關係。於〈示劉平子〉以及〈示李福淨〉開示語中，憨山即謂：

1、性相近習相遠此語，直示千古修行捷徑，吾人苟知自性本近，唯因習而遠，頓能把斷要津，內習不容出，外習不容入，兩頭坐斷，中間自孤。自孤處，正謂如有所立卓爾。若到卓爾獨存之地，則性自復。〔註 92〕

2、堯舜與人同者，性也；不同者，妄也。又曰：人皆可以爲堯舜，其可爲者，性也；不可爲者，習也。人之所習，苟捨污下而就高明，則日遠所習而近於性，是可與爲堯舜者，亦此習耳。習近於性，即禪家漸修之行也。以世儒之學，未離凡途，去聖尚遠，非漸趨無以致其極。故聖人立教，但曰習、曰致、曰克，其入道工夫在漸復，不言頓悟。若夫禪門，則遠妻子之愛，去富貴之欲：諸累已釋，切近於道；故復性工夫易爲力，故曰頓悟。以所處地之不同，故造修有難易，其實心性之在人，本無頓漸之差，但論習染之厚薄，此入道要也。〔註 93〕

由 1 得知：憨山係以「性」爲我們俯仰可得的眞常本心，「習」則有對外境而言的「外習」與對自性而言之「內習」的差別。其中，本體之「性」的取證，又全賴於能否把斷「內習」、「外習」的心境分別，憨山認爲如果能夠將心境「兩頭坐斷」，則原來的本心自性就自然可以復出。非常清楚地，憨山的理路或解釋的角度，完全是基於一位禪者的本位立場，這使得「性相近習相遠」

〔註 91〕見朱熹《四書章句集註》之《論語集註》卷九，頁 175。
〔註 92〕《憨山大師全集》卷一〈示劉平子〉，嘉興大藏經廿二冊，頁 399。
〔註 93〕《憨山大師全集》卷一〈示李福淨〉，嘉興大藏經廿二冊，頁 405。

一語，竟也變成參禪的「千古修行捷徑」！而在 2 之中，他又更進一步跨接到頓漸的問題上。按照憨山的說法，所謂「世儒之學」，因爲習於凡途、「去聖尚遠」，因此雖然也可以「日遠所習而近於性」、完成與堯舜同之復性工夫，但其入道的一開頭，則一定是「漸復」、「非漸趨無以致其極」的。換言之，此處憨山是站在第八識薰染程度的立場上，判斷世儒之學有走向漸修的必然性。而另一方面，相對於儒學的「禪門」，他則以「諸累已釋，切近於道；故復性工夫易爲力」的理由，主張以「頓悟」爲入道工夫。

不過，針對漸頓的差別，憨山強調那並不是著眼於心性上的不同，而僅只是在工夫伊始處，因儒佛「習染之厚薄」而區分的一種自然傾向。實際上，依憨山禪學之工夫論立場言，「禪門」之頓悟，必伴隨著漸修，頓悟才有其眞正價值。而「世儒之學」，則因爲「習染之厚薄」的不同，必須先有一段漸修之後，方有頓悟的到來之可能。關於儒家之所謂頓悟，在〈示素大塗〉文中，憨山還舉了《論語》〈顏淵篇〉之「一日克己復禮，天下歸仁」語，說明以一位禪者角度觀之，「世儒之學」的「漸復」工夫，最後也是有頓悟的：

> 佛制五戒，即儒之五常。不殺，仁也。不盜，義也。不邪淫，禮也。
> 不飲酒，智也。不妄語，信也。但從佛口所説，言別而義同，今人
> 每發心願持佛戒，乃自脫略其五常，是知二五而不知十也。又推禪
> 定爲上乘以其能明心見性，而不知儒亦有之。顏淵問仁，子曰：克
> 己復禮爲仁。己者，我執也；豈非先破我執，爲修禪之要？一日克
> 己復禮，天下歸仁。豈非頓悟之妙？以天下皆物與己作對待障礙，
> 若我執一破，則萬物皆己。豈非歸仁乃頓悟之效耶？〔註94〕

以佛之五戒合於儒之五常，本是魏晉格義佛學以來的傳統看法。但是，把「克己復禮」理解爲破我執，並將盡破我執之後的「萬物皆己」之「歸仁」境界，比擬於禪門的頓悟，憨山則是第一人。所以，在他的心目中，「人乘之聖」的孔子，最後也還是有體驗到「頓悟之妙」的一刻。只是，儒佛之間的頓悟，仍有根源性的「宗本」之異，他說：

> 若究心性之精微，推其本源：禪之所本，在不生滅；儒之所本，在
> 生滅。故曰：生生之謂易。此儒釋宗本之辨也。〔註95〕

正如道佛之間有虛靜心與眞常自性的不同，儒佛之間也有心性根源的分別。

〔註94〕《憨山大師全集》卷一〈示素大塗〉，嘉興大藏經廿二冊，頁 403。
〔註95〕《憨山大師全集》卷一〈示李福淨〉，嘉興大藏經廿二冊，頁 405。

憨山認爲：儒家心性論所根據的經世意識，是生生不已、新新不停的創生心，它有生滅變易的本質，故「儒之所本，在生滅」。而禪門的眞常自性則是不生滅的。如此便又形成儒釋本體論上的根源性差異。

　　然而，不論憨山認爲儒家與佛家之心性差異如何，至少我們已能十分清楚肯定「頓悟漸修」，確爲落實憨山禪學工夫論的一個重要核心課題。從這個工夫論核心，可以鮮明地襯托出憨山獨詣之處，基本上，憨山之融合頓悟漸修爲一體，除了係爲貫徹其本體論之需求外，其思想的啓蒙，實與《維摩經》、《肇論》之體用不二、即本體即工夫的路數緊密結合；而且，悟修合一的工夫模式，也是落實惠能三無工夫以及定慧等持的最好途徑。當然，如果相對於宗杲之力求頓悟，以及由慧生定的進路，憨山的頓悟漸修就又顯出更大的格局了。

　　而順著這個脈絡，輻輳於「宗通」、「說通」二說，就可進一步發展爲「教禪一致」的觀點。底下，續就《楞伽》之「宗通」、「說通」以及菩提達摩的「藉教悟宗」說的思維路向，探索憨山之「教禪一致」觀。

二、融貫「宗通」與「說通」之「教禪一致」觀

（一）從「宗通」、「說通」到「理入」、「行入」

　　關於「宗通」與「說通」的涵義，《楞伽經》卷三有謂：

> 佛告大慧：一切聲聞、緣覺、菩薩，有二種通相，謂宗通及說通。大慧！宗通者，謂緣自得勝進相，遠離言說、文字、妄想，趣無漏界、自覺地自相，遠離一切虛妄覺想，降伏一切外道眾魔，一切緣自覺趣，光明輝發，是名宗通相。云何說通相？謂說九部種種教法，離異不異有無等相，以巧方便，隨順眾生，如應說法，令得度脫，是名說通相。……佛告大慧：三世如來，有二種法通，謂說通及自宗通。說通者，謂隨眾生心之所應，爲說種種眾具契經，是名說通。自宗通者，謂修行者離自心現種種妄想，謂不墮一異、俱不俱品，超度一切心意意識，自覺聖境界，離因成見相：一切外道、聲聞、緣覺、墮二邊者，所不能知；我說是名自宗通法。〔註96〕

依經文所示：「宗通」，是由自覺內證的「自得勝進相」而成就的（其覺證自得者，就是原自具足不闕、「光明輝發」的本心）。因此，相對於「一異、俱不俱」、

〔註96〕《楞伽阿跋多羅寶經》卷二，磧砂大藏經第十冊，頁350。

「墮二邊」的相對法而言,宗通是絕對的「自覺地自相」;而較量於世間的「言說、文字、妄想」言,它則是超越一切「心意意識」、「因成見相」的分別說,凸顯出行者自身獨悟、「緣自覺趣」的特色。此即《楞伽經》所指謂之「宗通」。至於「說通」,重點則是建立在教法、義學的層面上,其目的是曉喻眾生、「令得度脫」,而所取的方法則為「隨順眾生,如應說法」。因此,據「說通」的立場言,「九部種種教法」及「種種眾具契經」,都只是權宜方便。

淨覺《楞伽師資記》嘗載菩提達摩之「理入」及「行入」說,可與上文彼此參看:

> 夫入道多途,要而言之,不出二種:一是理入,二是行入。理入者,謂藉教悟宗,深信含生凡聖同一真性,但為客塵妄覆,不能顯了。若也捨妄歸真,凝住壁觀,自他凡聖等一,堅住不移,更不隨於言教。此即與真理冥狀、無有分別,寂然無名,名之理入。行入者,所謂四行,其餘諸行,悉入此行中。何等為四行?一者報怨行;二者隨緣行;三者無所求行;四者稱法行。……經云:逢苦不憂,何以故?識達本故,此心生時,與理相應,體怨進道。是故說言報怨行。……得失從緣,心無增減。喜風不動,冥順於道。是故說言隨緣行。……三界久居,猶如火宅。有身皆苦,誰得而安?了達此處,故於諸有息想無求。……性淨之理,因之為法。此理眾相斯空。無染無著、無此無彼。經云:法無眾生,離眾生垢,故法無有我,離我垢故。智若能信解此理,應當稱法而行。〔註97〕

菩提達摩言「理入」乃「藉教悟宗」者,其中,「教」即楞伽之「說通」,「宗」即「宗通」。基本上,這是菩提達摩對楞伽名相的一種套用,應無疑義。然值得注意的是:他將經教義學的「說通」定位為具有調適上遂、發明本心的意義,不僅對於「漸修頓悟」的主張,提供了正面的支持,而且也為宗密以降之「教禪一致」說,預鋪先路。按照菩提達摩的說法,「理入」雖以「藉教悟宗」為入門,假「凝住壁觀」之禪法為方便;但究其實,所有「行入」的四類「行」,恐亦是「藉教悟宗」的一種實踐(所以在說明「稱法行」時,才會有「智若能信解此理,應當稱法而行」一語)。換言之,菩提達摩在這裡關心的並不是「理入」、「行入」的嚴格界定或區別,他要強調的是:不論「理入」或「行入」,只要能夠在「藉教悟宗」的漸修活動中,當下頓悟,覷見本來面

〔註97〕 淨覺《楞伽師資記》,《佛光大藏經》「禪藏」之史傳部,頁 17~19。

目、即教即宗；那麼，「理入」或「行入」都是可以被肯定的。當然，通過此一義理之銜轉，「藉教悟宗」中的「教」（「說通」）與「宗」（「宗通」）便因此得跨越其漸修之因果層序而兌顯為一體的頓悟境界，宗密所謂「教禪一致」者，正是奠基於如此之思想原型。

（二）憨山對「教禪一致」說之理解

據宗密《禪源諸詮集都序》卷上謂：

> 先敘禪門，後以教證。禪之三宗者：一、息妄修心宗；二、泯絕無寄宗；三、直顯心性宗。教之三種者：一、密意依性說相教；二、密意破相顯性教；三、顯示真心即性教。右此三教如次，同前三宗相對，一一證之，然後總會一味。〔註98〕

何國銓於《中國禪學思想研究──宗密禪教一致理論與判攝問題之探討》一文中，認為宗密此說，係以「禪」之北宗（即「息妄修心宗」）、牛頭禪（即「泯絕無寄宗」）與南宗（即「直顯心性宗」），配置於「教」之唯識（即「密意依性說相教」）、三論（即「密意破相顯性教」）以及華嚴（即「顯示真心即性教」），以「示禪教之一致性」。〔註99〕宗密之教禪一致，是因應於禪宗（尤其是惠能、神會以下之南宗）與華嚴教理統會的實際需求而誕生，宗密所面對的時代特色，到了晚明的憨山，當然已有相當的變動。但變動者雖大，教禪一致的精神卻絲毫未變，也就是：結合「說通」、「宗通」為一體的楞伽本義，以及菩提達摩「藉教悟宗」的漸頓主張，都仍然被保留下來。

此一精神，透過憨山的闡示，又更加清楚。在〈示徑山堂主幻有海禪人〉文內，憨山說：

> 佛祖一心，教禪一致。宗門教外別傳，非離心外別有一法可傳，只是要人離卻語言文字，單悟言外之旨耳。今參禪人動即呵教，不知教詮一心，乃禪之本也。但佛說一心，就迷悟兩路，說透宗門，直指一心，不屬迷悟。要人悟透其實究竟無二，如來藏中求於去來、迷悟、生死了不可得。此豈屬迷悟耶？二祖云「覓心了不可得」六祖云「本來無一物」，即般若無五蘊根塵識界及出世三乘之法也。以無所得，故得菩提與覓心了不可得，豈二法耶？是知教說一心，所多者，凡情聖解耳。參禪頓破無明，是絕凡情也；悟亦吐卻是絕聖

〔註98〕宗密《禪源諸詮集都序》卷上之二，嘉興大藏經第九冊，頁362。
〔註99〕見該書P4。

解也。斯則禪呵知解，而教未嘗不可也。今參禪人從教迴心者，不
能忘知絕解；提話頭不能忘情絕跡，皆在所呵。……今無明眼知識
印證，若不以教印心，終落邪魔外道。但不可把佛說的語言文字及
祖師玄妙語言，當作自己知見，必要參究做到相應處。〔註100〕

首先，就共法的層面來看：憨山認為「心」是「教禪一致」之所以能「一致」
的關鍵，而此「心」即是禪所直指的本心。所以，他對於當時一些參禪的人
「動即呵教」，是很不以為然的，憨山指責這些學人「不知教詮一心，乃禪之
本」，其實「教」、「禪」都是以取證本心為目的，率爾動輒就「呵教」以自快，
並不明智。其次，就不共法的層面看：他指出「凡情聖解」，是說通之「教」
必不可免的權宜方便；而宗通之「禪」則直接以「頓破無明」、「絕凡情」為
入手工夫；這兩者確有霄壤之異。然而，儘管如此，說通與宗通仍有其互攝
互用的圓融特性，所以，憨山又強調：在藉教悟宗的當下頓悟中，「教」最後
必須跳出「凡情聖解」才能一超直入；而參禪直指一心的證悟，也必須在「以
教印心」的監督下，方不致淪為邪魔外道。換言之，憨山是順著楞伽說、宗
一體的方向，以言其「教禪一致」。

此外，〈答鄭崑巖中丞〉文中，憨山又從「修」、「悟」的立場，繼續此一
話題：

說禪說教，無非隨順機宜破執之具，元無實法與人。所言修者，只
是隨順自心，淨除妄想習氣影子，於此用力，故謂之修。若一念妄
想頓歇，徹見自心本來圓滿，光明廣大，清淨本然，了無一物，名
之曰悟。〔註101〕

他認為一般人所指謂的「說禪說教」，並非真有「禪」法、「教」法可以實際與
人；所有的「禪」、「教」，不過只是隨順機宜的「破執之具」罷了，一旦「徹見
自心」，「破執之具」就立應捨去。所以，憨山教鄭中丞不妨從漸修頓悟的實質
精神中，去體會「禪」、「教」。他指出：在「淨除妄想習氣影子」的漸修歷程中，
「禪」、「教」確是隨順機宜、幫助吾人契證本心的工具；但在「徹見自心」的
當下頓悟裡，「禪」、「教」就應該退位，免墮知解障中，前文有「從教迴心者，
不能忘知絕解；提話頭不能忘情絕跡，皆在所呵」一語，正是這個意思。

〔註100〕《憨山大師全集》卷三〈示徑山堂主幻有海禪人〉，嘉興大藏經廿二冊，頁
411。
〔註101〕《憨山大師全集》卷一〈答鄭崑巖中丞〉，嘉興大藏經廿二冊，頁385。

　　歸納前述，可證知：憨山的「教禪一致」觀之形成，一方面固然接受了《楞伽經》「宗通」、「說通」以及菩提達摩「藉教悟宗」說的暗示，一方面則依然是其工夫論核心——頓悟漸修說的持續延伸。在〈答傅金沙侍御〉中，憨山如是言：

> 奉寄楞伽一葉，以供慧目。蓋此經洞明吾人日用現前境界，頓令實證，所謂頓教法門者也。〔註102〕

所謂「洞明吾人日用現前境界，頓令實證」者，正是教禪一致的終極歸宿；就其洞明自性、實證本心的當下頓悟言，教禪是完全相同的。而且，從這個工夫論的角度觀之，不僅楞伽是頓教，整個憨山自性禪學都可直命為「頓教法門」！

三、憨山之「行住坐臥是禪」

（一）從工夫論的立場融合華嚴與禪

　　所謂「行住坐臥是禪」，源自於六祖惠能對「一行三昧」的新解。依楊惠南先生的說法，一行三昧本是一種念佛三昧，乃四祖道信依照《文殊說般若經》所開創出來「看心」、「看淨」的禪法。〔註103〕而惠能則獨發新義，賦「一行三昧」予頓悟禪的內容，其謂：

> 一行三昧者：行、住、坐、臥，常行直心是。……迷人著法相，執一行三昧，直言坐不動，除妄不起心，即是一行三昧。若如是，此法同無情，卻是障道因緣。道須通流，何以卻滯心？不住法即通流，住即被縛。〔註104〕

以無住的禪法，貫徹於四威儀之中，就是「行、住、坐、臥，常行直心是」的頓悟禪，它與「看心」、「看淨」的禪法，剛好形成頓、漸的對比。惠能這一見解，基本上仍屬於「無住為本、無相為體、無念為宗」的工夫脈絡，而它透過永嘉、大珠、神會等人的傳播，深遠影響後世。即憨山也都蒙受其思想光澤。只是，憨山將之更加深化。而且，這種深化，是透過工夫論的強化而接駁於教內各宗義學而來的。

　　在〈示念松通禪人〉文中，憨山就把禪者的日常行住坐臥，「不離寂滅之

〔註102〕《憨山大師全集》卷七〈答傅金沙侍御〉，嘉興大藏經廿二冊，頁463。
〔註103〕見楊惠南先生《惠能》，頁82。
〔註104〕元宗寶《六祖大師法寶壇經》〈定慧品〉，嘉興大藏經第一冊，頁404。

場」與「頓到般若之岸」的嚴謹要求，歸宗於華嚴學的「以平等法界爲宗旨，以無障礙爲門」。其文曰：

> 古德云：盡大地是一卷經，盡大地是沙門一隻眼。以如是眼讀如是
> 經，盡未來際曾無間歇，又何去來之相、彼此之見哉？華嚴以平等
> 法界爲宗旨，以無障礙爲門，苟能悟此宗、入此門，無一物不播遮
> 那之體，無一聲不闡圓妙之音，無一時不修普賢之行，無一人不是
> 刹塵知識；是則光網三昧，舉目昭然；普眼眞經，隨念具足。舉足
> 下步，不離寂滅之場；居塵出塵，頓到般若之岸。〔註105〕

憨山鼓勵學者深心去體會華嚴平等無礙的思想，他認爲欲相應於禪門古德之「盡大地是一卷經，盡大地是沙門一隻眼」的境界，華嚴是很好的通路。因爲華嚴的「以平等法界爲宗旨，以無障礙爲門」，除了可抿除過、現、未三際的「時間相」外，同時也破除了現象界動靜去來的「空間相」以及主客人我、彼此的「別異相」。禪者若能勘破這三相，那麼，即可稱「悟此宗、入此門」了。換言之，憨山是立足於一實修實證的工夫論角度上，認爲一個禪行者，若能身體力行「舉足下步，不離寂滅之場；居塵出塵，頓到般若之岸」這樣的禪修境界，則他也就同時是華嚴義理的奉行者；因爲毘盧遮那佛的光網普眼，在開悟的禪者行止中，本來就是昭然具足的。所以，憨山對於「行住坐臥是禪」，十分強調於一方面安住在惠能一行三昧的無住工夫論上，一方面融會於教內義學以爲禪修資糧。他所謂之「無一物不播遮那之體，無一聲不闡圓妙之音，無一時不修普賢之行，無一人不是刹塵知識」，其實亦正是惠能「行、住、坐、臥，常行直心」與華嚴學的一種絕妙結合。而諸如此類的結合，也足以明證：憨山在自性禪學的工夫論上面，確有一番與眾不同之匠心妙運！

（二）憨山之「作用見性」說

如前所述，華嚴思想認爲駁雜紛歧的現象界，在眞如本體的一心遍潤之作用下，都可以全部被轉化成一個眞常心周遍含容的平等法界。從「一即一切」言，眞常心是一切世間、器世間的源頭活泉；由「一切即一」來看，眞常心則又是收束一切分殊萬象的終極歸宿。這樣的觀念，在憨山而言，是被實際地驗證於日常生活中的。於〈示海闊禪人刺血書經〉一文裡，憨山就順著海闊禪人刺血寫《華嚴經》的緣起，生動地闡述他對這種華嚴理境的實踐

〔註105〕《憨山大師全集》卷一〈示念松通禪人〉，嘉興大藏經廿二冊，頁394。

心得，文曰：

> 毘盧遮那安住海印三昧，現十法界無盡身雲，說華嚴經，名普照法
> 界修多羅。若正報身，諸毛孔中放光明說；若依報世界，草芥微塵，
> 則塵說、剎說，如是演說盡未來際，無間無歇。如是之經充滿法界，
> 所謂一字法門海，墨書而不盡。今子以有限之身心，涓滴之身血，
> 若爲而盡書之耶？雖然，此經果不能書，則一切眾生絕分矣。且曰
> 法界之經，則凡在法界無非此經，若悟毘盧，以法界爲身，則自己
> 身心亦同法界。此則日用現前、動靜語默、拈匙舉箸、嗽唾掉臂，
> 皆法界之大用。是則何莫而非書寫此經之時耶？若身同法界，則一
> 一毛孔皆悉周遍，如是則舉一滴之血，當與性海同枯矣。所以普賢
> 大士剝皮爲紙、析骨爲筆、刺血爲墨，量等法界。是則全經不出一
> 字，即書一字亦同全經，何況百軸之文！〔註106〕

這段文字，極容易令人聯想起憨山青年時期，也曾經有血書華嚴的宗教行爲，
不過那個時候的憨山，之所以選擇這樣的堅卓苦行，主要是爲求了悟生死之
大事，希望藉此剋期取證、且無負於少年出家的願望。而在面對海闊禪人時，
憨山的閱歷已臻練達、對華嚴也早有胸宕層雲的豐富詮釋了，其中，「悟毘盧，
以法界爲身，則自己身心亦同法界」的見解，是把華嚴禪化的一個重要關竅。
而這個關竅，即禪家所謂「作用見性」說。

關於作用見性，其實還是順著惠能「行、住、坐、臥，常行直心」的脈
絡來進行的。當「心」對應於「境」（行、住、坐、臥）時，不論此種對應是
相應行或非相應行，通通稱之爲「作用」。而禪者見性工夫，就在強調能否把
「常行直心」的觀法，確實地兌現在四威儀的心境雙忘的活動裡。因此，作
用見性的「見」應被理解爲動詞性質的呈現義或表現義，而「性」則指無住、
無念、無相的佛性本體，亦即華嚴之一眞法界性、或即如來藏自性清淨心。
憨山在此處雖未明言作用見性，但他實際上確以如此的理路，詮解華嚴「一」
與「一切」的觀點；所以，他一方面說「以法界爲身，則自己身心亦同法界」，
肯定個體的「一」與法界之「一切」的彼此相容，另一方面則又回溯禪者的
作用見性說，認爲「日用現前、動靜語默、拈匙舉箸、嗽唾掉臂，皆法界之
大用」。這兩相鬥合，剛好天衣無縫！

由此可證知：憨山確已實實在在咀嚼了惠能「行住坐臥是禪」的英華，

〔註106〕《憨山大師全集》卷四〈示海闊禪人刺血書經〉，嘉興大藏經廿二冊，頁427。

以充份落實於其禪觀禪行的語默動靜、日用修行之中。從中國禪宗發展之歷史觀之，將華嚴思想接引到禪學領域內，憨山並非第一人。圭峰宗密就曾爲了強化荷澤神會的南宗禪法，以與北宗對抗，大手筆地縮合華嚴與禪；而永明延壽更試圖在《宗鏡錄》中，以禪淨兼修的立場消化華嚴思想。憨山以前的學者，似乎已能明白意識到華嚴學與禪之親密關聯。當然，憨山既自青年時期起，就私淑於清涼澄觀而以「澄印」自名，且圓寂前幾年尚以重編澄觀之《華嚴經疏鈔》爲己任，認爲「清涼乃此方撰述之祖，苟棄之，則失其宗矣」；〔註107〕可見華嚴思想對於他的禪思禪行，必定有絕對性之腋協加行的益助。所以，面對六祖以來「行住坐臥是禪」此一核心的課題，憨山乃順著自己偏向於華嚴的實踐模式加以體會，是非常可以理解的。而從這裡，我們亦可驗證憨山對於「教禪一致」的看法，的確已在具體的工夫落實當中，給予十分徹底的發揮。

歸結上述，此處可簡單地約化爲三點結論：

第一、憨山對於「如來禪」之體會，一方面強調必須從實際之行持歷程著眼，所謂「要修而後入」；另一方面則主張楞伽四禪說之如來禪「即祖師禪。其實本無異」。前者就實際漸修立場言，後者就直下頓悟自心立場言。因此，憨山實際上是藉由漸修、頓悟合一的通路，以體會如來禪。這與時人喜將如來禪、祖師禪對立並懸爲口談的膚闊流習，風格大不相同。而他亦以此會通儒佛二家，以回歸清淨眞常自性之頓教法門爲「頓悟漸修」的終極歸趨。所以，作爲憨山自性禪核心之「頓悟漸修」說，是可以有兩方面的涵義：第一個涵義是指出「頓悟」只是工夫的開始，而非結果，它必須配合「漸修」才有完整的價值；這是從完整的實踐歷程所觀察的涵義。第二個涵義，則是直接從眞常自性的當下開顯，看待「頓悟」與「漸修」，認爲不論個體處於「頓悟」與「漸修」任一歷程狀態下，都可被預期在終極境界當中，契會於眞常自性而見性成佛。

第二、憨山以爲「宗通」與「說通」都是以取證本心爲目的，而此本心正是「教」、「禪」所以能「一致」的關鍵，所謂「教詮一心，乃禪之本」故。所以，憨山是順著楞伽說、宗一體的方向，以言其「教禪一致」。這是憨山之能圓攝各種義學教理於其禪學的主要動力，因爲在憨山之價值世界中，天臺、華嚴、淨宗都無非是「教詮一心」，而此「一心」者，就憨山之禪學體系言，

〔註107〕見《憨山老人年譜自敘實錄》卷下，嘉興大藏經廿二冊，頁824。

即是禪的源頭活水｜眞常自性。所以，「教禪一致」說，在憨山自性禪學體系當中，不僅是作爲統會諸宗義學的核心中樞，而且也是轉化各種經教義理、還原於眞常自性的重要步驟。

第三、憨山對於「行住坐臥是禪」，十分強調於一方面安住在惠能一行三昧的作用見性中，一方面又融會於華嚴以爲禪修資糧。他所謂之「無一物不播遮那之體，無一聲不闡圓妙之音，無一時不修普賢之行，無一人不是刹塵知識」，其實亦正是惠能「行、住、坐、臥，常行直心」與華嚴學的一種絕妙結合。所以，憨山之「行住坐臥是禪」，就「理」論言，仍遵循著教禪一致的風格；就「事」修層面看，則是實實在在的觸類見道的觀照工夫。

以上是關於憨山自性禪學工夫論的論述，下一章爲本文結論。

第七章　結　論

　　本章爲全文之結論，爲方便綜結各項論點，本章主要分四節說明之，題名分別爲：第一節　憨山自性禪學之基本性格；第二節　憨山自性禪學之時代意義；第三節　憨山自性禪學對後世的影響；第四節　憨山自性禪學之優劣評價。其中，第一節是歸納憨山自性禪學的三大基本性格，即「重視自性本體之實證」與「強調融攝會通的精神」，以及「悲智雙運與見性成佛」。第二節則是從「看話禪之禪風」、「禪學的世俗性」以及「突破宗門法脈侷限」諸層面，凸顯憨山自性禪學之時代意義。其次，第三節是就憨山「教禪一致」與「禪淨雙修」的積極效應，以強調其自性禪對後世的影響。至於第四節，乃係依憨山自性禪學之「正面價值」與「內在侷限」，對其自性禪作出優劣評價。最後，則是本文的總結。

第一節　憨山自性禪學之實證性格

　　回顧本文對於憨山自性禪學的諸般層面之論述，可以掌握其基本性格爲三：第一、重視自性本體之實證；第二、強調融攝會通的精神；第三、悲智雙運與見性成佛。其中，第一是憨山自性禪本體與工夫的一體呈現，前述憨山的「頓悟漸修」、「本體遍在」、「行住坐臥是道」諸主張，皆表現此一性格。而第二，則可透過憨山之「教禪一致」、「唯心識觀」，乃至三教合一的見解，加以證實。至於第三，則是融合了憨山自性禪學的終極關懷（即「見性成佛」）與憨山之利他志業，點出憨山自性禪學的另一重要性格。底下，依序分別言之。

一、重視自性本體之實證

　　正如本文第二章第三節所稱，憨山對於晚明禪門之沒落衰微，有極深的感慨與力圖改革的決心。而當時禪門之沒落衰微，實乃參學者普遍習於「以知見作工夫」、「不識本心」所致。用《楞伽經》的「說通」與「宗通」來看，憨山當時趣好於參禪的人，之所以普遍無法得力，並非教理教義之「說通」不足，而是導因於缺乏實際的體驗和證悟，亦即「宗通」之禪行不足。如果從這個角度上來解讀憨山禪學，那麼，就可以很清楚地歸納出其禪學的一種基本取向，那就是：強調回歸自性本體的實參實證。憨山所有的著述當中，幾乎都或多或少地流露這種基本的性格。吳汝鈞在〈佛學研究與方法論〉中說道：

> 禪的傳統，與祖師們教人入禪的進路，都是遠離文字的，雖然它遺留給後世一大堆語錄的文字資料。「不立文字」是一般的說法，從哲學上言，是不經由觀念與理論，而直參直證。在這個意義下，實踐修行便有其特殊的意義。〔註1〕

雖然本文曾就憨山之思想淵源，賦予其禪學以教內外之多元性理論依據，並依「說通」之進路豐富其本體論與工夫論之內涵；然而，最終之「實踐修行」，才是真正的靈魂所在！

　　憨山在〈示福厚禪人〉中，就明示了這一實證自性的基本性格：

> 蓋出世人福田漸積而厚，至佛乃足。猶如積微塵以成大地，厚之至也。吾佛世尊從無量劫來，捨頭目隨腦、積功累行，乃得菩提。菩提為涅槃之安宅，福樂之極地也。苟不積何以至此哉？然如者，乃如如佛性，吾人本有，良由積劫煩惱侵蝕，故煩惱情塵日厚，而如如佛性薄矣。今既知佛性本有，不假他求，從此日用念念知歸，但見情塵起處，以智光照之。久久純熟，則佛性厚而煩惱薄，煩惱薄而業障輕，業障輕而生死斷。是由積真如以斷生死，求證菩提，享常樂我淨之厚福。豈非由積而至耶？故曰：水之積也不厚，則負大舟也無力。〔註2〕

由這段話可知，憨山非常強調日常生活「漸積」、「積功累行」的實踐工夫，而一切工夫之目的無他，正是取證吾人本有之「如如佛性」。楊惠南先生〈惠能及其後禪宗之人性論的研究〉曾指出：

〔註1〕語見《佛光學報》第4期，頁286。
〔註2〕《憨山大師全集》卷四〈示福厚禪人〉，嘉興大藏經廿二冊，頁425。

惠能後的南禪，一者由於受了金剛經的加深影響；二者又由於道家
化之牛頭禪的大量引入禪宗。使得南禪的人性論，起了一大轉變，
相信1、眾生本來是佛；2、平常心是道（或「觸類是道」）。〔註3〕

憨山是否直接承傳了神會南禪，或須另文析辨。但他的自性禪圓滿結合了「眾
生本來是佛」與「平常心是道」之神髓，而凸顯出回歸於自性本體之實證風
格，則無疑義。

二、強調融攝會通的精神

憨山自性禪學另外一個基本的性格，即是其面對教內、教外多元思想時，
始終能回應以寬容廣度之融攝會通的態度。在〈西湖淨慈寺宗宗鏡堂記〉一
文中，憨山即曾針對唐宋以來的禪宗，陷入「禪教相非」、「性相相抵」的情
形，有過這樣的描寫：

> 佛滅後西域諸師，以唯心、唯識，立性、相二宗。冰炭相攻，以至分
> 河飲水、破壞正法。及大教東來，不三百季，而達摩西來，不立文字、
> 直指人心、見性成佛，是爲禪宗。於是遂有教外別傳之道。六傳至曹
> 溪，而下南岳青原，次爲五宗。由唐至宋，其道大盛。於是禪教相非、
> 性相相抵，是皆不達唯心唯識之旨，而各立門戶。〔註4〕

佛教本身教義上，之所以產生八萬四千法門的不同，最初緣起原是因爲釋迦
因機設教、方便說法所致。然而釋迦滅度後，竟然演變成不同法門間的各立
山頭、「冰炭相攻」，則乃始料未及。所以，憨山藉〈西湖淨慈寺宗宗鏡堂記〉
一文，除表達他個人對於永明延壽「以一心爲宗，炤萬法爲鏡」的用心，極
表崇敬之外；也積極論陳他統攝諸宗、躡跡孔老，「無一物不是佛心，無一法
而非佛事，無一行而非佛行」之強烈融攝意圖：

> （永明）以一心爲宗，炤萬法爲鏡；撤三宗之藩籬，顯一心之奧義。
> 其猶懸義象於性天，攝殊流而歸法澥。不唯性相相融，即九流百氏、
> 技藝資生，無不引歸實際。又何教禪之不一、知見之不泯哉？……
> 由是（此「是」，依憨山文義，乃指華嚴之海印三昧）觀之：無一物
> 不是佛心，無一法而非佛事，無一行而非佛行。一切諸法，安有纖

〔註3〕語見《哲學與文化》第14卷第6期，頁392。
〔註4〕《憨山大師全集》卷十三〈西湖淨慈寺宗宗鏡堂記〉，嘉興大藏經第廿二冊，
　　　　頁522。

毫出於唯心之外者乎？是知宗鏡之稱，以一心炤萬法，泯萬法歸一

心，則何法而非祖師心印？又何性相教禪之別？〔註5〕

所謂「撤三宗之藩籬，顯一心之奧義」，是從「教內」的層面立言；而「九流百氏、技藝資生，無不引歸實際」，則渾括以「教外」諸如孔孟老莊思想言。本文前述各章之論列，事實上已清楚交待了憨山自性禪學在教內外之融攝成就。

首先，從教內的層面來看，正如前述，唐宋以降之禪宗，往往自苦於門派分歧，機鋒話頭亦常落入空中指月，淪於自由心證而缺乏經教憑據。尤有甚者，頑執抱守宗門法系者，又常引發不同派別間之禪諍內鬨，對於禪宗原先所標榜的明心見性之實修實證，根本力不從心。因此，憨山對於自己的派系法統，一向不予重視，他只關心如何拯救禪門之墮落，給予禪學新的詮釋。於是，依於「性相合會」、「教禪一致」的理念，憨山有意識地融攝會通當時佛門顯學，使臺、賢、禪、淨的阡陌，均能在禪學的自性本體當中消解，並全部將之轉化為禪修之實踐依據，這使得原本已走入槁木死灰的晚明禪門，得以又重現生機，再湧現禪的原始活力。而這也正是「撤三宗之藩籬，顯一心之奧義」的具體實踐。

其次，由教外的層面來看，「三教合一」的思想，雖然明代初期透過皇族的極力倡導，風偃天下；但其重心卻只在於安輯撫慰民間宗教的形式意義上，無其實質。而憨山則以「唯心識觀」的本質性通路，跨越禪門傳統經教的界域、躪跡孔老，著疏《大學》、《左氏春秋》、《老子》、《莊子》等儒道典籍，建立了一套以自性本體為輻射核心的理論、圓滿結納系統外之儒道思想，並予以工夫境界上之層序定位。所以，由教外的層面來看，憨山強調「九流百氏、技藝資生，無不引歸實際」之融攝會通的精神，亦相當明顯。

三、悲智雙運與見性成佛

其次，透過本文上述各章節之論介，我們也可以清楚地意會到，憨山自性禪學其實處處都在凸顯一個終極的關懷，那就是——「見性成佛」。實際上，這個禪學性格，就中國禪宗史而言，應可溯源於惠能；在《壇經》〈付囑品〉中，六祖即曾有「自性真佛偈」曰：

真如自性是真佛，邪見三毒是魔王，邪迷之時魔在舍，正見之時佛

〔註5〕《憨山大師全集》卷十三〈西湖淨慈寺宗宗鏡堂記〉，嘉興大藏經第廿二冊，頁522。

在堂。性中邪見三毒生，即是魔王來住舍，正見自除三毒心，魔變
成佛真無假。法身報身及化身，三身本來是一身，若向性中能自見，
即是成佛菩提因。本來化身生淨性，淨性常在化身中，性使化身行
正道，當來圓滿真無窮。淫性本是淨性因，除淫即是淨性身，性中
各自離五欲，見性剎那即是真。今生若遇頓教門，忽悟自性見世尊，
若欲修行覓作佛，不知何處擬求真。若能心中自見真，有真即是成
佛因，不見自性外覓佛，起心總是大癡人。〔註6〕

惠能認為自性當中，不但具足「法身報身及化身」，而且內涵一切「成佛菩提
因」，只要能自見本性，當下即可見性成佛。事實上，這個表達底層，蘊藏了
惠能深刻無比的禪悟經驗；成佛，在禪宗而言，並不是理論上的假定或預設，
而是真真實實的一種生命呈現。此歷驗於憨山上述之自性禪學，更可得到證
實。例如，在《法華經擊節》之中，憨山便曾透過工夫論之「頓悟漸修」說，
表述了見性成佛的終極關懷：

所謂頓悟漸修者也，以一念頓悟自心，與佛無二，即名見性成佛。
尚有無始以來歷劫塵沙煩惱無明，未能頓淨，故須經歷多劫，方能
究竟。〔註7〕

在憨山心目中，每一個人都是一位可能的佛，而其自性禪工夫論中所標榜之
「頓悟漸修」，如本文所言者，乃代表著行者由無明的掙扎以至見性成佛的轉
醒過程。而憨山認為：只要這個過程能到達「一念頓悟自心，與佛無二」的
境地，在一念的當下，即可成就自性本具的大解脫，而見性成佛。從這個地
方，我們又可以重新兜回憨山「即本體即工夫」的方法論模式，肯定憨山對
於「見性成佛」的實際體驗深度；而且，配合上「悲智雙運」的實踐，又會
使「見性成佛」的意義更形彰顯。《金剛經決疑》中，憨山在註解「如來善護
念諸菩薩」一語時，即說道：

以佛出世本願，只欲令一切眾生與佛無異，人人成佛，方盡此心。
但眾生德薄垢重，心志怯弱，不能擔荷。如嬰兒一般，佛如慈母之
護念嬰兒，則無一息放下，種種周悉調護愛念，故如保赤子。所謂
護念，只欲一切眾生，直至成佛而後已。〔註8〕

〔註6〕元宗寶《六祖大師法寶壇經》，嘉興大藏經第一冊，頁413。
〔註7〕憨山《法華經擊節》，卍續藏經第四十九冊，頁785。
〔註8〕憨山《金剛經決疑》，卍續藏經第卅九冊，頁115。

「出世」的智慧，加上「如慈母之護念嬰兒」的慈悲心，正是「悲智雙運」的一種表達。憨山註文中提到，佛的本願是希望「一切眾生與佛無異，人人成佛」的，此處，「悲智雙運」正是佛用以護持一切眾生「見性成佛」的方法。而揆諸憨山一生之宏法利生志業，舉凡興復曹溪祖庭、大量著述教內外典籍，乃至對於緇白四眾、羽士道徒、塵井凡夫之方便接引，都可以證明「悲智雙運」的實踐，確是憨山其人的一大特質；即使他面對的是瀕於萎縮危境的晚明禪門，此一要求仍未放棄。所以，依「悲智雙運」而論括於憨山自性禪學，也十分恰當。

因此，「見性成佛」，當然是憨山禪學的神髓；而加上「悲智雙運」的實踐，則更可清晰勾劃出憨山重視實證與利他的基本性格。

總之，回歸於自性的實踐，融會佛法世學的取向，以及悲智雙運與見性成佛的結合，是憨山自性禪的三大基本性格。這是我們在解讀憨山禪學時，不可輕略的重要綱領。

第二節　憨山自性禪學在晚明之時代價值

如果透過晚明的佛教環境，重新過濾本文各章之論述，筆者以為，憨山禪學在看話禪、世俗傾向以及突破宗門法脈局限的時代意義上，最值得加以強調。所以，底下依「重振看話禪之禪風」與「凸顯禪學的世俗性」，以及「突破宗門法脈局限」分別說明之。

一、重振看話禪之禪風

鄧克銘〈大慧宗杲禪師禪法之特色〉文謂：

> 如何重新提振學者，直指人心、見性成佛，恢復日漸消失的禪門活力。正是大慧所關心的。參趙州狗子無佛性這個話頭，就是大慧提出的答案。這是大慧在禪宗教學史上的一大見識。〔註9〕

「直指人心、見性成佛」這種明心見性的實踐，原本就是宗杲看話禪最足以吸引人的地方。楊惠南先生〈看話禪與南宋主戰派之間的交涉〉，亦如此道出宗杲之看話禪，與乃師克勤之傳統公案禪的最大不同：

> 宗杲與之前公案禪最大不同在於：公案禪主要的工作，是透過語言

〔註9〕語見《中華佛學學報》第1期，頁288～289。

　　文字的概念分析和解說，來（概念地）了解「公案」的「意義」，而
　　不是用來「參（究）」。這和宗杲把「公案」僅僅拿來「參（究）」，
　　而不做哲理的概念的分析解說，甚至反對弟子們研讀經典（當然包
　　括古人公案）的作法，顯然有很大的不同。〔註10〕

宗杲看話禪的主要特點，就是拿公案來「參（究）」，而非作意義概念的了解。

　　然而，宗杲這種直截參究的禪風，卻也在無形之中，遠離了禪宗活潑任
運的精神，正如蔡榮婷《景德傳燈錄之研究——以禪師啓悟弟子之方法爲中
心》所說的：

　　綜觀禪師的啓悟法，了無定軌可循，均是依學生之程度，靈活運用
　　萬物萬象，以彰顯道。所以，自世俗諦言，禪師應是最活潑的教學
　　者。〔註11〕

「了無定軌可循」以及「靈活運用萬物萬象，以彰顯道」的傳統，在宗杲手
底，就跟著《碧巖錄》一樣地被焚爲灰燼。所以，楊惠南先生便因此認爲看
話禪實際上已完全喪失了禪的「活潑、自在的特性」：

　　宗杲的看話禪卻把禪法限定在「現成公案」的參究之上，禪的活潑、
　　自在的特性，完全喪失殆盡。〔註12〕

而憨山當時，禪門仍普遍流行看話禪；憨山個人的修行工夫，如本文第六章
所舉證者，亦多得益於看話禪。但是，憨山的看話禪，在運用的廣度上，卻
與宗杲截然不同。在〈示參禪切要〉之中，憨山說：

　　大慧專教看話頭下毒手，只是要你死偷心耳。如示眾云：參禪惟要
　　虛卻心，把生死二字貼在額頭上。如欠人萬貫錢債相似，晝三夜三、
　　茶裡飯裡、行時住時、坐時臥時，與朋友相酬酢時、靜時鬧時，舉
　　個話頭「狗子還有佛性也無」，州云「無」。只管向個裡看來看去，
　　沒滋味時，如撞牆壁相似，到結交頭，如老鼠入牛角，便見倒斷也。
　　要汝辦一片長遠身心，與之撕挨；驀然心華發明，照十方刹；一悟
　　便徹底去也。此一上，是大慧老人尋常慣用的鉗錘。其意只是要你
　　將話頭堵截意根下，妄想流注不行。就在不行處，看取本來面目。

〔註10〕語見《中華佛學學報》第 7 期，頁 211。
〔註11〕見《景德傳燈錄之研究——以禪師啓悟弟子之方法爲中心》，頁 149。
〔註12〕語出楊惠南先生〈看話禪與南宋主戰派之間的交涉〉，中華佛學學報第 7 期，
　　　　頁 209。

不是教你向公案上尋思。當疑情討分曉也。〔註13〕

他認為宗杲看話禪的原始精神，是要在妄想止息之處，「看取本來面目」；絕非僅是教人專在古人公案上頭，「當疑情討分曉」那樣的無趣。因為，憨山認為，參話頭是參「本來面目」之所在，舉凡生活周遭、情器世間，甚至任何一切萬法，都可以是參話頭的實際運用；而且，這樣的參話頭，是「定」、「慧」等持的，絕不是像宗杲一般偏重於「慧」的一面。〔註14〕例如，他回答當時一位禪密兼修的行者玄機，解釋何以持準提咒卅年仍不見效的原因時，就把三密相應的持咒法門，當成話頭來參：

> 禪人持明三十年不見效者，不是咒無靈驗，只是持咒之心未曾得力。尋常如推空車下坡相似，只管滾將去，何曾著力來？如此用心，不獨今生無驗，即窮劫亦只如此。及至陰境現前，生死到來，依然眼花瞭亂，卻怪修行無下落，豈非自誤自錯耶？禪人從今不必改轉，就將持咒的心作話頭，字字心心，著力挨摩，如推重車上坡相似，渾身氣力使盡，不敢放鬆絲毫，寸寸步步，腳跟不空。如此用力時，只逼得妄想流注，塞斷命根，更不放行。到此之時，就在正著力處，重下疑情，深深覷看，審問只著用力持咒的，畢竟是個甚麼？覷來覷去、疑來疑去，如老鼠入牛角，直到轉身上氣不得處，如此正是得力時節，切不可作休息想，亦不得於此為難生退息想。及逼到一念開豁處，乃是電光三昧。……若能如此持咒與參禪豈有二法耶！所以道「俱胝（指準提咒之主尊，即觀音變現之七俱胝佛母）只念三行咒，便得名超一切人」，便可證明。即親見佛祖，亦不易老人之說也。〔註15〕

此處，是將密宗身口意三密相應的定境，銜接上禪宗「歷境驗心」的般若智慧。憨山要求玄機將三密相應「持咒的心」，當作話頭來參究；而且，要杜清過去「只管滾將去，何曾著力來」的習性，懇切得力、「渾身氣力使盡，不敢

〔註13〕《憨山大師全集》卷三〈示參禪切要〉，嘉興大藏經廿二冊，頁410。
〔註14〕楊白衣〈看話禪之研究〉便認為：「客觀地說，大慧的看話禪也有許多值得評估之所在。但禪絕不許偏向一邊，而必須步履中道。依一般的說法，對默照禪之以定為主，看話禪是以慧為重的。不過定慧原本不二，若有慧而無定，則為凡夫的智慧；若有定而無慧，則為死禪，毫無用處。」楊語見《華岡佛學學報》第4期，頁31。
〔註15〕《憨山大師全集》卷四〈示玄機參禪人〉，嘉興大藏經廿二冊，頁422。

放鬆絲毫」地參究持咒之心。如此一來，定慧雙運，最後「持明」必可靈驗見效。從這個角度來看，憨山的看話禪確已超越了宗杲原有的格局，而有了更廣袤的靈活運用，成爲傳統禪學與宗杲禪的新結合。

　　因此，憨山的自性禪學雖以宗杲爲基礎，實際上則尤有進之。

二、凸顯禪學的世俗性

　　江燦騰《晚明佛教叢林改革與佛學諍辯之研究——以憨山德清的改革生涯爲中心》指出，晚明佛教之學術特質在「世俗化」。〔註16〕這一點，筆者十分贊同。而所謂世俗化，在憨山自性禪學言，可以從三個角度加以勘驗：第一是就其禪學與孔孟老莊世學的關係上著眼，愈能夠證明禪學與世學的密切關聯，世俗取向就愈大。第二則是實際透過其禪學的核心部份觀察，愈能夠呼應於現實生活的，則世俗性便愈高。至於第三，我們可針對憨山眞實的生命歷程而予以檢查，倘若能與當時的社會現實緊密搭接者，也可因此肯定其世俗傾向。在本文第五章第二節中，其實我們已經對於憨山自性禪學與儒道世學之密切關聯，做了相當詳細的論證，此處當然沒有任何的疑義。而關於禪學的核心部份，我們也臚述了憨山「本體遍在」說與「行住坐臥是禪」的核心思想，這部份的思想，實際上都有一種指向於現實生活的純化與提昇的意義。陳榮波先生〈禪與維根斯坦的後期思想比較〉即以「生活的宗教」一語，說明此一世俗性的涵義：

> 禪宗認爲世上的一草、一木、一指，甚至一拂、一棒、一喝，皆可用來表示禪機。禪不離開「行、住、坐、臥」的實際生活面。禪宗可說是一種生活的宗教，它可使人去除一切概念與系統的自我束縛，而形成一種哲學與文學藝術合而爲一的一種眞正哲學的生活與人生。換言之，禪宗是以把捉著事物的本相，而啜取活生生的生命之源泉，爲其內涵。〔註17〕

憨山自性禪學的確是一種不離於實際生活面的哲學，他的「本體遍在」說賦予一切有情、無情以本體的意義，「行住坐臥是禪」則眞實把捉事物本相，以

〔註16〕語見江燦騰《晚明佛教叢林改革與佛學諍辯之研究——以憨山德清的改革生涯爲中心》，頁4。「世俗化」一語，在江氏的理解中，是透過晚明叢林復興運動以及禪僧間的諍辯而形成的。而本文的立場，則是從憨山禪學的內在理路加以證實。這是本文與江氏之不同所在。

〔註17〕語見《佛光學報》第5期，頁70。

成爲「一種眞正哲學的生活與人生」。所以，我們確實可以肯定憨山禪學的世俗性取向。

　　至於憨山眞實的生命歷程，是否一樣也表現了這種特質？本文附錄中，曾記載憨山自萬曆廿三年起，即因爲祈儲案而被誣繫獄，中間還曾先後被充軍流戌於雷州、南韶諸地，直至萬曆卅四年，才蒙赦開伍〔註18〕的經過。這十餘年之充軍流戌，實際上也是促使憨山禪學走向現實社會的重要關鍵。在〈將之雷陽舟中示奇侍者〉文中，他說：

> 余比以弘法罹難，上干聖怒，如白日雷霆，聞者掩耳。自被逮以至出離，二百餘日。備歷苦事不可言，從始至終，自視一念歡喜心，竟未減於平昔。觀者莫不驚異。〔註19〕

對於自己的冤屈以及備歷不可言狀之苦事，憨山都以「弘法罹難」而甘心承受，而且「自視一念歡喜心，竟未減於平昔」，令所有見聞者無不歎服驚異。所以，荒木見悟〈陽明學與現代佛教〉文中，便如此贊歎憨山：

> 他（指憨山）不拘於僧形之有無，又世俗之毀譽褒貶，也不在眼中。唯忍受著與濟度眾生俱來的任何屈辱，而向佛教精神之社會化，實現邁進。〔註20〕

那麼，從這個意義上來看，憨山現實的生命歷程當中，也確實有強烈的世俗傾向。

　　憨山另於〈示素大塗〉文中，又如此說道：

> 世之士紳，有志向上留心學佛者，往往深思高舉，遠棄世故，效枯木頭陀，以爲妙行，殊不知佛已痛呵此輩，謂之焦芽敗種，言其不能涉俗利生。此正先儒所指虛無寂滅者，吾佛早已不容矣。佛教所貴在乎自利利他，乃名菩薩。〔註21〕

憨山對於「深思高舉，遠棄世故」的學佛者，態度上是相當反感的。何以故？因爲「涉俗利生」、「自利利他」的佛學，才是他心目中眞正認同的佛學；而遠離人群的山林佛教，實際上仍有「焦芽敗種」譏嫌。同樣的，我們從憨山禪學當中所導引出來的世俗性傾向，也不是一種自了漢的意義，它必須呼應

〔註18〕見本文附錄之「壯年時期」一節。
〔註19〕《憨山大師全集》卷一〈將之雷陽舟中示奇侍者〉，嘉興大藏經廿二冊，頁387。
〔註20〕語見荒木見悟撰，釋如實譯〈陽明學與現代佛教〉，佛光學報第4期，頁185。
〔註21〕《憨山大師全集》卷一〈示素大塗〉，嘉興大藏經廿二冊，頁403。

在憨山「涉俗利生」與「自利利他」的前提下，方具有實實在在的時代意義！

三、突破宗門法脈侷限

　　中國禪宗在發展初期，其實並沒有十分嚴格的法脈傳承系統。只要能明心見性，有無師承法源並不重要。如前述永嘉玄覺與惠能之彼此印心、共證「無生」一樣，兩人嚴格說起來並沒有正式的師弟關係。又如慧風〈牛頭法融與牛頭禪〉文所稱，牛頭法融雖師承道信，但卻是以江南玄學化的禪法與「達摩心法」相呼應：

> 南宗北宗起自弘忍門下，牛頭禪直承達摩心法於道信，與弘忍東山
> 法門并峙，不落南北二宗圈子。〔註22〕

由此觀之，中國的禪宗在剛開始時，確實是以「明心見性」爲第一優先考慮，至於法脈何自、宗門何屬，禪者實際上並不十分看重。

　　而相對的，反觀於晚明禪門，正如第二章第三節所說的，眞修眞悟的禪者寥寥可數，禪門內部又隨著傳承系統的逐漸形式化，演變出「冬瓜印子」式的荒誕禪風，其萎靡窳濫的程度，任何有識者都難以見容坐視；黃宗羲在《明儒學案》「文肅趙先生大洲學案」按語中，就以一個儒者的角度，非常嚴厲地痛批這個弊害，他說：

> 朱子云：佛學至禪學大壞。蓋至於今，禪學至棒喝而又大壞。棒喝
> 因付囑源流，而又大壞。就禪教中分之爲兩：曰如來禪；曰祖師禪
> 者。先儒所謂語上而遺下，彌近理而太亂眞者是。祖師禪者，縱橫
> 閩闔，純以機巧，小慧牢籠出沒其間，不啻遠理而失眞矣。今之爲
> 釋氏者，中分天下之人，非祖師禪勿貴。遞相囑付、聚群不逞之徒，
> 教之以機械變詐，皇皇求利。其害豈止於洪水猛獸哉！故吾見今之
> 學禪而有得者，求一樸實自好之士而無有。假使達摩復來，必當折
> 棒噤口、塗抹源流，而後佛道可興。〔註23〕

文中所謂「付囑源流」者，正是指著晚明「冬瓜印子」式的窳濫禪風。黃宗羲對於禪師們的「付囑源流」提出沉痛的糾彈，認爲禪門至此，已如同「機械變詐，皇皇求利」之洪水猛獸一般。假如達摩再度東來，必定「折棒噤口、塗抹源流」，將禪門流弊一掃而盡。

〔註22〕語出《現代佛教學術叢刊之3》，《禪學論文集》，頁36。
〔註23〕黃宗羲《明儒學案》卷卅三「文肅趙先生大洲學案」，頁2。

　　而同樣的，在禪門中，亦不乏反省的聲音。其中，最具代表性的，便是與憨山同時的博山無異禪師；他在〈宗教答響〉文中，如是言：

> 蓋宗乘中事，貴在心髓相符，不獨在門庭相紹。故論其絕者，五宗
> 皆絕；論其存者，五宗皆存。果得其人，則見知聞知，先後一揆，
> 絕何嘗絕？苟非其人，則乳添水而味薄、烏三寫而成馬，存豈真存？
> 如居士所問，取之嚴者，得之必精；得之精者，傳之必遠。予意正
> 然，不意居士亦見及此。所以寧不得人，勿授非器。不得人者，嗣
> 雖絕而道真，自無傷於大法；授非器者，名雖傳而實偽，欺於心、
> 欺於佛、欺於天下，一盲引眾盲，相牽入火坑。將來鑊湯爐炭、劍
> 樹刀山，知是幾多劫數？有智之士，寧可碎身如微塵，決不肯造此
> 無間業也！〔註24〕

博山無異主張禪門之傳承，應突破「門庭相紹」的規轍，而改易以「心髓相符」的新義。他認為在宗門中尋找「心髓相符」的人，必須嚴格而謹慎。而其強調的原則，是「寧不得人，勿授非器」。寧可在沒有傳人的情況下，「嗣雖絕而道真」，無損於佛法；也不願胡亂傳承衣缽，「名雖傳而實偽」，導致五無間的惡果！

　　不過，雖然博山無異有如此的覺醒，他自己也還畢竟是門庭中人。他的反省無論如何有力，終究跳不出傳統「門庭相紹」的規轍。所以，能夠真正對此一時代弊病，做出實際行動回應的，便是像憨山這樣子「法嗣不詳」的人。

　　在〈達觀大師塔銘〉中，憨山謂：

> 國初楚石無念諸大老後，傳至弘正，末有濟關主，其門人先師雲谷
> 和尚而典則尚存。頃五十年來，獅絃絕響；近則蒲團未穩、正眼未
> 明，則妄自尊稱臨濟幾十幾代。於戲！邪魔亂法，可不悲乎？予以
> 師（指達觀紫柏）之見地，足可遠追臨濟、上接大慧之風；以前無
> 師承，未敢妄推。若據堯舜之道，傳至孔子、孟軻，軻死不得其傳，
> 至宋二程直續其脈；以此證之，則師不忝為轉輪真子矣。姑錄大略，
> 以俟後之明眼宗匠、續傳燈者采焉。〔註25〕

在他的心目中，達觀紫柏雖然「前無師承」，沒有形式上的法嗣傳承，但「見地」卻已「遠追臨濟、上接大慧」。所以，正如伊川、明道遠紹孔孟之學一般，

〔註24〕《博山無異禪師廣錄》卷廿三〈宗教答響〉第三，嘉興大藏經第四十冊，頁402。
〔註25〕《紫柏老人集》〈達觀大師塔銘〉，嘉興大藏經第二十二冊，頁164。

紫柏也可視爲是承襲了臨濟、宗杲的禪法衣缽。而憨山這一態度，正代表著一種精神慧命上的法脈觀念，它不同於當時形式意義的衣缽師承，憨山的慧命法脈，是決定於自性之取證。

由此看來，則憨山自己雖不在意於形式的宗門法脈之說，然而他的自性禪學，卻已在慧命的向上提撕之中，接上了禪宗明心見性的原始法流。

以上，我們分別由「重振看話禪之禪風」、「凸顯禪學的世俗性」，以及「突破宗門法脈之侷限」，說明憨山自性禪學之時代意義。就憨山自性禪而言，他運用「行住坐臥是道」與「定慧等持」的方式，重新型塑當時漸趨衰微之宗杲看話禪，使看話禪在晚明，成爲禪宗的代名詞，影響至今；這一點，堪稱是憨山自性禪學對晚明佛教最顯著的貢獻。其次，醞釀在他的禪學當中的「涉俗利生」思想，也呼應於他的各種禪學面相以及實際行動，而成爲世俗性的禪學傾向。這個世俗傾向，在明初以降的山林佛教氛圍當中，也是非常值得我們重視的一種異數。如果說晚明的佛教復興運動是有中心點的話，則世俗傾向的佛學，當最居其關鍵。至於面對晚明禪宗極爲人垢詆之門庭法脈積弊，憨山則以其禪學之自性實證，指出一條不受制於形式法脈的精神慧命通路，不僅突破了當時氾濫的門庭規轍，亦且爲法脈說注入「明心見性」的活力。

第三節　憨山自性禪學對對中國佛教的影響

清代禪僧道澄曾說：

> 戒要嚴，禪要細，三藏經書指路徑，彌陀一句純心地。超生脫死定參禪，見性明心出苦趣。〔註26〕

這表達了道澄的禪觀禪行，是與「三藏經書」以及「彌陀一句」完全融合在一起的。如果易以本文所使用的術語來看，則前者是指向於「教禪一致」、後者則爲「禪淨雙修」。實際上，道澄的見地在清代禪門當中，並不突兀；幾乎當時的禪門中人，都普遍有這樣的見地。而這裡，正可看出憨山自性禪學對後世的影響所在。

一、「教禪一致」的積極效應

鄭學禮於〈禪、維根斯坦與新正教神學──禪宗傳達眞理的問題〉文指出：

〔註26〕清德儒《空谷道澄禪師語錄》卷二，嘉興大藏經第卅九冊，頁943。

禪師心目中，佛典並不是字字珠璣。客觀的說，有些字句可能是錯誤的。……雖然禪家否認有絕對正確的語言、以及對真理的命題概念。但是他們也承認從約定俗成的觀點而言，語言文字並不是毫無用處的。在日常生活中，我們需要使用語言的陳述。……禪家警戒學人，切勿從表面意義來解釋經典中的命題，同時他們也主張，如果適當地理解、處理這些命題，則它們可能做為真理的見證，甚至可能提供悟道的機緣。〔註27〕

鄭學禮認為：「不立文字」的禪宗，對於經典當中指涉的命題，基本上並不是排斥的，只是，經教義學必須經過一番的「適當地理解、處理」，才能成為見證真理或提供悟道的機緣。這一見解，大方向上已頗吻合了本文前述關於「教禪一致」說的看法。然而，究竟甚麼途徑才是「適當地理解、處理」？本文第六章第二節二、嘗言及宗密之教禪一致說，乃係「因應於禪宗與華嚴教理的統會需求而誕生」，此乃唐末教禪一致說所特取的處理方式；但這在憨山言，則又有不同，憨山是通過楞伽「說通」、「宗通」一體的方式，來解讀教禪一致；而不論言經「教」或言「禪」悟，憨山都強調：就其洞明本心、實證本心的終極歸趨言，「教」、「禪」是完全一致的。所以，憨山對於經教義學的「適當地理解、處理」，是酌衡於能否切應於自性之實證。

憨山這一重視自性實證之「教禪一致」論點，對後代的影響，延伸到了很多層面。其中，影響層面最廣且深刻的，是重新豁醒了禪行者對於佛教經律論三藏的本體性認知；例如憨山之隔代傳人蕅益智旭，即曾殫盡心腦，披閱大藏經，且於圓寂前之三四月，寫成《閱藏知津》，在〈閱藏知津敘言〉中，智旭說：

竊謂禪宗之有三藏，猶奕秋之有棋子也。三藏之須禪宗，猶棋子之須活眼也。均一棋子也，善奕者則著著皆活，不善奕者則著著皆死。均此三藏也，知佛心者，則言言皆了義；不知佛意者，則字字皆瘡疣。〔註28〕

經律論三藏，如能以「佛心」（即自性本心）貫通，那麼，三藏就是活的。如果不懂得銷歸佛心自性的訣竅，則三藏將只會淪為「字字皆瘡疣」的死物。

〔註27〕鄭學禮撰，釋若學譯〈禪、維根斯坦與新正教神學｜禪宗傳達真理的問題〉，哲學與文化第15卷第4期，頁45。
〔註28〕蕅益智旭《閱藏知津》〈敘言〉，嘉興大藏經第卅一冊，頁771。

智旭之會閱大藏，其實就是憨山「教禪一致」論點的具體落實。

又清代通天澹崖原禪師，駐錫普陀山鎮海寺時，亦嘗謂：

> 或謂我佛有云：吾四十九年住世，未曾說得一字。則烏用三藏十二
> 部一切修多羅也哉？予曰：若言我佛有所說法，則爲謗佛，是人不
> 解佛所說義；若言此經不是佛說，則爲謗經。此大藏之所以貴乎流
> 通也。普陀山鎮海寺，佛成矣，僧集矣，雖同悟教外別傳之旨，而
> 佛法僧三寶，缺一不可。何以言之？禪爲教髓，教爲禪詮，教之與
> 禪，非有二也。〔註29〕

在通天澹崖原禪師的心眼中，佛教之經律論三藏與「教外別傳之旨」，是相資
相成、缺一不可的。由此可見，在憨山之後，佛門行者已普遍認知到禪宗與
經典教義的一致性，而能在觀念上及實際之行動上，接受教禪一致的看法。

其次，憨山此一「教禪一致」論點，因爲證成了「教」與「禪」在取證
本心活動上的一致性，所以，「教」與「禪」便逐漸延伸爲同質性的關係。清
代禪僧普遍均有之「禪即是教」、「教即是禪」見解，即是演化於此。逕庭宗
禪師曾說道：

> 禪即是教，如水成波。教即是禪，似波成水。非教無以明其禪，非
> 禪無以宗其教。珠走盤而盤走珠，縱橫無礙；月映水而水映月，往
> 復何殊？〔註30〕

「教」與「禪」兩者都可通向本心，亦均被視爲本心，而且彼此可以互相印
證、出入無礙，所謂「縱橫無礙」、「往復何殊」者，正代表教禪二者的同質
性關聯。

另外，針對於禪宗在延伸層面上，與各宗義學的結合，「教禪一致」說也
有積極的影響力。例如頻吉祥禪師回答行者「華嚴法界義」時，便以禪家觸
類是道、「破一分無明，顯一分智慧」的實踐方式，據以作答，其語錄曰：

> 承以華嚴法界義，詢愚所解。雲峰住持事繁，居士不妨自詢自解，
> 看他理與事如何，便得無礙。據實而論：事有萬差，理無二致；若
> 言理也，盡十方法界，光皎皎地無些毫過患、無些毫少剩分限無紀
> 記焉。得與一切差別大小長短好惡的事，相融無礙。但時中如此著
> 隻眼，向頭頭法法上恁麼看去，倘一時觸著一事，與理相融了，然

〔註29〕清明德《通天澹崖原禪師語錄》卷二，嘉興大藏經第卅九冊，頁694。
〔註30〕清行淡《逕庭宗禪師語錄》卷上，嘉興大藏經第四十冊，頁44～45。

> 後不須問人，你自知相即門、相入門、相遍門，乃至因陀羅網門，
> 周不涉入。若要更問事事無礙，且待山僧檢點山中一切繁雜的石頭、
> 土地、竹絲、木屑了，緩緩來與汝商量。〔註31〕

通過這種「檢點山中一切繁雜的石頭、土地、竹絲、木屑」之破執顯智的實踐（在憨山言，即是定慧等持、止觀雙運的工夫），禪可以相侔於華嚴，共同趨證於一眞法界性（即憨山之本心），圓說法與法之間互緣融通的事事無礙境界。而這種禪與各宗義學、乃至經律論三藏，在自性實證上的融攝，正是憨山禪學的基本性格，也是其「教禪一致」說的精髓所在。

　　總之，從智旭到頻吉祥，都可以證知他們與憨山一貫相承的脈絡。憨山教禪一致的論點，的確在後世產生了正面的效益。

二、推動「禪淨雙修」的潮流

　　楊白衣〈清代之念佛禪〉文指出，禪與念佛的結合，乃始自佛馱跋陀羅（359～429，譯爲覺賢、覺見、佛賢）來中國譯出《達摩多羅禪經》，提倡「觀佛三昧」之後。〔註32〕而其理論的成熟，則見於永明延壽，施仲謀《永明延壽思想之研究》即認爲，從永明《宗鏡錄》、《萬善同歸集》的撰述，便可判定「禪淨雙修」的基礎，已臻穩固〔註33〕此外，胡順萍《六祖壇經思想之承傳與影響》亦謂，禪宗與淨土之被合併，除著眼於潮流所趨之外，主要還是因爲實踐的需求；禪宗但求明心見性、自心即佛，修道非必在寺，修與不修，亦屬兩邊。淨土與禪宗特重實踐的性格，即是形成禪淨雙修說的重要前提。〔註34〕

　　所以，事實上，憨山之前的「禪淨雙修」，已然蘊蓄了相當基礎。而憨山則是繼續壯大這個趨勢的發展，並給予「禪淨雙修」以禪的體會。就這個角度言，憨山對於後代同樣主張雙修的禪門，實具有重要的導航意義。本文前於第三章之「東山以降之淨土思想」曾指出，憨山、蓮池雖皆主張禪淨雙修，但二人倚重層面並不相同。憨山的路數，是以禪統攝淨，以達到禪淨不分別的一體境界；這種看法，強調禪淨法門均可並行不害，這在後代禪師間較能形成共同的認可，因此，明末清初以後的禪門，基本上都是憨山這一看法的

〔註31〕清德能《頻吉祥禪師語錄》卷十二，嘉興大藏經第卅九冊，頁661。
〔註32〕語見《佛光學報》第6期，頁169。
〔註33〕施仲謀《永明延壽思想之研究》，頁11謂：「宗鏡錄一百卷，是從禪宗立場出發；萬善同歸集，從淨土立場出發。」
〔註34〕語見胡順萍《六祖壇經思想之承傳與影響》，頁153。

延續。例如清人超傑〈淨土詩序〉，即有「禪外無淨土，淨土外無禪」的見解：

> 於禪課暇不欲坐無事。甲裡借文字三昧，顯儒釋一貫之旨，示海內
> 具大眼目者。以見禪外無淨土，淨土外無禪也。〔註35〕

而高峰三山禪師〈彌陀會意〉，亦見「性生不二」之說，代表了清代禪門對於
憨山「禪淨雙修」論的一種正面肯定：

> 伏以性生不二，有生總會於無生。好善攸同，樂善欣從。於行善值
> 天理，初還之候，乃人心向上之時，思返本而歸元，故合裡而作事。
> 〔註36〕

不論是「禪外無淨土，淨土外無禪」或「性生不二」，都足與憨山回歸自性之
「禪淨雙修」說，彼此印證。甚至，包括參話頭的時候，清代禪僧也呼應憨
山這一恢復「本來面目」的雙修論，衡山禪師說道：

> 參禪以提話頭為務，或參父母未生前，或參如何是本來面目，或參
> 念佛是誰，是必二六時中，勤參不歇，方纔契悟自心。豈不是一乘
> 圓頓妙法門、見性成佛真秘典。〔註37〕

由此可見，憨山根據於他個人之禪悟所詮釋的「禪淨雙修」，在後代確有極大
的影響力。

但是，相對於憨山，後代禪師們對於蓮池的禪淨雙修看法，便或有微詞
了；其主要原因，正如本文所陳述者，蓮池的禪淨見解，事實上乃有虛化禪
而專事於淨的用意，而且，他的唯心淨土說，也有走向淨土實有化以及轉成
持名念佛的偏至傾向。清代侶嚴荷禪師就曾經以禪的立場，重新反省蓮池的
禪淨雙修見解：

> 雲棲蓮大師舉自性西方、唯心淨土。拈云：若直指西方，豈但去此
> 過十萬億佛剎為非也！說箇自性，已涉程途，若實談淨土，不惟寶
> 池金地種種莊嚴者非也，饒道唯心，已成垢物。去此二途，畢竟如
> 何是西方淨土？〔註38〕

蓮池之「去此過十萬億佛剎」、「寶池金地種種莊嚴」諸淨土實有化的信念，
實際上暗藏著與其「自性西方、唯心淨土」說距離甚大的矛盾性，所以，後

〔註35〕超傑〈淨土詩序〉，嘉興大藏經第四十冊，頁618。
〔註36〕《高峰三山禪師疏語》卷中〈彌陀會意〉，嘉興大藏經第卅九冊，頁262。
〔註37〕清宗位《衡山禪師語錄》〈示眾〉，嘉興大藏經第卅九冊，頁249。
〔註38〕清成純《侶嚴荷禪師語錄》卷六〈淨土偈〉，嘉興大藏經第卅九冊，頁550。

代類如侶嚴荷之禪者，也不得不對之發出質疑。到最後，質疑就直接演變成一種超越禪與淨土的禪風：

> 永明老人恁麼激揚，大似拗曲作直、旁若無人。山僧則不然：有禪有淨土，常見堅且固；有禪無淨土，猶落在頂墮；無禪有淨土，戀筏何能渡？無禪無淨土，正體堂堂、露卓柱杖。〔註39〕

這是將永明四料簡重新加以解讀，「有禪有淨土」變成是常見執著，只有跳出禪淨山頭的「無禪無淨土」，才是禪家的本來面目。透過此一步驟，又回到了中道觀，剛好接上了憨山自性禪學的融攝通路，又重新歸位於憨山所強調之禪淨不分別的自性境界！

由此可見，憨山自性禪學的確在實踐的路數上面，給予「禪淨雙修」有力的推動。晚明以降，禪門所言之「禪淨雙修」，都深受憨山的影響。

以上，本節係就憨山「教禪一致」及「禪淨雙修」論點在後世的影響，分別臚述。依憨山自性禪學言，此二者皆不離於自性核心，而且呈現的方式也都強調於自性本心的實證體驗。其中，「教禪一致」已將「教」由原先宗密所指稱之諸宗義學，擴大為佛教之經律論三藏，即使今日，佛教界都還渥蒙其流風，其影響不可謂不大。而「禪淨雙修」，由於與雲棲蓮池的主張略有分歧，向不被列為淨宗正統，但是，在禪門之中卻普受正面肯定，因此它的影響力，自亦不容小覷。

第四節　憨山自性禪學之正面價值與內在侷限

釋曉雲法師〈天台止觀如來禪〉嘗謂：

> 近數百年來，由於歷史環境的影響，我國禪宗思想多偏於空性為體，而不重妙有為用。〔註40〕

禪宗談論空性乃是常事，但談「空性」而輕忽了「妙有」，卻是禪宗最容易被垢病的地方。憨山的禪學，基本上也可謂是以「空性為體」的，但是他並不偏廢「妙有為用」的層面，這是憨山自性禪學最值得稱道的正面價值。

然而，就教內義學言，憨山自性禪學亦並非面面俱到，對於戒律思想以及相宗唯識學，憨山均力有未逮。另外，在統攝三教思想時，憨山亦顯露出

〔註39〕清成純《侶嚴荷禪師語錄》卷一，嘉興大藏經第卅九冊，頁535。
〔註40〕語見中華學術院佛教文化研究所《佛教文化學報》第6期，頁2。

禪宗本位的侷限與謬誤，對於儒道思想具有的異質性與多樣性，他並未有足夠的警覺。這以上，便是憨山自性禪學之內在侷限。

一、憨山自性禪學之正面價值

針對以上本文對於憨山自性禪學之論述，我們可以透析出底下三個正面的評價：

（一）強調心靈對於日用平常的提昇價值

憨山禪學當中所意許之自性，正如本文第五章所言，具備了真常、般若，以及真常般若合流的三項特質。此一自性特質，其實也就是一種心靈的特質；如果我們將其搭配在憨山「行住坐臥是道」的實際觀照上來看，那麼這個心靈，將可被賦予具體提昇日用平常的價值。

在憨山體用一致的禪觀當中，這種活潑自在的心靈，經常可以呈現在日常生活當中，一方面顯出它在經驗世界當中的自由開闊（無念、無住、無相），一方面也表現出它具有決定外在環境的力量。例如〈送堅音慈公住金沙東禪寺序〉中，憨山說道：

> 若秉佛心而為住持，即其地為金剛所成，身心寂然，是為入如來室。若以法華為佛種子，則一瞻一禮、舉手低頭，皆為妙行；則一切因緣無非佛事，了無疲厭。若以智焰一心、了達無明，則煩惱不生、諸障自息，日用頭頭，皆真解脫。且公兼持行願、普門二品，以專淨業；苟以大悲為心，則普視同體、冤親等觀，了無人我之相；若以普賢為行，則捐捨身命、以供大眾，滴水普沾，何有一己之私？若以大圓覺為我伽藍，十方聚會，箇箇無為，又何有於子孫之業？公以如是住、如是持、如是安居，則當下轉穢成淨，三學圓於一心，萬行成於一念，所謂佛子住此地，即是佛受用，常在其中經行及坐臥。〔註41〕

「舉手低頭，皆為妙行」、「日用頭頭，皆真解脫」以及「當下轉穢成淨」，都表露了吾人之心靈確有一種提昇生活境界，或將生命境界理想化的妙用。而且，這種生命境界的轉化，就憨山的立場言，並非「靜觀」或心齋坐忘中才能得到，「經行及坐臥」、日常生活當中的任一時任一地，只要心靈能作本體

〔註41〕《憨山大師全集》卷十一〈送堅音慈公住金沙東禪寺序〉，嘉興大藏經第廿二冊，頁 503。

性的轉化，便都可以當下呈現。

特別值得一提的是，憨山處理心靈對於日用平常的提昇時，是通過「三學圓於一心，萬行成於一念」的心心念念而呈現出來的。也就是說，這種生命層境的轉化，必須是不違背於戒、定、慧三學以及六度萬行的。所以，楊惠南先生於〈惠能及其後禪宗之人性論的研究〉指稱惠能後的禪宗（尤指神會之南禪），有明顯「偏離了佛教勸人為善去惡」之傾向；〔註42〕這個憂慮，在憨山的自性禪學中，是不存在的。

當然，這種獨特的心性論，基本上已經是在傳統儒道領域之外，另關蹊徑了。若是對照於一向有強烈道德意向的儒家人性論，它將凸顯出另外一種超越意義的經世智慧；而相較於道家自然無為的虛靜心見解，憨山這種以自性為根柢的心靈觀照，也表達出更進一步之解脫煩惱、了生脫死的豁達與自在。

（二）重視人與萬物的平等性

本文前於第五章第二節三、，曾論述憨山禪學當中極重要之「本體遍在」說，亦即憨山「人與萬物，皆具靈覺之性，此性均賦而同稟者也」所陳述的見解。而細予尋思可知，重心是環繞在人與萬物的「覺性」上面，憨山認為就覺性上來看，人與萬物是平等的。換言之，在憨山的禪學思維當中，先前湛然《金剛錍》中一度被討論的（人的）佛性與（萬物的）法性的問題，已經全部被約化為中道觀底下的「覺性」。從這裡就可以看出來，憨山實際上對於人以外的萬物，是給予了相當高的尊重和肯定。

同樣的原理，亦具見於憨山〈貝葉佛母贊〉中：

> 佛體如空，無處不容，牆壁瓦礫，達之者通。秋水澂澂、朝霞燦燦，
> 影落波心、光浮繁練，識之不見，見之不識。翳目空華、太虛鳥跡。
> 貝葉無文，法身非有，萬壑松聲，作獅子吼。碧眼鬚腮，維摩病骨，
> 漏逗形骸，分明眉目。〔註43〕

以憨山之禪學方法言，只要能順著一心三觀的中道觀來觀照，即令是器世間的「牆壁瓦礫」、「秋水」、「朝霞」、「萬壑松聲」等等之無情生，都可以被佛性化，而成為與主體境界一致的物質呈現。如果以釋恆清教授「《大般涅槃經》的佛性論」文所論陳之「法佛性」及「覺佛性」觀之，則憨山的本體遍在說，

〔註42〕見《哲學與文化》第 14 卷第 6 期，頁 392。
〔註43〕《憨山大師全集》卷十九〈貝葉佛母贊〉，嘉興大藏經第廿二冊，頁 571。

在器世間的層面上，是肯定「法佛性」的。〔註44〕從這個角度來看，憨山對於無情生之器世間所表現的尊重態度，亦是無庸置疑。

正如釋曉雲法師〈禪畫與園林思想〉所言：

> 禪是一種心靈淨化的妙智力，禪亦稱禪智。而此種智力的培養，必少不了自然的幽靜環境；禪的本身，便是自然，而自然的環境，也具有禪的氣氛。〔註45〕

如憨山這般之看待自然萬物，萬物亦隨之「具有禪的氣氛」，的確很有利於禪畫藝術與園林境界的提昇。所以，從人與萬物的平等性當中，憨山禪學可延伸出生活的藝術化境界。

而釋恆清法師〈草木有情與深層生態學〉亦指出，當人對於「有情世界的其他眾生」，乃至「無情世界的草木、國土」，能給予平等的尊重時，那麼，人跟自然界便會成為一個「生命共同體」。在「生命共同體」的意識下，人類將會對自己生活周遭的環境、以及其它非人之生態生命，重新反省，而不再以「萬物之靈的征服者」自居。〔註46〕這種「生命共同體」的體認，在憨山禪學當中，一樣能找到相當正面的支持。

其次，如同楊惠南先生〈從「境解脫」到「心解脫」——建立心境平等的佛教生態學〉一文所擔憂的，《維摩經》「佛國品」之「心淨國土淨」思想，常只是片面性地被體會成「重『心』而輕『境』」、「重『眾生世間』輕『器世間』」的意義。〔註47〕這一點，如果能參考憨山對於萬物乃至器世間的態度加

〔註44〕所以，憨山的看法與釋恆清法師「《大般涅槃經》的佛性論」中所指稱的澄觀看法，是互相吻合的。釋恆清教授該文說道：澄觀將第一義空與智慧，視為佛性的二個屬性。依據這個觀點，澄觀更進一步指出：第一義空屬「佛性『性』」，而智慧屬「佛性『相』」。……若以佛性的二個屬性，來論草木牆壁瓦礫等無情是否有佛性。則澄觀認為：若以性從相，則唯有有情眾生才有佛性；因為他們才有智慧。但草木瓦礫，因為無智慧，故無佛性。而若以相從性而言，因第一義空性，無所不在，則草木瓦礫無不是第一義空。換言之，一切草木瓦礫，無不攝於佛性中。因此，可以說無情亦有佛性；只是其佛性屬於「法佛性」，而不是「覺佛性」。（該文見《台灣大學文學院佛學研究中心學報》第1，頁77。）

〔註45〕語見《哲學與文化》第3卷第1期，頁39。此外，大陸學者魏承恩於《中國佛教文化論叢》第七章「中國佛教藝術與審美」之三『禪宗的藝術審美』，則特別指出禪宗所營造出來的「遠、靜、淡、虛」意境，是中國傳統音樂、書法、園林、盆景、繪畫等藝術，共同之審美理想（見該書P252～254）。

〔註46〕語見《佛教與社會關懷學術研討會——生命、生態、環境關懷論文集》，頁28。

〔註47〕見《佛教與社會關懷學術研討會——生命、生態、環境關懷論文集》，頁198

以解釋，應可從根本觀念上給予導正。

所以，憨山自性禪學之中，重視人與萬物的平等性，以及強調對於無情生的一體觀照，在各方面的評價上，都是被肯定的。

（三）貫徹知行一致的生活

禪宗重視頓悟，宗杲看話禪尤其將頓悟視為參究公案的目的。但是，就憨山禪學的立場來看，頓悟僅只是修行整體的一部份而已，他認為頓悟之後，不論是理論上之悟或是自性上之悟，都必須再回到實際生活當中，以求印證知行之一致。所以，憨山在〈答鄭崑巖中丞〉與〈答王于凡〉中，分別指出：

1、于一切境緣上，以所悟之理，起觀照之力，歷境驗心。融得一分境界、證得一分法身；消得一分妄想、顯得一分本智。……若將心待悟，即此待心，便是生死根株。〔註48〕

2、如今說要參禪頓悟了生死，請自討量：果能一念頓斷歷劫煩惱如斬亂絲否？若不能斷煩惱，縱能頓悟，亦成魔業，豈可輕視哉。從上諸祖頓悟，亦從多生積功漸修中來。故頓悟一著，說則似易，其實為難。苟無二三十年死心工夫，如何得向熱惱中一念頓悟？〔註49〕

在憨山的思路當中，頓悟始終是與漸修相伴隨的，所以頓悟並不是修行歷程的結束；而且，依照憨山頓悟漸修一體的見解，一個人即使開悟之後，仍必須「積功漸修」、「歷境驗心」，與實際的生活搭接在一起，才能持續敞開禪悟的境界。這種看法，便可延伸為一種強調知行一致的價值觀。

於是，就這一意義上著眼，憨山禪學其實已很能糾正向來一般人，對禪宗開悟者抱持著「無事道人」、「無修無為」等不用著力於修證的錯誤表象。而且，也能進而防杜部份只想以概念解讀禪宗，卻不思具體實證者的偏差心態。在〈答鄭崑巖中丞〉文中，憨山指出：

～199。楊惠南先生原文謂：《維摩經》「佛國品」之淨土思想有兩層：1、如欲「心解脫」，必須先「境解脫」。要讓內心煩惱徹底除去，必須先讓外在世界清淨無染。2、如果想要「境解脫」就必須「心解脫」。如果要讓外在的世界清淨無染，必須先去除內心心靈裡的煩惱。這是「隨其心淨則國土淨」。目前台灣佛教環保運動重「心」而輕「境」，重「眾生世間」輕「器世間」傾向，只看到第2。

〔註48〕《憨山老人夢遊全集》卷一〈答鄭崑巖中丞〉，嘉興大藏經廿二冊，頁730。

〔註49〕《憨山大師全集》卷九〈答王于凡〉，嘉興大藏經廿二冊，頁479。

說禪說教，無非隨順機宜破執之具，元無實法與人。所言修者，只是隨順自心，淨除妄想習氣影子，於此用力，故謂之修。若一念妄想頓歇，徹見自心本來圓滿，光明廣大，清淨本然，了無一物，名之曰悟。〔註50〕

「一念妄想頓歇」之悟，與「隨順自心，淨除妄想習氣」之修，是合而為一、同時並行的。所以，這使得憨山禪學遠離了步虛蹈空的危險，而有與現實生活相互印證結合、達到知行一致的積極意義。

傅偉勳〈胡適、鈴木大拙與禪宗真髓〉文，曾批評鈴木大拙有誤導世人進入「頓悟為禪宗訓練的結束」的歧途，〔註51〕就憨山知行一致的價值觀來看，憨山是可以避免這樣的譏評的。

二、憨山自性禪學之內在侷限

而相對於正面的評價，在憨山自性禪學之中，我們也發現底下諸項缺點：

（一）律學與唯識學的不足

憨山雖然主張「教禪一致」、「性相合會」，但是，實際上對於戒律學的認識，仍僅充斥膚泛的常識性體會，在他的存世著作當中，亦絕無戒律學的專著。憨山之隔代法裔藕益智旭，於〈紫竹林顓愚大師爪髮衣缽塔誌銘〉中，曾載錄了一段憨山與顓愚法師間，關於「授戒法」的對談：

師（顓愚）曾以授戒法問憨大師（即憨山），大師答云：老朽未閱律部，於諸戒相，實未細詳。今惟遵《梵網》，以心地法門為宗，以十重為要其，四十八輕亦未能細說。……近時學人，識淺心麤、多虛少實，求其果能精持如古人者，所未易見；而弘律者，原非學人，事多杜撰，難可為準。公處若有藏經，幸一詳檢律部，有以示我。望之！望之！〔註52〕

在這段文字當中，憨山以自己的「未閱律部，於諸戒相，實未細詳」，向顓愚表達其對戒律學領域的理解，實仍十分有限，對於詳細的「四十八輕」戒，甚至根本無力細說云云。而另外，在憨山的〈自贊〉詩中，也道出了十餘年

〔註50〕《憨山大師全集》卷一〈答鄭崑巖中丞〉，嘉興大藏經廿二冊，頁385。
〔註51〕見傅著《從西方哲學到禪佛教》，頁340。
〔註52〕《靈峰藕益大師宗論》卷八之三〈紫竹林顓愚大師爪髮衣缽塔誌銘〉，嘉興大藏經卅六冊，頁396。

流戍生涯中，未能嚴持戒律威儀的無奈：

> 心非在家，形還混俗，眼裡有珠，胸中無物。聞名時是是非非，見
> 面後嚷嚷咄咄……非俗非僧，不真不假，肝膽冰霜，形骸土苴。一
> 味癡憨，萬般瀟灑。……少小自愛出家，老大人教還俗。若不恆順
> 世緣，只道胸中有物。聊向光影門頭，略露本來面目。鬚髮苦費抓
> 搔，形骸喜沒拘束。……心不在髮，形不在僧，人不足道，名不足
> 稱。百無可取，一味可憎。……少小出家，老大還俗，裝憨打癡，
> 有皮沒骨。不會修行，全無拘束。〔註53〕

在雷陽流戍期間，憨山雖然心中還緊守著自己是個出家眾的念頭，但終究身
處於是非嚷咄的牢營之中，只好入境隨俗、蓄留鬚髮。於是，就成了「非俗
非僧」的特異形象了。而且，「鬚髮苦費抓搔，形骸喜沒拘束」，這個時候的
憨山，在威儀細行上面可能也無法顧及。這些因素，是否決定性的影響憨山
對於律學的粗疏，亦難下定論，但是，在憨山主張「三學並重」的背後，我
們卻往往只見「定慧等持」的突顯，在他的自性禪學當中，戒律學確實是最
弱的一環。

其次，在唯識學部份，憨山有〈性相通說〉傳世，根據憨山的說法，他
是依《起信論》為會通百法名門的準據，〔註54〕他說：

> 窺基舊解，以論釋之學者難明，故但執相，不能會歸唯心之旨。予
> 因居雙徑寂照，適澹居鎧公請益性相二宗之旨，予不揣固陋，先依
> 《起信論》會通百法，復總論義，以此方文勢消歸於頌。使學者一
> 覽了然易見，而參禪之士，不假廣涉教義，即此可以印心。〔註55〕

憨山〈性相通說〉使用《起信論》的角度，作為詮釋天親《八識規矩》、《百法
論義》的基礎，是產生爭議的所在。由於《起信論》本來就是將真常心融入唯
識學的代表作，所以在〈性相通說〉當中，憨山解釋八識百法，便無不以匯歸
真常自性為依歸。如此一來，傳統的相宗學者，可能就不易認同了。藕益智旭

〔註53〕《憨山大師全集》卷廿〈自贊〉，嘉興大藏經第廿二冊，頁587〜588。

〔註54〕憨山認定之唯識，是《起信論》的唯識。所以，他的重心只放在真常自性的
強調上面，對於唯識發展出來的淨化佛土之無住涅槃境界，憨山並不關心。
葉阿月〈唯識思想的對治煩惱說──以四念住與四聖諦為中心〉謂：「佛教唯
識哲學的最高理想，是一種與世界和平有關的『安樂幸福』的涅槃境界。就
是淨化佛國土的無住處涅槃境界。」在憨山禪學中，沒有這種涅槃境界的論
述，葉語見《台灣大學文史哲學報》第28期，頁1。

〔註55〕《憨山大師全集》卷卅四〈性相通說〉，嘉興大藏經第廿二冊，頁664。

後來在寫給錢謙益的信中，就很不客氣的批判憨山的〈性相通說〉，他說：

> 憨大師性相通說，久爲教家嗤笑。〔註56〕

智旭自己雖然不是正統的相宗學者，但是在《成唯識論觀心法要》中也指出：

> 萬法唯識，雖驅烏亦能言之。逮深究其旨歸，則耆宿尚多貿貿！……
>
> 自古疏失傳，人師異解，文義尚訛，理觀奚賴？鈍者既望洋而退，
>
> 利者復蔑裂而求。〔註57〕

他並沒有明確說出「耆宿尚多貿貿」，「人師異解，文義尚訛」且「蔑裂而求」者，所指的是那些人，但是，憨山恐怕是嫌疑最大的！

（二）自性真常心的泛濫使用與對於易理之陌生

其次，憨山禪學在統攝儒道的三教合一論當中，也產生了弊端。其中最嚴重者，莫過於以他的自性說，做爲一種放諸四海皆準的環中道樞；憨山爲要自圓其說，往往亦有忽略三教本質差異、削足適履的情事發生。例如〈示劉平子〉文中，憨山就將孟子「求放心」所求的四端之心，當成明心見性底下的眞常心：

> 子輿有言：學問之道無他，求其放心而已矣。雖然，亦有心未嘗不
>
> 求而問學不明者，何也？病在不放之放，求而不求，依稀彷彿，視
>
> 之爲匹似閒耳。苟知不放之放，則自不放；求之無求，則爲眞求。
>
> 子輿氏見性明心，單傳直指處，唯此而已。有志向道，以此爲準。
>
> 〔註58〕

於是，原來孟子心性論當中所具備的仁義禮智的道德義涵，就全被禪宗的自性本心所替代，這對於儒家言，當然是一種不相應的體會。此外，憨山對於儒佛本體論之不同，也有底下堪稱異數的看法：

> 若究心性之精微，推其本源：禪之所本，在不生滅；儒之所本，在
>
> 生滅。故曰：生生之謂易。此儒釋宗本之辨也。〔註59〕

他認爲禪宗根據的本體是「不生滅」的，這一點是符合其自性說的。但是，將儒家所稟藉的道德良知，草率地套上「生滅」的判斷，並以「生生之謂易」說明它，就很清楚地暴露了憨山對於儒家本體論的陌生以及對於易理的不瞭解。

〔註56〕見《靈峰藕益大師宗論》卷五之二〈復錢牧齋〉，嘉興大藏經第卅六冊，頁343。

〔註57〕藕益智旭《成唯識論觀心法要》，嘉興大藏經第卅六冊，頁107。

〔註58〕《憨山大師全集》卷一〈示劉平子〉，嘉興大藏經廿二冊，頁399。

〔註59〕《憨山大師全集》卷一〈示李福淨〉，嘉興大藏經廿二冊，頁405。

事實上，易經創生不已的觀念，與憨山「生滅」二字距離甚遠；而且，儒家的良知本體，也不適用於「生滅」的定義。陳榮波先生〈易經離卦與曹洞禪〉文，就曾經結合了易經離卦的本義，推衍出曹洞宗之微言大義，他說：

> 從易經離卦本義闡明曹洞禪的微言大義：1、具有光明正大的涵義。2、具有謙柔圓融的涵義。3、具有生生不息的涵義。4、具有中正和諧的涵義。5、具有悲天憫人的涵義。〔註60〕

由此可見，易經的本卦、之卦，乃至各種正反卦義的衍伸，都是可以表達諸多含意的。蕅益智旭甚至就曾撰寫《周易禪解》，巧妙綰合易經與禪宗。夏金華「蕅益大師與《周易禪解》」文，便認為智旭能「將六爻時位與佛教修行階次，巧妙地加以配合，相互印證，發揮發展」，不論就易學史或就中國佛教史而言，都深具於重要意義。〔註61〕而很明顯的，憨山對於易理之陌生，在其自性禪學上是很大的遺憾，連帶著的是，造成他對於儒家的創生意義之道德良知，也無門而入。

（三）三教觀流於本位主義

另外，憨山運用他的禪學立場以統攝三教的看法，也凸顯出本位主義的侷限，其中，他將三教入門工夫，全部約化為「破我執」的做法，便有明顯的削足適履之嫌：

> 若夫老子超出世人一步，故專以破執立言，要人釋智遺形、離欲清淨。然所釋之智乃私智，即意必也；所遺之形，即固我也；所離之欲，即己私也；清淨則廓然無礙如太虛空，即孔子之大公也。是知孔老心法，未嘗不符，第門庭施設，藩衛世教，不得不爾。以孔子專於經世，老子專於忘世，佛專於出世。然究竟雖不同，其實最初一步，皆以破我執為主。〔註62〕

〔註60〕語見《華岡佛學學報》第4期，頁236～238。

〔註61〕語見《圓光佛學學報創刊號》，頁265。夏金華文謂：「《周易》六十四卦，每卦六爻的時位，可以表示諸多含意。蕅益獨具慧眼，抓住其中顯示事物發展過程的幾個卦（「乾卦」最為典型），將六爻時位與佛教修行階次，巧妙地加以配合，相互印證，發揮發展。既體現了諸卦六爻所表示的螺旋式上升的發展過程，又顯現行者在修心征途中出現的失誤而遭挫折的情形。卦爻選擇適當、文字表達確切精彩，值得稱道。根據現有材料來看，蕅益在這方面的探索，可以說是空前絕後。這不僅在易學史上是特有的現象，在中國佛教史上亦具有重要意義。」

〔註62〕《憨山大師全集》卷卅〈道德經解發題〉「發明工夫」，嘉興大藏經第廿二冊，頁648。

依憨山之理路，雖然儒道佛分別有「經世」、「忘世」、「出世」諸取向之差異，但揆其實，入手工夫卻都是一樣的。引文中，憨山將老子的「釋智遺形、離欲清淨」與孔子「毋意毋必毋固毋我」相比對，以統一「孔老心法」的方式，說明了儒道在蠲除我見、我愛、我癡、我慢的方向上的一致性。而這個方向，順憨山的想法，一律都被視爲是破我執的一種實踐。憨山在大部份談及三教實踐工夫的論述上，幾乎都千篇一律地主張如此的看法。例如底下的文字，憨山甚至就將破執之後的「無我之體」以及緣無我而起用的「利生之用」，作爲三教共通的體用論，這樣的見解相當特殊：

> （三教聖人）體用皆同，但有淺深小大之不同耳。若孔子果有我，是但爲一己之私，何以經世？佛老果絕世，是爲自度，又何以利生？是知由無我方能經世，由利生方見無我。其實一也。……是知三聖無我之體、利生之用皆同。〔註63〕

這套出世間融入世間的體用說，用以形容憨山自性禪學，是十分恰當的。但是三教之間，是否可眞如憨山這樣的體用說貫穿？便是問題重重了。如以勞思光《中國哲學史》第一卷〔註64〕用「德性我」、「情意我」分判儒道的路徑言之，則儒家德性本體所開展出來的禮樂文明之用，與道家情意本體所延伸出來的欣趣逍遙之用，便已極難求其一致了。更何況憨山亟欲將儒道的本體同化爲禪宗的「無我之體」，以「利生之用」通說於三教？憨山這種本位主義的三教觀，很明顯地，確有削足適履之嫌。

　　由於憨山自性禪學，本來就是對應於晚明禪門衰頹所引發出來的一種徹底反省與革新，所以，憨山自性禪學的長處以及侷限，在禪門衰頹此一現實的襯托下，都可以清楚地表現出來。而由上述對於憨山自性禪正負評價的探討，我們有充份的理由肯定憨山對於「妙有」的重視態度，絕對足以規避釋曉雲「禪宗思想多偏於空性爲體，而不重妙有爲用」的指責。當然，憨山自性禪的內在侷限也很明顯，特別是以自性爲核心的三教論點，更嚴重地漠視了儒道二家的異質性與多樣性，這對於他自己所極力邁向之「三教合一」的新思考而言，其實反而是一沉重的阻礙！

〔註63〕《憨山大師全集》卷卅〈道德經解發題〉「發明體用」，嘉興大藏經第廿二冊，頁 649。

〔註64〕見該書 P223。

第五節　總　結

　　憨山所處的時代，正值朱明皇朝之政權中心最踉蹌顛簸的時期，嚴嵩與魏忠賢之先後亂政、東林黨人的抗爭乃至全數犧牲，以及礦稅加派之荼毒黔首生民，最後終於導致民變流氛之四方蜂起，這些狂燃竄行的時代動盪，都可能是誘發憨山重返禪源，回歸於吾人之眞常自性，以重振「明心見性」之宗風的重要動力。其次，以當時之三教格局言，陽明心學已演變成了左派與右派的爭執，道教也久已衰頹、乏人聞問，而禪門「多瓜印子」式的濫禪風以及行者之習於玩弄文字知見、不重修證之積弊，乃至朱明政權對宗教活動的外在制約，這些環境因素，也是促發憨山重返內心、重新思索人類主體性問題的一種增上緣。所以，當憨山一旦際會於「性相融合」的理念，又搭接上教內、教外之思想融匯潮流，那麼，以自性爲主題之憨山自性禪的提出，便絲毫不令人感到意外。以上這些敘述，即本文在第二章所論介的基本課題。

　　其次，若由晚明禪學趨向觀之，儒釋道「三教合一」的呼聲以及臺賢禪淨融匯整合的潮流，正好也就是型塑憨山自性禪學的最好資料。因此，本論文在第三章部份，針對憨山自性禪學所對應的禪門義理趨向，作比較縱向的深入剖析；其中，儒家思想、道家思想、華嚴思想、天台思想、淨土思想諸層面，在憨山之全盤思想體系中，都各自佔有相當重要的份量，然而，它們卻也是向來令學者望而不前的處女地。在這一章當中，本論文即通過憨山自性禪學「思想淵源」的通路，嘗試做出初步的接觸。筆者期望這一章，能在未來更予擴延，做爲繫連憨山各層面思想的基點。

　　至於本文第四章部份，處理的重點則是在於抽繹憨山自性禪的方法論。在這一章當中，本文扣緊「自性」的主題，針對憨山禪學在自性上的種種本體性轉化，分別論介了「止觀雙運、定慧等持」、「即本體即工夫」兩種型態之禪學方法；又從自性所延伸之融攝思維模式之中，分別點出「中道觀」、「二諦相即圓融」之方法論來。這些看似支離的禪學方法，並非各自獨立，在憨山自性禪學之實際運作當中，它們是彼此互相伸舒連貫的共同體。

　　再者，因爲憨山承循了「不立文字」的禪者風格，認爲自性本身就是一個萬德具足的事實，毋須加上任何說明（同時這種說明也是隔靴騷癢、不切實際），這使得他的禪學觀點，普遍呈現出論證程序缺乏的問題。更因爲憨山自己之反對依知見概念繞路說禪，這也使得他的法語開示，往往更接近於一種主觀境界語，在學術處理上，這樣的語言，實在很難成立爲理性論據。所

以，為了尋找出一套詮釋憨山自性禪學之最佳通路，本文首先約化式地整理出憨山自性禪學的方法論，並在憨山禪學的「本體論」及「工夫論」兩章之中，特意地通過憨山之本體、工夫特質，回溯於傳統之佛教理論，借用這些深植於憨山自性禪學底層之傳統教義教理，將憨山原來潛存之禪學義理，逐一地彰顯出來。至於「本體論」與「工夫論」的區別，僅是形式上的，此種區別只是為了清楚說明憨山自性禪學底蘊的一種學術性意義之方便，在憨山的實修活動中，二者根本是體用一如的關係。

雖然就嚴密的推論程序言，憨山自性禪學並沒有足夠形成系統的理論組織，但是，凡最純粹的東西，一定也最經得起表達。所以，本文大膽地以自性為主軸，分依「方法論」、「本體論」、「工夫論」做為貫串其自性禪學的依據，這正是代表著筆者個人對於解讀憨山自性禪的一種嘗試性之表達方式。當然，一個觀念可以被提出，未必一定要被接受，主要取決因素，應是衡酌於它在學術詮釋的適用性，是否能與它處理的對象，完全印合。而筆者深信，本文推薦的這一以自性為核心之三論合一的理論系統，不但能補足憨山自性禪學知性建構之不足，也能符合並解讀憨山之自性禪學、豁顯其特質。甚至，將來如欲廣開視野，對於憨山思想做更進一步的意義探求，也可以此為基石。

所以，對於類如「唯心識觀」、「禪淨雙修」、「教禪一致」……等論題，過去的論文處理方式，往往僅停留在憨山的思想表層，不能登堂入室。在本論文之中，則都通過自性的論點，給予深入的闡示。而以往學者之普遍迷信於依據禪者之宗門法脈，而抉斷該禪者得失、風格的做法，在本論文之中，幾乎已予揚棄；原因無它，因為憨山住世之時，就已是個「法嗣不詳」、法脈身份難予界定的人物，更何遑今日要對憨山做任何之宗門系統的理解！所以，筆者這篇論文，絕異於過去所有的禪宗論文的地方，便在於直接跳開禪宗法脈傳承的盤根錯節，而將全副精力貫注在「以自性為中心」的憨山禪學上面，筆者認為這才是研究憨山自性禪學時，最應該傾力投資的地方！

當然，這篇論文在進行當中，也遭遇了不少困難。其中，憨山對於「自性」的使用，往往在前後文中，會統攝性地混用了不同的自性特質（即「真常之自性」、「般若之自性」、「真常與般若合體之自性」），不易釐清。這一點，令人十分困擾（也是本文撰寫時，前後數次大改動的主因）。本來，在學術研究的前提上，我們應該以很嚴格的角度去分析它、以鑽研不懈的方式去深化其內涵；但是，這對於憨山的自性本體乃至禪學，卻恰足以造成風馬牛不相

及的謬誤。何以故？因為，憨山的自性，原本就是一種融攝的使用，後人強以理性儼予區界，不但不能夠相應表達其本體論，即連進入其禪學也都將困難重重。所以，本文在第五章中，雖然用了一部份篇幅，處理了憨山自性禪學之本體論基礎，也透析了憨山「自性」的特質與義理架構；然而，那亦僅是基於學術處理上的必要程序，在第五章緊隨其後的發展，本文則是更大篇幅地臚述此一自性之種種動向轉化，筆者謹依於憨山對本體之融攝性運作，完全順著他的原始使用模式，以遊弋於教內外之各種思想領域中。事實證明：這種「不理性」的處理方式，反而能得到最理想的學術效果，而且，它也是最能挺顯憨山自性禪學風貌的一種進路。

另外一個困擾，則是受限於本文的處理格局，無法對於憨山豐富之全盤思想，做鉅細靡遺的整體掌握。譬如憨山器識宏偉之人間佛教思想，本文只能順著「自性」的裙角，以旁觀的方式，一筆帶過；而一向最被忽視的密教大圓滿思想，筆者原來曾列為專章加以深入討論，卻礙於全文之完整性，忍痛割捨！其他，如憨山之圓覺思想、楞嚴思想、頭陀思想，乃至人生觀、宇宙論、政治哲學、教育哲學，筆者都極感興趣，然或因其與部份章節之同質性太高而加以沙汰排除，或基於論題之緊湊考量而未予處理。這些都是本論文在撰寫過程中，筆者深感扼惜之處。當然，此般遺珠之憾，希望在不久之將來，都能陸續完成，而不致抱憾終身。

筆者嘗想：憨山在晚明那麼無望的悲苦時代之中，猶能重返主體而提出「禪」就是「心之異名」的主張，「心」，或許正是憨山亟欲在人類世界中，點亮的一盞明燈吧！際此亂世，真理總在明滅之間，苟吾人均能點燃此心中明燈，那麼，家國天下，或當有另外一番新氣象！

引用及參考書目

（一）大藏經部份（依出版時間先後排列）

1. 華嚴綱要，唐澄觀疏義，明德清提挈，卍續藏經之「中國撰述，大小乘釋經部」十二冊～十四冊，新文豐，66年版。

2. 圓覺經直解，明德清解，卍續藏經之「中國撰述，大小乘釋經部」十六冊，新文豐，66年版。

3. 楞嚴經懸鏡，明德清述，卍續藏經之「中國撰述，大小乘釋經部」十九冊，新文豐，66年版。

4. 楞嚴經通議提綱略科，明德清排訂，卍續藏經之「中國撰述，大小乘釋經部」十九冊，新文豐，66年版。

5. 楞嚴經通議，明德清述，卍續藏經之「中國撰述，大小乘釋經部」十九冊，新文豐，66年版。

6. 觀楞伽經記，明德清述，卍續藏經之「中國撰述，大小乘釋經部」廿五～廿六冊，新文豐，66年版。

7. 楞伽經補遺，明德清述，卍續藏經之「中國撰述，大小乘釋經部」廿六冊，新文豐，66年版。

8. 金剛經決疑，明德清述，卍續藏經之「中國撰述，大小乘釋經部」卅九冊，新文豐，66年版。

9. 般若心經直說，明德清述，卍續藏經之「中國撰述，大小乘釋經部」四十一冊，新文豐，66年版。

10. 法華經擊節，明德清述，卍續藏經之「中國撰述，大小乘釋經部」四十九冊，新文豐，66年版。

11. 法華經通義，明德清述，卍續藏經之「中國撰述，大小乘釋經部」四十九冊，新文豐，66年版。

12. 起信論直解，明德清述，卍續藏經之「中國撰述，大小乘釋經部」七十二冊，新文豐，66年版。

13. 百法明門論論義，明德清述，卍續藏經之「中國撰述，大小乘釋經部」七十六冊，新文豐，66 年版。

14. 肇論略注，明德清述，卍續藏經之「中國撰述，三論宗著述部」九十六冊，新文豐，66 年版。

15. 八識規矩通說（附六祖大師智頌解），明德清述，卍續藏經之「中國撰述，法相宗著述部」九十八冊，新文豐，66 年版。

16. 紫柏尊者全集，明德清閱，卍續藏經之「中國撰述，史傳部」一百廿六～一百廿七冊，新文豐，66 年版。

17. 憨山老人夢遊集，侍者福善日錄，門人通迴編輯，卍續藏經之「中國撰述，史傳部」一百廿六～一百廿七冊，新文豐，66 年版。

18. 八十八祖道影傳贊，明德清述，高承埏補，卍續藏經之「中國撰述，史傳部」一百四十七冊，新文豐，66 年版。

19. 觀楞伽阿跋多羅寶經記，明德清述，佛教大藏經一百廿六冊（總目第 2350 種），佛教出版社，72 年版，新文豐，66 年版。

20. 大乘百法明門論義，明德清述，佛教大藏經一百四十三冊（總目第 2496 種），佛教出版社，72 年版，新文豐，66 年版。

21. 文殊師利所說摩訶般若波羅蜜經，梁曼陀羅仙譯，磧砂大藏經五冊，新文豐，76 年版。

22. 妙法蓮華經，姚秦鳩摩羅什譯，磧砂大藏經九冊，新文豐，76 年版。

23. 維摩詰所說經，姚秦鳩摩羅什譯，磧砂大藏經九冊，新文豐，76 年版。

24. 楞伽阿跋多羅寶經，宋求那跋陀羅譯，磧砂大藏經十冊，新文豐，76 年版。

25. 中論，姚秦鳩摩羅什譯，磧砂大藏經十六冊，新文豐，76 年版。

26. 十二門觀論，姚秦鳩摩羅什譯，磧砂大藏經十六冊，新文豐，76 年版。

27. 百論，姚秦鳩摩羅什譯，磧砂大藏經十六冊，新文豐，76 年版。

28. 攝大乘論，唐玄奘譯，磧砂大藏經十六冊，新文豐，76 年版。

29. 高僧傳，梁慧皎撰，磧砂大藏經卅冊，新文豐，76 年版。

30. 弘明集，梁僧佑撰，磧砂大藏經卅冊，新文豐，76 年版。

31. 廣弘明集，唐道宣撰，磧砂大藏經卅冊，新文豐，76 年版。

32. 宗鏡錄，宋延壽撰，磧砂大藏經卅五冊，新文豐，76 年版。

33. 天目中峰和尚廣錄，元明本集，磧砂大藏經卅七冊，新文豐，76 年版。

34. 六祖大師法寶壇經，元宗寶編，嘉興大藏經一冊，新文豐，76 年版。

35. 修習止觀坐禪法要，隋智顗述，嘉興大藏經三冊，新文豐，76 年版。

36. 大乘止觀法門，陳慧思撰，嘉興大藏經三冊，新文豐，76 年版。

37. 金剛錍，唐湛然撰，嘉興大藏經第四冊，新文豐，76 年版。

38. 大方廣佛華嚴經綱要，唐澄觀撰述，明德清提挈，嘉興大藏經十四冊，新文豐，76 年版。

39. 妙法蓮華經通義，明德清述，嘉興大藏經十六冊，新文豐，76 年版。

40. 大方廣圓覺修多羅了義經直解，明德清解，嘉興大藏經十八冊，新文豐，76 年版。

41. 大乘起信論疏略，明德清纂略，嘉興大藏經十九冊，新文豐，76 年版。

42. 肇論，後秦僧肇作，嘉興大藏經廿冊，新文豐，76 年版。

43. 周易禪解，明智旭著，嘉興大藏經廿冊，新文豐，76 年版。

44. 紫柏老人集，明紫柏眞可著，憨山編集，嘉興大藏經廿二冊，新文豐，76 年版。

45. 憨山大師全集，福善日錄，通炯編輯，嘉興大藏經廿二冊，新文豐，76 年版。

46. 憨山老人夢遊全集，福善日錄，嘉興大藏經廿二冊，新文豐，76 年版。

47. 憨山老人年譜自敘實錄，福善記錄，嘉興大藏經廿二冊，新文豐，76 年版。

48. 紫柏尊者別集，明紫柏眞可著，嘉興大藏經廿三冊，新文豐，76 年版。

49. 頓悟入道要門論諸方門人參問語錄，唐大珠慧海撰，嘉興大藏經廿三冊，新文豐，76 年版。

50. 正法眼藏，宋宗杲集，嘉興大藏經廿三冊，新文豐，76 年版。

51. 五燈會元，宋普濟著，嘉興大藏經廿四冊，新文豐，76 年版。

52. 八十八祖道影傳贊，明德清述，嘉興大藏經卅一冊，新文豐，76 年版。

53. 莊子內篇註，明德清註，嘉興大藏經卅一冊，新文豐，76 年版。

54. 閱藏知津，明智旭彙輯，嘉興大藏經卅一、卅二冊，新文豐，76 年版。

55. 雲棲法彙，明袾宏著，嘉興大藏經卅二、卅三冊，新文豐，76 年版。

56. 成唯識論觀心法要，明智旭著，嘉興大藏經卅六冊，新文豐，76 年版。

57. 靈峰蕅益大師宗論，明智旭著，嘉興大藏經卅六冊，新文豐，76 年版。

58. 侶巖荷禪師語錄，清成純編，嘉興大藏經卅九冊，新文豐，76 年版。

59. 高峰三山禪師疏語，清性統編集，嘉興大藏經卅九冊，新文豐，76 年版。

60. 衡山禪師語錄，清宗位編集，嘉興大藏經卅九冊，新文豐，76 年版。

61. 通天澹崖原禪師語錄，清明德編集，嘉興大藏經卅九冊，新文豐，76 年版。

62. 頻吉祥禪師語錄，清德能編集，嘉興大藏經卅九冊，新文豐，76 年版。

63. 空谷道澄禪師語錄，清德儒編集，嘉興大藏經卅九冊，新文豐，76 年版。

64. 博山無異禪師廣錄，清弘瀚、弘裕編集，嘉興大藏經四十冊，新文豐，76 年版。

65. 天然居士懷淨土詩，清朱道則撰，嘉興大藏經四十冊，新文豐，76 年版。

66. 逕庭宗禪師語錄，清行淡編集，嘉興大藏經四十冊，新文豐，76 年版。

67. 憨山大師夢遊全集（影印卍續藏），藍吉富編，禪宗全書第 51 冊，語錄部（16），文殊，78 年版。

68. 大慧普覺禪師語錄，佛光大藏經「禪藏」之語錄部，佛光，78 年版。

（二）專書部份（依出版時間先後排列）

1. 晚明思想史論，嵇文甫撰，商務，33 年版。

2. 明代思想史，容肇祖撰，開明，51 年版。

3. 禪宗的教育思想與實踐，蔡金濤撰，55 年中國文化學院哲學研究所碩士論文。

4. 禪學與明代心學，黎金剛撰，61 年台北師範大學國文研究所碩士論文。

5. 曹洞宗的五位宗旨研究，陳榮波先生撰，61 年台灣大學哲學研究所碩士論文。

6. 大乘起信論人生論之研究，趙儀文撰，63 年臺灣大學哲學研究所碩士論文。

7. 魏晉清談及其玄理究要，林顯庭先生撰，63 年東海大學中文研究所碩士論文。

8. 大乘止觀述記，釋勝觀撰，新文豐，64 年版。

9. 六祖壇經研究論集，張曼濤主編，現代佛教學術叢刊之 1，大乘文化，65 年版。

10. 禪學論文集，張曼濤主編，現代佛教學術叢刊之 2，大乘文化，65 年版。

11. 禪學論文集，張曼濤主編，現代佛教學術叢刊之 3，大乘文化，65 年版。

12. 中國哲學現代觀，李日章撰，三信，66 年版。

13. 大乘止觀啟蒙，釋普行撰，鼓山寺，66 年版。

14. 莊子讀本，黃錦鋐先生撰，三民，66 年版。

15. 王陽明全集，王守仁撰，河洛，67 年版。

16. 中國佛教史論集（六）明清佛教史論，張曼濤主編，現代佛教學術叢刊之 15，大乘文化，67 年版。

17. 華嚴思想論集（華嚴學專集之二），張曼濤主編，現代佛教學術叢刊之 33，大乘文化，67 年版。

18. 大乘起信論與楞嚴經考辨，張曼濤主編，現代佛教學術叢刊之 35，大乘文化，67 年版。

19. 禪宗思想與歷史（禪學專集之六），張曼濤主編，現代佛教學術叢刊之 52，大乘文化，67 年版。

20. 魏晉南北朝佛教小史，黃懺華等著，大乘文化，68 年版。

21. 春秋經傳集解，杜預撰，新興，68 年版。

22. 日知錄，顧炎武撰，明倫，68 年版。

23. 周易王弼、韓康伯注，新興，68 年版。

24. 莊子今註今譯，陳鼓應撰，商務，69 年版。

25. 中國哲學史（一～三卷），勞思光撰，香港中文大學崇基學院，69 年版。

26. 王陽明致良知教，牟宗三先生撰，中央文物供應社，69 年版。

27. 禪與生活，鈴木大拙撰，劉大悲譯，志文，69 年版。

28. 禪與心理分析，鈴木大拙、佛洛姆合著，孟祥森譯，志文，69 年版。

29. 大乘起信論如來藏緣起思想之探討，尤惠貞撰，69 年台灣大學哲學研究所碩士論文。

30. 中庸論文資料彙編，國立高雄師範學院國文系編，復文，70 年版。

31. 大學論文資料彙編，國立高雄師範學院國文系編，復文，70 年版。

32. 大乘起信論新釋，湯次了榮撰，豐子愷譯，天華，70 年版。

33. 老子王弼註，王弼撰，復文，70 年版。

34. 國史新論，錢穆撰，三民，70 年版。

35. 焚書，李贄撰，河洛，70 年版。

36. 明清思想家論集，王煜撰，聯經，70 年版。

37. 佛教因明學概論，釋聖博撰，大乘精舍，70 年版。

38. 明朝史略，李光璧撰，帛書，71 年版。

39. 論語的人格世界，曾昭旭先生撰，尚友，71 年版。

40. 中國佛學思想概論，呂澂撰，天華，71 年版。

41. 楞伽大義今釋，南懷瑾先生撰，老古，70 年版。

42. 明儒學案，繆天綬選註，商務，71 年版。

43. 朱子哲學思想的發展與完成，劉述先撰，學生，71 年版。

44. 左傳導讀，張高評撰，文史哲，71 年版。

45. 佛性與般若（上、下），牟宗三先生撰，學生，71 年版。

46. 論語義理疏解，王邦雄先生、曾昭旭先生、楊祖漢先生合撰，鵝湖，72 年版。

47. 老子論集，鄭良樹撰，世界，72 年版。

48. A Source Book In Chinese Philosophy 中國哲學資料書，陳榮捷撰，仰，哲

72 年版。

49. 老子今註今譯，陳鼓應撰，商務，72 年版。

50. 周易老子王弼注校釋，樓宇烈校釋，華正，72 年版。

51. 老子的哲學，王邦雄先生撰，東大，72 年版。

52. 明末清初的學風，謝國楨撰，仲信，72 年版。

53. 清代思想史，陸寶千撰，廣文，72 年版。

54. 王陽明傳習錄詳註集評，陳榮捷撰，學生，72 年版。

55. 中國藝術精神，徐復觀撰，學生，72 年版。

56. 大方廣佛華嚴經疏淺釋（一～四），釋宣化上人撰，〔美〕萬佛城原版，大乘精舍，72 年版。

57. 中國哲學十九講，牟宗三先生撰，學生，72 年版。

58. 心體與性體（一～三冊），牟宗三先生撰，正中，72 年版。

59. 明史，張廷玉等編，鼎文，72 年版。

60. 大珠禪師開示錄，大珠慧海撰，慈心贈經處，72 年版。

61. 景德傳燈錄之研究——以禪師啓悟弟子之方法爲中心，蔡榮婷撰， 73 年政治大學中文研究所碩士論文。

62. 沉默的教義——「維摩經」，鐮田茂雄撰，譯者不詳，武陵，73 年版。

63. 明學探微，林繼平撰，商務，73 年版。

64. 晚明小品選注，朱劍心選注，商務，73 年版。

65. 永明延壽思想之研究，施仲謀撰，73 年香港能仁書院哲學研究所碩士論文。

66. 心物與人生，唐君毅撰，學生，73 年版。

67. 中國哲學原論（導論篇、原性篇、原道篇、原教篇），唐君毅撰，學生，73 年版。

68. 佛家名相通釋，熊十力撰，洪氏，73 年版。

69. 竺道生思想之研究，劉貴傑先生撰，商務，73 年版。

70. 從陸象山到劉蕺山，牟宗三先生撰，學生，73 年版。

71. 史學方法論叢，黃俊傑編譯，學生，73 年版。

72. 四書章句集註，朱熹撰，鵝湖，73 年版。

73. 明儒學案，黃宗羲撰，中華，73 年版。

74. 天台小止觀、六妙法門，智顗撰，佛教出版社，73 年版。

75. 老子道德經憨山解、莊子內篇憨山註，琉璃經房，74 年版。

76. 僧肇般若思想之研究——以「不眞空論」爲主要依據，蔡纓勳撰，74 年

台北師範大學國文研究所碩士論文。

77. 大學義理疏解，岑溢成撰，鵝湖，74年版。

78. 漢魏兩晉南北朝佛教史，湯錫予撰，鼎文，74年版。

79. 中國近世佛教史研究，牧田諦亮撰，索文林譯，世界佛學名著譯叢之46，華宇，74年版。

80. 維摩經講話，竺摩法師撰，佛光，74年版。

81. 儒道之間，王邦雄先生撰，漢光，74年版。

82. 老子探義，王淮撰，商務，74年版。

83. 宋代理學與佛學之探討，熊琬先生撰，文津，74年版。

84. 語意學，F. R. Palmer撰，陳榮波先生譯，逸龍，74年版。

85. 六祖法寶壇經注，林士展撰，九六書局，74年版。

86. 妙法蓮華經句解，釋聞達撰，宏新佛書贈送處，75年版。

87. 思想點滴——佛學與中西哲學，程石泉先生撰，常春樹書坊，75年版。

88. 明清之際儒家思想的變遷與發展，林聰舜撰，75年臺北師大國文研究所博士論文。

89. 八宗綱要，凝然大德原著，鎌田茂雄日譯，關世謙中譯，佛光，75年版。

90. 萬曆十五年，黃仁宇撰，食貨，75年版。

91. 中國古代思想史論，李澤厚撰，谷風，75年版。

92. 思想方法導論，何秀煌撰，三民，75年版。

93. 史學方法論，杜維運撰，三民，75年版。

94. 絕對與圓融，霍韜晦撰，東大，75年版。

95. 從西方哲學到禪佛教，傅偉勳撰，東大，75年版。

96. 佛教中觀哲學，娓山雄一撰，吳汝均譯，佛光，75年版。

97. 王陽明，秦家懿撰，東大，76年版。

98. 歷史與思想，余英時撰，聯經，76年版。

99. 孔學四論，楊亮功撰，聯經，76年版。

100. 佛家邏輯研究，霍韜晦撰，佛光，76年版。

101. 王船山人性史哲學之研究，林安梧撰，東大，76年版。

102. 紫柏大師研究——以生平為中心，釋果祥撰，中華佛學研究所，76年。

103. 中國思想傳統的現代詮釋，余英時撰，聯經76年版。

104. 宋明理學概述，錢穆撰，學生，76年版。

105. 簡明中國佛教史，鎌田茂雄撰，鄭彭年譯，谷風，76年版。

106. 中國禪學思想研究——宗密禪教一致理論與判攝問題之探討，何國銓

撰，文津，76 年版。

107. 中西哲學論文集，劉述先撰，學生，76 年版。

108. 語意學，戴華山撰，華欣，76 年版。

109. 黃宗羲全集，黃宗羲撰，里仁，76 年版。

110. 中國文化與中國哲學，深圳大學國學研究所主編，北京東方出版社 1987 年版。

111. 禪宗論集、華嚴學論集，世界佛學名著譯叢之 61，華宇，77 年版。

112. 如來藏之研究，釋印順撰，正聞，77 年版。

113. 攝大乘論講記，釋印順撰，正聞，77 年版。

114. 唯識學探源，釋印順撰，正聞，77 年版。

115. 淨土與禪，釋印順撰，正聞，77 年版。

116. 性空學探源，釋印順撰，正聞，77 年版。

117. 中觀今論，釋印順撰，正聞，77 年版。

118. 大乘起信論講記，釋印順撰，正聞，77 年版。

119. 明末中國佛教之研究，釋聖嚴日文原著，關世謙譯，學生，77 年版。

120. 龍樹與中觀哲學，楊惠南先生撰，東大，77 年版。

121. 華嚴學，龜川教信撰，釋印海譯，〔美〕法印寺，77 年版。

122. 僧肇思想之研究，劉貴傑先生撰，商務，77 年版。

123. 竺道生，陳沛然撰，東大，77 年版。

124. 清代學術史研究，胡楚生撰，學生，77 年版。

125. 六祖壇經思想之承傳與影響，胡順萍撰，，77 年台北師範大學國文研究所碩士論文。

126. 禪宗、歷史與文化，何新編，黑龍江教育出版社 1988 年版。

127. 禪宗論叢，釋心源，釋無礙合撰，慈慧印經處，78 年版。

128. 僧肇，李潤生撰，東大，78 年版。

129. 人間淨土的追尋，江燦騰撰，稻鄉，78 年版。

130. 禪宗第六祖惠能大師之研究，釋能學撰，新超峰寺，78 年。

131. 中華佛學研究所論叢（一），林孟穎等撰，東初，78 年版。

132. 中國的宗教──儒教與道教〈正統與異端〉，韋伯著，簡惠美譯，遠流，78 年版。

133. 易學新探，程石泉先生撰，黎明，78 年版。

134. 華嚴宗哲學（上、下），方東美撰，黎明，78 年版。

135. 道教與中國文化，葛兆光撰，東華，78 年版。

136. 禪宗與中國文化，葛兆光撰，東華，78年版。

137. 竺道生頓悟思想之研究，陳松柏撰，78年高雄師範學院國文研究所碩士論文。

138. 中國佛教與傳統文化，方天立等著，桂冠，79年版。

139. 佛教與中國文化，任繼愈等撰，國文天地，79年版。

140. 晚明佛教叢林改革與佛學諍辯之研究——以憨山德清的改革生涯為中心，江燦騰撰，新文豐，79年版。

141. 禪宗：文化交融與歷史選擇，顧傳康撰，上海知識出版社，1990年版。

142. 佛學典故匯釋，李明權撰，浙江古籍出版社，1990年版。

143. 老子哲學之詮釋與重建，袁保新撰，文津，80年版。

144. 中國佛教文化論叢，魏承恩撰，上海人民出版社，1991年版。

145. 哲學、語言與管理，陳榮波先生撰，逸龍，81年版。

146. 明末佛教研究，釋聖嚴撰，東初，81年版。

147. 大慧宗杲之禪法，鄧克銘撰，東初，81年版。

148. 中國禪學研究論集，冉雲華撰，東初，81年版。

149. 中國禪思想史，柳田聖山撰，吳汝鈞譯，商務，81年。

150. 中國十大高僧，張力、黃修明著，吉林延邁大學，1992年版。

151. 中國奇僧——中國佛教和僧人文化品格研究，王仲堯著，北京新華書店，1992年版。

152. 道教文化面面觀，中國社會科學院世界宗教所道教研究室編集，山東齊魯書社，1992年版。

153. 禪海之筏，陳榮波先生撰，志文，82年版。

154. 明中晚期理學的對峙與合流，于化民撰，文津，82年版。

155. 從天台圓教看無情有性，廖寶泉撰，82年香港新亞研究所哲學組碩士論文。

156. 中國佛教史，郭朋撰，文津，82年版。

157. 智者「三諦圓融」思想之探微，吳宜芳撰，82年中國文化大學哲學研究所碩士論文。

158. 中國哲學文獻選編，陳榮捷撰，巨流，82年版。

159. 惠能，楊惠南先生撰，東大，82年版。

160. 中國道教史，劉精誠撰，文津，82年版。

161. 老莊新論，陳鼓應撰，五南，82年版。

162. 中國佛教叢書「禪宗編」第一冊，任繼愈等編輯，江蘇古籍出版社，1993年版。

163. 中國哲學主體思維，蒙培元撰，北京東方出版社，1993 年版。

164. 中國禪宗史，釋印順撰，正聞，83 年版。

165. 中華佛教百科全書（八），藍吉富等編，中華佛教百科文獻基金會，3 年版。

166. 中國大百科全書，北京國務院編審，錦繡，1994 年版。

167. 主體性哲學與文化問題，谷方撰，北京中國和平出版社，1994 年版。

168. 禪與中國藝術精神的嬗變，黃河濤撰，北京商務印書館，1994 年版。

169. 道佛儒思想與中國傳統文化，張榮明主編，上海人民出版社，1994 年版。

170. 中國禪學思想史，忽滑谷快夫著，朱謙之譯，上海古籍出版社，1994 年版。

171. 中國禪學思想史綱，洪修平撰，南京大學出版社，1994 年版。

172. 中國歷代禪師傳記資料匯編（上）、（中），徐自強編，北京全國圖書館文獻縮微複製中心，1994 年版。

173. 憨山大師，項東撰，佛光，84 年版。

（三）期刊論文類（依出版時間先後排列）

1. 中國淨土宗之演變，釋太虛撰，文史雜誌第 4 卷第 9、10 期合刊本，33 年 11 月。

2. 王陽明與禪，陳榮捷撰，人生第 27 卷第 11 期（總目為第 323 期）53 年 4 月。

3. 三界唯心說的基本原理，李世傑撰，中華學術院佛教文化研究所，佛教文化學報第 3、4 期合刊，64 年 10 月。

4. 「空性」的同義語，葉阿月撰，哲學與文化第 3 卷第 1 期，65 年 1 月。

5. 禪畫與園林思想，釋曉雲法師撰，哲學與文化第 3 卷第 1 期，65 年 1 月。

6. 從大乘起信論論「無明」之起源，趙儀文撰，哲學與文化第 3 卷第 1 期，65 年 1 月。

7. 萬法唯識的論證，李世傑撰，哲學與文化第 3 卷第 1 期，65 年 1 月。

8. 華嚴哲學的現代意義，楊慧潤撰，哲學與文化第 3 卷第 1 期，65 年 1 月。

9. 明代內閣制度，羅麗馨撰，中興大學文學院文史學報第 6 期，65 年 6 月。

10. 蕅益大師山居詩之園林思想，釋青峰撰，中華學術院佛教文化研究所，佛教文化學報第 5 期合刊，65 年 10 月。

11. 思想史方法論的兩個側面，黃俊傑撰，台灣大學歷史學系學報第四期，66 年 8 月。

12. 天台止觀如來禪，釋曉雲法師撰，中華學術院佛教文化研究所，佛教文化學報第 6 期.66 年 12 月。

13. 易經與楞嚴經，荒木見悟撰，楊白衣譯，佛光學報第 3 期，67 年 6 月。

14. 陽明學與現代佛教，荒木見悟撰，釋如實譯，佛光學報第 4 期，68 年 6 月。

15. 佛學研究與方法論，吳汝鈞撰，佛光學報第 4 期，68 年 6 月。

16. 唯識思想的對治煩惱說——以四念住與四聖諦爲中心，葉阿月撰，台灣大學文史哲學報第 28 期，68 年 12 月。

17. 天台妙觀——一念三千，釋青峰撰，中華學術院佛教文化研究所，佛教文化學報第 7、8 期合刊，69 年 2 月。

18. 看話禪之研究，楊白衣撰，華岡佛學學報第 4 期，69 年 10 月。

19. 易經離卦與曹洞禪，陳榮波先生撰，華岡佛學學報第 4 期，69 年 10 月。

20. 禪與維根斯坦的後期思想比較，陳榮波先生撰，佛光學報第 5 期，69 年 10 月。

21. 六祖壇經之研究，松本文三郎撰，許洋主譯，佛光學報第 5 期，69 年 10 月。

22. 清代之念佛禪，楊白衣撰，佛光學報第 6 期，70 年 5 月。

23. 景德傳燈錄之研究，增永靈鳳撰，吳興譯，佛光學報第 6 期，70 年 5 月。

24. 禪宗五家宗旨與宗風，陳榮波先生撰，佛光學報第 6 期，70 年 5 月。

25. 「超越智慧的完成」之研究——以色即是空、空即是色爲中心，葉阿月撰，台灣大學文史哲學報第 30 期，70 年 12 月。

26. 般若思想與中國禪，釋曉雲法師撰，華梵佛學年刊第 2、3 期合刊，73 年 12 月。

27. 禪史與禪思，楊惠南先生撰，鵝湖 119，121，122，126 號，74 年 5 月、7 月、8 月、12 月。

28. 僧肇思想之基礎，劉貴傑先生撰，華岡佛學學報第 8 期，74 年 10 月。

29. 宋釋永明延壽之理事觀，孔維勤撰，華岡佛學學報第 8 期，74 年 10 月。

30. 論禪宗公案中的矛盾與不可說，楊惠南先生撰，台灣大學哲學論評第 9 期，75 年 1 月。

31. 禪宗的體用研究，杜松柏撰，中華佛學學報第 1 期，76 年 3 月。

32. 大慧宗杲禪師禪法之特色，鄧克銘撰，中華佛學學報第 1 期，76 年 3 月。

33. 僧肇思想之背景及其淵源，劉貴傑先生撰，中華佛學學報第 1 期，76 年 3 月。

34. 太上感應篇之倫理思想，鄭志明撰，鵝湖 143 號，76 年 5 月。

35. 惠能及其後禪宗之人性論的研究，楊惠南先生撰，哲學與文化第 14 卷第 6 期，76 年 6 月。

36. 論禪宗公案中的矛盾與不可說，楊惠南先生撰，東方宗教討論會論集，文殊 76 年 9 月。

37. 漢譯佛經中的彌勒信仰，楊惠南先生撰，台灣大學文史哲學報第 35 期，76 年 12 月。

38. 禪維根斯坦與新正教神學——禪宗傳達真理的問題，鄭學禮撰，釋若學譯，哲學與文化第 15 卷第 4 期，77 年 4 月。

39. 佛陀教法三乘的分立與連貫，蔡耀明撰，鵝湖 170 號，77 年 8 月。

40. 大乘起信論的心性論，釋恆清法師撰，台灣大學哲學論評第 12 期，78 年 1 月。

41. 莊子內篇的實存義，連清吉撰，鵝湖 166 號，78 年 4 月。

42. 從「肇論」「壇經」論大乘空宗、禪宗的神祕主義：兼論道默林對大乘禪宗神祕主義的構思，祝平一撰，鵝湖 166 號，78 年 4 月。

43. 「一元多重心物觀」、「非心非物實相觀」，李杏村撰，十方第 7 卷第 8 期，78 年 5 月。

44. 宋明「三教合一」思潮中的「心性旨趣」論稿，陳俊民撰，鵝湖 172 號，78 年 10 月。

45. 圭峰宗密的三教歸一思想初探，王祥齡撰，鵝湖 177 號，79 年 3 月。

46. 品鑒人格氣象的解釋學，蔣年豐先生撰，東海文學院學報 31 卷，79 年 6 月。

47. 太虛之「人生佛教」和梁漱溟之「人生三路向」的比較，楊惠南先生撰，東海大學哲學研究所「儒釋道與現代社會」學術研討會論文集，79 年 12 月。

48. 禪淨融合主義的思惟方法，釋恆清法師撰，台灣大學哲學論評第 14 期，80 年 1 月。

49. 中國哲學中的方法詮釋學——非方法論的方法論，成中英撰，台灣大學哲學論評第 14 期，80 年 1 月。

50. 晚明《物不遷論》的諍辯研究，江燦騰撰，東方宗教研究第 2 期，80 年 10 月。

51. 唯識哲學之「真」「妄」問題，陳榮灼先生撰，鵝湖學誌 8 期，81 年 6 月。

52. 自我實現與自性成佛，佛日撰，十方第 10 卷第 9、10 期合刊本，81 年 7、8 月。

53. 明末禪宗在浙東興盛之緣由探討，孫中曾撰，國際佛學研究年刊第 2 期，81 年 12 月。

54. 佛學不等於佛教：佛教中國化研究中一個被忽略的哲學方法論問題，尤

西林撰，哲學與文化第 20 卷第 5 期，82 年 5 月。

55. 蕅益大師與《周易禪解》，夏金華撰，圓光佛學學報創刊號，82 年 12 月。

56. 馬祖道一禪師與平常心是道，陳德和撰，鵝湖 226 號，83 年 4 月。

57. 所謂「基源問題」——勞著《中國哲學史》的一項商議，葉海煙撰，東吳哲學傳習錄第 3 號，83 年 5 月。

58. 「體用不二」與體證的方法，楊祖漢撰，鵝湖 228 號，83 年 6 月。

59. 看話禪與南宋主戰派之間的交涉，楊惠南先生撰，中華佛學學報第 7 期，83 年 7 月。

60. 錢謙益的佛教生涯與理念，連瑞枝撰，中華佛學學報第 7 期，83 年 7 月。

61. 明太祖的佛教政策及其因由之探討，釋見曄撰，東方宗教研究第 4 期，83 年 10 月。

62. 原性與圓性：論性即理與心即理的分疏與融合問題兼論心性哲學的發展前景，成中英撰，鵝湖學誌 13 期，83 年 12 月。

63. 略論智顗對空假中範疇的開展，楊海文撰，鵝湖 237 號，84 年 3 月。

64. 維摩詰經之般若智慧，何曼盈撰，鵝湖 237 號，84 年 3 月。

65. 論江右王門羅念庵之思想，劉桂光撰，鵝湖學誌 14 期，84 年 6 月。

66. 禪宗「見性」思想的發展與定型，冉雲華撰，中華佛學學報第 8 期，84 年 7 月。

67. 李贄的教育思想及其時代意義，黃文樹撰，鵝湖月刊 241 期，84 年 7 月。

68. 郭象的自生說與玄冥論，戴璉璋撰，中國文哲研究集刊第 7 期，84 年 9 月。

69. 《大般涅槃經》的佛性論，釋恆清法師撰，台灣大學文學院佛學研究中心學報第 1 期，85 年 1 月。

70. 《維摩詰經》中直心、深心及其相關概念的探討，王開府撰，台灣大學文學院佛學研究中心學報第 1 期，85 年 1 月。

71. 草木有情與深層生態學，釋恆清法師撰，佛教與社會關懷學術研討會，生命、生態、環境關懷論文集，85 年 1 月。

72. 從「境解脫」到「心解脫」——建立心境平等的佛教生態學，楊惠南先生撰，佛教與社會關懷學術研討會，生命、生態、環境關懷論文集，85 年 1 月。

73. 明初朱學學派述論，張克偉撰，東吳哲學學報第 1 期，85 年 3 月。

74. 德清禪師的淨土思想，蔡惠明撰，明倫 266 期，85 年 7 月。

75. 大慧宗杲看話禪之禪法——兼論與默照禪比較，陳榮波先生撰，東海學報 37 卷，85 年 7 月。

附錄一 憨山生死學之思維建構與實踐策略

摘 要

　　晚明禪僧憨山（西元 1547 年～1624 年）的自性禪學，在晚明思想領域中，向來便是學者熱絡討論的素材。但是，其生死思想的義理內涵，則學界深入討論者少，本文的研究目的，便是希望以憨山的生死思想為研究題材，嘗試進行其思維建構與實踐策略的深入探討。就研究方法言，本文僅在形式上借用了海德格「在世能在」與「本真狀態」說為媒介，但全文論述的重心，則主要關注於憨山生死思想之「核心價值」、「義理發展」、「思維模式」以及「實踐策略」各項，依此逐層推論，凸顯其在生死學見解上之思想特質，此外，本文並嘗試依此延伸出與現代教育處境相連結的啟示與價值。剋實而言，憨山式之生死學，並非西方的死亡學（thanatopsis），而是環繞著中國禪宗自性核心價值的一種生死思想；其所呈現的特殊意義，乃是在真妄夾雜的靈性世界中，建立自性真我的正向之靈魂認知。此一自性真我，在憨山言，是每個人都具足的「本來面目」，也是憨山生死學的核心價值。本文的推論，不論舖敘其思維建構或實踐策略，亦均以此核心價值為運轉基礎。

　　【關鍵字】：生死學、靈性、自性、思維建構、實踐策略

前　言

　　眾所週知者，海德格（Martin Heidegger）《存在與時間》（"Being and Time"）當中的主要論點，即是以「此在」（Dasein）說明每一個人的存在，並以「此在」在世界當中的存在（In-der-Welt-sein，底下均統稱爲「在世能在」），結合於時間（Zeit）的不斷湧現形式，據此指稱「此在」的在世生存過程，乃是一種永不停息、不斷綻出（Ekstasen）的創造性過程。而學者余德慧先生則認爲：海氏的「在世能在」，根本上而言，就是一種非常強調自我心智作用的「此在」概念，而且是一個必須結合各種條件的「緣」才能構成的緣構概念。〔註1〕從普通人常態的感性與理性角度來理解，凡是透過存有者的「自我」所連結組織而成的緣構世界，也幾乎適用於絕大多數的一般人所感知的世界了；而且，的確在表面上看起來，海德格「此在」的世界概念，彷彿都是儼不可破、固若金湯的。但事實上，問題絕非如此，即令海氏自身，他也高度質疑這種在世架構，雖然被一般人習以爲常地接受，但習以爲常之外，可能暗藏了許多蒙蔽的部份，恰好阻礙了我們對於生命內面之眞實存有的開發與揭示。

　　因此，在《存在與時間》第七十一節「此在日常狀態的時間性意義」中，海德格對於一般人習焉不察的「此在生存於其中的「日常狀態」（Alltaglichkeit），〔註2〕便有一個近乎於佛家「無明」說法的解釋。他認爲一般人幾乎都無法脫離「常人」（das Man）的慣性思維，而「常人」在我們的「日常狀態」中，早已經發揮了某種統治一切的絕對優勢。海氏指出：「日常狀態」的根本特點，便在於表現出「常人」可以統治著一切、駕馭一切的特性。〔註3〕但是，正如前述，海氏同時也質疑這一普羅大眾認可的共識，他認爲表面上看似理所當然的「日常狀態」與「常人」，可能根本上都深處於「晦蔽狀態」（Verborgenheit）之中，而鮮有人去推究背後可能存在的眞實存有。也就是說，我們平日依據自我心智攀緣拉攏起來的常人世界，海氏認爲那並非「本眞狀態」（Eigentlichkeit）。海氏的形上學推論，讓他深信所有生命現象的最奧秘之處，必定存在著究竟終極的「無遮無蔽」（Unverborgnheit）的眞理或本相。雖然它的出現，並不容易，

〔註1〕 語見余氏《生死學十四講》第七講「重病之後的生命時光」，頁143。
〔註2〕 見《存在與時間》第二篇第四章第七十一節『此在日常狀態的時間性意義』，頁449。
〔註3〕 以上關於「常人」（das Man）的敘述，主要參見《存在與時間》第一部第一篇第四章『在世作爲共在與自己存在——常人』，頁146。

在海氏的終極形上歸趨當中，「本真狀態」的呈顯，〔註4〕必須要在去除掉存在者個人的「遮蔽」（Verdecktheit）、以及揭開存在真理的「封閉」（Verschlossenheit）之後，才能被我們所感知領略。

就生死學的「在世能在」之存有層面來看，在世的常人架構，的確是要有相當錯綜繁複的條件彼此搭配結合，才能成立。〔註5〕如套用海氏自己的思路來看，一般存在者的「在世能在」，在面對無限繁雜多樣的可能性，所必須進行選擇的這種動態模式，事實上也正是常人狀態下的存在者，最基本的一種「此在」呈現。所以，海德格說「此在首先必定是常人，而且通常一直是常人」，〔註6〕這一點，便是說明了一般人在「在世能在」的緣構機制底下，非常不容易跳出常人的存在侷限。

關於這一點，余德慧曾進一步加以詮釋，他認為海德格所謂「本真狀態」的無遮無蔽，從生死學的向度上檢視，往往便是出現在常人狀態下的自我崩毀的過程中。〔註7〕也就是說，海氏的「本真狀態」，一旦扣緊在「自我心智」慢慢毀掉之過程裡，就不會只是一個哲學意義的形上推論，它會以愈來愈清晰明顯的方式，逐漸被我們所感知。換言之，自我心智失去得愈徹底，存在的「本真狀態」（Eigentlichkeit）也就相對顯現得更加清楚。而余德慧還特別透過生死學的角度，〔註8〕稱謂這種本真狀態，即是每個人身上最原初的「靈性」本體。他歸納多數醫療個案，認為此一代表存在本真的靈性本體，常常都是見諸於即將瀕臨死亡的臨終者身上；〔註9〕在臨終者身上，因為自我心智

〔註4〕 底下關於本真狀態的說明，參考自《存在與時間》導論第二章第七節「探索工作的現象學方法」（P44）以及第二篇第二章第五十四節「一種本真的生存狀態上的可能性的見證問題」（P331～335）。

〔註5〕 實際上，海氏也定義其常人狀態下的自我存在方式，強調一定要依託在諸如「保持距離」、「平均狀態」或「平整作用」之類的緣構機制下，才能得到持續發展的基礎（見《存在與時間》第一部第一篇第四章第廿七節『日常自己存在與常人』，頁161～167）；而「此在」的根本活動模式，則是海氏所謂 Sorge 的狀態，Sorge 意指著繁雜不簡的多樣性處境（見《存在與時間》第一部第一篇第六章第四十一節『煩——此在的存在』，頁241～247）。

〔註6〕 語見《存在與時間》第一部第一篇第四章第廿七節『日常自己存在與常人』，頁166。

〔註7〕 余氏對於海德格「本真狀態」與自我心智活動的詮釋，主要見於《生死學十四講》第二講「看見存在的遮蔽」，頁31～36。

〔註8〕 底下關於「靈性」的說法，主要參見《生死學十四講》第四講「生寄死歸」之『長出靈性』節，頁80～82。

〔註9〕 基本上，「靈性」是本來就存在於我們每個人身上的靈魂，余德慧此處的說法，

逐漸崩解，存在本眞的靈性本體，將得以在一種無遮無蔽的型態下，慢慢顯現出來。〔註10〕

　　而跳開於海氏這種存在主義的生死學看法，如果我們是站在中國禪者的角度來看的話，可能又會有另外一種不同立場之詮釋與解讀。就如同《金剛經》膾炙人口的名句「應無所住而生其心」所指涉的，一般人都是因爲有四相的執著，才會攀緣出類如海德格所形容的「在世能在」。但是，如果今天有一個人，他完全洞悉了禪者「無我」的生活立場，又可以經常保住「無所住而生其心」的精神境界，那麼，「無所住」所投射出來的無遮無蔽世界，或許不必等到進入他的生命進入臨終之中陰階段，〔註11〕便已足可讓他充分領略本眞狀態的靈性世界了。

　　中國晚明的禪者憨山（西元 1547 年～1624 年），他的生死思想，無論是思維建構或實踐策略，正是能夠在這種靈性世界的體驗型態上，表現出獨樹一幟的特殊創意。

一、肯定「眞我」本體在生死思想中的核心價值

　　在《憨山大師全集》〈師心銘〉文中，憨山謂：

　　　　人性本大，超乎形器。直以有我，自生障蔽，習染濃厚，故爲物累。……
　　　　反觀內照，念念消亡，精一無二。此乃至人師心之秘，在我求之，

　　　　乃是認爲它的呈現，會隨著臨死者的自我心智漸次溶毀，而重新浮現出來。另外，學者戴正德則是透過臨死者對於本身狀況的瞭解型態，區分出「封閉認知」、「懷疑認知」、「心知肚明」與「開放認知」四種不同型態，也可旁證余德慧這種説法。語見戴正德《生死學——超越死亡》，頁 25～26，台北權威圖書出版，2005 年。

〔註10〕目前國内的公私立之靈性關懷組織，大部份也都是以協助即將往生的人，妥善其臨終的靈性照顧爲主。因此，海德格在《存在與時間》中，從「在世能在」的晦蔽境況，延伸出對於終極存在眞相的探討，已經有學者將之運用在生死關懷的臨終課題之上。

〔註11〕憨山的生死觀，是以禪宗明心見性的進路，取得即身成就而超越生死。而一般的佛教見解，則仍然以臨終階段爲超越生死的重要關鍵，例如學者陳兵，就依據藏傳佛教中陰身典籍《明行道六成就法》立場認爲，本性的明光境界雖然本來就存在於我們靈性之中，但絕大多數的普通人，都是在死亡到來時，才會在覺受上感應到一連串以靈性明光爲基礎所變幻出來的種種「光境」。藏傳佛教自蓮花生大士以來，便都有所謂「臨終成就」的法門，即是以證悟靈性明光而得到生死解脫的方法。見陳兵《生與死的超越：佛教對生死輪迴的詮釋》，頁 121，台北圓明出版社，1995 年。

恢有餘地。〔註12〕

一般人總習慣把現前這身心世界（即所謂「形器」）視作「我」的活動舞台，事實上，現前身體心理變化無常，如海德格之描述「在世能在」的遮蔽狀態一樣，「直以有我，自生障蔽」，歸結到頭，所謂「我」的活動，可能還是被緣構世界當中的「假我」所障蔽，見不著真實的靈性本來面目。由於絕大多數的人，只知緊握「在世能在」的「假我」，不知在「人性本大」的本體世界中另有一「真我」，所以一切形器無常、有生也有死，根本永遠無從跳脫。而憨山生死見解中的「真我」，則是「在我求之」的天然本有的本性，〈師心銘〉所謂「人性本大，超乎形器」，套用海德格的術語來看，它沒有「在世能在」的所有蔽晦限制，但卻相對地具備了恆在性與普遍原理，甚至也巧妙地迴避了生死斷滅的問題。在憨山的禪者思維中，唯有此種真我的本性，才能作為我們生命或靈性的主宰。〔註13〕中國禪者畢生精力功夫，常常就是專注在於將類如「在世能在」的「假我」破除，並在一破一立之辨證過程中，力求讓「精一無二」之靈性「真我」、也就是自己的本性，充分開發出來。而且，利用話頭、公案等等特殊的心地磨鍊機制，逐漸破除對「假我」的執著，目的也無非是希望讓此一「真我」積極發揮作用。正如同〈中庸〉「天命之謂性」所指稱的，這種「真我」之「性」，是人人天賦的本來風貌，它才是真實究竟的我，也才是憨山生死思想當中所追求的「本來面目」。

禪者憨山對於生死的基本見解，便是在一開始處，就從真實本性的本體論範疇中，取得一種超越生命假象的覺察立場，洞悉「在世能在」在本質上的虛妄無常。而依此立場所發展形成的生死學，亦即是憨山看待生命價值，建立其本性「真我」這一核心價值的基礎。

值得重視的是，把生死學的關懷話題，以「人性本大」、「在我求之」的內在本性機制為軸心，從一開始就直接連結在本體論層級上面，像這樣子的看待生死，自然會比純粹以「死亡學」或「臨終關懷」的看待方式，在觀照生死現象時，更有能力產生一股由內而外的自主與自信。所以，憨山在〈示優婆塞結

〔註12〕語見《憨山大師全集》卷廿一，嘉興大藏經第廿二冊，頁593。台北新文豐出版，1987年。

〔註13〕所以，站在憨山的立場觀之，即使是靈性世界，也是真妄夾雜的，而禪者的工夫所在，就在於破除因為煩惱習氣所造成的靈魂染污，力求還原自性的本來面目。所以，本文透過憨山生死思想所呈現的靈性意義，根本而言，乃是建立在自性真我的一種正向之靈魂認知。

念佛社〉文中，便以「生不虛生，死不浪死，豈非眞實功行哉！」〔註14〕一語，肯定了這般豁達自主的內在性格。事實上，一個眞正懂得撥開自我內在本性機制、盡情探索靈性風光的中國禪宗修行者，常常都能如此默持著一種傲然自信的立場，即使仍身處於「在世能在」的形式裡面，仍始終可以通過前述《金剛經》「應無所住而生其心」的自我淨化作用，在內面生命中，維持了一份本相「眞我」之生命質感，一方面不太容易受到「自生障蔽，習染濃厚」的干擾或同化；而且，在另一方面，他的一切行事接物，也因爲能夠完全體現生命原樸的本來面目，所以隨意所至，均得以開敞靈性的原味感受，無入而不自得。憨山所謂的「眞實功行」，所指的大概便是這種滲透於性格生命、且由內而外地彌漫在眉宇舉止行爲間的一種存在透視與覺性。總之，憨山解讀生死的整體取向，乃是築基於一種強調自性眞我的正向靈魂認知，依此核心價值建構起來的生死思想，當然亦自有其獨樹一幟的思維創意。

只是，憨山似乎也知道，「生不虛生，死不浪死」的生命態度，對禪者而言，固然稀鬆平常，但透過一般人的角度來看，仍不免陳義過高，難以領略。畢竟，就一個習以「在世能在」爲依歸的普通人觀之，佛教所指謂的五欲與三毒，早已經成爲生命難以剝離的底色了。尤其在喧囂紛亂的緣構氛圍之中，「在世能在」根本不是一個靜態的術語，它是活靈活現地與我們生活同步，而且不斷累加各種匪夷所思的變數與障礙，人在緣構世界中，的確常是疲憊不堪，難有精神昇華空間的。那麼，就憨山生死思想的觀察角度言，人與緣構世界中的生死現象的關聯，到底是怎麼一回事？一般人又應該如何從鼎沸的緣構世界中抽離，方得以感受憨山所領略的這種靈性層次之體驗？

在〈示董智光〉文中，憨山對於這種解讀生死現象，乃至從緣構世界中抽離、體驗正向靈性的本體論原理，則是進一步透過「眞我」的本體立場，深化本體意義的「自性」說，擴伸爲三個義理思維的方向。

二、憨山解讀生死現象的義理思維方向

憨山於〈示董智光〉文中，曾說道：

> 眾生自性，與佛平等，本來無染，亦無生死去來之相，但以最初不覺，迷本自性，故號無明。因無明故，起諸妄想，種種顛倒，造種

〔註14〕語見《憨山老人夢遊全集》卷一，〈示優婆塞結念佛社〉，嘉興大藏經第廿二冊，頁 733。

種業，妄取三界生死之苦，是皆無明，不了自心，隨妄想轉。須是以智慧光，照破無明，的信自心，本來清淨，不被妄想顛倒所使，則諸業無因，以妄想乃諸業之因也。此何以故？由無始來，迷自本心，生生死死，以妄想心，造種種業，業習內積八識田中，以無明水而灌漑之，令此惡種發現業芽，是爲罪根，一切惡業從此而生。今欲舊業消除，先要發起大智慧光，照破無明，不許妄想萌芽，潛滋暗長。若能妄想起處一念斬斷，則舊積業根，當下消除，所謂不怕念起，只怕覺遲，覺照稍遲，則被他轉矣。若能於日用起心動念處，念念覺察，念念消滅，此所謂眾罪如霜露，慧日能消除，以無明黑暗，唯智慧能破，是謂消除也。若晝夜不捨，勤勤觀察，不可放行，但就妄想生處窮究，了無生起之相，看來看去，畢竟不可得，久久純熟，則自心清淨無物，無物之心，是謂實相。〔註15〕

此處的「眾生自性，與佛平等」，原是傳統佛教本體論的心性見解。實際上，就佛教本體論的普世觀點言，佛教語言裡頭，便經常以「法性」一詞，做爲整個宇宙的共通性本體基礎，而「自性」則較常被運用在特殊指謂的個別對象上。只是，此處特別值得注意的是：憨山在這段文字中，除了逕直將眾生的自性本體跨接在「與佛平等」的價值層級中，同時它在「超越」以及「轉化」生死現象的理念內涵上，也有相當深度的原理性展示，很值得吾人深入關注。筆者認爲：憨山此處的見解，對於以生命本體爲輻輳中心的生死學意義而言，除了前述之積極肯定「眞我」的意義之外，還指出了下面三個義理思考的方向。

（一）人的生死現象是導因於自性的無明遮蔽

首先，在這段引文中，憨山是指出了一般人爲什麼會有「生死」的主因。所謂「由無始來，迷自本心，生生死死」，就是將驅動我們不斷生死流轉的關鍵因素，訴諸於人對於自性本心的迷失沈溺與不知覺察。而且，恰如「以最初不覺，迷本自性，故號無明」所言，這種「無明」的力量，〔註16〕不僅會

〔註15〕語見《憨山老人夢遊全集》卷三，〈示董智光〉，嘉興大藏經第廿二冊，頁759。
〔註16〕人的「無明」，會透過自我蒙蔽的駝鳥方式，產生一套趨生避死的自封意識。揆結其基礎，則實在都是建立在薄弱假象的包裝底下，甚至是故意忽視的情識所作祟，終於導致自己塵封了自己的眞實生命面相。以憨山的禪者立場來看，生命的本來面目，原本就貫通於如如不動的一眞法界，根本沒有「生死」這回事。易言之，生命本來面目，就是與原本不動不滅的宇宙意識完全相容

嚴重障礙我們對於自性的追求、而且亦會在現實的人生活動上，遮蔽了生命本體（也就是「自性」或「本來面目」）的呈現，直接壓迫抵制了我們原初靈性面貌的還原。也正因為憨山認為生死現象的起因「是皆無明，不了自心」的緣故，如何在相對的意義層面上，設法將覆藏在無明之下的「自心」彰顯出來，便是緊接著拖帶出來的義理方向。

（二）在自性本身的運作機能中有超越生死的契機

如引文所言者，憨山乃是就我們慣性認知下的「種種顛倒，造種種業，妄取三界生死之苦」的生命現象來檢視，其解讀的基本態度，便是抉取一種回歸本來面目的逆向式立場。所謂「本來無染」、「無生死去來之相」諸語，基本上都已經跳出了前述海德格的「常人」或「日常狀態」的世俗判斷與認知，而直接聚焦在描繪生命本體的純化境界上面。也就是說，憨山乃係以自性清淨的本體終極型態，對顯出各種因為無明牽纏而洵致生命本體在「種種顛倒」、「三界生死」等問題上面的所有虛妄假象。他所謂「自心清淨無物，無物之心，是謂實相」的「實相」，也就是要明白凸顯自性本身在「無物」的運作機能當中，的確就存在著這種恢復原始靈性生命的自我完備機制之可能性。而如何積極喚醒此一可能性，使之成為實際上的「可行」，其義理思考的方向，則緊接著訴諸於個體自身的主動汰濾自我、還原自我的轉化原理上面。

（三）正視內面生命觀照覺察的自主轉化力量

連結前面兩個義理構面的精神，最後，憨山就是從實踐的立場，貫徹前述的義理思維，他強調：即使吾人已洞察無明的存在、並且理解了自性本體的真諦，但依然必須先在實際見聞覺知的觀照上面，進行一番「無物」的轉化，整體的徹底自我更新。唯有如此，核心價值當中的真我自性，才真有可能回溯到原初的本真狀態，恢復其「不被妄想顛倒所使」的靈性本來面目。引文所指「發起大智慧光，照破無明」、「於日用起心動念處，念念覺察」或「晝夜不捨，勤勤觀察，不可放行」，都是兌現「無物之心」的實際主張。憨山此一義理精神，就是一種本體論型態的實踐需求。筆者認為：如〈示董智光〉這般的生死思想，已在義理方向上，揭示了憨山生死學相當強調自主性

相通的。所以，憨山固然一開始，是藉由生命的「無明」立場來看待一般人的生死現象，但同時也積極發掘出引發牽動「無明」的根源性原因——愛慾。因此，憨山生死學之實踐策略，則是極力主張：這種起因於無明而造成的生死輪迴現象，唯有斷愛欲、離開愛慾之念，才能究竟脫離。

轉化的原理。以憨山的立場觀之，必須先透過我們內面生命的自主性轉化，才有可能在我們真實的存在氛圍底下，產生一種跳脫「由無始來，迷自本心，生生死死」困境，呈現自性「真我」的效應。換言之，能否解決生死問題的根本關鍵，除了取決於我們對於無明或自性的理解之外，主要仍端賴我們能否在生命內部，形成這種自我更新的觀照智慧。用憨山的立場來看，顯然觀照覺察的力量愈大，自性本體的天賦能量便會恢復得更快，而導因於無明的生死現象，也相對地愈容易被吾人所超越轉化。相較於海氏《存在與時間》中，僅能依於形上推論，在理論形式上主張應當剝掉人的「遮蔽」（Verdecktheit）以及真理的「封閉」（Verschlossenheit），才可能獲致本真狀態的說法，憨山此處的主張，顯然在表達人如何面對生死現象、進而轉化生死的本體自主價值上面，更凸顯了積極的行動意義。

於是，憨山的生死思維的重心，很明白地，就絕對不會只是一種留駐在靜態本體論的哲學原理，它實際上已經被落實為一套動態呈現的「體」、「用」模式。而經由體用的完美結合，尤其放在「作用見性」〔註17〕的實踐需求上來運用，則最能激化出憨山禪宗式生死思維之獨具魅力。

三、憨山「體」、「用」一如的生死思維模式

底下本文為實際說明之便，將憨山生死思想的思維模式，先大略依據「體」與「用」的層面個別闡述。然而究其實際，憨山基本的生死思維型態，則是一種「體」與「用」相融相即的一致性架構，原本不適合如此的「分別說」，此處暫分體用，純粹只是學術處理之便。

（一）憨山生死思維模式中之「體」：從「眾生自性，與佛平等」的基礎
　　　中，肯定小我的生命本質與宇宙大我的法性本質相通

透過前述義理思維方向的第一層展示可知，從「真我」或生命原樸的質感來看，憨山實乃相信：我們的小我的生命本質，應與宇宙大我的法性本質相通，都具備了恆常不變的「無生死去來之相」的基因。憨山所謂「眾生自

〔註17〕憨山所解讀的「作用見性」說，乃意指在我們平常的行住坐臥之中，就有明心見性的契機，淵源自華嚴海印三昧與六祖惠能自性說，於《憨山禪學思想之研究——以自性為中心》第六章第二節「憨山之作用見性說」中，筆者另有專節詳細探討。參見「中國佛教學術論叢」第96冊《憨山禪學思想之研究——以自性為中心》，頁202～225，高雄佛光山文教出版社，2003年。

性，與佛平等，本來無染，亦無生死去來之相」，也就是說明自性「眞我」的原始樸質特性，是我們每一個人身上都可以驗證的一種永恆基礎。換言之，搭配在生死學的範疇來看，其實憨山乃是主張我們都天生具足了永恆的本體眞我，根本沒有死亡的問題。我們所認定的「生生世世，捨身受身」諸種生死變化，在禪者的眼光底下，僅視若形式光影的變遷代謝而已，而一般人之所以感受到許多不同時空當中的因緣轉換，都只是因爲「迷本自性」、「不了自心」所造成，憨山認爲我們的自性「眞我」，實際上從來沒有「捨」與「受」的問題。他婆憂心切地提醒我們，務必在本體認知的處境上，痛下決斷，拿出我們對於「眾生自性，與佛平等」的絕對自信，「以智慧光，照破無明，的信自心，本來清淨」，才不致一直陷溺在「迷自本心，生生死死」的輪迴困境當中。而經由這種「體」的「無生死去來之相」層面的彰顯，其所產生的透視生死之當下智慧，則可以有助於我們在思維模式當中，爲接下來進一步擴伸爲「用」的「轉迷爲悟」工夫，奠立運作的基礎。

（二）憨山生死思維模式中之「用」：強調個體心性之「迷」與「悟」的作用，會決定一切的聖凡差異

從憨山解讀「實相」的義理方向可知：他堅信任何一個人，都可以透過心性修持的過程，而體驗靈性原型之「實相」特質。在憨山的腦海中，也的確認爲人透過某些心性的修正與鍛鍊，是可以在「用」的層次上，觸摸到這一種存有的原型狀態。尤其兜合在「體」的「眾生自性，與佛平等」認知上，這個原型狀態，更彷彿人類共同基因庫一般，雖蟄居我們的靈性深處，但所有人都毫無例外地，與生俱來擁有此一相同原型。而且，它的存在還具有絕對的永恆性與永在性，完全不受人的生死代謝影響。於是，差異甚大的不同個體，在「用」的層次上，投入程度的深淺多寡，便會關鍵性地決定何者爲「迷」？何者爲「悟」？以及孰爲「凡」？孰爲「聖」？

所以，憨山〈示容玉居士〉文中便強調：如果有一個人能在自己的心性修持中，在各種「用」的境界考驗當中，都明白地「見此性」，洞悉此一自我內面靈性深處的原型奧祕，那麼這個人的心性境界，將等同於「無量壽」，或者即名之爲「佛」。在〈示容玉居士〉一文，憨山如是說：

> 原夫此性，先天地而不爲老，後天地而不爲終，生死之所不變，代謝之所不遷，直超萬物，無所終窮，故稱無量壽。此壽非屬於形骸修短，歲月延促也，吾人能見此性，即名爲佛。吾人苟知自心是佛，

當審因何而作眾生？蓋眾生與佛，如水與冰，心迷則佛作眾生，心
悟則眾生是佛，如水成冰，冰融成水，換名不換體也。〔註18〕

我們每一個人都有探問永恆真理的心性基礎，也都有共同的靈性歸趨，憨山
在這裡指出的一個終極義諦，便是：「眾生」與「佛」只是名相上的轉換，實
際上兩者則根本是「換名不換體」，在本體上面畢竟無二無別。至於「眾生」
能否實現「自心是佛」，重點就依繫在能否將靈性原型的「生死之所不變，代
謝之所不遷」，實實在在地轉化成具有生命實感的「用」的體驗；也就是說，
在我們平日的生活實境當中，就應當要能夠產生這種絕對的信心與徹悟。所
以，憨山這裡所強調的生死思維模式，已初步彰顯了中國禪宗「作用見性」
的一貫立場。此亦即謂：我們心性的「心迷」或「心悟」，應是透過日常生活
的境界就可以決定出來，而分判「眾生」與「佛」的聖凡關鍵，也是端看我
們在「用」上面的著力深度如何而評定。

（三）體用一如的「作用見性」模式

此外，藉由憨山解讀生死現象的第三個義理方向，我們已經知道：自主
自明的行動效應，將會是決定能否轉化生死的重要關鍵。結合於前述「體」、
「用」的思維模式，我們因此可以如是說：啟動孰為「迷」與孰為「悟」的
必要條件，仍然還是回歸在主動運作的個體身上。如果個體能夠充分融洽
「體」、「用」的思維模式，在「在世能在」的常人狀態底下，即令是最普通
的行住坐臥經驗，也可以對於自性本體，產生絕對性的相應。而能夠相應於
我們靈性的本來面目，「知自心是佛」，自然在工夫見地上面，它就是開悟的
表現。反之，如果不能在本體與境界作用中，認證「眾生是佛」或「自心是
佛」，心性的作用層面，就依然會呈現為海德格所講的「遮蔽」狀態。所以，
憨山這種生死思維的體用模式，從正向的意義發展來看，它必須非常重視「體
用一如」的完全一致性。換言之，自性本體並不是理論層級中的自性本體，
它的活動場域已是連結在我們的實際心行作用底下，透過主動投入的個體，
儼無間隙地落實為「體用一如」的自性本體。

因此，如果我們用比較哲學的角度，來看這種「體用一如」的思維模式，
憨山的生死見解，在相對之下，將會是非常講求理論與實際圓融整合的一種
典範。正如柏拉圖的洞口火光寓言一樣，絕大部分的人都好像被圈鎖在洞中

──────────

〔註18〕語見《憨山老人夢遊全集》卷一，〈示容玉居士〉，嘉興大藏經第廿二冊，頁
740。

的囚犯一樣，只憑洞壁投射的偶戲光影，沒有一個人能夠真正看到理型世界的完整風貌。而按照柏氏的說法，現實世界當中，總是存在著叢脞萬端的侷限與缺憾，障礙了我們對於普遍永恆的理型世界之追求。〔註19〕當然，柏拉圖理型論的實在世界，與本文認為憨山所要抓住的所謂「本來面目」或自性本體，根本上是不同的。柏氏的實在世界，是一個由形式和觀念組成的客觀實體，強調它集合一切的完美與真實，屬於柏氏形上哲學思想的核心建構；而憨山生死思想中的「本來面目」，則是順著禪宗獨特的體用思維模式，藉由生命體驗的通路，指出一個包含了芸芸眾生乃至到達究竟境界的佛，全都一體適用、皆可以共同安身立命的法性世界。

所以，平心論之，如果以本體論的「真我」意義來重新解讀比驗，那麼柏拉圖無疑較局限於概念上的建構，不強調真正落實在具體世界的感受體驗等等諸問題；但在憨山，透過本體論的「真我」所形構出來的「本來面目」，則是直接呼應於本性的自然作用所開發出來的「體用一如」之連結模式，它既擁有了本體論的概念形式，也同時包攝了真實的生命內涵。也就是說，憨山「體用一如」的特殊生死思維，其生死學的關懷重心，除了自性本體「真我」的靈性意義之外，同時也格外強調它直接兌現在生活當中的種種心性體驗過程。即使到了最後，其生死學的終極旨趣，仍兜回了禪宗的教化目的，希望取證「無生死去來」的了脫生死境界；但兩相對照之下，憨山之生死見解，相較於柏拉圖或甚至海德格，毋寧已是最能減少真理與實存境況的懸異落差，亦屬最具於生命化的一種體驗類型。

於是，禪者憨山便憑仗著這種「體用一如」的思維模式，充分融透了禪家「作用見性」的活動特質，特別是在轉化生死的實踐策略方面，既有核心真理層次的價值加持，又同時兼攝了具體生命層次的存在驗證。這種思維模式的特質，促使其轉化生死的策略觀點與原理的運用，都在無形當中，建立了不少令人耳目一新的創意與啟示，值得我們深入探討。

四、憨山轉化生死的實踐策略

對於人類的生死現象，除了「無明」的見解之外，憨山在雲棲山寫〈示念佛切要〉一文時，曾特別透過「愛慾」觀念，嘗試給予一種動力因形式的

〔註19〕以上關於柏拉圖理型論之相關陳述，係參考程石泉先生之說法，見程石泉《思想點滴》第十五篇〈柏拉圖之理型世界〉，頁22～23，台北長春樹書坊，1986年。

說明，其文曰：

> 念佛求生淨土一門，元是要了生死大事，故云念佛了生死。今人發
> 心，因要了生死，方纔肯念佛，只說佛可以了生死，若不知生死根
> 株，畢竟向何處了？若念佛的心，斷不得生死根株，如何了得生死！
> 如何是生死根株？古人云：業不重不生娑婆，愛不斷不生淨土，是
> 知愛根乃生死之根株，以一切眾生，受生死之苦，皆愛慾之過也。
> 〔註20〕

在一般世俗的價值判斷底下，「愛慾」的情念意識，最常被縮結以各種文化包
裝的方式來加以合理化，認為那似乎便是每個世間人的存在歷程中，必不可
缺的經驗。而且，在侷限短暫的人生裡面，人世間的「愛慾」，也往往被世間
價值片面膨脹了它的永恆性及完美想像。但是，憨山此處對於「愛慾」，則是
賦予了一種生死現象的動力因詮釋。憨山說「一切眾生，受生死之苦，皆愛
慾之過也」，這句話是認為：我們之所以一直持續輪迴在世間，飽受生死相續、
不得自在的痛苦，痛苦的起因，全是來自於「愛慾之過」所牽引出來的各種
「無明」的業力。〔註21〕所以，憨山又說：「推此愛根，不是今生有的，也不
是一二三四生有的，乃自從無始最初有生死以來，生生世世，捨身受身，皆
是愛慾流轉」，〔註22〕便是指出所有眾生輪轉生死的各種形式，根本上都是為
這種愛慾業力的清償而存在。換言之，我們之所以一再「捨身受身」，不斷重
複擁有海德格所指稱之「在世能在」的生命現象，以憨山的觀點來看，全是
因為「愛慾」牽動了因果、業力所致。而且，如同憨山此處的舉例，從淨宗
信徒清修念佛的宗教立場來理解，修行之目的，也無非是希望從這些相續無
間的「生生世世，捨身受身」輪迴處境底下，得到超越解脫，亟求「了生死
大事」的永恆價值。

於是，順此思維來看，如果我們不能夠從愛慾糾葛的業力漩渦中跳出，
反而一任愛慾情念不斷反噬自己，那麼，可能所有靈性生命的真理追求，抑

〔註20〕語見《憨山老人夢遊全集》卷三，〈示念佛切要〉（在雲棲為聞子將子與母氏
　　　　說），嘉興大藏經第廿二冊，頁 764。

〔註21〕國內生死學學者傅偉勳先生則是認為，佛教之終極關懷正是在探索人生當
　　　　中「苦」的根源，拔除這個根源，則可以徹底解決單獨實存的生死問題。
　　　　傅偉勳《死亡的尊嚴與生命的尊嚴》，頁 143～146，台北正中出版社，1994
　　　　年。

〔註22〕語見《憨山老人夢遊全集》卷三，〈示念佛切要〉（在雲棲為聞子將子與母氏
　　　　說），嘉興大藏經第廿二冊，頁 764。

或永恆價值的意義實現，最終都只會是一番步空蹈虛的幻想而已。

（一）直接點出「愛慾」與生死現象的關聯性，主張個體在內面生命中，
　　　發展「覺自性光明」的對治機能

事實上，如前引「斷不得生死根株，如何了得生死」一語，憨山直接便指出了蟄伏在我們習性當中的「愛根」，它所擴充出來的愛慾流轉，絕對會是罣礙靈性真我追求恆在真理的最主要絆腳石；他援引古德所謂「業不重不生娑婆，愛不斷不生淨土」的用意，正是凸顯世間的「愛慾」與人類生死現象的直接關聯。

而且，從憨山「愛慾之過」所引發的啟示性思考，實際上可以涵蓋了兩個層次：一方面它固然是透視了宇宙人生的真相、給予一種生死學的動力因解釋；而另一方面，則是說明「愛慾」在我們力圖掙脫生死束縛的轉換過程中，是一個無法迴避的挑戰。易言之，如果我們不能在內面生命當中，找到核心資源，產生對治愛慾的效能，恐怕仍舊要「受生死之苦」。所以，憨山在〈示袁無涯鄭白生二居士〉中，又說：

> 塵勞中人，在五欲淤泥，縱有超世之志，無奈世間種種牽纏，惡習
> 知見，內薰外誘，最難入手。若任軟暖習氣，放不下胸中惡物又被
> 妄想所使，夾雜纏綿，枉費精神。〔註23〕

他認為阻礙我們從愛慾生死中跳出的力量，主要有兩大類：其一是從無明累積習性中內化成形的「內薰」，另一則是與各種塵世五欲煩惱牽纏絆生的「外誘」。而從相對的立場來思考「人」的生死學問題，雖然憨山認為人的所有生死模式都原發自「愛慾」為主的情念意識，但人的形式，卻同時也是實現真理價值或超越意義的載具。一般習慣在五欲淤泥裡頭打滾的「塵勞中人」，並非只受愛慾情念的各種「夾雜纏綿」被動牽引，在人身的形式底層，原有一個沒有物質性罣礙的靈性主體，蟄藏於生命深處，與我們日常的行住坐臥一起同步運作著。這個靈性主體，套用前述憨山「體用一如」的思維模式來說，就是能夠讓我們「於日用起心動念處，念念覺察，念念消滅」的原發性動力。也是因為這股潛在的動力被喚醒，才能夠讓我們走上「覺自性光明」之昇華境地，在「常人」的日常狀態底下，就驗證出所謂「當下冰銷」、「脫然無累」的「佛」之存在。所以，跨接在「體用一如」的思維模式中，憨山於〈示容

〔註23〕語見《憨山老人夢遊全集》卷三，〈示袁無涯鄭白生二居士〉，嘉興大藏經第
　　　　廿二冊，頁 766。

玉居士〉文中，便如是說：

> 佛即起覺，覺自性光明，挺然獨露。從前妄想，貪瞋痴業，當下冰
> 銷，業垢既銷，則自心清淨，脫然無累。〔註24〕

此處的「佛」，其實是指內在於我們靈性生命當中的圓滿自性本體的一種作用
呈現。如前所論及者，自性雖然恆在，但大多數情況下，卻都因爲「世間種
種牽纏」，而形成各種無明塵垢的遮蔽（Verdecktheit）與自我封存
（self-sequestration）。〔註25〕所以，憨山此處說「佛即起覺」，乃是運作其「體
用一如」的思維模式，意謂我們可以透過開發內心當中、那份超越塵世煩惱
的「眞我」本能，重新給予一切身心境界，以一種「作用見性」的覺醒觀照
與靈性提昇。

因此，憨山此處的「佛」，如同前引「眾生是佛」一般，在語意學上面，
都是屬於意義指涉的運用，它是指原發於自性的一種醒覺面相之描述，也就
是：能夠「起覺」的覺性，在充分圓滿活動的境況下，即名之爲「佛」。又因
爲「眾生日用，念念妄想，念念受薰，則一日一夜，生死無窮」之故，這種
覺性的作用，必然還一定要時時刻刻都起作用才可以，所謂「念念覺察，念
念消滅」或「勤勤觀察，不可放行」，都是明指這種覺性，應該隨時保持有力
的正向活動狀態。所以，「作用見性」的體用模式，不是只做吉光片羽的一時
顯露，它還必須眞實地工夫成片、沒有間斷地挺顯「起覺」的工夫，才能在
抗制愛慾、轉化生死的意義上，產生積極的對治效能。以憨山的實踐立場來
看，能不能從「生死無窮」中振拔出來，主要就與個體能不能隨時保住覺性
的活動，直接攸關。

（二）肯定心念的「薰變之力」，可以成為出離生死的重要動力

另外，於〈示大凡禪人聽演楞嚴宗旨〉中，憨山則從更細微的「心念」
層面，凸顯其在「造生死」與「出生死」問題上面的重要性：

〔註24〕語見《憨山老人夢遊全集》卷一，〈示容玉居士〉，嘉興大藏經第廿二冊，頁
740。

〔註25〕余德慧先生透過海德格的「常人」界定，認爲「常人」的存在必定會被緣構
世界當中的『非自身』（Otherwise than Being）、『被拋』（Be thrown）與『掉
落』（Be fallen）三層機制圍繞住，而產生一種存在的自我認定，此即所謂「自
我封存」。語見《生死學十四講》，頁 37～45。事實上，不管是「遮蔽」或「自
我封存」，對憨山來講，都只是一種伴隨著「世間種種牽纏」的「假我」活動，
畢竟不見實相，他認爲必須轉向投入於自性靈明的覺性作用之中，才有契入
生命正向眞理的可能。

> 以前妄想，乃造生死之染因也，念佛一念，乃出生死之淨因也。果
> 能將此淨念，薰前染污苦因，變而爲淨土眞因，則頓令無量劫來生
> 死苦因苦果，變而爲淨土樂因樂果矣。總之，聖凡本無二路，皆因
> 染淨薰變之力耳。〔註26〕

仔細審閱憨山「造生死之染因」與「出生死之淨因」這一組相對的用語，即可大略推斷此處憨山對「生死」一詞的解讀，主要都是指謂著一種生命輪迴的相續現象。實際上，從禪宗修行者的立場觀之，他們常會對於這種生死相續的無止盡狀態，產生一種厭離的出世意識。所以，憨山在這裡，便基本上踵循著禪宗的出世意識，而形成其實踐策略。其中，他以「染污」的形容字眼來描述生死，同時又用「生死苦因苦果」一語，說明一般人總是在生死相續的輪迴泥淖中，絲毫無有察覺地不斷製造錯誤，並且持續產生愈陷愈深的因子。憨山如此說的用意，即是點出我們「造生死」的習性當中，的確有許多習慣性的不正確心念（「妄想」），早已根深蒂固地左右我們的生命型態。因此，如何從已經陷在「染污」泥淖中的生死，翻造出一股可以「出生死」的強勢動力，便成爲一個重要課題，它不但將會直接決定「作用見性」的實際效果，也將會影響到能否轉化生死、乃至終極地出離生死的問題。

於是，在禪者出世見解的基礎，以及「出生死」的強烈需求下，此處憨山的實踐策略，便是定位在人的「心念」工夫層面上。引文中，「念佛一念，乃出生死之淨因也」一語，憨山便是鼓勵人累積念佛的「淨因」，以持續的「淨念」功夫來轉變「染因」。他認爲會牽纏我們掉入生死相續輪迴處境的，既然是「染污」的習性所造成；那麼，反向式的「淨念」修爲，相對之下，便能產生洗滌染污心念的效果。憨山顯然相當堅信，即使原本是「造生死」的習性，也是可以透過長期的「淨念」薰陶而轉化，所謂「將此淨念，薰前染污苦因，變而爲淨土眞因」，便正是藉由心念的「薰變之力」，製造「出」生死的向上資糧與強大動力。

所以，「心念」的掌握，尤其形成慣性的一種「薰變之力」，對於憨山如何轉化生死的實際效應來講，毋寧是極重要的一個關鍵點。在〈示盛蓮生〉文中，憨山也說：

> 一切諸法，皆自心生，若不觀心，而求脫苦之路，猶卻步而求前也。

〔註26〕語見《憨山老人夢遊全集》卷五，〈示大凡禪人聽演楞嚴宗旨〉，嘉興大藏經
　　　　第廿二冊，頁 790。

〔註27〕

依前述的推論，「觀心」的意義，如果要與「脫苦之路」相銜接的話，那麼，「觀心」很明顯地就是觀照可以成為淨因或染因的「心念」，隨時腦神警覺地運轉「作用見性」的汰濾功能，務求斷去「愛慾」的染因、不再落入「常人」的封存窠臼內。而且，藉由「作用見性」的通路，「無物為心」的真我自性或靈性本體，也相對地會更容易被我們所感受。總之，在「一切諸法，皆自心生」的戒懼下，即使吾人早已在思維情境中，掌握了轉化生死的環中道樞，憨山仍主張應該時刻提高自己的警覺強度，不隨意放過每一個「心念」。由此可知，憨山這種藉由心念的薰變之助，而「出生死」的實踐策略，主要的落實重點，還是在於提防或抗制可能染污的生命傾向。而轉化「染污」為「清淨」，在憨山的生死思維裡頭，便代表著一種撥迷歸覺、超越輪迴處境的生命智慧。

（三）以「一切萬緣，盡情放下」的自我洗淨作用，超越「生死不斷」之輪迴處境

其次，在〈示玉覺禪人〉文中，憨山又說：

> 學人修行，為生死大事也，以心中念念不停，故生死不斷，欲實為了生死，必要把一切萬緣，盡情放下，放得乾乾淨淨。〔註28〕

此處，憨山係以心性層面的本體論立場，做為追查生死現象之所以總是「生死不斷」的基礎。〔註29〕援用海德格的說法，一般人總是習以「常人」狀態包裝自己，認為可以從「在世能在」的緣構模式中，針對自我心智，經營出一套自我合理化的存有感受。但是，就憨山此處所透析的本體論生死立場來觀察，這些常人狀態的存有感受，可能不僅僅只是偏約取向、見解不周延的「遮蔽」而已，在「心中念念不停」的自我心智不斷強化下，甚至還會與我們周遭的「一切萬緣」交融結合在一起；最後，終於凝結成為一股主導我們生命流向、長期陷於「生死不斷」輪迴處境底下的重要原因。所以，憨山在這裡，扣緊本體論的真我自性為主軸，特別呼籲我們應該從我們的心性天賦

〔註27〕語見《憨山老人夢遊全集》卷五，〈示盛蓮生〉，嘉興大藏經第廿二冊，頁787。

〔註28〕語見《憨山老人夢遊全集》卷二，〈示玉覺禪人〉，嘉興大藏經第廿二冊，頁754。

〔註29〕事實上，透過佛教基本教義當中「三法印」思想之一的「有受皆苦」法印來看，人在輪迴漩渦當中的「生死不斷」現象，確實就是實指著一切痛苦煩惱經驗的匯集。所謂「有受皆苦」法印之『受』字，筆者認為在生死學的角度下，應該就可以泛指一般人在「生死不斷」歷程當中的各種意識型態與感受。

裡頭，即刻產生一種自我清淨的轉化機能。而這樣的自我清淨運作，其實也十分容易理解，它只是從原本緊抓自我心智的緣構概念中，轉向爲一種釋放或超越的型態。也就是說，一般常人狀態下的自我，多半習慣依託在緣構的機制下，才能得到存在的感受；而憨山此處的實踐策略，則又是反方向地主張我們應當從擁有許多意識型態的「常人」模式中跳離，將此自我心智徹底「放下」。憨山所謂「學人修行」的「修行」要領，也就歸結在於這種自我心智「放下」的轉化意義上。〔註30〕

　　換言之，將自我心智由緣構的「在世能在」中，經過「一切萬緣，盡情放下」的洗淨作用，在「放得乾乾淨淨」的同時，我們的自我心智，將會因爲解構，而轉身爲另一種以本來面目爲主的靈性風貌。

　　而且，如前所言者，站在憨山的禪者身份來講，這一個解讀生死現象的解構立場，實亦不必等待生命已屆流失的「受病」或甚至「瀕危」階段才能感知。因爲這種自性眞我的「本眞狀態」，在禪者平常的行住坐臥裡頭，早已是被以「作用見性」的方式，時刻鎖定著。所以，在底下引文中，憨山便因此認定：從本體的根源處，依「作用見性」而開啓「見」本來面目的活動，乃是轉化生死現象的必要步驟。

　　（四）秉持「但信此心，本來無物」的信念，強調本體的根源處的「做工夫」，必定可以還原「本來面目」而「出生死」

　　憨山於〈示念佛參禪切要〉文中指出，普遍內具於每個人靈性根柢的「本來面目」，其實都可以透過心性「工夫」的實際操作，而當下得見，他說：

> 今人但信此心，本來無物，如今做工夫，只爲未見本來面目，故不
> 得不下死工夫一番，從此一直做將去，自然有時頓見本來面目，是
> 出生死，永無疑矣。〔註31〕

文中所指「但信此心，本來無物」者，借用余德慧詮釋海德格「在世能在」

〔註30〕關於「放下」的轉化意義，筆者頗認同於中國生死學學者鄭曉江的「生活減擔」說法。他認爲，我們要學會在人生當中「減擔」，即減少人生中的邊邊角角，避免過多地偏離生活的主航道，放下生活中這樣或那樣的不必要的活動與負擔。他認爲「生活減擔」不是消解人生的奮鬥精神，而是要求人們在最適合自己的獨特的人生之路上奮發有爲，獲得成功，成爲生活中的強者，更成爲爲人生的幸運兒。見鄭曉江《生死學 Thanatology》，頁 120～121，台北揚智文化出版，2006 年。

〔註31〕語見《憨山老人夢遊全集》卷四，〈示念佛參禪切要〉，嘉興大藏經第廿二冊，頁 783。

的說法，是意謂在自我心智的「在世能在」整個裂解之後，心性本體以一種「本來無物」的原初型態，顯示其「本眞狀態」的靈性面目。由本文推論可知，雖然余德慧認爲這多數只出現在瀕死者的生命感受裡，〔註32〕但是，類如憨山這樣的禪師，如同前述所指出的，禪者們幾乎都深信：禪修的必要程序，就是要先進入此一「本來無物」的靈性層次中，親自驗證自性的本來面目，最後才能終極地取證了生脫死境界。所謂「做工夫，只爲未見本來面目」者，正是代表著禪者們都有一種特別的普遍信仰，他們相信：即使是海德格在形上思維中所推論出來的「本眞狀態」的存有型態，只要它確實是指向每一個人都共有的本性世界，〔註33〕那麼，禪者們便直截地認定，在實踐策略上，一定都可以通過心性工夫之修正與還原，而完整獲得。

憨山對於「本眞狀態」的靈性自我之實際體會，便是透過還原本來面目的「做工夫」修持，在日常生活當中「作用見性」，預取了它的存在。而且，不斷強化的「但信此心，本來無物」之濃烈信念，更讓原本蟄藏生命深處的清淨靈性，確實有機會從隱晦默存的狀態中，重新甦醒還原其「本來面目」，成爲我們能夠親切領會的生命感受。

所以，筆者認爲：這種憨山式的生死學，業已代表著一種化被動爲主動的實踐精神。正如馬斯洛的七層級理論，剖開了人類的生命取向當中的確有不斷追求完美價值的實現動力一樣，憨山極力還原「本來面目」的濃厚信念，本身也代表一種主動徹悟覺醒的實現動力。憨山堅信我們的本體根源處，絕對有一個共通共屬的「本來面目」，只要我們願意主動地「下死工夫一番，從此一直做將去」，時刻體察觀照此一靈性本體，在平日的「常人」狀態下，它就是一個可以產生轉化生死、「見本來面目」效應的顯性原理。而這種「做工夫」的實踐策略，也因此在憨山生死思想中，便標幟著一種高度強調自我還原「本來面目」以及「出生死」的積極態度，很值得我們正視。

〔註32〕 余德慧認爲瀕死者的自我心智，將是一種「默存性的心智自我」，也就是在日常狀態底下，「默存性的心智自我」幾乎都蟄伏在生命深處、隱晦不顯。然而，當自我心智的「在世能在」機制整個裂解之後，蟄伏的默存性心智自我便會取代「常人」，轉身爲明顯的活動狀態。海德格所謂的「本眞狀態」，實即默存自我的狀態。余語見《生死學十四講》第三講「抵達無蔽的領會之前」，頁54～61。

〔註33〕 海德格《存在與時間》第二篇第二章「一種本眞能在的此在式的見證，決斷狀態」（P331～370）中，便是以每一個人都共有的良知本體（Gewissen），作爲見證本眞狀態存在的主要基礎。

五、結論：憨山生死學之思想特色與教育價值

綜上所述，本文針對憨山生死見解的探討，雖然在語言形式上，借用海德格《存在與時間》的「在世能在」與「本眞狀態」等概念爲媒介，但實際上，憨山獨樹一幟的生死學思維，已明顯可見其特殊不群的思想性格。底下分依「核心價值」、「思維模式」、「實踐策略」以及「終極關懷」諸項，歸結其思想特色。

（一）從核心價值的層面來看：憨山生死學乃是超越生死的自性生死學

憨山生死思想之核心價值，係在於積極彰顯人人皆有一天賦本具的永恆自性。憨山涉入生死領域的見解，均以類如〈示容玉居士〉所指出之「生死之所不變，代謝之所不遷，直超萬物，無所終窮」的自性本體，作爲運作的軸心基點；筆者認爲，這是一種本體論色彩十分濃厚、源發於禪宗式體驗的價值觀點。以憨山的生死學邏輯來看，核心價值當中的自性能夠彰顯，內面生命的原初靈性面目、或即「本來面目」的本質性存在，也就同時可以爲我們所洞悉感受。而相對之下，這種核心價值的體驗，也可以因此有助於我們從「生生世世，捨身受身」輪迴處境中，得到超越解脫的可能。換言之，從憨山生死思想的核心價值，就可知憨山之生死學，實際上乃是一種建構在禪宗本位立場下之「超越生死的自性生死學」，此乃憨山生死思想的第一個重要特色。

（二）從思維模式的層面來看：憨山生死學強調「轉化生死」的實存體驗

由於「體用一如」的生死思維模式，使得憨山生死學的思考方式，在一開始處，便不同於海德格式的形上學進路，也完全相異於柏拉圖式的純粹概念建構。前已述及，憨山「體用一如」的生死思維模式，雖然也可以從本體概念的角度來觀取其「本來面目」，但其實際上之思考運作邏輯，卻是將本體論的核心價值，以憨山所謂「能見此性，即名爲佛」、也就是禪者「作用見性」信念下所慣取的「體用一如」之連結模式，表現成爲我們具體實存情境當中，各種生活層境意義的轉化與提昇。換言之，憨山生死學當中所形構出來的眞我自性之「體」，它的存在，並非孤閉幽清的存在，甚至也根本不適合以理論型式的形上概念來理解它；主要原因，乃是因爲憨山所意許的「體」，必定是晶結合在日常的心行作用當中，以類如「轉生死爲涅槃」或「轉煩惱爲菩提」之特殊「用」的型態存在著。所以，憨山「體用一如」的生死思維模式，可謂相當強調「轉化生死」的各種具體感受體驗，這也是憨山生死思想的第二個重要特色。

　　（三）從實踐策略的層面來看：憨山生死學重視自我覺性觀照的行動特性
　　如果我們特別以憨山轉化生死的實踐策略觀之，那麼，無論是「念念覺察，念念消滅」或「勤勤觀察，不可放行」的覺性觀照，或是藉用持續的「淨念」功夫來轉變「染因」的種種「薰變之力」，乃至於解構自我心智而「自我清淨」的轉化策略；在行動意識上，正如本文所推論者，憨山爲了要達成實際跳脫「生死無窮」束縛的目的，都十分強調覺性觀照的自我鍛造機制。當然，這個見解主要仍是依繫於佛教對於「世間」以及「出世間」的界定與價值判斷。但套用在生死學的象限中觀察，我們一般人習以爲常的生死現象，就佛教的超然立場來看，的確不過視如夢境當中之覺受；〔註 34〕也就是說，夢中的所有快樂傷痛，看似眞實，就醒悟的角度看來，可能仍然只是一番妄想而已。所以，大乘般若系統的經典中，便常用「夢幻泡影」來譬喻我們的這一場人生大夢。憨山禪者的覺悟能量，之所以能獨異於塵井凡夫，主要也就在於能夠隨時腦神警覺地洞悉世間萬法、包括生死現象在內的所有夢境覺受。因此，他所謂「念念覺察」或「勤勤觀察」，重點也全在於強調禪者的內面生命當中，的確另有一種覺性觀照的自我鍛造機制，二六時中無間斷的持續作用著。像憨山這樣的禪者，正是依此內在機制，而可以在塵不染、進一步轉化「生死無窮」、躍升爲涅槃解脫的自由自在境地。這一個行動特性，在其生死學見解裡，佔有相當重要的意義，筆者認爲這是其第三個特色。

〔註 34〕 不獨佛教有這樣的說法，根據 Margaret Evans Price《希臘羅馬神話故事》中敘述，在希臘神話故事裡頭，蘇格拉底以前的先蘇時期希臘人，也相信掌管人類死亡的神祇 Thanatos 與掌管睡眠的神祇 Hypnos，乃是雙胞胎兄弟。足見死亡與睡眠，的確在普世的認知形式上，很容易就給人近似的感覺。兩者核心的差異，或許就只在於死亡缺少了自我重新甦醒的機會了。而憨山生死學的獨擅之地，正是扣緊這個自我重新甦醒的部分：一方面他在普世形式的認知型態上，理解生死乃夢幻中事，另一方面則又能在平日琢磨本來面目、洞悉靈性自我的永恆性存在。所以，毋須等到生死大事現前，內面生命就已經充盈著自我甦醒的豐沛能量。Thanatos 與 Hypnos 故事，見 Margaret Evans Price 著，王軍譯《希臘羅馬神話故事》，頁 2～6，台北水牛書局，1999 年。另學者戴正德則主張，人如能因爲理解了死亡，進而消解死亡之疑慮，則反而更能「對重生的機會加以積極的投入」，也可稱之爲是一種生命的收穫。當然，在憨山生死見解中，並不談論未來的重生問題，他積極投入的是還原自性眞我的本來面目，生命的收穫，則是正向靈性主體的當下取證。戴正德說法，見戴氏《生死學——超越死亡》，頁 98。

（四）從終極關懷的層面來看：憨山鼓勵人在因果架構下實現出離生死
之目的

毫無疑問，憨山對於造成生死現象原因的觀察，是取決自「迷自本心，生
生死死」的徹悟。而他終極的生死學見解，也是建立在「一切諸法，皆自心生」
的基本信念上面，主張應從心念的自我淨化中，建立禪家了生脫死、當下取證
本來面目的終極訴求。值得注意的是：為了要實現這種生死學的終極理想，憨
山主張吾人應當在事相上面，全面性地履行「出生死之淨因」，務求不在因果型
態當中重覆誤蹈生死相續的「染因」。他認為只有在「因地」當中，努力去妄存
真，才有趨證原初靈性自我、明心見性之可能。換言之，即使悟性明銳如憨山
者，他也仍踵循著最基本的因果架構，由內而外地脫胎換骨、一步一步漸進式
完成了生脫死的終極目標。此種實現終極理想的模式，乃是藉由因果的架構，
努力維繫人在生死輪迴中的向上提昇力量，並且，始終保持住內面靈性生命的
自我淨化，以及不再「造生死之染因」的心念規定，持續強化自主自明的覺性
證量，從而建立生命的正向價值與觀照境界。從佛教的因果相續理論觀之，現
在此刻之所有生命活動的品質高低，與我們過去之心念活動，絕對是密不可分
的。筆者認為，憨山生死學之終極理想，正是通過如此的因果架構，鼓勵人在
輪迴處境當中，以持續成片的心性工夫，保持向上提昇、進而出離生死的超越
動能。而這種終極關懷的實現方式與表達方式，一方面既包孕了「體用一如」
的思維性格，一方面也符應於覺性觀照的行動特徵，絕非一般枯窘呆滯的形上
理論可相比擬，此乃特屬於憨山生死學的第四個思想特色。

總結這四個思想特色可知，對於生死的基本見解，憨山是分別從法性實
相的宏觀視野以及內面靈性生命的自性真我當中，取得一種超克生命輪迴的
覺察立場和思維模式。依此覺性之思維，便是憨山看待生死現象，建立其生
死思想的主要基礎。

此外，搭接在憨山獨特的行動意識與終極關懷，其面對生死問題所開示
的卓越洞見與觀點，即使安置在現代人的實存感受之中，也都仍然有其深刻
的教育啓示與意義。特別就「覺性」思維與「靈性」層面的意義來觀取，在
大學通識教育以及目前方興未艾的老人教育範疇裡面，憨山的生死智慧，筆
者認為都頗具參考之價值。底下略分兩點說明之。

第一、以「覺性」的價值融入通識教育理念

首先，就憨山生死學當中的「覺性」思維觀之，正好可以有助於通識教

育對於「人」內在蘊涵的開發與深化。尤其現代人處身在價值紛亂無從、社會劇烈變遷的處境中，除了每日必須要面對緣構世界當中的喧囂紛亂而疲憊應對，又常為「在世能在」無止盡的慾望而徬徨奔走，生活時而陷入僵化沈悶，生命實具的本來面目早已被壓迫抵制而隱晦不顯。所以，早在七年前，黃俊傑先生於《大學通識教育的理念與實踐》中，就已提出「人的覺醒」的教育理念，倡導以之作為通識教育的重要實踐方針。〔註 35〕而在本文實際上的推論裡面，也一再印證：在憨山生死學的思維建構與實踐策略當中，便能夠透過我們內面生命的「覺性」思維，而有助於我們在「人」的意義上面，樹立「人」的自主自明的「覺性價值」。所謂「佛即起覺，覺自性光明」者，便是積極主張：只要我們願意落實「起覺」的觀照工夫，開發原本內在的主體性，每個人都可以擁有屬於自己的心靈覺醒，也都可以有能力檢視出人生現象當中的虛妄存在。放眼當前浮躁萬端的現代人心，的確格外需要這種覺性價值的協助與指引。而在校園通識教育理念中，如果能夠更積極地融入「覺性」的課程內涵，必定更能有助於通識人文理念的提昇與實際效應。筆者認為，憨山生死學啟示現代人的首要意義，正是引導學習者開發自主自明的主體性；透過主體性的自我成長，才能讓學習者產生由內而外的本質性變化。而這種「覺性」的價值，更應該被視為是通識教育的人格養成之重要基礎，非常值得我們在實際的教學素材當中，加以強調。

第二、凸顯「靈性」在老人生死教育中的重要地位

其次，如本文前所論述者，類如憨山這樣的中國禪者，乃是透過剝開內在心靈機制，以永續觀念來看待生命議題，洞悉了自性本體此一「靈性自我」永遠恆生的生命秘密。也就是說：「靈性」並不是只能以臨終關懷的方式表現，在展露「本真狀態」的生命實相上面，憨山的生死智慧已然啟示著一種在日常生活狀態下，就可以自我喚醒的生命價值。這種生命價值，憨山從兩方面來詮釋它：一方面，它既可以在終極的生命型態當中，表現為「出生死」、讓我們超越生死的困惑；另一方面，同時又可以依藉心念的「薰變之力」，在日常生活的實存因果架構底下，一步一步地喚醒自我，讓我們更趨近於終極的

〔註 35〕黃俊傑認為，通識教育乃是一種建立人的主體性，鼓勵人完成心靈的覺醒。他強調這種「人的覺醒」的教育，是使受教育者的人格狀態產生本質性的變化，此變化遠比形式性的教育途徑深刻而有效。黃俊傑《大學通識教育的理念與實踐》，頁 32～38，中華民國通識教育學會，2000 年。

生命境界。由於這種「靈性」的深度體會，憨山是將之完全落實在日常的行住坐臥之中，以「作用見性」的體用模式表現出來，因此，無論對人對事對物，只要始終保持著這種生命「本眞狀態」的靈性透視，毋須等到吾人形體灰滅，「靈性」就已是一個十足生活化的課題。

所以，就如天主教「永生種子」〔註36〕的說法一樣，洋溢在憨山生死學中的靈性自我，也可以有助於我們從生死的侷限迷思中跳出來，而且它是在濃厚的行動意識當中，肯定了我們生命當中的「當下」，便有終極實相的「可行性」義涵。〔註37〕這樣的生死學理念，展露在性格生命上，尤其看待「生死大事」，自然又別是一番豁然開朗的風貌。

目前國內老人教育的共識已臻成熟，但關於高齡老者的生死教育，雖然已有「靈性」相關的福祉機構極力提倡，但多半仍延伸自醫療照護與臨終關懷的課題。而我們透過憨山這種生死思維，則的確可以更擴伸目前國內老人生死教育的靈性理解之廣度與內涵，有關於老人生死教育的課程設計，應當可以積極地強調出這種生活化的思想主題。筆者認爲，透過靈性層面的生活化詮釋，必定可以讓老人生死關懷的福祉價值，得到更寬廣的落實與發揮。

當然，回顧以上的論點，不管是「覺性」或「靈性自我」，以憨山的立場觀之，都仍然必須借重「觀心」的基礎，才有其務實性的意義。在憨山禪者的本位思維中，一般人纏繞不堪的生死問題，其實並沒有那麼難解，因爲那根本只是「迷自本心，生生死死」，乃是「心」迷失之後的一連串夢幻假象。他的生死見地，主要便是在於強調我們每個人都有一永續恆在的靈性本體，只要我們願意徹底落實「觀心」的工夫，身心世界都會隨之昇華轉化。以他的思維邏輯來看，一旦能夠還原了「心」的清淨面目，找回自性眞我，即使

〔註36〕「永生的種子」是意指不會被物質所化約、且足以抗衡死亡的生命秘密，教宗若望保祿二世認爲這個生命的秘密，來自基督，而且也是基督直接將它接枝在人性之上，深植於每個人心中。見 Matthew E. Bunson 輯錄，中國主教團秘書處譯《教宗的智慧》，頁 17～19，台北立緒圖書出版，1996 年。

〔註37〕借用黃俊傑先生的說法，憨山的見解，不僅有其理想層面的「可欲性」（desirability），而且也都有其實踐層面的「可行性」（feasibility）。他非常明白：必須要能實際運用最有效的方法，以積極的作爲，還原出靈性自我，才能達到了脫生死的目標。黃氏之語言脈絡，乃是立足於通識教學的教育內容。他認爲從傳統中國人文通識教育中，可以開發出許多涉及自然及超自然問題的通識內涵，不但有其可欲性（desirability）而且有其可行性（feasibility）。語見黃俊傑《大學通識教育的理念與實踐》，頁 55，中華民國通識教育學會，2000 年。

面對人的「生死」如此複雜萬端的現象，也都可以得到終極增上的超越。所謂「若不觀心，而求脫苦之路，猶卻步而求前」，這一洞察生死現象根源的生命智慧，便主導了憨山生死思想的整體發展。

事實上，我們通過憨山思想，對照在國內高齡族的老人教育中，也確實會有若干極具正面的啓示與價值。依據教育部 2006 年底《邁向高齡社會 Senior Education》一書之願景規劃，其中，老人教育之「學習意義與智慧」實施綱要，已經將「沉思生命意義」、「內在心理昇華」以及「超越身體有限性」諸項，規劃爲未來我國老人教育的「學習意義與智慧」之工作重點。〔註 38〕雖然目前仍未有詳細之落實做法，但憨山上述這種強調「觀心」的心性見解，對於老人教育的「意義與智慧」之學習，無疑已經提供了非常有參考價值的務實性方向。

而且，正如葉海煙〈這一副身軀〉文中所說的：「我們必須把關注從形體轉向無形的心靈世界，而讓身心得到足夠的滋養，生命才可能因此隨時充滿勁道與活力。」〔註 39〕現代人最需要的生死智慧，其實並不是在臨終的時候才派上用場，憨山「日用起心動念處，念念覺察」的生命態度，便啓示著我們：眼前當下的任何一個「觀心」的覺照，就是一個跨越生死的體會。愈是如此智慧地對待生與死，人生當中的活動與意義，便愈足以得到純化與提昇；而所謂「自心清淨，脫然無累」的靈性自我，當然也愈能在我們的實存生命當中，兌現出它無窮無盡的「勁道與活力」！

本文參考文獻

1. 蓮花生大士著，揚智譯《中有聞教得度密法》，台北大乘精舍印經會，1983年。

2. 釋惠能《六祖法寶壇經》（宗寶輯錄本）台中瑞成書局，1985 年。

3. 程石泉《思想點滴》，台北長春樹書坊，1986 年。

4. 戴華山《語意學》，台北華欣文化事業，1987 年。

5. 釋憨山《憨山大師全集》，嘉興大藏經第廿二冊，台北新文豐出版，1987年。

〔註38〕 以上引據資料，參見教育部《邁向高齡社會 Senior Education》第一部份「邁向高齡社會的挑戰」之第三章「高齡社會中老人教育的必要性」第四節『學習意義與智慧』，頁15，行政院教育部編印，2006 年。

〔註39〕 葉海煙〈這一副身軀〉文，見 2007 年 1 月 29 日國語日報第五版「方向」專欄。

6. 釋憨山《憨山老人夢遊全集》，嘉興大藏經第廿二冊，台北新文豐出版，1987 年。

7 馬丁‧海德格 Martin Heidegger 著，陳嘉映、王慶節譯《存在與時間》上下二冊（"Being and Time"）台北唐山出版社，1989 年。

8. Frank Thilly 著，陳正謨譯《西洋哲學史》，台北商務印書館，1990 年。

9. 傅偉勳《死亡的尊嚴與生命的尊嚴》，台北正中出版社，1994 年。

10. 陳兵《生與死的超越：佛教對生死輪迴的詮釋》，台北圓明出版社，1995 年。

11. Matthew E. Bunson 輯錄，中國主教團秘書處譯《教宗的智慧》，台北立緒圖書出版，1996 年。

12. Margaret Evans Price 著，王軍譯《希臘羅馬神話故事》，台北水牛書局，1999 年。

13. 黃俊傑《大學通識教育的理念與實踐》，中華民國通識教育學會，2000 年。

14. 陳松柏《憨山禪學思想之研究——以自性為中心》「中國佛教學術論叢」第 96 冊，高雄佛光山文教出版社，2003 年。

15. 余德慧《生死學十四講》，台北心靈工坊，2004 年。

16. 戴正德《生死學——超越死亡》，台北權威圖書出版，2005 年。

17. 劉易齋《生命管理學概論——生命教育的思想與實踐》，台北普林斯頓國際有限公司，2005 年。

18. 鄭曉江《生死學 Thanatology》，台北揚智文化出版，2006 年。

19. 教育部《邁向高齡社會 Senior Education》，行政院教育部編印，2006 年。

20. 葉海煙〈這一副身軀〉，2007 年 1 月 29 日國語日報第五版「方向」專欄。

附錄二 《老子道德經憨山注》之老學詮釋模式與通識教育啓示

摘 要

晚明禪僧憨山（又名德清、澄印，西元 1547～1627 年）存世之老學注本《老子道德經憨山注》，自問世以來，學界援用其注文的情況很普遍，但對於其詮釋老子義涵的思考模式，輒多未能深入研究。實際上，憨山所解讀的老子思想理念，除了源自於他個人的禪者本位立場外，同時還融入了佛教心性哲學的終極價值，非常值得我們一窺堂奧。本文主要學術目的，便是以其老學作品《老子道德經憨山注》爲聚焦探討的基礎，一方面闡述憨山如何將老子思想巧妙轉化成佛教自性說的問題，釐清其老子注本的主要思考模式；另一方面則是嘗試將憨山的注解經典態度，放置在目前大學通識教學的層面上，希望藉此活化出這位晚明禪僧的精采神韻，解讀其在現在大學通識教學上面的可能啓示或正面價值。

【關鍵字】：憨山、老學、通識教育

前　言

　　如同論文題目「詮釋模式與通識啓示」所標列的，本文探討的課題，主要將有二個基本的進行路線：首先，會把前半部討論的重心，放在憨山如何透過他的禪門詮釋模式，將老子《道德經》思想轉化成自性說上面；另外一個後半部重心，則是嘗試推演憨山的這個注解老子之態度，凸顯其在目前通識教學實務上面的可能啓示。其中，關於憨山老學詮釋模式的形成背景與實際內涵，本文將嘗試分別通過「《老子道德經憨山注》之前的老學」、「憨山老學的詮釋模式」兩個面相，逐層凸顯其老子思想的詮釋特質。至於憨山老學的通識啓示，則主要是以憨山注解《道德經》之禪門智慧，延伸其「以禪解老」的創新思維與跨領域精神；希望對於通識教育，特別是在目前大學校園當中的扮演角色與實際的課程理念，可以嘗試啓發出一系列新的意義再生與永續性的創造價值。

一、《老子道德經憨山注》之前的老學

　　在《老子道德經憨山注》卷首〈敘意〉中，憨山有「迨觀諸家注釋、各徇所見、難以折衷」[註1]一語，大抵便說明了憨山之前，關於《道德經》的注解，確已汗牛充棟、繁不勝數了。事實上，根據王有三《老子考》的統計，中國老學發展至晚明憨山之時，的確已經在《道德經》的單行注本上，持續累積了兩百九十五種之多，[註2]至於詮釋老學的進路，當然也早已是憨山所謂「各徇所見、難以折衷」的空前盛況。

　　而且，恰如老子自云其「道」乃是「微妙玄通，深不可識」[註3]一般，在中國先秦典籍當中，《道德經》清新透骨的五千言哲理，確實是最能帶給人想像的空間；每個感受敏銳的思想家，幾乎都能在《道德經》的簡單文字當

〔註1〕　見《老子道德經憨山注》，頁3。目前坊間流行之《老子道德經憨山注》，係與《莊子內篇憨山注》合刊的版本，是清光緒金陵刻經處，選自明版嘉興大藏經的重刻版本，由台北新文豐出版。因爲該版本爲大字刻本，閱讀較不費眼力，故本文使用之憨山原典，以此流行之版本爲主。

〔註2〕　「兩百九十五種」的統計來源，是根據王有三的老子注本統計表。見王有三《老子考》，頁1～P19。

〔註3〕　語見老子《道德經》十五章之「古之善爲道者，微妙玄通，深不可識。夫唯不可識，故強爲之容。」

中，迸發新意地加上各自的獨門見解。近人唐君毅即曾特別分析《道德經》的「道」，認爲寬鬆的認定上，《道德經》至少就已涵蓋形上實體之道、虛理之道、道相之道、同德之道、生活修德之道、事物及心境人格狀態之道等六層意義。〔註4〕而歷來註解《道德經》之方家，更是分別依據自己的學理依據及經驗立場，賦予了老子思想以百家爭鳴的豐富內涵。

目前，如果我們直以憨山當時「正統道藏經」所具體收錄的四十九種《道德經》注本觀之，〔註5〕關於《道德經》老子思想的詮釋，大約便可在如此寬鬆的認定上，略分爲五大類。〔註6〕這五大類，仔細推究其實都還可以再逐一細別條目，而且各類之間彼此還可以有許多的錯綜變化，但此處僅爲概略粗分。底下大約分述：

（一）轉化為政治智慧之老學

老子《道德經》被解讀爲統治者駕御其政權的「帝王學」，最早在戰國末年韓非的〈解老〉〈喻老〉已開其端緒，而漢代《道德真經注——河上公章句》，〔註7〕則正式以老子之道做爲鞏固政權的一種學理依據。在〈河上公章句序文〉中，葛仙翁便有「文帝好老子之道，世人不能盡通其意。而精思遐感，上徹太上道君，遣神人特下教之便去耳」語，〔註8〕「河上公」一變而爲教導漢文帝老子之道的「神人」。這不但增強了老子《道德經》在愚民時代至高無上的雲端定位，同時也爲漢初之黃老治術，提供一種鞏固朝廷政權的基礎。一樣的，這種解老的模式，在憨山所身處的明代，也相當盛行。例如：排列在《正統道藏經》「玉訣部」卷頭的，便是明太祖朱元璋的《御注道德真經》，〔註9〕朱元璋亦同樣在他的注文當中，極贊老子之道，乃是「王者之上師、臣民之極寶」。〔註10〕可見將老子的思想作帝王政治智慧之解讀，也是中國老學的一種詮釋進路。

〔註4〕 唐語見《中國哲學原論》「原道篇」二，頁290。

〔註5〕 《正統道藏經》係依明人文獻尺度編輯，在目前現存道藏版本中，是最足以反映憨山當時老學發展情形的道藏版本。目前台灣現有的《正統道藏經》，是新文豐1988年重新影印原刻本而來，全藏分三洞四輔，十二類，共收編明代可知見的道教文獻總計五千四百八十五卷。

〔註6〕 它們多數都是注解者本身生命型態、以及當時學術走向的一種反映，當然亦有極大成分，僅是說明老子思想的可能參考途徑或嘗試而已，未必是唯一的真理。

〔註7〕 見《正統道藏經》第廿冊。

〔註8〕 葛仙翁語見《正統道藏經》第廿冊，頁123。

〔註9〕 書見《正統道藏經》第十九冊。

〔註10〕 見《正統道藏經》第十九冊，頁561。

（二）偏重玄思玄理的玄學化老學

在明代的《正統道藏經》中，還可以歸類出一種以魏晉名士的哲學思辨爲主題的老學，那就是玄學化之老學。這一類型的老學作品，極富於創見，且偏向於形上哲學或純粹三玄（老、莊、易）理論的演繹辨證。因爲作者多半是清談的名士高人，名士們情意我境界型態的投注，〔註11〕往往便將老子之哲學，直接昇華成思辨性質的玄思玄理。在《老子道德經憨山注》〈觀老莊影響論〉「論宗趣」中，憨山曾對於「老氏以虛無爲妙道」以及「執老者、墮自然」〔註12〕加以彈斥修正，所指的正是這樣的老學類型。這種偏重玄思玄理的玄學化老學，最典型的代表著作，是王弼的《道德眞經注》。〔註13〕

（三）與兵學軍事相結合的老學

再者，還有另外一種特殊的老學進路，是有意識地將經典原義再予發揮創造，刻意在《道德經》的原始經文中，植入一套足以自圓其說的戰場沙盤理論，「兵學」化之老學，就是這種考量底下的獨特產物。王眞在《道德眞經論兵要義述》〔註14〕中，便主動演繹《道德經》原文，表達自己想詮釋的軍事觀念。譬如他解釋「上善若水」第八章時，引用兵學的推演模式，重新翻修《道德經》的原義，其云「若理兵能象水之不爭，又能居所惡之地，不侵害者，則近於道矣」，〔註15〕透過「軍旅之政」等軍事觀念的概括詮釋，竟使老子《道德經》搖身一變，成爲一新世人耳目、講求「理兵之要」的兵學典籍。像這樣子，經由注解者的創造性轉化，用軍事的經驗論立場，重新驗證於原典，也是老學詮釋模式當中，相當特殊的一種方式。

（四）與傳統儒家思想結合之老學

例如寫《道德眞經傳》〔註16〕的陸希聲，便將孔子與老子兩人的思想，理

〔註11〕此處所謂「情意我」，係參用勞思光所創的術語。勞思光於《中國哲學史》第一卷，即是以「情意我」一詞，說明道家的玄理玄思境界。文見該書P223。

〔註12〕二語均見於《老子道德經憨山注》之〈觀老莊影響論〉「論宗趣」，頁12。

〔註13〕本文參考之王弼註本，見錄於《正統道藏經》第廿冊，頁543～568。

〔註14〕王眞書見《正統道藏經》第廿二冊。

〔註15〕其原文爲「此一章，特論理兵之要，深至矣！夫上善之兵，方之於水。然水之溢也，有昏墊之災；兵之亂也，有塗炭之害。故水治則潤澤萬物，通濟舟楫；兵理則鎮安兆庶，保衛邦家。若理兵能象水之不爭，又能居所惡之地，不侵害者，則近於道矣」，語見《正統道藏經》第廿二冊。，頁745～746。

〔註16〕書見《正統道藏經》第廿冊。

解爲相輔相成的關係，他認爲「老氏之術，道以爲體，名以爲用，無爲無不爲，而格於皇極者也」，〔註17〕他把老子的「道德之化」與孔子之「仁義之教」，視若展示眞理的兩種方便（所謂「合其權」）。又將老子的「先天地、本陰陽，推性命之極，原道德之奧」，比擬於伏羲氏之「畫八卦、象萬物，窮性命之理、順道德之和」，認爲它們思想的原始發源處其實是一致的。〔註18〕這樣的老學風格，字裡行間常會清楚地烘托著會通儒道、務求孔老思想化異求同的深刻使命。姑且不論孔老的主從位序是否恰當，至少它是代表詮釋者強烈的文化融會訴求；而其著眼於化解儒、道間之長期意識對立的目的，實際上也直接呼應於憨山的老學詮釋特質之中。憨山在〈注道德經序〉裡面，就曾以「孔子人乘之聖，老子天乘之聖」〔註19〕的講法，嘗試整合儒道爲佛法的人天乘；憨山並且特別強調此一會通理念，必定是「百世不易之論」；〔註20〕而驗證憨山之前老學著述可知，顯然憨山也在態度上，吸納了這種老學詮釋的會通精神。

（五）揉合道教信仰之老學

道教在明穆宗隆慶六年（西元 1572 年），雖曾一度被查禁，但道教畢竟是中國的一種民間信仰。尤其在晚明時期，與老學思想結合在一起的中國道教，流行於平民文化之間，始終相當具有影響力。〔註21〕而實際上，道教式的老學，在中國歷朝（即使是晚明）便一直有它存在的空間。這類道教化的解老著作，多半結合了黃老思想、陰陽五行讖緯卜筮、神仙方術、鬼神祝由，甚至各種區域性的民間信仰，〔註22〕如《正統道藏經》中，便有題名「嗣漢

〔註17〕 陸語見《正統道藏經》第廿冊，頁303。原文謂「蓋仲尼闡三代之文，文以治情。老氏之術，本於質，質以復性；性情之極，聖人所不能異。文質之變，萬世所不能一也。夫惟老氏之術，道以爲體，名以爲用，無爲無不爲，而格於皇極者也。」

〔註18〕 他說「昔伏羲氏畫八卦、象萬物，窮性命之理、順道德之和。老氏亦先天地、本陰陽，推性命之極，原道德之奧。此與伏羲同其原也。文王觀太易九六之動，貴剛尚變，而要之以中；老氏亦察太易七八之，致柔守靜，而統之以大。此與文王通其宗也。孔子祖述堯舜、憲章文武，導斯民以仁義之教；老氏亦擬議伏羲、彌綸黃帝，冒天下以道德之化，此與孔子合其權也」，語見《正統道藏經》第廿冊，頁301。

〔註19〕 見《老子道德經憨山注》〈注道德經序〉，頁23。

〔註20〕 見《老子道德經憨山注》〈注道德經序〉，頁23。

〔註21〕 以上關於明代道教式老學的簡要說明，係參考自聖嚴《明末中國佛教之研究》第一章第三節之專節論述，見該書P58～65。

〔註22〕 以上關於中國道教之敘述，係分別參考葛兆光《道教與中國文化》一書之說

三十九代天師太玄子張嗣成」所作的《道德眞經章句訓頌》，〔註23〕是出自道教法術派掌門人第三十九代張天師（即太玄子張嗣成）之手，全書字裡行間，幾乎皆遵奉《道德經》爲傳教必備的講本，所謂「每於三元開壇，傳籙告祝之餘，必即此經敷暢之。使在壇弟子及慕道而來者，如魚飲水，各滿其量」的陳述，〔註24〕即是明示傳統老學範疇之中，也從來不曾缺少道教的發言台，這對於遵奉老子、擁有眾多信徒的中國道教來講，原本就是一種保持其道教宗教特質的重要傳統。

仔細檢視下來，在多樣性發展的老學潮流之中，恐怕唯一的遺珠，便是佛教式的老學，依然獨缺一重量級的代言人。而這個挑戰，便自然成爲身在晚明老學潮流當中的憨山，注解老子思想的主要驅動力！

二、憨山老學的詮釋模式

《老子道德經憨山注》的作者憨山，生於明嘉靖廿五年，圓寂於天啓三年，〔註25〕他的一生總共跨越了五個明代皇權的轉移，即：明世宗（嘉靖）——西元 1547～1566 年，明穆宗（隆慶）——西元 1567～1572 年，明神宗（萬曆）——西元 1573～1619 年，明光宗（泰昌）——西元 1620 年，明熹宗（天啓）——西元 1621～1627 年。而衡觀以中國明末學術史論點，憨山對整個中國明末思想界乃至禪門之影響層面，其實都是相當特殊的。尤其反映在他所有存世著作裡面，幾乎皆明顯凸現著憨山個人清晰的禪宗性格，影響晚明時人。而他也確實是對禪學作了一種更圓融的發揮：就禪門系統外立場言，他靈活巧妙地將儒道等教外的思想吸納進來，晶結在禪悟的體驗上；在禪門系統內，則透過禪教觀法之貫徹，消解臺、賢、禪、淨的傳統藩籬。因此，相對於陽明之新儒家發揚孔孟心學；憨山極力於推銷禪門如來智慧的積極作爲，也發展出一種晚明「新禪宗」的潮流，〔註26〕在當時自然亦有一股

明（見該書 P288），以及曾召南之〈道教戒律〉一文（收錄於北京國務院《中國大百科全書》「宗教」類，頁 65）。

〔註23〕見《正統道藏經》第廿一冊。，頁 246。

〔註24〕原文爲「嗣成累奉德音，以遵行太上老君經教爲祝釐第一義。是以每於三元開壇，傳籙告祝之餘，必即此經敷暢之。使在壇弟子及慕道而來者，如魚飲水，各滿其量。」見《正統道藏經》第廿一冊。，頁 246。

〔註25〕參考憨山自撰之《憨山老人年譜自敘實錄》卷上的繫年記載，嘉興大藏經第廿二冊，頁 811。

〔註26〕「新禪宗」一語，係沿用自江燦騰《晚明佛教叢林改革與佛學諍辯之研究——

不容忽視的影響力。

　　本文之探討重心，當然並不是整個憨山禪學，本文此處只希望從憨山老學思想裡面，將憨山獨特的老學詮釋模式特意拉出來，當做一個研究主軸，說明憨山如何從老子的原始道家氛圍裡面，蛻化屬於禪宗行者的自性見解。〔註27〕

　〔一〕從「大而觀之」的會通立場，肯定《道德經》與佛法的平等
　　　　地位

　　如前面所引述者，憨山在〈註道德經序〉裡面，曾經嘗試經由「孔子人乘之聖，老子天乘之聖」的講法，整合儒道二家，成為佛法的人天乘。憨山認為這樣的會通理念，絕對是「百世不易之論」。實際上，此一論點在〈觀老莊影響論〉之「論教源」中，憨山還透過了一個宏觀的真理「大道」立場，闡明在真正宏觀會通的「大道之妙」眼界底下，「佛法」與所有的「世諦」，的確不存在「內外之差」的問題。因為只要行者是真的拿捏到「大而觀之」的宏觀要領，一般分別計較的心念，都會被「自心之妙」的平等特質所洗滌盡淨。他說：

> 佛法豈絕無世諦，而世諦豈盡非佛法哉？由人不悟大道之妙，而自
> 畫於內外之差耳。道豈然乎？竊觀古今衛道藩籬者，在此則曰彼外
> 道耳，在彼則曰此異端也；大而觀之，其猶貴賤偶人、經界太虛、
> 是非日月之光也，是皆不悟自心之妙，而增益其戲論耳。〔註28〕

所謂真理「大道」，如同充塞太虛的「日月之光」一般，領悟到「自心之妙」的人，會將「佛法」與所有的「世諦」，平等看待之。換言之，老子的《道德經》，對於已經「悟自心之妙」、掌握住自性平等特質的人而言，也是佛法的一種；而另一方面，泯卻所有的價值對立，獨任於至虛無為的《道德經》，其

　　　　—以憨山德清的改革生涯為中心〉，頁4。「新禪宗」一語，在江氏的理解中，
　　　　是透過晚明叢林復興運動以及禪僧間的諍辯而形成的。而本文的立場，則是
　　　　從憨山老學創造型態的詮釋理路加以證實。這是本文與江氏之不同所在。
〔註27〕本文所言「自性」，係遷就憨山慣用術語言。憨山的「自性」，可以同時包含
　　　　了如來藏系統之「如來藏自性清淨心」以及大乘真常系統佛典當中出現的「真
　　　　常我」與「真常心」涵義。根據印順《如來藏之研究》的推論，不管是如來
　　　　藏說，或是真常我、真常心，其實都是指向不變的心性本體，而且說法上彼
　　　　此「互補互證」、「不可分離」。憨山在文字運用上相當靈活，有時「自性」會
　　　　替代以「真常」或「佛性」等不同說詞，實際上都同指不變的心性本體。印
　　　　順相關見解，主要參考《如來藏之研究》第一章，頁4～17。
〔註28〕見《老子道德經憨山注》〈觀老莊影響論〉「論教源」，頁8。

實也可以相同的態度，融攝佛法爲老學的一環。

　　例如《道德經》的「道」字，如果單純只就老子所定義的「道常無名」或「無狀之狀，無物之象」〔註29〕看待，「道」歸根究底的說，可能就只是一個從「無」發展出來的作用層涵義。〔註30〕而《道德經》此一「無」的道理，雖說任何的內容似乎都可以撈摸到它，但也可以說都只具一端、僅供參考而已。何以故？因爲正如談論空性的「般若空」，後來成爲佛教各宗的共法一樣，《道德經》的「道」，其實也有這樣的「共法」性質的指涉。尤其老子《道德經》指出來的「道」，雖然可能靈感自天地萬物的一套抽象的普遍運作規則或形上框架，但它從來不曾專用於任一具體實指的內容（即所謂「無狀之狀，無物之象」）當中。既然「道」是無狀無物的，當然也就不隸屬於某一特定的系統或價值、也不太可能與任何一種系統或價值發生尖銳的衝突。所以，憨山之前的傳統老學，所有對於《道德經》的解釋，便在這樣極富彈性的學術氛圍下，杜絕了常見的主流見解與派生見解分庭抗禮的紛擾，思想家們雖然各自陳述，倒也鮮少爭辯、一直相安無事。

　　正是相應於這樣的寬鬆認定與「共法」前提，憨山「大而觀之」的融通立場，便彷彿渾然天成般的，爲《道德經》與佛法之間，巧妙搭設出一個可以互相容受、不起衝突的溝通平台。尤其值得一提的是，在〈觀老莊影響論〉「論去取」中，憨山便以禪宗教外別傳的態度，肯定老子思想與佛法義理，確實存在著會通的實質基礎。他認爲，所謂「老言古簡、深隱難明」〔註31〕的《道德經》，不僅堪稱是中國聖人當中的另類別傳之作，而且它還是唯一能不受世教束縛的「載道」之言。這個說法，非常特殊，因爲他是從一種「佛法」與「世法」彼此「相須而爲用」的立場，提出了「共法」式的融會見解，其文曰：

〔註29〕老子《道德經》三十二章有「道常無名」、十四章則有「無狀之狀，無物之象」，所以「道」在老子自己的描述中，確乃無名無相。早期的註家，如王弼《道德眞經注》第一章亦注曰「道以無形無名，始成萬物。萬物以始以成，而不知其所以然」（《正統道藏經》第廿冊，頁 543，新文豐 1988 年版），十四章又有「無形無名者，萬物之宗也」（《正統道藏經》第廿冊，頁 548，新文豐 1988 年版），都是順著無名無相的老子原義而理解。

〔註30〕「作用層」語，沿用自牟宗三《中國哲學十九講》第七講〈道之「作用的表象」〉文（見該書 P127～157）。依牟語，「作用層」乃指主觀心境所表現出來的形上境界型態，它並不是存有論的實有立場，所以，只應對於「如何」（HOW）的問題，而不實指「是什麼」（WHAT）。

〔註31〕見憨山《老子道德經憨山注》之〈觀老莊影響論〉「論去取」，頁 7。

> 學佛而不通百氏。不但不知世法，而亦不知佛法。……孔助於戒、
> 以其嚴於治身。老助於定、以其精於忘我。二聖之學、與佛相須而
> 為用……中國聖人之言、除五經束於世教、此外載道之言者、唯老
> 一書而已〔註32〕

所云「老助於定、以其精於忘我」以及「不知世法，而亦不知佛法」者，正
表達憨山亟欲以禪的深度比驗於老子的基本會通心態。就破除執著成見的途
徑而言，老子的忘我思想，可能在憨山的看法當中，與禪者定境之要求與破
我執的方式，確實有相當貼切的相似性。

　　除此而外，若順著禪宗強調自性的普效性理論來檢視，〔註33〕原始《道
德經》當中關於道家的作用層智慧，一旦經由轉化過渡成為憨山式之老學，
其詮釋之整體方向，必定還是不可免地，會在老子原有的面目上，多少植入
了憨山禪學的思考方式與風格。例如在〈觀老莊影響論〉「論宗趣」中，憨山
直稱「老氏以虛無為妙道」，〔註34〕此中的「虛無」，其實按照憨山注文中的
解釋，他是連結在般若自性「無生」的佛教理念當中，進行禪宗式的意義轉
換。所以，「論宗趣」才會有「老乃中國之人也。未見佛法、而深觀至此、可
謂捷疾利根矣。借使一見吾佛而印決之、豈不頓證真無生耶」〔註35〕的再三
喟嘆，正是因為他認為老子《道德經》，終極處是可以通向佛法「無生」境界
的，它的「載道」旨趣，只是未經「吾佛而印決之」而已，實際上，在終極
的佛法真諦當中，《道德經》應當被賦予一個肯定的地位。〔註36〕

〔註32〕分見於憨山《老子道德經憨山注》之〈觀老莊影響論〉「論學問」P5、「論去
　　　取」，頁7。其實，老子當時的中國聖人，未必都不討論「道」的問題，只是
　　　憨山認為他們都拘泥於世間教法，反而老子之言，相形之下變成另一種酷似
　　　於「教外別傳」的特殊主張。此處筆者主要參考楊惠南〈禪史與禪思〉說法，
　　　《鵝湖》第126號，頁38。

〔註33〕憨山曾說「禪者，心之異名也」，此『心』即指自性清淨心，也就是法性、自
　　　性。憨山這句話，在憨山所有存世的經典注疏中，幾乎都曾出現過類似的用
　　　法。而單篇之文章，則主要見於〈答許鑑湖錦衣〉（見《憨山大師全集》卷七，
　　　嘉興大藏經第廿二冊，頁460）、〈春秋左氏心法序〉（見《憨山大師全集》卷
　　　十，嘉興大藏經第廿二冊，頁490）二文。

〔註34〕見憨山《老子道德經憨山注》之〈觀老莊影響論〉「論宗趣」，頁12。

〔註35〕見憨山《老子道德經憨山注》之〈觀老莊影響論〉「論宗趣」，頁12。

〔註36〕聖嚴法師就認為，憨山的內心深處，其實仍存有著「佛老」的先後位序，所
　　　謂「老子的思想再怎麼優越，也是不可能超越佛教的聖境」，以及「老子只是
　　　約當於佛教的賢位菩薩，假若老子的境界得到釋尊的印可，必是進入無生智
　　　的悟境程度」，這個看法，相當符應憨山「以禪解老」的基本心態。文見聖嚴

　　而兜回到憨山宏觀會通於儒釋道三家的立場，更可進一步取得證明：在解讀老學「載道」特質的同時，除了透過「以禪解老」的慣性思維、肯定了《道德經》之外，憨山其實還希望藉諸「三教會通」的融合宏觀態度，在老子原有的思想以及憨山自性禪學主張之間，儘可能型塑出一個跨界的義理連結。在〈觀老莊影響論〉「發明歸趣」中，憨山甚至即認爲孔子與老子，應被視爲「佛之化身」，他說：

> 愚意孔老、即佛之化身也。後世學佛之徒、若不知老、則直管往虛空裏看將去。目前法法都是障礙、事事不得解脫。若不知孔子、單單將佛法去涉世、決不知世道人情、逢人便說玄妙。〔註37〕

他用力強調，三教當中的老學與儒學，都可以藉由禪宗式的詮釋，轉化搭配在佛法當中，不僅不違背，彼此還可以獲得共同彰顯的機會。所謂「若不知老、則直管往虛空裏看將去」，代表憨山相當認許老子《道德經》關於「無」的作用層智慧，他認爲《道德經》對於一位禪宗行者同樣很重要，它可以防止般若空性境界走向「虛空」的危機。而儒學領域中的孔子思想，則能夠讓禪者的修行生活，更加融入實際的「世道人情」，不致於耽虛蹈空、「逢人便說玄妙」。總之，無論老學與儒學，在《老子道德經憨山注》中，都經由這種融合宏觀的會通立場，聚合在禪宗式的自性解讀理念裡面，成爲「相須而爲用」的跨領域結合。

　　從晚明學術史的客觀角度來看，《老子道德經憨山注》的「佛老會通」乃至「三教會通」模式，都代表著一種傳統禪學對於教外思想，正在努力進行義理思考的跨界整合。尤其將儒釋道三教，放置於寬鬆的文化認知當中，尋找彼此大方向上面的共識，幾乎是中國晚明文化思潮的共同特徵；〔註38〕所以，就老學的詮釋模式而言，憨山這種注解道家原典的態度，其實部分是淵源自時代背景的直接反映，它仍然稱不上是憨山的「一家之言」。憨山老學眞正具個人化特質的創造性詮釋，其實是屬於憨山思想更內環式的核心義理，

　　　《明末中國佛教之研究》，頁 68。
〔註37〕見憨山《老子道德經憨山注》之〈觀老莊影響論〉「發明歸趣」，頁 14。
〔註38〕其實，「三教會通」的觀念，本是基於儒釋道之間長期交會互動之必然歷史發展，依僧祐《弘明集》卷一載，東漢牟子（牟融）之《理惑論》便已提出三教合一的初步構想。而根據陳俊民的說法，到了明代，更是逐漸將三教各自的外在修養轉向內的修養，以至於在「修心」的問題上，達到大體一致的認識。陳語參見〈宋明「三教合一」思潮中的「心性旨趣」論稿〉，《鵝湖》第 172 號，P2～10。

即所謂「離言體道」與「唯心識觀」二者。尤其透過「離言體道」與「唯心識觀」所凸顯的心識主體，更是憨山能如實展示「以禪解老」精髓、重新昭甦其禪者本位義理的根本元素。

　　順著這個思路，底下本文的進行，就先藉由與憨山「不立文字」的禪者風格，最直接攸關的「離言體道」理念，探討憨山此一獨特的老學詮釋模式

　　（二）從「了悟於心」的「離言體道」模式，詮釋《道德經》的「不言」之道

　　在解讀《道德經》「道沖而用之或不盈」一則時，憨山便是運用「離言體道」的模式，詮釋老子的原文，這種老學的觀察的角度，相當特殊而有創意，他說：

> 謂道體至虛，其實充滿天地萬物，但無形而不可見，故曰用之或不盈。道體淵深寂寞，其實能發育萬物，而為萬物所依歸，但生而不有、為而不宰，故曰似萬物之宗。或、似，皆不定之辭，老子恐人將言語為實，不肯離言體道，故以此等疑辭，以遣其執耳。〔註39〕

正如前言，憨山在詮釋老學時，其實仍有意識地依循著佛老之間的共法原則，藉此標顯老子所指涉出來的至虛無為之形上道體，在跨界思考的義理整合當中，可以與傳統禪宗遮撥文字語言的思維習慣連結在一起。因此，他相當強調《道德經》這個「不定之辭」的道體，就像般若空性一樣，確實沒有辦法用語言文字，去規定或界定出具體的內容。〔註40〕譬如老子「用之或不盈」的「或」字，以及「似萬物之宗」的「似」字，憨山都直接解讀成佛教般若

〔註39〕見憨山《老子道德經憨山注》，頁56。

〔註40〕例如《道德經》卅二章「道常無名」文，王弼曾注曰「道無形不繫，常不可名；以無名為常，故曰道常無名。」這是認為「道」乃無所不在，世間任何一種有形有相的存在，都與「道」產生微妙的根源性關係（所謂「道無形不繫」）。然而，「道」本身雖可遍顯於萬物之中，卻仍只堪稱為抽象的原理，沒有特定實指於任何一種具體之內容。如此一來，當然所有人為構思出來的「名相」，也就無從去直接描述它了。王弼這一種解釋，即是明示「道」的真正被掌握或實質體驗的模式，一定不是在「言說相」的層面上，老子所謂「道可道非常道」者，也早已道出了這一種立場。因此，「離言說相」之道，或者稱之為「離言體道」者，都不是憨山新創的見解。所以，雖然或有可能與傳統禪宗遮撥文字語言的思維習慣連結在一起，但因為「離言說相」原本就是佛家與道家的共法，即使憨山用「離言體道」之形式，處理老學的問題，也依然視同只是在入手處，順著「共法」的寬鬆架構而解釋老子。憨山的獨詣見解，主要是展露於終極的禪門真常自性說。

學蕩相遣執的「遣其執」含意。他認爲「老子恐人將言語爲實」，無非也是擔心眞理的體悟，會被一堆文字語言繳繞牽纏出來的「不定之辭」所障礙罷了。

實際上，這在禪宗「不立文字」的祖師禪傳統當中，還有更進一步的說明。以憨山的禪者立場來看，《道德經》的「不定之辭」或禪宗的「不立文字」，雖然有一個形式上的共通點，但兩者都只是指出了眞理的體驗方向，應當是跳脫語言文字的表象。然而，在禪者習慣於透過日常行住坐臥生活，體驗眞理滋味的思維模式當中，「離言體道」的意義，有另外一種解讀深度。

於是，在詮釋《道德經》最後一章中，憨山便提出了一種很典型之禪宗式的本位見解，那就是：將語言文字的功能性，在「聖人體虛合道、忘言任眞」的境界型態中，作一種「了悟於心」、回歸於修行體驗的整合。憨山註解「不言之教、不辯之辯」一句時，有「天乃無言之聖，聖乃有言之天」如此的特殊論點：

> 道本無言，乃至約也。但了悟於心，可目擊而喻，妙契無言，自不容聲矣，何事於博哉！故曰知者不博。以彼不知大道體虛，運而不積。而彼以積爲務，故愈增障礙。殊不知有積則有散，有散則有窮；無積則無散，無散則無窮。由聖人體虛合道、忘言任眞，了無所積，由其不積則無窮。且天乃無言之聖，聖乃有言之天。以天道不積，其體至虛，故四時運而不竭，利盡萬物而終不傷其體。〔註41〕

他認爲老子「道本無言」的「道」，原本就是萬物自然生化的形上原理。這個形上原理「其體至虛」，充滿實現一切潛能的可能性，而且「利盡萬物而終不傷其體」，無論它如何顯化爲各種形形色色、具象客觀的事物，都無損於道體本身的完整性。對於如此之超越原理，人類製造出來的侷限性質之語言，當然不容易掌握住，所以憨山借用老子之「不言」，直接便推翻了嘵嘵好辯之徒企圖以「言」體會老子之道的正當性。而他主張的所謂恰當相應做法，正是透過「體虛合道、忘言任眞」的體驗模式，從內面生命的開悟（即「了悟於心」）中，進而妙契於離言說相的「不言」之道。在他的看法裡面，只有體虛合道的悟道聖人，可以做到這樣的境界，所以，他說「天乃無言之聖，聖乃有言之天」。

而事實上，憨山此處無論言「忘言任眞」或「無言」，都還是可以與老子原始之「無」的作用層方法相吻合。易言之，這個「無」的境界型態，特別是就方法論上面而言，正如本文一再強調者，它是佛老之間的一種共法。扣

〔註41〕見憨山《老子道德經憨山注》，頁 149。

緊老子的「無」，確實就是憨山獨具隻眼的妙運，因爲「無」的巧妙運用，正好是溝通憨山禪學與其老學的一條通路。〔註42〕

而這個地方，憨山除了在老子「無」的共法意義上，建立詮釋通路之外，值得注意的另一詮釋動向則是：憨山透過這一層「離言說相」的汰濾，只要再搭接上「明心見性」的禪者訴求，便可以直接將老子《道德經》原本的非言說性，由樸素簡單的方法論基礎，一舉遞升轉換爲禪宗的心性修養工夫。此亦即謂，他要詮釋的「離言體道」，雖然一開始確實是原發於老子離言說相的「不言」之道，所取的方法也的確是共法層面的「無」之形式，但最後的義理落點，將不僅僅是落在離言說相的「不言」之道而已，因爲憨山之「離言體道」，眞理的義涵與深度，終極處一定會觸及到「入於深山大澤，習靜以觀心」〔註43〕所觀照出來的「唯心識觀」。

（三）從「唯心識觀」的心識主體，重新詮釋定位老學

《老子道德經憨山注》〈觀老莊影響論〉篇首「敘意」中，憨山提到「唯心識觀」的緣起：

> 余居海上枯坐之餘，因閱《楞嚴》、《法華》，次有請益老莊之旨者，遂蔓衍即此以自決，非敢求知於眞人，以爲必當之論也。是故余以唯心識觀而印決之，如摩尼圓照、五色相鮮；空谷傳聲、衆響斯應。苟唯心識觀而觀諸法，則彼自不出影響間也。〔註44〕

這一段文字，概略提到兩個重點：首先值得注意的是，他解讀老學的立足點，

〔註42〕這一點，如果回到王弼注裡面，也一樣可以找到端倪，王弼解釋《道德經》廿二章「少則得，多則惑」時，亦云「自然之道，亦猶樹也。轉多，轉遠其根，轉少，轉得其本。多則遠其眞，故曰惑也；少則得其本，故曰得也」（王弼語見《正統道藏經》第廿冊，頁 548。），王弼並沒有明說其「多」、「少」實指何謂，但主要卻仍然是相應於老子「無」的境界而借題發揮。所以，解釋廿三章「從事於道者同於道」句，王弼就從「無爲」以及「不言」的角度，嘗試體會老子之「道」，他說：「從事於道者，以無爲爲君，不言之教，綿綿若存，而物得其眞，與道同體。故曰同於道。」（語見《正統道藏經》第廿冊，頁 549。）所謂「以無爲爲君，不言之教，綿綿若存」以及「物得其眞，與道同體」者，與憨山的「體虛合道、忘言任眞」，在方法論上的雷同，就是都透過「無」的作用去體驗老子之「道」。由此可知，無論是依於玄理玄思的角度，或是立足於心性開悟的立場，對於老子之「道」的解讀，通過「無」的方式，的確是存在著形式上的共識。

〔註43〕見憨山《老子道德經憨山注》，頁 52。

〔註44〕見憨山《老子道德經憨山注》，頁 2。

顯然是不同於過去任何一種老學模式，換言之，《老子道德經憨山注》的「唯心識觀」論點，已經是一個重新定位〔註45〕且具有開創性的老學型態。其次則是說明了他這種老學思想的形成，主要是得益於佛教眞常系統的經典——《楞嚴經》、《法華經》的啓發，而當時東海學者「請益老莊之旨」，不過只是時間上的增上緣而已。

實際上，在佛教學術思想當中，由於楞嚴、法華這一類的佛教眞常系統典籍，原本就相當凸顯人類透過心識主體的境界提昇，以期達到超越一切現象上的別異分歧，進而化異求同、擴充生命層級的目的。因此，憨山順勢引借爲他個人詮釋《道德經》的基本思維模式，以期消解佛道之間的差異，在此處是很容易被理解的。

令人玩味的是：憨山雖然一方面自謙他的道家思維未臻成熟，不敢自居於「必當之論」；但另一方面，卻又自信滿滿地宣稱「以唯心識觀而印決之」，認爲三教萬法就統統可以歸宿到「唯心識觀」的統轄範疇之中。憨山敢於如此雄心壯圖，仔細尋思，可能並非恣意誇大，因爲在「萬法唯心所現，故治世語言、資生業等，皆順正法」的信念底下，三教的確不過乃吾人心識觀念，所回應投射出來的「影」（投射的影像）、「響」（回應的聲響）。《老子道德經憨山注》卷首之〈觀老莊影響論〉，以「論心法」爲題，憨山就藉此順勢提出了透過「唯心識觀」，統攝「一切聖人」以及「一切言教」的嶄新論點：

> 余幼師孔不知孔、師老不知老，既壯，師佛不知佛。退而入於深山大澤，習靜以觀心焉。由是而知三界唯心、萬法唯識。既唯心識觀，則一切形，心之影也；一切聲，心之響也。是則一切聖人，乃影之端者；一切言教，乃響之順者。由萬法唯心所現，故治世語言、資生業等，皆順正法。

這種把一切聖人言教，全部納入「三界唯心、萬法唯識」的範疇當中，是憨山在建立其老學時，相當重要的一種思考方式。無可置疑地，從實修的層面來看，憨山藉以解讀老學的「唯心識觀」，必定有其實際之禪修體驗（尤其是明心見性的實際體驗）爲依據；但在心識活動層面上言，則「摩尼圓照、五色相鮮；空谷傳聲、眾響斯應」之眞常心模式，應當就是憨山「唯心識觀」所亟欲表現的眞實情況了。

〔註45〕所謂「以唯心識觀而印決之」的『印決』，代表憨山給予了老學以重新定位之意。

　　也就是說，憨山之所謂「唯心識觀」，本身雖然在字面上，彷彿具有唯識論「三界唯心，萬法唯識」的形式色彩，但又不全然是純粹之唯識觀點。〔註46〕因為他已經將此一論點的屬性，在詮釋老學的歷程中，給予具象活化，而且也讓「唯心識觀」更鎔鑄了以心識主體轉化一切萬法的積極意義。所以，他說「一切形，心之影也；一切聲，心之響也。是則一切聖人，乃影之端者；一切言教，乃響之順者」，就已經是一種走向內面生命自我證成的「以心轉境」之實際體驗。換句話說，憨山「唯心識觀」中的心識主體，儼然已跨升為一切法成立的動力因，而不再只是一種慈恩宗形式的唯識理論。因此，一方面重視心識層級的自我提昇，一方面又實修此一真常之心識主體而轉識成智。這樣的「唯心識觀」，不僅僅是憨山轉動老學的一種思考方式，同時也可視為是他個人修行證量的一種具體呈現。

　　而回顧前述禪宗所強調自性的普效性論點，我們又可以更加肯定此處所證成的，憨山據以思維其老學之「唯心識觀」，的確是一種奠基於禪宗行者的真常信念，所相應開發出來的思維模式。這個思維模式，就晚明的時空屬性而言，自然也頗能呼應於明末三教漸趨於合流的時代需求，尤其在「禪」、「道」頻繁互動的晚明，「唯心識觀」在心識層級的自我提昇與心識主體的卓越化上而言，是當時諸多建立佛道共識的嘗試中，最為特殊的一種模式。

　　在《老子道德經憨山注》「不言之教、不辯之辯」的註文當中，憨山的「體虛合道、忘言任真」看法，就是從方法論的層面，設法營造出佛道共棲的「離言體道」乃至「無」的運作模式。此一「離言體道」或「無」的運作模式，搭配上「唯心識觀」的主體呈現，實最能代表憨山老學在思考方法上之獨詣洞見。

　　但是，無論如何，憨山畢竟還是一個禪者，無論二六時中行住坐臥，他都必須返聞般若自性、以明心見性為依皈；於是，因應於禪者此一價值內化的自然需求，憨山亦很希望從老子的世界裡，同樣能夠妙運出內在生命「明心見性」的終極境界。因此，接上禪宗本位的自性思想脈絡，點出「真常妙性」這個究竟的課題，就成為《老子道德經憨山注》思考方式當中，最能勾

─────────────

〔註46〕當然，一般人乍見「三界唯心、萬法唯識」這樣的語詞，幾乎都會直接在思維的習慣當中，牽扯到唯識見解的問題或教相宗派的複雜性爭議，然而憨山之《老子道德經憨山注》，卻根本不甚著墨於此，何以故？主要還是因為憨山的心識見解，已非傳統慈恩宗的唯識路數，所以我們幾乎不太可能使用傳統唯識理論，套襲在憨山的老學見解上。用比驗的立場來看，憨山「唯心識觀」的思考方式，其實是馬鳴《大乘起信論》式的真常心風格。

畫終極價値的一種詮釋嘗試。

（四）透過「真常」之自性本體立場，表現「以禪解老」的詮釋模式

所謂「眞常」，在《老子道德經憨山注》中，幾乎都被使用成心性論的涵義，特別是指涉我們內在本具的自性本體而言，例如「不認緣氣之心爲心，則眞常之性自見」一語，〔註47〕憨山即是以「眞常」二字，表達自性本體具有形上超越的眞理特質。同樣的，憨山雖然也可以沿襲傳統註家方式，順著老子「道可道非常道」原義，詮釋萬物生化之道所稟賦的「離言說相」之特殊性，但是，同時他也盡可能玲瓏善巧地從老子「道可道非常道」之「常道」概念中，以他個人的獨悟慧眼，營造出相對稱的「眞常之道」。藉著此一「眞常之道」，憨山於是可以完全貫徹其「離言體道」的信念，順利地在老子的原始意義上面，接駁出一條通達佛教禪宗心性論範疇的路徑。底下爲實際說明之便，節引憨山「道可道，非常道」章以及「致虛極。守靜篤」章這二則注文如下：

> 1、道乃眞常之道。可道之道，猶言也，意謂眞常之道本無相無名、不可言説；凡可言者，則非眞常之道矣；故非常道。且道本無名，今既強名曰道，是則凡可名者，皆假名耳，故非常名。此二句言道之體也。然無相無名之道，其體至虛，天地皆從此中變化而出，故爲天地之始，斯則無相無名之道體，全成有相有名之天地。〔註48〕
>
> 2、性，乃眞常之道也。故云復命曰常。人能返觀内照，知此眞常妙性，繞謂之明。故云知常曰明。由人不知此性，故逐物妄生，貪欲無厭。以取戕生傷性亡身敗家之禍。故曰不知常，妄作凶。人若知此眞常之道，則天地同根，萬物一體，此心自然包含天地萬物。……人得此道，則身雖死而道常存。故曰沒身不殆。殆，盡也。且此眞常之道，備在於我。而人不知，返乃亡身殉物，嗜欲而不返，豈不謬哉。〔註49〕

在1、的注解當中，憨山的主題，其實仍然是順著老子原義，從「道可道，非常道」的離言特性，托顯道體統轄萬物生成變化的「天地之始」之超越角色。

〔註47〕見憨山《老子道德經憨山注》，頁117。
〔註48〕見憨山《老子道德經憨山注》，頁51。
〔註49〕見憨山《老子道德經憨山注》，頁71。

但是，值得留意的是，他在文字用語上，卻已經開始使用「真常」兩字，來說明老子之道體；他直稱「道乃真常之道」，就是他認為老子之道體，「真常」兩字，是最足以相應詮釋的字詞。

所以，憨山的「真常之道」，初步目的雖在與一般世俗「亡身殉物」的常道相區隔，但它也同時是憨山的伏筆。在他看來，從真常之「道」體會的「無相無名、不可言說」的道體，其實是可以跨接到本體論，成為真常之「性」的意義。例如2、在解釋老子「不知常，妄作凶」句時，他說「人若知此真常之道，則天地同根，萬物一體，此心自然，包含天地萬物」，就是已經將老子道體的觀念，由原先偏向宇宙論型態的自然氛圍中，轉化成為「此心自然，包含天地萬物」的心性論話題。

於是，憨山一方面說「道乃真常之道」，一方面則又說「性，乃真常之道也」，表面上是從老子道體當中，接引出「真常之道」的詮釋語彙，但它真正的終極旨趣，卻是接上禪宗本位的自性思想脈絡，點出「真常妙性」這個究竟的課題。根據2.的注文，憨山至少已為這個「真常妙性」，描摹了四種特質：

第一具足義：此一「真常妙性」，能夠包含萬法、具足統攝一切天地萬物的能力，即所謂「此心自然，包含天地萬物」。

第二常住義：此一「真常妙性」，具有永遠恆在的特性，不因形體的生死而產生變動，所謂「人得此道，則身雖死而道常存」者是。

第三內在義：此一「真常妙性」，圓滿無缺地內在於每一個人的天賦體性之上，不因個體之差異而有所分別，所謂「此真常之道，備在於我」者是。

第四普遍義：此一「真常妙性」，無論在心性論或宇宙論上面，都是一個普遍原理，即所謂「人若知此真常之道，則天地同根，萬物一體」。

這四種特質，幾乎都是專約於佛教心性論的本體層面立言，當然在詮釋態度上，是有相當濃厚的禪宗色彩，憨山這種「以禪解老」的用心，在「真常妙性」的見解中，已成為一件毋須爭辯的事實。而且，憨山自己似乎也自覺到「真常妙性」，不能只單純淪為口頭上的工夫，「真常妙性」之「妙」，一定要被每個有心體驗它的人，都能親自驗證感受到了，才是真正的「真常妙性」。因此，在注解《道德經》第一章的末尾，他有這樣獨特的老學結論：

> 似此一段工夫，豈可以區區文字者也之乎而盡之哉？此於所謂須是靜工純熟，方見此中之妙耳。〔註50〕

〔註50〕見憨山《老子道德經憨山注》，頁52。

此處之「靜工純熟」，姑且無論它所採取的進路方式究竟爲何，它毫無疑問的，都是指向一種讓自己思慮清淨安定下來的禪修體驗。憨山認爲經由這種心念實修之純熟體會，只要它確實能令我們無明紛擾的外在境界沉澱下來，時機一旦成熟，原本內在於我們身上的「眞常妙性」，自然而然地，都會被我們所如實覺察與完全洞悉。

實際上，憨山在注「歸根曰靜，靜曰復命」一句時，便大力闡述這樣的自性思維，他說：

> 目前萬物雖是暫有，畢竟歸無，故云各歸其根。根，謂根本元無也。
>
> 物既本無，則心亦不有。是則物我兩忘，寂然不動。故曰歸根曰靜，
>
> 靜曰復命。命，乃當人之自性，賴而有生者。〔註51〕

憨山認爲所有外在的現象萬物，都只是一種瞬息生滅的暫時存在而已，在諸行無常的法則底下，這些萬物都必然會「畢竟歸無」。他因此把「歸根」的「根」，理解成現象萬法「根本元無」的意義；而也由於萬法皆空，依託萬法緣生緣滅、沉溺於假象的「我」（或「心」）自然相對亦屬夢幻。所以，憨山此處之解釋「歸根曰靜」，其實並非老子原有之虛靜觀復立場，而是另闢蹊徑地，透過佛教三法印當中的「諸行無常」、「諸法無我」理路，企圖層層剝除常人在生滅法當中、執著「萬物」與「假我」的通病。憨山堅稱：能將這兩種執著完全放下的人，在「物我兩忘」的同時，「寂然不動」的「自性」，便會自己重現它本命的光明。所謂「命，乃當人之自性，賴而有生者」，正是這樣的意思。

而如果再兜回前述「人能返觀內照，知此眞常妙性，纔謂之明」的觀點，此一自性，毫無疑問的，就是指謂著「眞常妙性」，或者即直接稱呼它爲「眞常之性」。

因此，就憨山詮釋老學的終極心態言，憨山等於已經很明白地宣示：《道德經》的眞理所在，其實是可以透過佛教「眞常」的核心價值，藉由「以禪解老」的妙運，而重新產生它的意義。而能夠準確呼應於眞常價值的心性論基礎，則仍須端賴於佛家頓悟成佛的內在依據，亦即「眞常之性」。歸結言之，《老子道德經憨山注》中，關於內在關鍵義理的運作，基本上都蹈循於此一禪宗眞常自性的本位立場，憨山所解讀的老學，其實已經是一種不折不扣禪宗式的老學。

〔註51〕見憨山《老子道德經憨山注》，頁70。

三、憨山注老的禪門智慧，對於目前大學通識教育的啟示

現代人很喜歡講求 AQ 的抗逆境能力，[註52] 投射在憨山身上，憨山的 AQ 典型，應當會是很另類的全新啟發意義。尤其特別的是，以他的禪者身份，處身於叢脞萬變的晚明大環境中，雖然未必能控制周遭發生的紛亂，但他卻很懂得如何選擇調整自我的價值，以及敞開胸襟、有智慧的回應各種跨界思維的衝擊。《老子道德經憨山注》中的一字一句，基本上，都是通過他認定的有效思考，而進行禪宗式的創造性詮釋與跨領域整合。以現代人所標榜的高 AQ 水平來看，一個經驗越豐富、思考力越高的現代人，越應當像憨山詮釋老學一樣，處處返觀內照，喚醒自我的充沛能量，有效地針對各種跨領域議題，給予創造性的回應。而本文認為，這種面對逆境的自我激化與自我淬煉，不僅只是見證於憨山注老的禪門智慧而已，在目前校園的通識教育當中，應當同樣也有其正面的啟示意義。

底下為行文之便，略分為三個部份臚述之。

（一）藉由通識課程內容的自我更新轉化，培植通識教育永續存在的基礎

《老子道德經憨山注》一書，在晚明百家爭鳴的老學流派之中，最大的特色，便是以禪門擅長的自性思維為根本基礎，提出來與《道德經》的道家思想交流接軌。憨山此一重新解讀《道德經》的大膽嘗試，乍看之下，似乎是一椿整合教內與教外思想的漫漫長路，任何旁觀者都會認為是不可能任務，但千里之行，始於足下，憨山至少勇敢地跨出了相當扎實的一步。

事實上，憨山勇於針對基本思維模式進行深層的轉化改造，讓自己的禪門理念，可以透過禪宗式的老學介面，持續推陳出新存在下去。這樣的一種自我更新轉化，以及追求意義再生之運作方法，透過現在相當流行的「文化創意」角度來看，本身已經十分貼近於現代文化創意產業的核心精神了。

[註52] AQ，一般翻譯為「逆境智商」〈AQ，為 Adversity Quotient 之縮寫〉。根據美國哥倫比亞大學醫學院與史塔桑管理研究中心，一項長達十年的聯合研究發現：有磨難經驗，而且能從當中走出來的人，他們的面對逆境的能力會提高。不僅如此，他們身上還會醞釀出幾種成功的重要特質，例如：在逆境中能夠迅速恢復、可以成功地進行改變、能夠很敏捷解決和思考問題、非常樂觀……等等。而最早提出「逆境商數」概念的保羅‧史托茲〈Paul G. Stoltz〉，也認為面對挫折的能力，是可以透過自我的有意識鍛鍊而增強。以上敘述，參考保羅‧史托茲著，莊安琪譯《AQ——逆境智商》，頁 105～142。

實際上，自 1998 年後，英國首先出現「創意產業」（Creative Industry）一語之後，「創意」即廣爲世界各國所引用。尤其以最近國內各大學技職院校的通識教育中心爲例，在新開設重點課程與相關產學合作案中，「文化創意」也經常成爲推動經營的重心。根據蔡瀚毅〈台灣文創產業何去何從〉的說法，從文化層面衍生的「文化創意」，它的定義，並不標榜「天馬行空的空中樓閣，或是遙不可及的高貴與華麗」，而是完全投注在「眞眞切切地的生活**裏**」。〔註 53〕這一點，印證在《老子道德經憨山注》裡，透過憨山根深蒂固的禪行本色思維來看，剛好就是一個最好的示例。就如同他使用「眞常」兩字，來說明老子之道體一樣（「道乃眞常之道」），主要也是因爲：憨山認爲禪者眞實生活中的「眞常」體驗，根本就是最足以相應詮釋老子道體的字詞。

同樣地，通識教育課程的設計理念當中，目前各校發展的核心通識課程，即令或有不同，但如果能夠考慮融入「文化創意」的運作元素與務實特質，這種通識課程，被學生接受與肯定的程度，往往也會比較高。尤其傳統通識課程，在自我更新轉化的過程裡，越是能夠特別反省關注到社會流行價值或重要議題，並與學生眞實生活經驗結合的，它的教學效果與實際應用的普效性，也相對比較具有正面的評價。例如通識課程當中，關於「兩性問題」的課程設計，已經不能僅只停留在傳統男性與女性的相對格局當中，進行理論化的探討；它必須針對現代社會文化常見的同性戀、性別認同、分手諮商、性別工作平等乃至第三性的面對問題……諸項，植入或重新包裝出一套新的反省機制，才能夠在課堂的實際經營當中，讓學習者產生感同身受的學習效果。

而且，回歸到憨山的老學思考，如前所言者，這種融會著文化創意的意義再生工作，以憨山立場觀之，不僅僅老學如此，即使廣泛全方位地包含孔孟老莊，也都可以透過這樣的詮釋態度，而搭接出一個以禪學爲雲端中心的網絡架構。在憨山而言，類如這種重新創意解讀之目的，全部都可以爲禪行者悟自性的宗教實踐目的，直接提供更充份而豐富之正向意義。儒家或道家思想，藉由一番意義再生的重新解讀之後，當然就已經不再是傳統佛教偏狹成見中的所謂「世諦」或「外道」，而是可以經過「文化創意」的轉化再生，放在以「明心見性」爲訴求的主軸上，爲佛家眞常本體論的必然性，擔任見證者的增上助緣。

一樣的道裡，在目前大學校園當中，其實通識課程是最有資格扮演雲端

〔註 53〕見蔡瀚毅〈台灣文創產業何去何從〉，《讀者文摘》92 卷 3 期，頁 15。

中心角色的，特別是通識教育理念當中，還依然肩負著「通才教育」與「博雅教育」如此重要的核心使命。對於課程的運作設計上，只要擔任課程的教師，能保住核心的通識教育宗旨，善用如同憨山解讀老學一般的活化思維，實際上，通識課程融入現代生活，它的教材彈性與教學空間，就像文創產業一樣，可謂無限寬廣。

泰國 Yothaka 家具創辦人素旺，曾經說過：「不要忘記回頭看看自己的生活與文化，那是你的根，會給你最強大的力量與祝福。」〔註54〕這個從真切的生活裏面尋找「根」的觀念，其實正是《老子道德經憨山注》跨越時空，最能啟蒙於現代人的文創真理。而通識教育的課程設計，如能好好汲取憨山的智慧，善用文化創意的活絡思維，絕對能讓課程產生意義再生的脫胎換骨效果、厚植通識教育永續存在的基礎。

（二）在「不變隨緣」的開放性思維底下，尋求通識教育跨領域發展的可能性

此外，承上所言者，憨山所處的晚明禪門，「三教合一」其實已是當時的一種學術顯學。因應於當時文化思潮，憨山自己所開拓之會通理念，即使單純只以憨山老學來衡觀，它的貢獻，應當也不會僅止於一般表面形式儀軌的結合或異質思想互動接軌而已。因為，就前述文化創意的實具價值來看，《老子道德經憨山注》裡所標示出來的「以禪解老」文創精神，是一種從自己的生活與文化出發，抓住禪者不變的真常信念，輔以正向而同理的溝通善意；他所詮釋出來的老學或三教思想，創意的源頭不在於他鄉異地，就在憨山真切的生活裏面。而且，最值得一提的是，憨山真切的生活裏面，永遠有一個「明心見性」，當作接軌訴求的主軸。

而實際上，如果一個禪宗的思想家，自始至終都是放在以「明心見性」為接軌訴求的主軸上。如此去看待憨山的話，世間的一切學問，已經都是憨山可以去跨界詮釋的對象了；只是道家老學中原典《道德經》，恰恰是其中的一個舞台罷了。並且，憨山的跨界，還始終依舊是一個擁有著不變「真常之性」為主體中心的跨界，也就是說：憨山之詮釋老學，是一種「不變隨緣」的開放性立場。《老子道德經憨山注》在形式上雖然開放出跨界的型態，但憨山內在自主自明，不致撈過界，他仍保有了禪者自我堅持的本色。

〔註54〕見蔡瀚毅〈台灣文創產業何去何從〉，《讀者文摘》92 卷 3 期，頁 16。

　　這個觀點，放在通識課程的跨領域思維上面來看，特別具有深刻的啓示。以南開科技大學為例，自九十八學年度開始，即在通識開課課程中，開設「南開草堂」的學分。這個學分，就是整合了南投縣在地的相關傳統產業資源，舉凡建置與南投縣觀光休憩、藝術人文與地方特產各種現有業者達人的產學通路，透過一個打破專業科系界線的通才博雅理念，讓學生走出校園，實際感受體驗家鄉文化的純樸美好，進而誘發修課學生將來畢業之後，能夠主動為自己生長的土地，貢獻所學的願景。類如「南開草堂」的通識課程，它的跨界形式，一樣是通過不變的通識核心主軸，廣泛連結可以使用的現成資源，將這些接軌交流的資源，吸納內化成為具有通才博雅理念的跨領域教材。事實也證明，修課學生對於這種通識課程，都有相當強烈的認同與向心力；在教育部的評鑑訪視當中，「南開草堂」這個通識課程，也獲得非常高的評價。

　　平心而言，若以憨山禪者立場剮實觀之，他對於老子思想的跨界詮釋，重心本來即不在原典《道德經》哲學概念或理論層面上的兔毛詮索，而是在乎強調吾人內在之心靈世界，如何能藉由老學這個方便道，進而展示自我本來面目、趨悟於如來智慧、重新落實在現實人生當中的歷程。而這其中，毫無疑問的，「不變隨緣」的開放性思維，正可凸顯憨山老學第一原理（First principle）〔註55〕的眞諦妙竅。尤其在晚明當時，身值異派異質的多元思想激盪當中，憨山能夠勇於解除自我的觀念城牆，不吝於向異域借火，一方面是得以擴充禪門的游移餘地、創造新的界域可能，一方面也正好為三教的長期分立與互相消長，證明共存共榮的融合信念，絕對可以在開放的心靈當中，被具體實現。

　　反觀於現今大學校園的通識教育，其實國內每個大學院校，幾乎都已經針對各自的通識教育課程，進行了許多重組汰濾，希望能達到永續再生的目的。這其中，通識課程最迫切當務的改造重點，應當也就是設法融入跨領域的開放信念，力求讓通識教育，在連結其它的不同領域當中，仍然可以藉由不斷因勢利導的更新模式，尋求化異求同的各種多樣化、乃至無疆界之變身工程。例如傳統的「國文」課程，假設能植入學習者的專業類別，轉化成為

〔註55〕 任何一種詮釋系統，一定都有其最終極的第一原理（First principle），以做為貫串思維架構的主軸。而憨山老學，以《老子道德經憨山注》來看，其第一原理即見諸他對於生命主體——「自性」的開放性解讀。在憨山解讀「自性」的方式上，不侷限於禪宗領域，除老子五千言之外，還曾經藉由《左傳》、《大學》、《中庸》、《南華眞經》的開放性視野，營造「自性」的充分論據。

「電機實用中文」或「商管實用中文」……等的課程，實質地鑲嵌在各系院之專業屬性當中，包括教材內容與實作的範疇，都能對應學生的學習背景。相對之下，因為修課者是從熟悉的專業素養中，過渡銜接到中文寫作，課程的執行度將會更加流暢，而實際上也能符應於傳統國文教學的教學目的。當然，正如憨山跨界解讀《道德經》的主動心態，通識教師在態度上的主動因應改變，以及涉入跨領域的積極企圖心與嘗試意願，必然會是決定這種跨界改造，成功與否的重要關鍵。

總之，將通識教育的設計經營理念，儘可能導入開放性的價值，藉由化異求同的跨領域視野，與其他專業課程之間，形成共存共榮的關係。這是從憨山「以禪解老」的詮釋模式中，最能啓迪目前大學通識教育的現代智慧。

（三）重視內在心性自明自覺的鍛鍊涵養，型塑通識全人教育的主體價值

由於台灣許多產業已逐漸走出金融海嘯低谷，以 2011 年的熱門職場趨勢來看，人力需求，將會明顯較金融海嘯發生之前，更加大幅成長。再加上目前的 ECFA 效應、陸客商機以及內需產業朝氣蓬勃的各種條件具足，職場人力需求，一定會持續攀升。〔註 56〕而仔細檢視目前國內大學或科大教育的職場人力訓練設計，幾乎皆屬「一門深入」式的專才教學；尤其近年來，又考量到職場已走向無縫銜接的就業趨勢，各校教學方向上，都多半偏向務實層面的就業人才培養、並且紛紛為學生設計了「最後一哩」的職前課程，希望自己本校畢業學生，進入職場有更好的競爭優勢。所以，相對地來看，這幾年國內大學熱門科系排行榜，最受學子青睞的，常常也就是現實職場競爭中，最具有就業優勢的科系。

雖然，表面上來看，整體就業大環境，相當需要職場新鮮人的挹注，學校系統也似乎都能面面俱到地支持學生之投入職場。但是，樂觀的現象背後，卻隱藏了一個非常嚴重、亟待吾人正視的危機。其中特別是職場新鮮人對於自我通識素養之不足，可謂令人憂心。

〔註 56〕根據 104 人力銀行資料庫統計顯示，人力需求成長幅度最高的前十大產業，為食品飲料製造業（147%）、餐飲業（83%）、住宿服務業（79.9%）、金屬相關製造業（67.1%）、金融機構及其相關業（63.1%）、徵信及保全樓管相關業（58.7%）、倉儲或運輸輔助業（58.6%）、婚紗攝影及美髮美容業（54.8%）、零售業（52.8%）、光電及光學相關業（52.4%）。相關資料參考自 www.104.com.tw〈2011 年職場五大趨勢〉文。

　　2009 年 09 月 30 日蘋果日報記者陳嘉恩、邱俊吉報導，目前國內上班族因為工作壓力大，職場憂鬱症也越來越多，醫界估算國內約有百萬人是中重度憂鬱症。最常出現的有精神疾病的躁症、憂鬱症等，也有恐慌症、強迫症、創傷後壓力症候群等精神官能症等大量案例。〔註57〕事實上，早年根據 9999 汎亞人力銀行的調查報告便已指出，〔註58〕國際勞工組織（ILO）曾實地訪查發現，台灣職場就業人口裡面，職場的「憂鬱症」，將無可避免地成為國內頭號的「職場殺手」。而且，台灣上班族的憂鬱程度，量化指數高達 70.77 分，憂鬱程度可謂十分嚴重，正威脅著上班族的職場生涯與生產力，即使患者復元後，再重返工作職場，抗壓性仍然是一大問題。〔註59〕其中，人人稱羨的「半導體電子業」、「醫療生技業」、「金融服務業」，也就是在每年大學榜單中出類拔萃的這些熱門科系，畢業生進入職場之後，輒因其工作自主性低、常有無力感，以及高度競爭又缺乏抗壓性等因素，居然便列名為職場上的高憂鬱一族。

　　此外，在實際人口結構上，因為台灣迅速老齡化的社會趨勢，再加上「少子」的現象非常嚴重，很多大學生，都是父母心目中的心肝寶貝，普遍存在著公主病與王子病的隱憂。〔註60〕尤其在成長的歷程中，拜現代電腦媒體資訊發達之助，各種形形色色的遊戲與角色扮演的虛擬價值，早已充貫於生活週遭、習以為常。所以，大學畢業生進入職場之後，一旦發現職場的現實與自己期待有了落差，上焉者頻換工作、成為高流動率的族群，〔註61〕次焉者便是自怨自艾、淪身為憂鬱症的高危險族群。

　　站在通識教育的立場思考，尤其仔細對應於這樣的職場訊息，筆者認為，通識教學方向裡，應該更全面性發揮自我內省式的教學價值，才有可能在預防問題的角度上面，做出切題而積極的貢獻。畢竟，原本校園當中的通識教

〔註57〕見 2009-09-30/蘋果日報/16 版/醫療新知，由記者陳嘉恩、邱俊吉合撰。

〔註58〕見 2003-10-12/民生報/A2 版/新聞前線，由記者鍾蓮芳撰述。

〔註59〕現任耕莘醫院精神科主任楊聰財，即曾表示：「憂鬱症為現代文明病，有些病患即使復元後，重返職場，抗壓性仍偏低。」相關說法，參考自 2010-04-14/自由時報/6 版/生活新聞，記者林相美撰述。

〔註60〕參考李建興〈消失中的台灣人〉一文，《今周刊》72 期，頁 87。

〔註61〕根據 104 人力銀行在 2010 年的統計，超過七成已找到工作的新鮮人，在 3 個月內就已動過離職念頭，甚至有 16.3%已經開始找下份工作。想放棄現有工作的主因在於薪資低於期望薪資（33.8%）、職務內容與原本自我想像有落差（30.5%）、與工作成長性和未來發展有限（28.3%）。顯見現實與期待的落差，的確是職場新鮮人高流動率之主因。相關資料參考自 www.104.com.tw〈2011年職場五大趨勢〉文。

育之人本理念，其重點所繫，主要應當也就是在於啓迪和引導學生的自我發展，尤其是在心靈精神層面以及完整的生涯規畫上，強化正面的自我價值。

　　關於這一點，主張「眞常之道，備在於我」的憨山，實乃從根本處，對我們啓迪了一種自我價值的堅強信念。如果我們能夠訓練學生，對於事物意義的認取，都能通過自我心靈的正向解讀，而形成內省式的意義判斷，那麼，正如憨山「人能返觀內照，知此眞常妙性」所強調的，自我肯定的力量與相對增長的意志成熟度，便足以幫助我們，度過一切的憂鬱陰霾。

　　而且，在「佛法豈絕無世諦，而世諦豈盡非佛法哉？由人不悟大道之妙，而自畫於內外之差耳」中，憨山所啓蒙的開放式見解，對於時風時雨的職場生態，以及永遠沒有一定價值標準的社會流行趨勢，也有如一股濁世清流的智慧。所謂「悟大道之妙」，其實就是一種藉由內省式的觀照，對於同樣的一件生活瑣事，產生全新而正面的自我價值，進而形成了一種宏觀開放的心胸格局。如果學校教育當中的通識理念，可以將憨山這種內省式的自我價值與無疆界的開放胸襟，融入通識課程的人文元素裡面，讓學生都能對於生活週遭的經驗事物，隨時觀照進而產生一種內省式的自我價值，並進而肯定自己、打開心靈的無限疆域；只要能有足夠的條件，養成這種思維習慣，那麼，即令外在環境條件紛紜變動，也不致攪擾心志、形成憂鬱。

　　其次，憨山「返觀內照，知此眞常妙性」一語，在《老子道德經憨山注》當中，乃是開示了禪宗行者很多自信與自我肯定想法的形成，其實眞理就藏身在平日清淡不過的生活中，雖然看似無物，一旦「返觀內照」啓動了它，內面生命當中的眞常妙運，就會瞬間湧現、不虞匱乏。所以，憨山進一步提出了「學佛而不通百氏。不但不知世法，而亦不知佛法」的看法，這種會通式的理念，主要便是奠基在這一個「返觀內照」的自我價值確立之上。此一教育態度的提示，在目前已呈價值多義混淆的校園裡面，對於重新提振通識教育工作者，相信自我價值的教育信念而言，尤其格外重要。特別是，我們如果能夠將它包裝整合在通識教育的全人思維裡面，讓學生自明自覺地感受到，眞正不會褪色的價值，其實仍是在於我們內面生命當中，追求成功、幸福與快樂的積極自信。〔註62〕因爲有這種強烈自我價值的肯定，便不致走向

〔註62〕馬來西亞教育家 Dr. Ananda Kumaraseri 在〈我們亟需全人教育〉文中，即十分強調將佛法實踐於日常生活當中，奉行「落實佛教生活」（"Living by Buddhism"）的信念。Dr. Ananda Kumaraseri 認爲：不管教育信念或認知是

道德淪落的惰性觀念之中。也因爲伴隨著宏觀的會通胸襟，在未來面對任何職場困境之時，都能立時產生源流不息的潛在拉昇動力、從容以對。

結 論

中國明末，原本就是一個多元思想共存，且最爲神魔共舞的時代。尤其禪門本身，在憨山當時，竊濫浮面的禪風、許多宗派間的撩是鬥非與積弊沈疴，根本已非憨山一人之力，可以扭轉。憨山顯然已經知覺到了一種相當強烈的末法意識，〔註63〕整個禪門的內部困境與自我設限，直如國王新衣一般，尤其在三教的激盪消長當中，如果仍然選擇繼續沉滯在因循苟且的惰化思維，禪門這個國王，將不僅身無寸縷，根本就要註定走投無路了。

爲避免禪學提早出局，以及導正當時腐敗的禪風，憨山所採取的行動，無論是透過著述說法，或是實修實證，其實都是希望能夠復興禪門、逆轉劣勢，爲慧能以降的禪宗，延續香火血脈。在〈註道德經序〉，他將實修實證的參禪功夫，所謂「不參禪、不能出世」，對比於孔老，就是代表對於禪門的自我價值，已經終極地界定出「百世不易」的最高定位。他說：

> 不知春秋。不能涉世。不知老莊、不能忘世。不參禪、不能出世。
>
> 及孔子人乘之聖，老子天乘之聖。佛能聖能凡、能人能天之聖。如
>
> 此之類、百世不易之論也。

他強調「人乘之聖」的儒家，可以有助於我們圓融地涉入世間法之中；「天乘之聖」的老學，則能讓我們在世間法當中，昇華出情意我的「忘世」之境界型態。但孔老的思想精髓，終究不能眞正超越世間法，唯一可能「出世」的，僅有透過參禪的實證功夫。特別是一個深諳眞常自性的「出世」禪行者，憨山認爲，他在世間法當中所扮演的姿態，一定是非常活潑而開放自在的，「能聖能凡、能人能天」的指謂，其實所描繪的「佛」，代表人物，正是他理想當

什麼，教育的底線是：學習者未來的成功、幸福和快樂。他主張確保學習者的「成功、幸福和快樂」，是父母、老師和學校教育，必須肩負的神聖責任和使命。他的看法，相當言簡意賅地凸顯了通識教育「全人」的教育理念。參見〈我們亟需全人教育〉（ "Imperativeness of Holistic Education" /Dr. Ananda Kumaraseri 撰，鄭振鍠譯），《中華寶筏》第 44 期，頁 50～56。

〔註63〕「末法意識」係參考見曄法師《明末佛教發展之研究》的說法，其文曰：「憨山對於自己所處的時代，有強烈的末法意識。……隨著出家歲月，閱歷之增長，見識了僧人素質良莠不齊，法門宗風之不振，叢林的沒落種種現象。」引文出自見曄法師《明末佛教發展之研究》，頁 197～198。

中的實修實證禪門行者。

　　憨山在重振禪門的努力上，理念上便是如此終極性地，始終抱住這一盞未滅的希望之火。他相信從他之後的禪學，一定可以發展出回歸於眞常自性的正確道路。事實上，要走上這種禪門自我提昇轉化的境地，一方面除了實際的投身「能聖能凡」的參禪修證之外；另一方面，「能人能天」的開放自己的視野，透過儒釋道三家義理的會通整合，重新貞定禪門的核心價值，也是憨山一直積極從事的志業。

　　尤其是從義理的會通整合來看，如本文所論證的，憨山採取的義理詮釋模式，不但已經發展出強烈的眞常自性特質，也用十分具體的參禪體驗，證明自己的判斷與見解。例如本文一再強調的，在《老子道德經憨山注》中，憨山亟求凸顯的眞常自性，本來就是我們安身立命的起點；憨山顯然也清楚地透視到，外面的世界越是複雜動亂，反而我們越應當有回歸到眞實不變的自性當中，尋求庇蔭的衷心渴望。

　　再其次，他希望從教外的道家老子哲學，開展更充沛的能量，由本文上述的探討可知，將《老子道德經憨山注》歸根究柢地「大而觀之」，就是直接從禪門的眞常思考模式切入，融入世間法的老學裡面，進而轉化出禪宗在《道德經》當中，可以巧扮的創造性義理姿態。就像熊彼得的「創新理論」所標榜的打破傳統模式，由人的內在，產生自發性地創造性變動一樣；〔註64〕憨山這樣解讀教外思想的做法，其實也是禪者面對動亂環境，所延伸出來的一種創新智慧。而且，憨山在老學之創新，對後起者，也有相當正向的示範作用；例如憨山之後的藕益智旭，在他的《周易禪解》序言中，便說道：

　　　吾所由解易者，無他，以禪入儒，務誘儒以知禪耳。〔註65〕

智旭所謂的「以禪入儒」，其實是私淑仿效於憨山之解老，而「誘儒以知禪」，則正好是爲憨山跨領域之禪學思維，尤其是憨山希望藉此彰顯出來的世間法特質，賦予了一種嶄新的入世於人間的大乘情懷。〔註66〕

〔註64〕美國「創新理論」提出者熊彼得（Joseph A.S Chumpeter），在名著《經濟發展理論》第二章中，主張「經濟發展」，乃是指一個社會的經濟活動中的內部變革，它要求打破傳統模式，重建一種新的更高級的平衡。換言之，「經濟發展」的動態基礎，是來自內部自身創造性的一種變動。所謂「創新」，就是企業家對環境做出的創造性反應，而非因循過去傳統規則的適應性反應。相關見解，參考自熊彼得《經濟發展理論》，頁145～199。

〔註65〕見智旭《周易禪解》〈周易禪解序〉，頁4。

〔註66〕此處所謂「大乘情懷」者，係參考見晔法師的說法。見晔法師認爲，憨山一

　　總之，憨山的「以禪解老」，對大方向上，是永遠有主見、且目標明確的，他幾乎都不離題地，聚焦在傳統禪宗行者非常熟悉的真常自性當中。這一詮釋老學的基本心態，一方面是為開拓晚明禪者的跨領域天地，走出一條用具體行動證明禪宗自我價值的務實道路。另一方面，同時也為佛教長期以來，與教外思想走向融洽和睦的磨合過程，再下一城。當然，最為重要的是：他讓晚明的禪宗，從一蹶不振的谷底，再次領略「新禪宗」的重生喜悅；而這種禪門智慧，延伸在目前校園通識教育當中，我們認為，同樣亦有珍貴的正面啟示與價值。

本文參考文獻

（一）專書類

1. 老子，《道德經》，高雄復文書局，1976 年 2 月。

2. 王有三，《老子考》，台北東昇書局，1981 年 7 月。

3. 僧祐，《弘明集》，台北世界書局，1982 年 11 月。

4. 牟宗三，《中國哲學十九講》，台北學生書局，1983 年 2 月。

5. 唐君毅，《中國哲學原論》「原道篇」二，台北學生書局，1984 年 12 月。

6. 勞思光，《中國哲學史》第一卷，香港友聯出版社，1985 年 8 月。

7. 憨山，《老子道德經憨山注》（金陵刻經處版本，與《莊子內篇憨山注》合刊），台北新文豐出版社，1985 年 6 月。

8. 憨山，《憨山大師全集》，嘉興大藏經第廿二冊，台北新文豐出版社，1987 年 9 月。

9. 憨山，《憨山老人年譜自敘實錄》，嘉興大藏經第廿二冊，台北新文豐出版社，1987 年 9 月。

10. 河上公，《道德真經注──河上公章句》，見錄於《正統道藏經》第廿冊，台北新文豐出版社，1988 年 7 月。

11. 朱元璋，《御注道德真經》，見錄於《正統道藏經》第十九冊，台北新文豐出版社，1988 年 7 月。

12. 王弼，《道德真經注》，見錄於《正統道藏經》第廿冊，台北新文豐出版社，1988 年 7 月。

13. 王真，《道德真經論兵要義述》，見錄於《正統道藏經》第廿二冊，台北

生的行事風格，具有「人間社會性菩薩性格」與「入世人間的菩薩思想」，就晚明的中國佛教而言，憨山頗有再度喚醒大乘佛教淑世精神的重要意義。相關見解，參見《明末佛教發展之研究》，頁 215～216。

新文豐出版社，1988 年 7 月。

14. 陸希聲，《道德眞經傳》，見錄於《正統道藏經》第廿冊，台北新文豐出版社，1988 年 7 月。

15. 張嗣成，《道德眞經章句訓頌》，見錄於《正統道藏經》第廿一冊，台北新文豐出版社，1988 年 7 月。

16. 印順法師，《如來藏之研究》，台北正聞出版社，1988 年 11 月。

17. 葛兆光，《道教與中國文化》，台北國文天地出版社，1990 年 5 月。

18. 江燦騰，《晚明佛教叢林改革與佛學諍辯之研究——以憨山德清的改革生涯爲中心》，台北新文豐出版社，1990 年 12 月。

19. 北京國務院，《中國大百科全書》「宗教」類，香港錦繡出版社，1994 年 3 月。

20. 智旭，《周易禪解》，台北自由出版社，1996 年 1 月。

21. 史托茲〈Paul G. Stoltz〉，莊安琪 譯 《AQ——逆境智商》（"Adversity Quotient"/ Paul G. Stoltz），時報文化出版社，1997 年 10 月。

22. 馬鳴《大乘起信論》，台北大乘印經會，1998 年 9 月。

23. 熊彼得（Joseph A.S Chumpeter），《經濟發展理論》，台北左岸文化出版社 2005 年 9 月。

24. 見曄法師，《明末佛教發展之研究》，法鼓山文化事業出版社 2007 年 12 月。

25 聖嚴法師，《明末中國佛教之研究》，台北法鼓山文化事業出版社 2009 年 7 月。

（二）期刊書報類

1. 楊惠南，〈禪史與禪思〉，《鵝湖》第 126 號，1995 年 12 月。

2. 陳俊民，〈宋明「三教合一」思潮中的「心性旨趣」論稿〉，《鵝湖》第 172 號，1989 年 10 月。

3. 林相美，〈憂鬱症病患重返職場〉，自由時報/6 版/生活新聞，2010 年 4 月 14 日。

4. 蔡瀚毅，〈台灣文創產業何去何從〉，《讀者文摘》92 卷 3 期，2010 年 11 月。

5. 陳嘉恩、邱俊吉，〈國內上班族職場憂鬱症〉，蘋果日報/16 版/醫療新知，2009 年 9 月 30 日。

6. 鍾蓮芳，〈國內頭號的「職場殺手」〉，民生報/A2 版/新聞前線，2003～10～12。

7. 李建興，〈消失中的台灣人〉，《今周刊》第 72 期，2010 年 3 月。

8. Dr. Ananda Kumaraseri，鄭振鍠譯，〈我們亟需全人教育〉（"Imperativeness of Holistic Education〉，《中華寶筏》第 44 期，台北中華佛教居士會 2010 年 7 月。

9. 104 人力銀行資料庫，〈2011 年職場五大趨勢〉，www.104.com.tw，2011 年 2 月。